Klangwandel

Über Musik in der Mission

Klangwandel

Über Musik in der Mission

Herausgegeben von

Verena Grüter und Benedict Schubert

Verlag Otto Lembeck
Frankfurt am Main

Umschlagbild: © getty images/Bobby Model

Bibliografische Information der Deutschen Nationalbibliothek
Die Deutsche Nationalbibliothek verzeichnet diese Publikation in der
Deutschen Nationalbibliografie, detaillierte bibliografische Daten
sind im Internet über http://dnb.d-nb.de abrufbar.

Umschlag: Markus Wächter
© 2010 Verlag Otto Lembeck, Frankfurt am Main
Gesamtherstellung: Druckerei und Verlag Otto Lembeck
Frankfurt am Main und Butzbach
ISBN 978-3-87476-620-3

Inhalt

Vorwort 9

Martin Schindehütte
„Wo man singt, da lass dich ruhig nieder, böse Menschen
haben keine Lieder" – Predigt über 1. Sam 16,14–23 13

Grundfragen

Verena Grüter
Was macht das Harmonium am Himalaya? 21

Gotthard Fermor
Every nation shall sing 61

Thomas Staubli
Biblisch-levantinisches Musikerbe im Christentum
und seine Relevanz für heutige transkulturelle Prozesse 77

Afrika

James R. Krabill
Begegnungen 89

Dave Dargie
Lieder des Propheten – Begegnungen mit Ntsikanas Musik 109

Nepomuk Nitschke
Notationsformen Kameruner Kirchenlieder 125

Veit Arlt
Vom „Tanz der Christen" zum Gospel Boom   143

Asien

Rolf Hocke
Das indische Kirchenlied und seine Entstehung   159

Benjamin Carstens
Die Entstehung indigener christlicher Musik in Papua-Neuguinea
von Zahn und Keyßer bis heute   185

Francisco Feliciano
Kontextualisierung der Musik in den asiatischen Kirchen   203

Lateinamerika

Luis Szarán
Musikalisches Universum und Erbe der Jesuitenmissionen
in Südamerika (17. bis 18. Jahrhundert).   223

Jesús Montero Tirado
Sonidos de la Tierra – Klänge der Erde   235

Sergio Ulloa
Lateinamerikanische Liturgie im postmodernen Kontext   237

Nordamerika

Friedemann Walldorf
„There's a better day a coming"   257

Einsichten aus der Praxis

Benedict Schubert
„Blest be the tie that binds" 283

Esther Handschin
Das klassische Missionslied und die Schwierigkeit
es heute zu singen 297

Simei Monteiro
Wie die Mission auf sechs Kontinenten klingt –
das Liedgut der Oikumene 317

Erika Eichholzer
Sich durch Musik Gehör verschaffen – Beobachtungen
in ghanaischen Migrationsgemeinden 331

Hartmut Handt
Musik und Mission in der United Methodist Church
dargestellt am Beispiel der Global Praise Working Group 347

Literaturverzeichnis 355

Autorinnen und Autoren 369

Inhalt der beigefügten DVD 373

Vorwort

Martin Luther bekennt von der Musik: „Ich wollte von Herzen gern diese schöne und köstliche Gabe Gottes hoch loben und preisen!" Denn sie leitet und heilt die menschlichen Gefühle, vertreibt die Schwermut und alle unguten Geister und dient der Verkündigung des Evangeliums. Was Luther theologisch begründet, lässt sich philosophisch und kulturwissenschaftlich verallgemeinern: Musik und religiöser Kult entspringen einer gemeinsamen Sphäre nicht-gegenständlichen Ausdrucks im Grenzbereich zwischen sozialem Ausdruck und kultisch-ritueller Praxis. Das macht einerseits die große spirituelle Kraft der Musik aus. Zugleich liegt in dieser engen Verbindung die Fragestellung verborgen, der dieses Buch gewidmet ist: die gegenseitige Durchdringung und Transformation von christlichem Glauben und Kultur in der spirituellen Erfahrung der Musik. Missionstheologisch ist dabei der Gedanke von Theo Sundermeier leitend, dass im Verlaufe der kenotischen Inkulturation die Begrenztheit des kulturellen Wissens um Gott erkannt und überwunden wird, so dass sich nicht nur der Missionar und die sendende Kirche verändern, sondern auch die Kultur und schließlich die Botschaft selbst.

Nach dem Auftakt – Martin Schindehütte stellt in seiner Predigt die Frage nach der spirituellen Wirkung, aber auch nach der ethischen Beurteilung von Musik im Raum der Kirche – bietet der erste Hauptteil des Buches systematisch-theologische und biblische Perspektiven: Verena Grüter lädt die Leserinnen und Leser zu einem Streifzug durch die Geschichte der Musik in der protestantischen Mission ein. Dabei werden Grundfragen des Verhältnisses zwischen Theologie und Kultur erörtert. Musik ist hierzulande für religiöse Sucherinnen und Sucher zu einem Medium spiritueller Erfahrungen geworden, die die Grenzen verschiedener Religionen überwindet. Gotthard Fermor geht diesem Phänomen nach und schlägt eine trinitarische Interpretation der musikalischen Erfahrung vor. Thomas Staubli kehrt in seinem Beitrag zurück zu den biblischen Ursprüngen in seiner Darstellung der politischen und kulturellen Motive der Musikrezeption und -produktion in alttestamentlicher Zeit.

Wie klingt christliche Musik in drei Kontinenten? James Krabill gibt einen Überblick über die Rezeption christlicher Musik in Afrika und die unterschiedlichen Musikstile, die in den Kirchen praktiziert werden. Dave Dargie und Nepomuk Nitschke zeigen jeweils für Südafrika und für Kamerun, wie einzelne christliche Persönlichkeiten ganz eigene Musikstile begründet haben, wie ihre Musik überliefert wird und sich wiederum verändert. Veit Arlt lenkt den Blick auf einen ganz anderen Kulturwandel christlicher Musik, nämlich auf ihre säkulare Verwendung in Westafrika.

Für die Vielfalt asiatischer Kulturen stehen drei Beispiele aus Indien, Papua-Neuguinea und den Philippinen: Rolf Hocke beleuchtet die faszinierende Begegnung christlicher Kirchenmusik mit indischen Bhakti-Gesängen. Benjamin Carstens erörtert die Entstehung christlicher Musik in Papua-Neuguinea und schlägt mit seinem Modell der „heart music" ein Konzept jenseits traditioneller oder indigener christlicher Musik vor. Francisco Feliciano schließlich gibt einen weiten Überblick über Entwicklungen christlicher Musik in Asien und beschreibt das Anliegen der Kontextualisierung von Musik, dem das von ihm gegründete Institut dient.

Lateinamerika hat mit der Mission der Jesuiten und der Herausbildung der Befreiungstheologie ganz eigene musikalische Traditionen geschaffen. Luis Szarán schildert die einzigartige Arbeit des Komponisten Domenico Zipoli in den Jesuitenmissionen in Paraguay. Jesús Montero Tirado berichtet von der Arbeit des Projekts *Sonidos de la Tierra,* das sozial benachteiligten Kindern in Paraguay musikalische Bildung ermöglicht. Sergio Ulloa stellt die Herausforderungen an Gottesdienst und Liturgie in Lateinamerika im Kontext der Globalisierung vor dem Hintergrund eines befreiungtheologischen Ansatzes dar.

Der transatlantische Sklavenhandel ist eines der tragischen Elemente der Geschichte, die die beiden Amerikas miteinander verbinden. Friedemann Walldorf lässt in seinem Beitrag erkennen, welche befreiende Bedeutung dem Gesang in der Geschichte des Afroamerikanischen Christentums zukommt.

Schließlich führt die Reise zurück nach Europa: Benedict Schubert beschreibt den komplizierten Überlieferungsprozess eines traditionellen „Church Hymn" im Zug der Missionsbewegung und zeigt damit die grundsätzliche Spannung zwischen Inkulturation und Pilgerexistenz des christlichen Glaubens auf. Esther Handschin beleuchtet die Funktion des klassischen Missionsliedes und seine häufigsten Motive. Simei Monteiro stellt die Arbeit des ÖRK zur ökumenischen Kirchenmusik vor und plädiert für die

Vielfalt christlicher Spiritualität. Erika Eichholzer widmet der Musik ghanaischer Migrationsgemeinden ihren Beitrag und stellt darin auch musiksoziologische Überlegungen an. Wir hätten uns gewünscht, mit einem Beitrag zum „worship" weiterzufahren, zu den Gesängen der pfingstlich-charismatischen Bewegungen und Kirchen An ihnen wäre einiges zu beobachten gewesen zur Frage der Inkulturation in einer sich mit zunehmender Geschwindigkeit globalisierenden Welt. Hartmut Handt schließlich berichtet konkret von dem weltweiten Einsatz der methodistischen Kirche für die Entwicklung von Kirchenmusik und ihre Verwendung im deutschen Kontext.

Das Buch ist aus der Arbeit der *Deutschen Gesellschaft für Missionswissenschaft* sowie des *Evangelischen Missionswerks in Deutschland* entstanden, die beide im Jahr 2008 die ökumenische Kirchenmusik zu ihrem Jahresthema gemacht hatten. Viele der hier abgedruckten Beiträge gehen auf Vorträge im Rahmen der Jahrestagung der DGMW 2008 zurück und wurden bereits in der Zeitschrift *Interkulturelle Theologie. Zeitschrift für Missionswissenschaft* 1 – 2/2009 veröffentlicht; der Text von Friedemann Walldorf schon in 1/2008. Der Beitrag von Verena Grüter ist erschienen im Jahresbericht des EMW 2007/2008. Bischof Martin Schindehütte hat seine Predigt zur Eröffnung der Mitgliederversammlung des EMW im Jahr 2008 freundlicherweise für den Druck zur Verfügung gestellt. Der Beitrag von James Krabill ist die vom Verlag freundlicherweise genehmigte Übersetzung seines Texts aus dem amerikanischen Aufsatzband „Music in the Life of the African Church"; die Texte von Nepomuk Nitschke, Francisco Feliciano, Luís Szarán, Montero Tirado, Sergio Ulloa und Hartmut Handt werden hier erstmalig veröffentlicht.

In der Literaturliste am Ende sind noch einmal sämtliche in den Fußnoten der einzelnen Beiträge aufgeführten Titel zusammengestellt, die über den sehr spezifischen Verweis an jener Stelle hinaus einen allgemeineren Bezug zum Thema Musik in der Mission aufweisen. Dem Buch ist eine DVD beigefügt, die Klangbeispiele und einen Film über das *Asian Institute for Liturgy and Music* auf den Philippinen enthält. Aus urheberrechtlichen Gründen verweisen wir für etliche Klangbeispiele indessen auf im Handel erhältliche oder übers Internet zugängliche Musikstücke und Lieder.

Wir hoffen, den spannenden Klangwandel christlicher Musik mit diesem Band für eine breitere Öffentlichkeit hörbar zu machen.

Hamburg und Basel im Juli 2010   *Verena Grüter und Benedict Schubert*

„Wo man singt, da lass dich ruhig nieder, böse Menschen haben keine Lieder" – Predigt über 1. Sam 16,14–23 [1]

Martin Schindehütte

Schön wär's, liebe Gemeinde dieser Mitgliederversammlung des Evangelischen Missionswerkes, schön wär's wenn das wirklich und vollkommen wahr wäre:

> „Wo man singt, da lass dich ruhig nieder,
> böse Menschen haben keine Lieder."

Gesang und Musik sind wohl doch nicht von vorn herein aus einem guten Geist. So mancher gegrölte Gesang auf dem Bahnsteig nach einem gewonnenen oder verlorenen Match von Hannover 96 lässt einen auch erschauern. Und die gebrüllten Brutalo-Songs der rechten Szene zu äußerst harten Rhythmen, unter der Hand und illegal verbreitet, sind Menschen verachtend, machen böse und aggressiv. Das Simon Bolivar Youth Orchestra of Venezuela unter seinem genialen Dirigenten Gustavo Dudamel ist das Gegenteil. Seine Musik eröffnet unzähligen Jugendlichen eine Lebensperspektive und erfreut rund um die Welt in den Konzertsälen. Und Daniel Barenboims palästinensisch-israelisches Jugendorchester musiziert im Geiste der Versöhnung und des Friedens.

Es ist mit der Musik wie mit den Menschen, die sie machen: Kommt sie aus einem bösen Geist, dann trennt sie, putscht auf, bringt gegeneinander auf. Sie braucht darum einen guten Geist, wenn sie Menschen verbinden und zueinander führen soll. Sie hat einen Grund und eine Absicht, die sich allerdings nicht allein in Worte fassen lässt. So hängen Musik und Mission also immer zusammen. Musik kann das Herz öffnen füreinander – und für Gott. Sie kann der Versöhnung und dem Frieden dienen, uns fröhlich machen und Ausdruck und Gestalt unseres Glaubens werden.

---

[1] Gehalten im Gottesdienst zur Eröffnung der Mitgliederversammlung des EMW in der Herrenhäuser Kirche in Hannover, am 27. Oktober 2008.

Geist und Musik – Lobgesang und Glaube – Klagegesang und Trost – Ensemble und Friede – Wohlklang und Heilung. Das sind einige Facetten eines tiefgründigen Zusammenhangs. Wenigen Facetten will ich nachgehen an einer Geschichte voll Schönheit und Dramatik, voll Tragik und Schmerz, voller Musik und Lärm:

> Der Geist des HERRN aber wich von Saul, und ein böser Geist vom HERRN ängstigte ihn. Da sprachen die Großen Sauls zu ihm: Siehe, ein böser Geist von Gott ängstigt dich. Unser Herr befehle nun seinen Knechten, die vor ihm stehen, dass sie einen Mann suchen, der auf der Harfe gut spielen kann, damit er mit seiner Hand darauf spiele, wenn der böse Geist Gottes über dich kommt, und es besser mit dir werde. Da sprach Saul zu seinen Leuten: Seht euch um nach einem Mann, der des Saitenspiels kundig ist, und bringt ihn zu mir.
>
> Da antwortete einer der jungen Männer und sprach: Ich habe gesehen einen Sohn Isais, des Bethlehemiters, der ist des Saitenspiels kundig, ein tapferer Mann und tüchtig zum Kampf, verständig in seinen Reden und schön gestaltet, und der HERR ist mit ihm. Da sandte Saul Boten zu Isai und ließ ihm sagen: Sende zu mir deinen Sohn David, der bei den Schafen ist.
>
> Da nahm Isai einen Esel und Brot und einen Schlauch Wein und ein Ziegenböcklein und sandte es Saul durch seinen Sohn David. So kam David zu Saul und diente vor ihm. Und Saul gewann ihn sehr lieb, und er wurde sein Waffenträger. Und Saul sandte zu Isai und ließ ihm sagen: Lass David mir dienen, denn er hat Gnade gefunden vor meinen Augen.
>
> Sooft nun der böse Geist von Gott über Saul kam, nahm David die Harfe und spielte darauf mit seiner Hand. So wurde es Saul leichter, und es ward besser mit ihm, und der böse Geist wich von ihm.

Die Harfe allein war es offenkundig nicht, die Davids Wirkung bei Saul ausmachte. Musik und Geist sind in dieser Erzählung auf das engste miteinander verknüpft: Der Geist des Herrn wich von Saul. Aber damit war er Gott nicht los. Im Gegenteil: Ein böser Geist ängstigte ihn, aber nicht irgendein Geist, auch dieser Geist war „von Gott". Was war das für ein böser Geist? Warum war Gottes guter Geist von Saul gewichen? Was war geschehen? Saul hatte Gottes Auftrag, allein zum Schutz und zur Freiheit seines Volkes in den Kampf gegen die Amalekiter zu ziehen, ignoriert. Er hatte noch andere, nämlich seine eigenen Interessen ins Spiel gebracht. Er hatte auch auf eigene Rechnung gekämpft. Er hatte sich an der Beute, an den Herden der Feinde, bereichert. Er hatte für sich selbst ein Siegeszeichen aufgestellt, statt Gott die Ehre zu geben. „Nicht Gott hat die Feinde besiegt. Ich bin der Sieger." Saul wollte endlich König aus eigenen Gnaden sein und seine Macht allein auf sich selbst gründen. Und wie das immer ist: Beanspruchte Macht löst Ansprüche gegen sich selbst aus. Geraubte Macht wollen andere einem rauben. An sich gerissene Macht will entrissen werden. Der zerstörerische Geist des Kampfes jeder gegen jeden hält schleichend Einzug. Misstrauen, Aggression, Drohung, Angst besetzen Saul. Der Dank für Gottes Rettung verstummt. Das Loblied bleibt im Halse stecken.

Abhilfe, nein Milderung muss her. Musik besänftigt. Aber heilt sie auch? Führt sie in die Umkehr? David, der „Sohn Isais ist des Saitenspiels kundig". Das ist nicht alles, was der Vasall Sauls vor dem Thronrat von David zu berichten weiß. Ein tapferer Mann ist er, „tüchtig zum Kampf, verständig in seinen Reden und schön gestaltet, und der HERR ist mit ihm". Seine Musik ist nicht alles. Sie ist Teil einer Persönlichkeit, die auch sonst von Gott begabt und gesegnet ist. Die Musik kann nur sein, was sie ist, weil David ist, wer er ist. Aber auch das ist nicht hinreichend. Dass Gottes Geist mit ihm ist, das ist die entscheidende Aussage, die Saul Davids zu sich rufen lässt. Der Geist macht aus ihm was er ist – und auch was seine Musik bewirken kann.

Aber auch David ist ambivalent, wie wir wissen. Seine Tapferkeit, seine Kampfeskunst, seine Beredsamkeit, seine Schönheit, all die Gaben, mit denen Gott ihn gesegnet hat, werden sich immer wieder auch ins Gegenteil verkehren. Auch in ihm ist noch ein anderer Geist. So bleibt auch seine Musik nicht nur lieblicher Himmelston, sie wurde auch zum Höllenlärm. Von ihm ist nicht nur der sanfte Harfenklang ausgegangen, der den bösen Geist Sauls vertreibt. Ich fürchte, von seinen Truppen ist auch Kampfmusik ausgegangen, die seinen Soldaten die Gefahr vergaukelt und die Tötungshemmung herabsetzt. Musik kann auch eine Waffe sein. Musik kann auch Höllenlärm werden, der Angst macht und krank.

Musik ist so ambivalent wie die Menschen, die sie machen. Sie kann Gewalt ersetzen und Gewalttätige umstimmen. Sie kann das Böse heilen, aber auch provozieren. Das Gute tut nicht immer gut. Das erlebt auch David. Seine Musik bewirkt auch, dass Saul wutentbrannt und in Tötungsabsicht den Speer gegen ihn wirft. Er verjagt den, den er an seiner Seite haben wollte und lieb gewonnen hatte. Tragisch! Der Speer trifft David nicht, wohl aber gehört dieser Speerwurf zum Anfang vom Ende Sauls.

Diese Geschichte von David und Saul, von Geist und Musik, von Angst und Heilung hat auch Martin Luther fasziniert. Luther ist ja nicht nur der theologisch große Reformator. Seine Choräle, seine Musik, seine Gestaltung des Gottesdienstes durch die Teilhabe der Gemeinde durch die Musik sind grundlegend für eine evangelische Spiritualität. Evangelische Spiritualität muss nicht neu erfunden werden. Der Blick auf Martin Luther lässt das unter uns immer schon Vorhandene wiederentdecken.

Martin Luther hat die schöpfungshafte Wohltat der Musik immer wieder in Erinnerung gerufen. Luthers Wertschätzung der Musik bezieht sich nicht nur allein auf das geistliche Lied, sondern auf die Musik überhaupt. In seine Skizze „Über die Musik" schreibt er:

> „Ich liebe die Musik. Auch gefallen mir die nicht, die sie verdammen, die Schwärmer.
> 1. Weil sie Gabe Gottes und nicht der Menschen ist;
> 2. weil sie die Seelen fröhlich macht;
> 3. weil sie den Teufel vertreibt;
> 4. weil sie unschuldige Freude macht. Dabei vergehen Zorn, Begierden, Hochmut. Den ersten Platz gebe ich der Musik nach der Theologie. Das ergibt sich aus dem Beispiel Davids ...;
> 5. Weil sie in der Friedenszeit herrscht. ... Ich lobe die Fürsten Bayern deshalb, weil sie die Musik pflegen. Bei uns Sachsen werden Waffen und Bombarden gepredigt."

Harfenspieler und Waffenträger. Luther wusste auch um die Ambivalenz und den Zusammenhang von Musik und Frieden. Wenn unsere Mission dem Frieden Gottes für unsere Welt folgt, dann geht es um diese beiden Fragen:

Was ist die Mission der Musik? Und welche Musik hat die Mission, also unsere Bezeugung des Evangeliums?

Musik ist wie das ganze Leben des Menschen Antwort auf Gottes versöhnendes und friedensstiftendes Handeln und Ausdruck der Gemeinschaft, die Gott in Christus mit uns stiftet, erleidet und erneuert. Musik ist Bezeugung des Evangeliums in einer tieferen und ganzheitlicheren Form, als Worte allein es vermögen: „... davon ich singen und sagen will." Luther hat beide Weisen der Kommunikation des Evangeliums sehr häufig in einem Atemzug genannt: „Singen und Sagen". Weil das Evangelium ganzheitlich anspricht, kann sein Echo nicht nur aus Sprache bestehen. „Herz und Mund und Tat und Leben" sind die Formen der Bezeugung der Liebe Gottes zu uns Menschen. Herkunft und Wirkung des Glaubens sind nicht ohne Sinnlichkeit. Nicht umsonst folgt auf die gesprochene Botschaft des Engels von der Geburt des Heiland der Chor der himmlischen Heerscharen, die Gott die Ehre geben.

David und Saul haben offenkundig nicht zusammen musiziert. Wer weiß, ob Saul dann jemals den Speer geworfen hätte. Jeder von beiden blieb trotz der sanften Harfenklänge allein. Musik kann aber – wenn Gottes guter Geist in ihr wirksam ist – nie eine Einbahnstraße sein. Sie ist notwendig wechselseitig. Als Ausdruck des Evangeliums führt Gottes Heiliger Geist in seiner Gemeinschaft auch uns Menschen zusammen. Das ruft nach Antwort. „Lob Gottes ist nicht nur Botschaft als Aussage, sondern auch als Teilhabe, gegenseitige Annahme ... Man kann besser zusammen singen, als zusammen sprechen" hat Henning Schroer einmal formuliert.

In gemeinsamer Musik kommen Verbindlichkeit und Freiheit, jene beiden Schlüsselworte evangelischen Verständnisses unserer Beziehung zu Gott und zueinander, in besonders dichter Weise zusammen. Gegenüber musikalischen Formen empfinden Menschen eine größere Deutungsfreiheit als gegenüber rein sprachlichen. Der Bedeutungs- und Sinngehalt wird unmittelbar empfunden und freigegeben. Zugleich ist gemeinsames Singen und Musizieren alles andere als unverbindlich. Das Ich stimmt ein in Töne und Texte, die schon andere gesungen und gespielt haben. Es ist nicht mehr allein. Das Ich wird durch die Musik verbunden mit überindividuellen elementaren Stimmungen wie Freude, Jubel, Angst oder Schmerz, die den Einzelnen über die Zeiten mit der Kultur und Geschichte der Menschen zusammenschließen. Musik schafft Anschluss an Sinnpotentiale einer Tradition.

Mit dieser spannungsvollen Einheit von individuellem Erleben einerseits und der Teilhabe an der Tradition andererseits wird Musik in der Kirche und in der christlichen Gemeinde zum Ausdruck christlicher Spiritualität, die Freiheit und Bindung vereint.[2] „Vielleicht ist dies die geheimnisvolle Seite am Singen, dass ich etwas tue mit allen Kräften meiner Person und dass ich zugleich in der Tiefe meiner Person von etwas anderem angerührt werde", so vermutet Christa Reich.

Kommen wir zurück zu David und Saul. Was sie sind und werden, sind und werden sie aus Gottes Geist. Vielleicht ist das die Differenz: Von Saul und seiner der Musik zur Ehre Gottes wissen wir nicht viel. David jedoch ist mit Musik und Tanz von Gott begabt. Er singt und tanzt vor der Lade Gottes, die Ordnung und Freiheit enthält. Ihm werden viele Psalmen zugeschrieben. David lernt in seinem Leben schmerzhaft und leidvoll, auf manchem schuldbeladenen Irrweg und in der Tiefe seiner zerrissenen Existenz,

---

[2] Vgl. zu diesem Abschnitt Michael Nüchtern, Singen und Sagen. Zur Theologie der Kirchenmusik, www.ekiba.de/download/Nuechtern_Kirchenmusik.pdf (30.7.2010).

dass er sich letztlich allein in Gottes Geist bergen kann. Ihm bleibt die Musik in Klage und Lob.

Auch wir brauchen Formen, das zum Ausdruck zu bringen, was in Worten und Gedanken allein nicht zu fassen ist. Wir haben die notwendige theologische Differenz zwischen den Glaubensaussagen und dem Glaubensgrund zu respektieren und auszuhalten. Die Musik, das gemeinsame Singen sind Formen einer Spiritualität, die zu fassen versucht, was und wer nicht zu fassen ist, sondern uns erfasst.

Amen.

Grundfragen

Was macht das Harmonium am Himalaya?

Vom musikalischen Kulturwandel in der Ökumene [1]

Verena Grüter

Auftakt

Pfingstgottesdienst in der vollbesetzten Frauenkirche zu Dresden. Hoch über der Gemeinde in der Kuppel singt der Chor sechsstimmige Motetten von Heinrich Schütz, die Musik taut auf uns „herab wie ein Gregorianischer Gesang" (Antoine de Saint-Exupéry) – ein unvergessliches Geistereignis für die Festgemeinde!

Ein Geistereignis ganz anderer Art ereignet sich in Hamburg im *Internationalen Gospelgottesdienst „Different Colours – One People"*. An jedem zweiten Sonntag im Monat singen und beten Christinnen und Christen aus Westafrika und Deutschland gemeinsam in Englisch und Deutsch. Eine afrikanische Gospelband und ein deutscher Gospelchor bringen die Gemeinde schon beim Begrüßungslied in Bewegung und die Menschen lachen und klatschen ausgelassen, wenn die Kollekte unter Gesang und Tanz zum Altar gebracht wird.

Musik ist neben dem Wort die wichtigste Ausdrucksform des Glaubens. Sie prägt unsere Gottesdienste und spricht uns emotional unmittelbar an. Sie setzt uns in Beziehung zu uns selbst, indem sie Leib, Seele und Geist anspricht. Gemeinsam zu singen, zu musizieren oder zu tanzen setzt uns über alle Worte hinaus in enge Beziehung zu anderen Menschen. Schließlich wohnen der Musik transzendierende Kräfte inne, die sie zu einem bevorzugten Medium spiritueller Erfahrungen machen.

---

[1] Der vorliegende Artikel stellt die überarbeitete Version des Jahresthemas des EMW 2008 dar; siehe http://www.emw-d.de/fix/files/emw-jahresbericht%202007–08.3.pdf (2.8.10).

Fast ein Drittel aller regelmäßig in unseren Gemeinden engagierten Menschen sind in musikalischen Gruppen aktiv. [2] Dabei spiegeln insbesondere die Chöre die Vielfalt musikalischer Milieus wider – ein nicht zu unterschätzendes Potential, das aus der Weltökumene unsere Kirchenmusik bereichert hat. Zugleich spielt die Musik in unserer postmodernen Gesellschaft eine wichtige Rolle als Medium der Erfahrung von Transzendenz: Die Suche nach ästhetischer Erfahrung kann als Ausdruck der Suche nach Sinn verstanden werden, sieht man religiöse Erfahrung im Kern als ästhetische. [3] Dieser Suche nach religiöser Erfahrung als ästhetischer dient die Pflege klassischer Kirchenmusik, wie sie in vielen Citykirchen aufgeführt wird und in der neu errichteten Dresdner Frauenkirche einen symbolträchtigen Ort von weiter Ausstrahlung gefunden hat. Darüber hinaus hat die Entwicklung neuer Kirchenmusik seit der zweiten Hälfte des 20. Jahrhunderts der intensiven Suche nach ganzheitlicher Spiritualität, die über die Ästhetik traditioneller Kirchenmusik hinausgeht, Rechnung getragen. Die Musikstile fremder Kulturen spielen dabei eine nicht zu unterschätzende Rolle.

1960 schreibt die Evangelische Akademie Tutzing einen Liederwettbewerb aus, den Martin Gotthard Schneider gewinnt mit seinem Lied *Danke für diesen guten Morgen*. [4] In den folgenden Jahren ereignet sich eine kirchenmusikalische Revolution: Die populäre Musikkultur hält Einzug in die Kirchen, Komponisten wie Piet Janssens und Oskar Gottlieb Blarr komponieren Beatmessen und Sacropop, die auf Kirchentagen ganze Messehallen füllen. Einige Lieder – *Der Himmel geht über allen auf* oder *Selig seid ihr* – fanden den Weg sogar in unsere Gesangbücher. [5]

1958 erklangen auf dem Katholikentag in Berlin zum ersten Mal Negro-Spirituals. Trotz eines anfänglichen Widerstandes gegen diese Art von Musik war ihr Siegeslauf bald nicht mehr zu stoppen. Heute gibt es allein in und um Hamburg etwa 50 Gospelchöre. Seit einigen Jahren kommen viele Chöre von Migrationsgemeinden, besonders afrikanischer Provenienz, hinzu.

---

2   Gezählt 2007. Evangelische Kirche in Deutschland. Zahlen und Fakten zum kirchlichen Leben, Hannover 2007, 17. Für 2007 sind 368.000 Menschen in Kirchenchören erfasst, 98.000 in Posaunenchören und 57.000 in anderen Instrumentalkreisen.
3   Vgl. hierzu Wilhelm Gräb, Sinnfragen. Transformationen des Religiösen in der modernen Kultur, Gütersloh 2006.
4   Peter Böhlemann, Die Bibel im Neuen Geistlichen Lied, Vortrag auf der 28. Vollversammlung der Deutschen Bibelgesellschaft vom 19. bis 21. Mai 2008, 2.
5   In der Bayerischen Landeskirche war lange der *Silberpfeil* in Gebrauch, ein Begleitheft zum EKG, das moderne Kirchenlieder enthielt. Einige von ihnen sind ins EG übernommen worden.

Diese neue protestantische Musikkultur schafft sich ihre eigenen Szenen meist außerhalb der evangelischen Kerngemeinden. Neue Formen von Gottesdienst und Liturgie wachsen und erzielen missionarische Erfolge, Medienfirmen vermarkten christliche Gospel-, Folk-, Lobpreis-, Rock-, Pop- Soul-, Techno- und Punkmusik weltweit. Kein anderes Medium befördert den Kulturwandel des Christentums so stark wie die Musik. Was einst begann mit Geigen am Amazonas und dem Harmonium im Himalaya, ist längst als Gospel, Highlife oder Reggae zu uns zurückgekommen.

Ouvertüre – feierlich, getragen:

Eine göttliche Kunst!?

Musik ist dem Kult seit jeher verbunden, und die Frage, was zuerst da war – die Musik oder die Religion – wird wohl niemals eindeutig zu beantworten sein.[6] Auf den ersten Blick scheint es, als gebe es keinen religiösen Kult ohne Musik. In der griechischen und römischen Antike begleitete Musik die Opferhandlungen, um böse Geister und Dämonen vom Opfer fernzuhalten und die Götter, denen der Kult galt, herbeizurufen.[7] Sie wurde bei Initiationsriten zur religiösen Reinigung des angehenden Mysten eingesetzt und bereitete die Ekstase vor; dazu wurden ganz bestimmte Instrumente verwendet. Der ekstatische Zustand konnte jedoch auch zur Prophetie führen, so dass die Musik hier einen wichtigen Stellenwert für die Ausübung der Kunst der Seherinnen und Seher bekommt. Schließlich begleitete die Musik unverzichtbar die griechischen Dramen, deren Stoffe aus der Mythologie stammten und daher religiös waren.

---

6   Der Theologe Ulrich Barth vertritt – unter Rückgriff auf den Philosophen Arnold Gehlen – die These, dass „ein von allen konkreten Zwecksetzungen abgelöstes darstellendes Handeln wohl zu den kulturellen Urfunktionen der Menschheit gehört. Das würde bedeuten, dass Kunst und Religion nicht etwa als ursprünglich selbständige Größen für sich existierten und erst nachträglich miteinander kooperierten, sondern dass anfänglich beide einer gemeinsamen Sphäre angehörten, die wohl im Grenzbereich von sozialem Ausdrucksverhalten und kultisch-ritueller Praxis angesiedelt war." Religion und ästhetische Erfahrung. Interdependenzen symbolischer Erlebniskultur, in: Ulrich Barth, Religion in der Moderne, Tübingen 2003, 235–262; 235.

7   Diese und die folgenden Ausführungen beziehen sich auf die Untersuchung von Johannes Quasten, Musik und Gesang in den Kulten der heidnischen Antike und christlichen Frühzeit, Liturgiewissenschaftliche Quellen und Forschungen Heft 25, 2. Aufl. Münster 1973.

Grundlegend waren hierfür die philosophischen Einsichten des Aristoteles, der die Wirkungen von Musik auf die menschliche Seele empirisch erforschte. Er schrieb der Musik eine kathartische, reinigende Wirkung für das Gemüt zu und ordnete sie in die Kategorien ethische, praktische und enthusiastische Musik. Zugrunde liegt bei ihm die Annahme einer inneren Verwandtschaft zwischen Musik und Seele, so dass die Musik gleichzeitig die Bewegungen der Seele nachahmt und Emotionen weckt.

Wie keine andere Kunst war demnach die Musik in der Antike dem Götterkult verbunden. Für den Gottesdienst der ersten christlichen Gemeinden ist dies von kaum zu überschätzender Bedeutung, denn an der Gestaltung des Gottesdienstes entzünden sich die grundlegenden missionstheologischen Fragen nach der Wechselbeziehung zwischen Religion und Kultur.

Die enge Verbindung zwischen Kult und Musik blieb jedoch auch in der griechischen Antike nicht unwidersprochen: Plato ordnete die Musik in der menschlichen Seele dem „thymos" zu, dem irrationalen Teil der Seele, der dem rationalen „nous" untergeordnet war. Daher votierte er dafür, die Instrumentalmusik vom Kult auszuschließen und nur den Gesang zuzulassen, da er allein geistiger menschlicher Ausdruck sei. Andere griechische Philosophen kritisieren die menschliche Verehrung der Götter grundsätzlich, da die Gottheit keiner menschlichen Verehrung bedürfe. Die Beschäftigung bezahlter (!) Musiker im Kult widerspreche der Verehrung der Gottheit diametral. Ins Herz der Frage nach dem Verhältnis zwischen Kultur und Religion trifft aber die Kritik des jüdischen Philosophen Philo von Alexandrien: Die Vergnügungen während der kultischen Feiern „bei Flöten- und Zitherklang, Pauken- und Zimbelschall und sonstiger leichtfertiger, weibischer (sic!) Musik aller Art" entfache „mit Hilfe des Gehörsinnes die zügellosen Begierden. Denn in und durch dergleichen (Vergnügungen) suchen offenbar jene ihre Freude, da sie die wahre Freude nicht kennen."[8] Philo spricht damit das Ideal eines vergeistigten, reinen Gedankengottesdienstes aus, den auch einige philosophische Richtungen – vor allem der Neuplatonismus – entwickelten. Sie ordneten die Musik – entsprechend der platonischen Zuweisung der Musik zum *thymos* in der Seele – den niedrigsten Gottheiten zu, wohingegen das höchste göttliche Wesen der Melodien und Klänge nicht bedürfe und am besten im Schweigen zu verehren sei. Mit der Bemerkung über die „weibische Musik" lässt Philo zugleich durchblicken, wem er

---

8   Ebda., 71.

Sinnlichkeit und „zügellose Begierden" einerseits und die offensichtlich geistig verstandene „wahre Freude" andererseits zuordnet.

Wie sollten die ersten christlichen Gemeinden sich in diesem Kontext orientieren? Welche Formen konnten sie für ihren eigenen Gottesdienst aufnehmen, welche sollten sie neu entwickeln? Die Geschichte des frühen Christentums weist heftige Konflikte um die Frage auf, wie mit der vorgefundenen Kultur und besonders der Musik umzugehen sei.

Gesang, Instrumentalmusik und Tanz kommen bereits im Ersten Testament in kultischer Verwendung vor: Das Lied der Mirjam[9], die die Israelitinnen mit der Handpauke zum Tanz einlädt, legt die Vermutung nahe, dass es im frühen Israel eine Praxis des kultischen Tanzes gab. Kultischer Tanz, begleitet von Perkussionsinstrumenten, ist in vielen Religionen ein Medium, um zur Ekstase zu gelangen. Die Macht der Musik über böse Geister und damit ihre reinigende Funktion für die menschliche Seele spiegelt sich wider in der Erzählung von Davids Harfenspiel, das Sauls psychisches Leiden erleichtert.[10] Schließlich hatte der Kult im salomonischen Tempel eine reiche musikalische Ausgestaltung.[11]

Zugleich war jedoch bereits in früher israelitischer Zeit der Kult umstritten. In Michals Kritik am Tanz Davids bei der Überführung der Bundeslade[12] steckt die Abgrenzung des israelitischen Kults gegenüber kanaanäischen Fruchtbarkeitskulten, in denen die ekstatische und sinnliche Dimension von Musik eine wichtige Rolle spielte. Weiter noch geht die Kritik des Propheten Amos[13], der gegenüber einem verselbständigten Kult die Sozialethik als Hauptmerkmal des Jahweglaubens ins Feld führt. Insbesondere die Propheten stellen die soziale Praxis als Maßstab für den rechten Glauben in den Mittelpunkt, die ekstatischen Elemente des Kultes werden in den Hintergrund gedrängt.

Das Zweite Testament enthält nur sehr wenige Hinweise auf die Verwendung von Musik in den Gottesdiensten der ersten christlichen Gemeinden. Jesus selbst hat mit seinen Nachfolgerinnen und Nachfolgern das

---

9   Ex 15,20f.
10 1. Samuel 16.
11 2. Chronik 29,24–28, wo beim Opferkult Saiteninstrumente, Zimbeln und Trompeten erwähnt werden.
12 Vgl. 2. Sam 6,20.
13 Amos 5,23f: „Tu weg von mir das Geplärr deiner Lieder; denn ich mag dein Harfenspiel nicht hören! Es ströme aber das Recht wie Wasser und die Gerechtigkeit wie ein nie versiegender Bach."

jüdische rituelle Gebet gepflegt.[14] Im Umfeld des Judenchristentums wurde vermutlich die Praxis des Psalmengesangs weiter geführt; darauf weisen in nachpaulinischer Zeit der Epheser- und der Kolosserbrief[15] hin. Die scharfe Kritik vieler Kirchenväter an der Verwendung von Musik im christlichen Kult entzündet sich vor allem daran, dass diese Musik religiös anders besetzt ist. Aber auch der Einfluss von Philos Idee eines „vernünftigen Gottesdienstes" ist spürbar, wenn betont wird, dass Gott über menschliche Gefühle, die sich in der Musik ausdrücken, erhaben ist. Vielmehr sollten die Christen sich von ihren anders gläubigen Mitmenschen durch ein tugendhaftes Leben unterscheiden. Dies sehen sie durch die Ausübung von Musik bedroht, die sich eher an die emotionalen und psychischen Seiten des Menschen wendet.

Die Kontroversen um eine angemessene Musik für den jüdischen und christlichen Kult spiegeln auch die politischen, kulturellen und religiösen Verhältnisse der Levante wider, in der sich drei Kontinente und ihre Hochkulturen begegnen[16]. *Martin Luther* hingegen entwickelt im ausgehenden Mittelalter unter den Bedingungen einer homogen christlich geprägten mitteleuropäischen Gesellschaft eine erste Theologie der Musik, die für die Mission eine besondere Bedeutung hat und daher hier kurz skizziert werden soll.

Luther schätzt die Musik als *Donum Dei,* als Gabe Gottes. Ganz in der Tradition der mittelalterlichen Theorie von der „Musica naturalis" schreibt Luther in seiner Vorrede zu den *Symphoniae iucundae* des Georg Rhau: „Zuerst, wenn man die Sache selbst betrachtet, findet man, dass die Musik der Schöpfung von Anfang an eingegeben oder mit allen Geschöpfen, einzeln oder gemeinschaftlich, zugleich geschaffen ist."[17] Dazu verweist er auf die natürlichen Klänge wie Vogelstimmen etc. Eine Trennung von „geistlich" und „säkular" ist ihm daher nicht möglich: „Auch dass ich nicht der Meinung bin, durchs Evangelium sollten alle Künste zu Boden geschlagen werden und vergehen, wie etliche Abergeistlichen vorgeben, sondern ich wollte alle Künste, sonderlich die Musica, gern sehen im Dienste des, der sie

---

14 Mt 26,30: „Und als sie den Lobgesang gesungen hatten, gingen sie hinaus an den Ölberg."
15 Eph 5,19: „Ermuntert einander mit Psalmen und Lobgesängen und geistlichen Liedern, singt und spielt dem Herrn in euren Herzen." Kol 3,16: „(...) mit Psalmen, Lobgesängen und geistlichen Liedern singt Gott dankbar in euren Herzen."
16 Vgl. hierzu in diesem Band den Artikel von Thomas Staubli, Biblisch-levantinisches Musikerbe im Christentum und seine Relevanz für heutige transkulturelle Prozesse.
17 WA Bd. 50, 368f; Übersetzung der Verf.

gegeben und geschaffen hat." [18] Ihre höchste Erfüllung findet die Musik daher nach Luther im Lob des Schöpfers, ohne dass er die Musik allein auf ihre gottesdienstliche Funktion festlegt: „Wenn die Jungfrauen und jungen Gesellen Reigentänze aneinander absingen und das ehrlich mit Gesang und Gebärden zugeht, so ist das ein officium humanitatis, das mir wohl gefällt." [19] Aus dieser Haltung heraus konnte Luther auch unbeschwert Volkslieder mit geistlichen Texten versehen – eine Praxis, die für die Mission später von wegweisender Bedeutung war.

Andererseits klingt Philos Verachtung für die „zügellosen Begierden" an mitsamt ihren Implikationen für die Beziehung zwischen Geist und Leib, Männern und Frauen, Gott und Mensch, wenn Luther sich mit scharfen Worten gegen einen Missbrauch der Musik wendet, dessen Ursprung er – getreu seiner theologischen Überzeugung, dass Freiheit nur im Tun des Willens Gottes liegt – im Treiben des Teufels ausmacht: „Dieweil sie allein Gott, den Schöpfer aller Creaturn, mit solcher edlen Gabe (der Musik, Anm. d. Verf.) soll und will ehren und loben, so werden diese ungeratenen Kinder und Wechselbälge durch den Satan dazu getrieben, dass sie solche Gabe Gott dem Herrn nehmen und rauben und damit den Teufel, welcher ein Feind Gottes, der Natur und dieser lieblichen Kunst ist, ehren und damit dienen." [20]

Das geistliche Lied wird für Luther zu einem wesentlichen Medium der Verkündigung: „Denn Gott hat unser Herz und Mut fröhlich gemacht durch seinen lieben Sohn, welchen er für uns gegeben hat zur Erlösung von Sünden, Tod und Teufel. Wer solches mit Ernst glaubet, der kann's nicht lassen, er muss fröhlich und mit Lust davon singen und sagen, dass es andere auch hören und herzu kommen." [21] Hier wird besonders schön deutlich, wie für Luther die Neuschöpfung durch die Rechtfertigung zusammenfällt mit der schöpferischen Qualität und Kraft der Musik. Zugleich weist dieser Satz auch auf die wesentlichste seelsorgerliche Funktion hin, die Luther der Musik gibt, nämlich den Teufel zu vertreiben und negative Gefühle positiv zu verwandeln.

---

18 Aus Luthers Vorrede zu Johann Walthers Geistlichem Gesangbüchlein von 1525, WA Bd. 35, 475.
19 Aus den Tischreden, zit. bei Winfried Kurzschenkel, Die theologische Bestimmung der Musik. Neuere Beiträge zur Deutung und Wertung des Musizierens im christl. Leben, Trier 1971, 157.
20 Vorrede zu Rhaus Symphoniae iucundae, WA Bd. 50, 373f.
21 Aus der Vorrede zum Bapstschen Gesangbuch von 1545, WA Bd. 35, 477.

Im gemeinsamen Gesang der Gemeinde verwirklicht sich Luthers Idee des allgemeinen Priestertums aller Gläubigen: Sie nehmen aktiv an der Liturgie teil und bringen ihren Glauben selbst zur Sprache.[22] Indem Luther dem Kirchenlied die deutsche Sprache gegeben hat, hat er es zu einem missionarischen Medium ohnegleichen gemacht: Menschen, die nicht lesen konnten, haben sich durch die Lieder für den neuen Glauben gewinnen lassen. Und mancherorts haben Gemeinden die Reformation durchgesetzt, indem sie im Gottesdienst gemeinsam Luthers Lieder angestimmt haben. Im Wissen darum rief Luther dazu auf, neue Kirchenlieder zu schaffen, die „das Evangelium den Menschen ins Herz singen", also aktiv Mission treiben sollten. Für den Sieg der Reformation war dies entscheidend, ebenso für die weitere Entwicklung der protestantischen Kirchenmusik: Die Lieder von Paul Gerhardt, die Musik von Heinrich Schütz und Johann Sebastian Bach wäre ohne Luther nicht entstanden. Die Lutherischen Missionen haben sich diese Haltung zu eigen gemacht, wie später zu zeigen sein wird.

Die Schweizer Reformatoren nehmen zur gottesdienstlichen Musik eine viel distanziertere Haltung ein, was sich grundlegend auf den Umgang mit Kirchenmusik in der reformierten Tradition ausgewirkt hat: *Ulrich Zwingli* versteht die Musik – wie alle Künste – humanistisch als menschliche Erfindung, die wohl das Gemüt aufzuheitern vermag, dies aber nicht kraft eines göttlichen Ursprungs, sondern als schöne Kunst an sich. Seiner sehr verinnerlichten Auffassung vom Gottesdienst entsprechend, gibt es für Zwingli keine Begründung für den Gemeindegesang, den er scharf ablehnt. Philos Konzept eines „vernünftigen Gottesdienstes" im Geist steht hier Pate. *Calvin* schätzt zwar wie Luther die Musik als göttliche Gabe, hat aber vor allem ihre Wirkung auf die Gefühle im Blick und daher das, was er als Missbrauch der Musik empfindet. Um sie streng im Sinne des göttlichen Schöp-

---

22 Claudio Steinert, Towards a „Liturgical Missiology": Perspectives on Music in Lutheran Mission Work in South Africa, 73 (einsehbar über: uir.unisa.ac.za/bitstream/10500/1774/1/thesis.pdf [2.8.10]; veröffentlicht unter: Music in mission : mission through music. A South African case study, Pietermaritzburg 2007) „The singing of hymns was seen by Luther as an adequate means for the execution of the priesthood of all believers based on the justification of all sinners (C. Albrecht, Einführung in die Hymnologie, Göttingen 1995, 18). Singing together was the practical expression of the priesthood of all baptised people (C. Albrecht, Die gottesdienstliche Musik, in: Handbuch der Liturgik – Liturgiewissenschaft in Theologie und Praxis der Kirche, Hg. Von Schmidt-Lauber und Bieritz, Leipzig 1995, 516f). Hence, hymns written and sung in the vernacular were essential, because in the beginning Luther's chorales were passed on orally and accepted spontaneously by the mostly illiterate people of that time in Germany (Albrecht, Hymnologie 97f)."

fers zu verwenden, lässt Calvin im Gottesdienst lediglich den Psalmgesang nach festgelegten Regeln gelten. Die Orgelmusik wird in den Gottesdiensten der Züricher und Genfer Reformation – anders als bei Luther! – abgeschafft. Allerdings ist der Psalmengesang in Straßburg höchst missionarisch aktiv gewesen: Es kam in Mode, Psalmen auf der Straße zu singen als Bekenntnis zur Reformation.

Die Theologie der Reformation spiegelt die Ambivalenz christlicher Theologie hinsichtlich der psychischen und ekstatisch-transzendierenden Wirkungen von Musik wider. Protestantische Missionare sehen sich in der Begegnung mit anderen Religionen und Kulturen in neuer Schärfe mit diesen Fragen konfrontiert. Die Frage nach dem Verhältnis des Evangeliums zu anderen Kulturen, die „so alt ist wie das Evangelium selbst"[23], wird im 20. Jahrhundert vor allem auf den Weltmissionskonferenzen debattiert.

Intermezzo: Evangelium und Kultur

Bei der ersten Weltmissionskonferenz in Edinburgh 1910 wurde – ganz im Geiste des kulturellen Überlegenheitsgefühls des Westens – noch gefordert, dass Angehörige nicht-christlicher Religionen mit ihren Sitten und Gebräuchen brechen, wenn sie zum Christentum übertreten.[24] Damit wird die von Gustav Warneck vorgenommene Gleichsetzung von Christentum und westlicher Kultur aufgenommen und zunächst fortgeschrieben. Die ökumenische Debatte um den Kulturbegriff spiegelt – insbesondere in ihrer Hauptphase, beginnend mit der WMK in Bangkok 1973 bis zur WMK in Salvador da Bahia 1996 – die Suche nach einem angemessenen Kulturbegriff wider, der „sich an der Aufgabe der Kontextualisierung des Evangeliums in der Gesamtlebenswirklichkeit der Menschen orientiert."[25] Sie zeigt zugleich, wie in der Ökumene der Paradigmenwechsel „von einer kulturell monozentrischen Westkirche zu einer kulturell vielfältigen und daher poly-

---

23 Wolfgang Günther, Die Stellung der Salvador-Konferenz in der Geschichte der Weltmissionskonferenzen, in: Zu einer Hoffnung berufen. Das Evangelium in verschiedenen Kulturen. Elfte Konferenz für Weltmission und Evangelisation in Salvador da Bahia 1996, Hg. von Klaus Schäfer, Lembeck 1999, 38 – 52, hier 38.
24 Dietrich Werner, Mission für das Leben – Mission im Kontext. Ökumenische Perspektiven missionarischer Präsenz in der Diskussion des ÖRK 1961 – 1991, Rothenburg 1993, 270.
25 A. a. O., 268.

zentrischen Weltkirche"[26] verarbeitet wird, der die traditionellen expansiven und christozentrischen Konzepte von Mission ablöst auf dem Weg zu einem trinitarisch-pneumatologischen Verständnis der *Missio Dei*. Die Rezeption ökumenischer Kirchenmusik zeigt, wie kontrovers diese Frage bis heute ist. Als Grundform christlicher Spiritualität kommt ihr eine wichtige Funktion zu für ein neues Verständnis von Mission als „dialogische Identität in Beziehung", als „Begegnung mit dem Fremden".[27]

Ein erstes Abrücken von der Ineinssetzung der westlichen Kultur mit dem Christentum geschieht nach dem Ersten Weltkrieg, der die Überlegenheit westlicher Kultur infrage stellt. Auf der Weltmissionskonferenz in Jerusalem 1928 kommt es zu einer ersten Neubewertung nicht-westlicher Kulturen: „Wir wünschen sehnlich, die jungen Kirchen möchten das Evangelium ihrem eigenen Genius entsprechend ausdrücken, in Formen, die ihrem eigenen Erbe angemessen sind."[28] Dies bildet den Ansatzpunkt der *Theorie der Akkomodation*, der ersten systematischen Reflexion des Verhältnisses von Kultur und Evangelium.[29] Die WMK in Jerusalem stellt fest, dass hinsichtlich des Evangeliums alle Kulturen gleichrangig sind und in gleicher Weise der Mission bedürfen. Dies gilt insbesondere auch gegenüber dem Säkularismus, der als ambivalente Form moderner westlicher Zivilisation und größte Gefahr für das Christentum sehr kritisch beurteilt wird.

Unter dem Eindruck des beginnenden Faschismus in Europa wird bei der WMK in Tambaram 1938 im Sinne der dialektischen Theologie Hendrik Kraemers jeder offenbarungstheologischen Qualität von Kultur und Nation eine Absage erteilt, wobei unter missionspragmatischen Gesichtspunkten eine Anpassung des Christentums an kulturelle Formen und Inhalte möglich erscheint. In dieser Akkomodationstheologie gilt die Einheit des Christentums durch die Identität des Evangeliums als gewährleistet: „Eine einheimische Kirche, sei sie alt oder jung, lebe sie in Ost oder West, ist eine Kirche, die im Gehorsam zu Christus gegründet ist und spontan die Denkstrukturen und Lebensformen ihrer Umgebung in Gebrauch nimmt. Solch eine Kirche entsteht aus der Antwort auf Christi eigenen Ruf. Die jungen Kirchen mögen nicht achtlos an den Erfahrungen und Lehren der alten Kirchen vorbeigehen ... Doch soll jede von ihnen auch

---

26 Ebda.
27 Vgl. hierzu Theo Sundermeier, Begegnung mit dem fremden. Plädoyer für eine verstehende Missionswissenschaft, in: Evangelische Theologie 50 1990, 390ff.
28 H. J. Margull (Hg.), Zur Sendung der Kirche, München 1963, 21f.
29 Werner, Mission, 273.

mit neuen Zungen das gleiche Evangelium bezeugen, d. h. so, dass es in direkter, klarer und enger Beziehung zu dem kulturellen und religiösen Erbe des eigenen Volkes steht."[30] Spricht hier noch die Überzeugung, dass in allen kulturellen Formen des Christentums doch dasselbe Evangelium steckt, so entzündet sich in der Folgezeit die Diskussion daran, was denn dieses selbe Evangelium ist. Während Vertreter der dialektischen Theologie wie der Religionsgeschichtler H. Kraemer die kritische Funktion des Evangeliums gegenüber jeder Kultur betonen, sehen andere wie der Philosoph W. E. Hocking grundlegende Werte in allen Kulturen, die es gemeinsam zu entdecken gilt im Kampf gegen den Säkularismus.

Die Wende von der Akkomodationstheologie zur Kontextualisierung vollzieht sich in den 70er Jahren. Unter dem Einfluss der Befreiungstheologien diskutiert die Weltmissionskonferenz in Bangkok 1973 die Frage nach dem „Heil der Welt heute" und verbindet sie mit einer kritischen Analyse der Machtstrukturen. Mit der Forderung nach Kontextualisierung geht die Behauptung einer eigenständigen kulturellen Identität einher. Für die Frage nach dem Verhältnis zwischen Evangelium und Kultur wird in Bangkok die Formel gefunden: „Die Kultur formt die menschliche Stimme, die der Stimme Christi antwortet."[31] Die WMK in Bangkok markiert damit eine Wende im Verständnis von Kultur: Erstmalig taucht in der Debatte ein moderner kulturanthropologisch-sozialer Kulturbegriff auf, der eine Unterscheidungen in „höhere" und „niedrigere" Kulturen unmöglich macht. Dieser wird in der Folge leitend für die theologische Debatte.

Unter dem Thema *Zu einer Hoffnung berufen. Das Evangelium in verschiedenen Kulturen* wird 1996 in Salvador da Bahia die Frage nach dem Verhältnis von Evangelium und Kultur explizit diskutiert. Dabei stehen wiederum Vertreterinnen und Vertreter der Akkomodationstheologie solchen einer kulturkritischen theologischen Position gegenüber. Die Formel, mit der die WMK diese Spannung zu lösen versucht, ist die des „einen Evangeliums in den verschiedenen Kulturen".

Die Diskussion um Kultur und Macht wird auch in den Kulturwissenschaften geführt und seit einiger Zeit unter dem Begriff des „cultural turn" artikuliert. Kennzeichnend für diese Wendung ist eine antikolonialistische Haltung, die im Zuge der Befreiungsbewegungen seit den ausgehenden

---

30 Margull, a. a. O., 51, zit. bei Günther, Salvador-Konferenz, 42.
31 Johannes Triebel, Erfahrungsbericht aus Sektion 1: Authentisches Zeugnis in jeder Kultur, in: Schäfer, Hoffnung, 79–86, 82.

50er Jahren des 20. Jahrhunderts aufdeckt, wie kulturelle Zuschreibungen an die „anderen" mit bestimmten Interessen verflochten sind: „Difference is not something simply to be noted; it is, most often, something in which one has a stake. Above all it is a political matter."[32] Auch die ökumenische Bewegung steht vor der Frage, wie Differenzen wahrgenommen und Zusammenleben jenseits alter und neuer kolonialer Muster gestaltet werden kann. Sie muss sich von vertrauten Konstruktionen kohärenter Identitäten und stabilisierender Zentren verabschieden und nach neuen Modellen von Einheit suchen. Dieser „pneumatologische turn" begann sich bei der Vollversammlung des ÖRK in Canberra 1991 zu formulieren: „Der ‚pneumatologische Turn' in der Ökumene eröffnet, so scheint es, neue Möglichkeiten der Interpretation von unkontrollierbaren, rhizomatisch-transkulturellen Veränderungs-, Vermischungs- und Differenzierungsprozessen und frische Perspektiven für den Umgang mit den dadurch entstehenden Unsicherheiten hinsichtlich der christlichen und konfessionellen Identität."[33]

Die Musik der christlichen Kirchen trägt in einzigartiger Weise zu diesen Veränderungs- und Vermischungsprozessen bei, macht Ökumene weltweit erfahrbar, transportiert Theologien und die verschiedensten Formen von Spiritualität rund um den Globus. Daher entzünden sich auch an ihr von jeher die Konflikte, wie Kultur christlich zu gestalten ist. Drei Fragedimensionen tauchen dabei in immer neuer Gestalt auf:

– Die schöpfungstheologische Frage nach den verschiedenen Facetten des Menschseins – kognitiv, affektiv, psychisch – und ihrer Zu- bzw. Unterordnung.
– Die Frage nach der kritischen Funktion des Evangeliums in Bezug auf Machtstrukturen.
– Und als übergreifende Frage diejenige nach Gott und den Göttern und damit nach der rechten Gottesverehrung.

An diesen Fragen entzünden sich die Kontroversen um die gottesdienstliche Musik, die die Missionsgeschichte durchziehen und die Kirchen zu immer

---

[32] Jonathan Z. Smith, What a Difference Difference Makes, in: Ders., Relating Religion, Essays in the Study of Religion, Chicago/London 2004, 251–302, hier 252. zit bei Claudia Jahnel, Vernakulare Ökumene in transkultureller Einheit. Ökumenische Theologie nach dem Cultural Turn, in: Interkulturelle Theologie. Zeitschrift für Missionswissenschaft 1/2008, 10–33; 15.
[33] Jahnel, a.a.O., 28.

neuen Antworten herausfordern. Zugleich wird deutlich, wie die geistliche Musik ihre Vollendung in der Doxologie findet, im Lob Gottes – und doch immer wieder die Frage aufwirft, auf welche Weise Menschen in dieses Lob einstimmen und damit die Einzigkeit Gottes gegenüber anderen Göttern behaupten.

Ein mögliches Interpretationsmodell für diese Prozesse ist das der „kenotischen Inkulturation", wie es Theo Sundermeier vorschlägt: „Auf dem Wege der kenotischen Inkulturation bleibt niemand so, wie er zuvor war. Er (der Missionar, Anm. d. Verf.) erkennt die kulturelle Begrenzung seines bisherigen Wissens von Gott und lässt sich verändern. Verändern wird sich aber nicht nur der Missionar, sondern auch die sendende Kirche. Verändert wird durch das Evangelium auch die Kultur, in die hinein es inkarniert. Es verändert sich schließlich die Botschaft selbst." [34] Wie sich diese Veränderungsprozesse in der Musik vollziehen, wie kulturelle Zuschreibungen und auch Befreiung davon geschieht, indem Musik das Evangelium kulturbestärkend oder kulturkritisch auslegt und musikalische Traditionen umgekehrt theologisch kritisiert werden, soll jetzt in drei musikalisch-theologischen „Sätzen" zu Gehör gebracht werden.

1. Satz a modo di marcia di trionfo: „Lobt Gott, ihr Christen, alle gleich" oder: „The world in unison"

Wie kam das Harmonium an den Himalaya? Der Kurzfilm *The world in unison* [35] erzählt die Geschichte von Musik in der Mission mit historischen photographischen Aufnahmen und Tondokumenten. Sie zeigen den Siegeszug europäischer Musik seit der Ankunft westeuropäischer Missionare in Westafrika Ende des 19. Jahrhunderts. Erst nach heftigen Kontroversen und teilweise auf dem Weg über einheimische Volksmusik entstehen durch Verschmelzung mit einheimischen Musikstilen neue, international anerkannte

---

34 Theo Sundermeier, „Inkulturation als Entäußerung", in: Pentecost, Mission and Ecumenism. Essays on Intercultural Theology, Hg. von Jan A. B. Jongeneel u. a., Frankfurt am Main 1992, 213. zit. bei: Benjamin Carstens, Christliche Mission und indigene Musik. Aspekte des musikalischen Kulturwandels anhand ausgewählter Beispiele, Hildesheim 2006., 32.
35 Village Bands: The World in Unison, in: The Great Mission Adventure, developed in partnership with Comité Francais de Radio-Television and Telecre with gracious backing of Signis. Bisher unveröffentlichter Pilotfilm zu einer Fernsehserie. Siehe die DVD zum Buch.

Formen wie Jazz, Rock und Hip Hop. Anhand der Beispiele einiger deutscher Missionsgesellschaften sollen dieser beispiellose Kulturwandel und die damit verbunden Konflikte in den Kirchen kurz skizziert werden. Dabei bildet Afrika einen geografischen Schwerpunkt.

Musik ist Weltsprache und sie war für die Missionare in unentdeckten Ländern lange Zeit ihr erstes Kommunikationsmittel. Sie bringen ihre eigene Musik mit und setzen sie gezielt missionarisch ein, wie es z. B. der Vater der Missionswissenschaft, Gustav Warneck, empfiehlt: Missionare sollen auch musikalisch ausgebildet werden – „weil die Gemeindesituation es erfordert und weil ‚gerade die so genannten Naturvölker, wenn auch nicht sämtlich musikalisch hoch veranlagt, doch musikliebend sind, und (...) der unmusikalische Missionar ein einflussreiches Mittel der Anlockung wie der Erziehung entbehrt."[36] So wurde beispielsweise in der Leipziger Mission großer Wert auf die musikalische Ausbildung der Missionare gelegt und in ihren Liederbüchern für die Missionsgemeinden fanden sich besonders viele Lieder Paul Gerhardts.[37]

Zinzendorf führte die so genannten „Singstunden" ein, die er selbst als „Brennpunkt des geistlichen und gemeindlichen Lebens" bezeichnete. Außerdem bekam die Kirchenmusik mit dem Herrnhuter Londoner Gesangbuch von 1753 erstmals eine „ökumenische Blickweite", das 3627 Lieder enthielt und Einfluss auf die kleineren Ausgaben der Brüdergemeine hatte. Vor allem aber entstand mit der Übersetzung von 70 Brüdergesangbüchern in elf Sprachen und mit der Herausgabe von 40 Gesangbüchern für die Missionsgebiete eine einzigartige, weltumspannende Gesangbucharbeit.[38] Die Herrnhuter Weisen beeinflussten auch John Wesley, so dass sich die Wurzeln des „englischen Liedes" nach Herrnhut zurückverfolgen lassen.

So singen die afrikanischen Gemeinden der deutschen Missionen im 19. und beginnenden 20. Jahrhundert vor allem lutherische und neupietistische Lieder, die lediglich in die jeweilige Sprache übersetzt werden. Eine konstruktive Auseinandersetzung mit der jeweiligen einheimischen Musik findet nicht statt. Musik steht hier deutlich im Zeichen deutscher kolonialer und militärischer Macht. Für Ostafrika belegt Wolfgang Kornder dies anhand der Liederbücher, die bei den Gemeinden der deutschen – vor allem

---

36 Wolfgang Kornder, Die Entwicklung der Kirchenmusik in den ehemals deutschen Missionsgebieten Tanzanias, Erlangen 1990, 41.
37 A. a. O., 42.
38 A. a. O., 40.

Herrnhuter und Leipziger – Missionsgemeinden im Gebrauch waren: Die „Reichslieder", das Posaunenbuch von Johannes Kuhlo, die „Große Missionsharfe" und die Zahn'sche Liedsammlung sowie das „Bayerische" und das „Sächsische Choralbuch". Während das Reichsliederbuch zunächst einen großen Teil Lieder englischen Ursprungs enthielt und erst in den späteren Auflagen noch stärker deutsches Liedgut aufnahm, bildeten deutsche Lieder den Inhalt aller anderen erwähnten Sammlungen. Viele von ihnen entstammten der Erweckungsbewegung des 19. Jahrhunderts. Daneben wurden auch Lieder von Paul Gerhardt aufgenommen sowie deutsche Choräle und geistliche Volkslieder.[39] Die lutherischen Choralbücher enthielten Lieder Luthers sowie der Lutherischen Orthodoxie und des Pietismus.[40]

Auf Zinzendorf gehen auch die Anfänge der Posaunenchöre zurück, die sich in den pietistisch-erwecklichen Kreisen und in der kirchenmusikalischen Restauration durchsetzten. In der Inneren Mission wurden sie bald schon für ‚Posaunenmissionen' eingesetzt.[41] Ein Zentrum der Posaunenmission liegt in Bethel, wo unter Bodelschwingh Eduard und Johannes Kuhlo wirkten, die die Posaunenarbeit ausbauten. Mit der Bethelmission kamen die Posaunenchöre nach Ostafrika und lösten bei den dortigen christlichen Gemeinden offenbar große Begeisterung aus: „Die Freude am Blasen will kein Ende nehmen, und der Eifer hält ungemindert an.", zitiert Wolfgang Kornder den Missionar Nüßler.[42] Die fremden Klänge rufen jedoch auch erschütterte Reaktionen hervor: „Posaunenchöre waren am Meru unbekannt, und die Reaktion war deshalb enorm: Heiden sahen ihr Ende gekommen, Christen waren tief gerührt und vergossen Tränen, Hunderte, manchmal Tausende von Menschen wurden durch das Ereignis mobilisiert."[43] Das Repertoire der Posaunenchöre speiste sich aus deutschen Chorälen, Volksliedern und Märschen. Dieser Kombination hatte der „Posaunengeneral" Johannes Kuhlo durch seine Bearbeitungen von Marschmusik Vorschub

---

39 A.a.O., 42f.
40 Vgl. Steinert, 112 f.: „The first hymn book used by the Hermannsburg missionaries in their German and later also in their African congregations was based on the *Lüneburgisches Kirchengesangbuch* (1876)." Theodor Harms gab 1915 *Das singende und betende Zion* heraus: „Once again, just the texts were given; almost exclusively written in Reformation time, the period of Lutheran Orthodoxy and the time of Pietism. It further included a separate section with specific mission hymns, all of which had been written by 19th century composers (Knak, Knapp and Krummacher)."
41 Kornder, 102.
42 A.a.O., 103.
43 Ebda.

geleistet. Unter afrikanischen Christen wurde die deutsche Militärmusik gern rezipiert und theologisch als göttlicher Kampf gedeutet: „Die Posaune wurde Sinnbild der Verkündigung und damit eine Art Kampfinstrument für Gott, mit dem man ‚Feldzüge' durchführte. Man fühlte sich im ‚Kampf' mit der Welt." [44]

Der richtete sich gezielt gegen die einheimische Religion: „1930 kam es zu einem gewissen Höhepunkt, als in Hohenfriedberg (Mlalo) ein ‚Kantatenfest' mit 350 Sängern und 30 Posaunenbläsern gefeiert wurde. Dieses Ereignis war das erste größere Kirchenmusiktreffen in den deutschen Missionsgebieten. Man war dabei, die Kirchenmusik als Kampfinstrument gegen das Heidentum auszubauen." [45] Allerdings wird dieser deutsche Kulturimperialismus ausgerechnet von der britischen Kolonialmacht infrage gestellt, wie folgende Anekdote erzählt: Als Pfarrer Jakob Ngombe von Tanga im Januar 1925 einen Posaunenchor aus Usambara einladen will, wird ihm vom britischen Verwaltungsbeamten die Genehmigung verweigert mit der Begründung, Trompeten seien „Dinge von Trunkenheit und Unsittlichkeit", und in ganz Europa würden keine Trompeten im Gottesdienst gebraucht. Lakonisch kommentiert Kornder: „Jakob Ngombe musste sich beugen und hatte eine schlaflose Nacht, in der er über Trompeten im Gottesdienst nachdachte." [46] Ob er wohl, irritiert durch die widersprüchlichen Einschätzungen europäischer Christen zur Posaunenmusik im Gottesdienst, seine eigene Kultur in einem neuen Licht gesehen hat?

Gegenüber indigener Musik kamen seitens der Missionare jedoch besondere Gründe hinzu, aus denen heraus sie sie ablehnten: Zuerst natürlich die enge Verknüpfung der traditionellen Musik mit der traditionellen Religion bis hin zur magischen Rolle musikalischer Handlungen, mit denen ein Bruch vollzogen werden muss, soll es zu einer neuen religiösen Besetzung der Musik durchs Christentum kommen; der teilweise ausdrücklich sexuelle Charakter vieler Tänze; die Rolle indigener Musik bei Gewaltexzessen und kriegerischen Auseinandersetzungen; schließlich natürlich die Sorge, es

---

44 A.a.O., 109. Vgl. auch Anm. 43, 241: „Gerhard Kubik postuliert für die Zeit nach 1885 einen zunehmenden Einfluss deutscher Militärmusik. Die Militärkapellen mussten einen starken Eindruck auf die Einheimischen ausgeübt haben. Fahnen, Uniform, Marschformationen wurden, wie das Beispiel zeigt, sogar von Posaunenchören vereinnahmt. Das Militärische konnte ohne Probleme aufgenommen werden, denn analog zum Militär vertrat man die Vorstellung der zum Kampf Gottes ausziehenden Posaunen."
45 A.a.O., 106.
46 A.a.O., 107.

könnte Synkretismus befördert werden oder die einheimischen Christen könnten wieder in ihre traditionelle Religion zurückkehren.[47] In Afrika gehen die Missionare wegen der Verbindung mit Sexualität, Beschneidungsriten und Alkoholexzessen vor allem gegen den Tanz vor.[48] Dabei spielte jedoch auch hinein, dass bereits in Deutschland innerhalb bestimmter protestantischer Kreise der Tanz als „sündhaft" abgelehnt wurde; im afrikanischen Kontext wurde dies dann zusätzlich mit „Heidentum" und „Alkohol" assoziiert.

Einzelne Missionare verändern in der Begegnung mit den Einheimischen jedoch ihre Ansichten, beginnen auf die indigene Musik zu hören, greifen behutsam deren Formen auf – auch den Tanz! Im August 1911 treffen sich in Dar-es-Salaam – angestoßen durch die Weltmissionskonferenz in Edinburgh 1910 – die fünf deutschen Ostafrika-Missionen und beraten darüber, für alle Gebiete übergreifend ein Kiswahili-Gesangbuch zu erstellen. Darin sollen auch „die den Eingeborenen abgelauschten Wechselgesänge oder vielmehr rezitierenden Chöre"[49] aufgenommen werden. Dies waren erste zaghafte Einsichten einiger weniger, die durch persönliche Begegnung und Erfahrung begonnen hatten, an der Überlegenheit der deutschen Kultur zu zweifeln. Wenige Jahre später wurden sie von der Katastrophe des Ersten Weltkrieges überholt, in dem das Bild des christlichen Abendlandes und mit ihm zusammen der deutsche Kulturimperialismus in Schutt und Asche sanken.

Ganz anders ging zur selben Zeit Heinrich Zahn in Neuguinea mit der einheimischen Musik um.[50] Als lutherischer Missionar gab er zunächst 1909 ein Liederbuch in der einheimischen Jabem-Sprache heraus, das ausschließlich übersetzte Choräle enthielt. Indem er die neuen Texte auch der einheimischen Denkweise anpasst, tut er einen wichtigen Schritt zur Kontextualisierung des Christentums. Seine sprachwissenschaftlichen Forschungen führten dazu, dass er 1917 ein Wörterbuch Jabem – Deutsch vorlegte. Schon früh begann er außerdem, einheimische Melodien mithilfe seiner Blockflöte zu transkribieren. Dabei entdeckte er die Eigenheiten des

---

47 Benjamin Carstens, Christliche Mission und indigene Musik. Aspekte des musikalischen Kulturwandels anhand ausgewählter Beispiele, unveröffentlichte Diplomarbeit im Studiengang „Kulturwissenschaften und ästhetische Praxis", Hildesheim 2006, 38f; Carstens greift hier auf Untersuchungen von McLean und Schrag zurück.
48 Kornder, op.cit. 32f.
49 A.a.O., 72.
50 Die folgenden Ausführungen basieren auf Carstens, 60–79.

musikalischen Systems der Jabem, u. a., dass die meisten Lieder keinen Takt nach europäischem Muster hatten und auch anderen Tonsystemen folgten. Die Jabem maßen diesen Transkriptionen einen sehr hohen Stellenwert zu: Hatte in ihrer bis dahin mündlichen Tradition der Komponist einer Melodie die Autorität, ihren Verlauf zu bestimmen und sie auch zu variieren, so kam nun der schriftlichen Transkription die letzte Autorität über die Melodie zu. Carstens weist darauf hin, dass es sich hier um einen wichtigen musikalischen Kulturwandel handelte, der von Zahn keineswegs intendiert gewesen sei.

Der entscheidende Schritt erfolgt, als Zahn beginnt, zu einheimischen Melodien eigene Texte zu verfassen. 1917 gibt er dann das erste Gesangbuch heraus, das 205 Lieder auf Jabem-Melodien enthält – was Carstens als „großes Novum in der Kirchengeschichte von Neuguinea" [51] bezeichnet. In seinem 1920 fertig gestellten Manuskript *Mission and Music: Jabem Traditional Music and the Development of Lutheran Hymnody* [52] schreibt er den deutschen Choralmelodien gleichwohl einen Wert zu: „Now that I know a considerable number of native songs and lean towards the suggestion that we should, for reasons I will discuss in a later section, give up our European melodies and let the natives sing their own melodies, I am not belittling all our work on the hymns so far. It can clearly be seen from the hymns written by the natives how they have used the treasure of hymns created by us and have allowed their minds to be stimulated by these." [53] Offenbar kann Zahn bereits am Umgang der Jabem mit ihrer eigenen Musik einen Kulturwandel aufgrund des Einflusses der deutschen Choralmelodien beobachten. Dennoch haben seine ethnologischen Studien ihn zu der Schlussfolgerung kommen lassen: „Our European melodies are and remain foreign to the natives." [54]

Einzigartig ist seine Erfindung des Muscheltrompetenorchesters. 1925 zunächst aus pädagogischen Zwecken eingeführt, um die Intonation beim Singen westlicher Choräle zu verbessern, wurde es bald zu einer Attraktion: Der Klang einheimischer Instrumente mischte sich mit den Melodien westlicher Choräle. Als Zahn 1928 zehn Blechblasinstrumente aus Bayern geschenkt bekam, konnte er einen ersten Posaunenchor zusammenstellen,

---

51 Carstens, 71.
52 Übersetzt von Philip Holzknecht und herausgegeben von Don Niles, erschienen 1996 beim Institute of Papua- New Guinea Studies in Boroko, Port Morsby.
53 Zahn, 141.
54 A. a. O.; 143.

und bald bliesen Muscheln und Posaunen doppelchörig. Auch hier zeigt sich, dass die musikalische Kultur von Zahn nur teilweise bewusst verändert wurde. Manches entwickelte sich völlig anders als intendiert. So auch der Gebrauch der Tänze, zu denen Zahn eine zwiespältige Haltung einnahm: Er studierte sie ethnologisch, kam aber zu keiner einheitlichen Bewertung. Weil in den Tänzen häufig erotische und animistische Praktiken miteinander verbunden werden, geben die Christen sie allmählich ganz auf. Und obwohl Zahn darin einerseits eine Konsequenz des Glaubens erblickt, bedauert er andererseits, sie nicht intensiver ethnologisch studieren zu können. 1923 wurden die Tänze auf Wunsch einheimischer Christen jedoch ganz verboten. Der alte Konflikt um die Frage, ob gottesdienstliche Musik auch die affektiven Seiten der Menschen ansprechen darf, wird – wieder einmal! – zugunsten von Philos „vernünftigem Gottesdienst" entschieden. Erst seit Ende des 20. Jahrhunderts fanden sie Eingang in die christliche Spiritualität der Papuaner: „We want to express either happiness or sadness or any other feelings with our whole body. This is very important for our worship. Our liturgy is dancing of life."[55]

Wie kommt es zu dieser neuen Perspektive? Welche Prozesse trugen dazu bei, dass der Tanz in die christliche Liturgie Eingang fand? Möglicherweise spielt hier eine Rolle, dass die Beschäftigung mit christlicher Kunst zu einer gewissen Säkularisierung der einheimischen religiösen Kunst führte: Anders als in animistischen Religionen, bei denen die künstlerische Darstellung den Geist oder Urahn real präsent macht, handelt es sich in christlicher Kunst immer nur um ein Abbild. Insofern ist christliche Kunst vergleichsweise profan. So wird plausibel, dass vernakulare Kirchen nach mehreren Generationen Elemente ihrer eigenen musikalischen Kultur, nun ihres ursprünglichen religiösen Charakters entkleidet, wieder aufnehmen können.[56] Zugleich zeigt die Aussage des Papuaners, dass die Christinnen und Christen in PNG liturgische Formen gefunden haben, die auch Emotionalität und Leiblichkeit einbeziehen und so die alte Abwertung überwinden, die seit Philo starken Einfluss auf die christliche Kirchenmusik ausgeübt hat.

Zu den von den Missionaren unbeabsichtigten Formen musikalischen Kulturwandels gehört auch, dass die von ihnen eingeführten Lieder – zu-

---

[55] Alexander Dawia, Indigenizing Christian Worship, in: Point. Forum for Melanesian Affairs 9/1980, 13–60; 26.
[56] So die These von Benjamin Carstens, 45f.

sammen mit der Musik der Händler und Seeleute – zur Entstehung populärer Musik beitrugen.[57] Sie machten unter den Einheimischen die europäische Diatonik und grundlegende Dreiklangsharmonik bekannt. Außerdem aber gingen aus den Chören der Missionsschulen die „singing bands" hervor, die in Ghana früh populäre Musik hervorbringen. Die *Union Trade Company,* die aus der Basler Mission hervorgegangen war, brachte zwischen 1931 und 1957 Aufnahmen mit westafrikanischer Highlife-Musik hervor. Sie veranschaulichen, wie religiöse und säkulare musikalische Traditionen sich mischen und neue Formen hervorbringen. Ephraim Amu, Prediger und Kirchenmusiker in der Ghanaischen Presbyterianischen Kirche in den 1920er Jahren, komponierte Kirchenlieder und auch säkulare Vokalmusik, beides beeinflusst vom Highlife. Sein Engagement für die Inkulturation kostete ihn seine Stelle bei der Kirche und öffnete ihm gleichzeitig die Tür für eine akademische Laufbahn. Er gilt als Vater der ghanaischen Kunstmusik.

2. Satz Allegro con fuoco: „Togo trommelt seine Antwort"[58] oder: Wider die „totale Diktatur des Harmoniums"[59]

Die Dekolonisierungsprozesse der 50er, 60er und 70er Jahre bringen die Debatten um kontextuelle Theologien und, verbunden damit, auch um die Entwicklung einer eigenen Kirchenmusik. Es kommt in den jungen Kirchen – angestoßen vielerorts durch die westlichen Missionen, die nun die Sorge hatten, dass nach dem Zerfall der Kolonialreiche die Missionskirchen zu westlichen Überbleibseln ohne Lebenskraft in ihren jeweiligen Ländern würden – zu spannungsvollen Bewegungen hin zu einer Inkulturation des Christentums und damit zu einer theologischen Neubewertung der je eigenen Musik und Kultur. Dies geht allerdings nicht ohne innere Spannungen ab, denn die ersten Generationen von Christinnen und Christen, die ihren Glauben mit der Musik der westlichen Missionare ausgedrückt hatten – die ihnen nun zur eigenen Kultur geworden war! – konnten sich mit dieser Rückwendung zu vorchristlichen Traditionen nicht abfinden. Die Frage, wie die gottesdienstliche Musik als Auslegung und Verkündigung des Evange-

---

57 Carstens, 45f.
58 So der Titel eines Artikels von Erich Viering in Wort in der Welt 6/1969, 189–192.
59 So der Kirchenhistoriker Ernst Benz nach einer Asienreise 1954.

liums Machtstrukturen unterstützt oder kritisch hinterfragt, wird hier also in doppelter Weise virulent: Einmal auf der gesellschaftlichen Ebene, auf der die Kirchen sich zu den politischen Unabhängigkeitsprozessen ihrer Länder verhalten und einmal innerkirchlich zwischen den verschiedenen christlichen Generationen und ihrer Auffassung von christlicher Kultur und Musik. Dies wird im folgenden deutlicher.

Literarisch schlägt sich diese Kontroversen nieder in Veröffentlichungen zur kirchlichen Musik, Architektur und zum kulturellen Brauchtum. Die Zeitschrift *Wort in der Welt* spiegelt diese Diskussion in jenen Jahrzehnten. In dem Artikel „Überkommene Form und eigene Antwort – Das Ringen um eine einheimische Gestalt in den Kirchen Asiens und Afrikas" [60] bezeichnet Werner Rannenberg das Vorherrschen westlicher kultureller Einflüsse in den Kirchen Afrikas und Asiens deutlich als „falsches Ärgernis", das mit dem Evangelium nicht nur nichts zu tun habe, sondern darüber hinaus die einheimischen Christinnen und Christen selbst in politisch sehr schwierige Situationen geführt hat.[61] Die Forderung nach Inkulturation des Christentums ist daher nicht nur eine religiöse, sondern eine eminent politische. Unter Berufung auf Truman Niles schreibt Rannenberg: „Die Hauptgefahr für die jungen christlichen Gemeinden ist heute nicht mehr der ‚Synkretismus', die Vermischung mit fremden Religionen, sondern der ‚Ghettoismus', die Abkapselung und Einschnürung der Gemeinde auf einen religiösen Bezirk, der keine lebendige Beziehung zum Leben des Volkes Gottes hat."[62] Rannenberg benennt die enge Verbindung zwischen kulturellen Ausdrucksformen und einheimischer Religion, begrüßt aber dennoch alle Ansätze zur Inkulturation, die insbesondere durch die Weltmissionskonferenz in Achimota angestoßen wurden: Lieder im christlichen Gesangbuch in Hongkong, die auf der Grundlage chinesischer Melodien und Teilen von konfuzianischer und buddhistischer Liturgien komponiert wurden; Elemente traditioneller Tänze in christlichen Liturgien in Afrika, auf Sumatra

---

60 Wort in der Welt 4/1960, 57–62.
61 „Jedenfalls konnte es geschehen, dass viele Nichtchristen ein falsches Ärgernis in den Blick bekamen: nicht das Ärgernis des Kreuzes, sondern das Ärgernis an einer besonderen Form der Missionsarbeit, die sie als eine Ausprägung des westlichen Kulturimperialismus ansahen. Dieses ‚falsche Ärgernis', das die Mission und dann auch die junge Christengemeinde ihrer heidnischen Umwelt gab, hat mit dazu beigetragen, dass die Christen, besonders in Asien, von seiten der nationalistischen Bewegung immer wieder als vaterlandslose Gesellen, als Agenten der Kolonialmacht verdächtigt wurden." A. a. O., 58.
62 A. a. O., 59.

und in Neuguinea, wo, wie Rannenberg herausstellt, „die Missionare von Anfang an größte Sorgfalt auf die Erhaltung einheimischer ‚Gefäße' und Formen für das Evangelium gewandt haben." [63]

Dass sich jedoch nicht einfach „einheimische Gefäße" erhalten, sondern durch die Begegnung der Kulturen neue Formen hervorgebracht werden, hatte schon Heinrich Zahn beobachtet. Die kreativen Prozesse, die mit der Unabhängigkeitsbewegung nun bei den christlichen Kirchen überall auf der Welt vehement einsetzen, sind daher mit vielen Spannungen verbunden und führen zu neuen musikalischen Ausdrucksformen. Einige sollen exemplarisch dargestellt werden.

Wie in vielen Lutherischen Missionen in allen Teilen der Welt, so feiert auch in *Indien* die Lutherische Kirche nach der westlichen Liturgie und mit westlichen Kirchenliedern ihren Gottesdienst. Zwar hatte es schon frühzeitig Versuche gegeben, einheimische Musikstile einzuführen, die aber vom Missionskirchenrat sehr eingeschränkt wurden. [64] Fast sechzig Jahre nach jener „Krisensynode 1902" spiegelt sich in der Stellungnahme von Werner Hellinger [65] die heftige Diskussion, die es um die Musik in der indischen Lutherischen Kirche gegeben haben muss. Hellinger greift auf lutherische Theoretiker der Kirchenmusik zurück, wenn er schreibt, dass „die Kunst in ihrem Sinngehalt, in dem, was sie will, nicht autonom und neutral ist, sondern von Impulsen lebt, die sie von außen, von einer Religion oder Weltanschauung her empfängt." [66] Damit ist allerdings jede Unterscheidung von religiöser und weltlicher Kunst hinfällig. Gegenüber Luther, der die Musik insgesamt als göttliche Gabe verstand, erscheint sie nun als ein Medium, das unterschiedliche Weltanschauungen transportieren kann. In der Folge identifiziert er nun allerdings westliche Musik mit christlichem Gehalt, also eine bestimmte kulturelle Form mit dem Evangelium – eine folgenschwere

---

[63] A.a.O., 60.
[64] „Den alten Wunsch nach tamulischen Singweisen im Gottesdienst, wenn auch ohne Begleitung einheimischer Instrumente, erhob neu die sechste Synode 1902. (…) Es war ein Zeichen dafür, wie weit einige Missionare in dieser Zeit von den alten Grundsätzen entfernt waren, wenn auf der Krisensynode gesagt werden konnte, es stießen hier zwei Kulturen aufeinander, von denen die niedere der höheren weichen müsse. (…) Schließlich kam man zu einem Kompromiß, der doch ein gewisser Rückschritt gegen Cordes' Zeit war. Die lyrics sollten zwar nicht im Gottesdienst, aber vorher oder nachher erlaubt sein. Die tamulischen Instrumente wurden abgelehnt." Paul Fleisch, Hundert Jahre lutherischer Mission, Leipzig 1936, 212.
[65] Werner Hellinger, Christlicher Glaube und indische Musik, Erlangen 1961.
[66] A.a.O., 1.

Entscheidung, die erwartungsgemäß zu einer völligen Abwertung indischer Musik führt: „In der abendländischen Musik liegen die Möglichkeiten vor, sich an den ganzen Menschen zu wenden, während die indische Musik bewusst das Ausweichen in Gefühlserlebnisse anstrebt, die in sich selbst ruhend, von der Welt oder auch von ethischen Erwägungen isoliert, möglich sind. Wenn der indische Musiker die abendländische Musik ablehnt, wendet er sich nicht nur gegen ein Musiksystem, sondern gegen die in ihm liegenden Möglichkeiten zu christlicher Glaubensaussage." [67] Hier zeigt sich ein weiterer wichtiger Differenzpunkt: Hellinger fasst die christliche Glaubensaussage kognitiv und legt Wert auf deren ethische Implikationen, wohingegen die hinduistische Musik eher die Emotionen anspreche und keine ethischen Forderungen einschließe. Wird dieses Erlebnis als göttlich, als Mystik bezeichnet, so ist damit gesagt, dass Religion und Ethik in getrennten Abteilen leben, eine Erscheinung, die für den Hinduismus charakteristisch ist." [68] Über seine Beurteilung der hinduistischen Musik kommt Hellinger zur Beurteilung des Hinduismus insgesamt. Seine Schlussfolgerungen geben wenig Anknüpfungspunkte für eine Inkulturation lutherischer Kirchenmusik in Indien, sondern legen eher eine Strategie der Abgrenzung nahe. Die alte Streitfrage Sinnlichkeit versus Geistigkeit taucht hier erneut auf und wird von Hellinger in einer Weise entschieden, die Luthers positiver Haltung gegenüber der Sinnlichkeit nicht entspricht.

Ganz anders denkt Reverend A.J. Satyanandan von der *Evangelical Lutheran Church in Tranquebar,* der 1971 zu ihrem Bischof gewählt wurde. Er macht es zu seinem erklärten Programm, „der Liturgie und den Gottesdiensten eine gänzlich einheimische Form zu geben" und „bei unseren Kirchenmitgliedern die Liebe zur indischen Musik wachzurufen". [69] Deshalb unterstützt er, dass einige der jungen Pastoren bereits intensive Kontakte zu indischen christlichen Gelehrten suchen, um „mit westlichen Einflüssen fertig zu werden und einheimische Denkart zu erlangen."

Der Telugu-Kirche ist dies offenbar gelungen: Ihr Gesangbuch, das *Andhra Christian Hymn Book,* erscheint 1966 mit 626 Liedern, wovon nur 130 Übersetzungen westlicher Lieder sind, der Rest sind originale Lieder in Telugu mit indischen Melodien. Im Vorwort klingt Luthers Musikanschauung an, wenn es heißt: „God himself is the source of Christian singing ...

---

67 A.a.O., 14f.
68 A.a.O., 14.17.
69 Gespräch mit Bischof Satyanadhan, in: Wort in der Welt 01/1972, 6f.

He came into this world as a kind of musical message. That message is the song of salvation. Anyone that tastes the sweetness of that song can not but sing praises to God like a Koel sings." [70] Spirituelle Quelle dieser Musik ist die Bhakti-Bewegung, eine hinduistische Reformbewegung. Persönliche Hingabe und die Erfahrung von Gottes Gnade und Liebe sind ihre Hauptmerkmale. Ihre Anhängerinnen haben eine Tradition des gemeinsamen Singens entwickelt, die auf dem „bhajan", dem gemeinsam gesungenen Gebet gründet. Zwar haben die ersten Christinnen und Christen in Andhra westliche Lieder gesungen, die ins Telugu übersetzt waren. Die Bhakti-Frömmigkeit bietet jedoch mit dem gemeinschaftlichen Singen einen Anknüpfungspunkt, den die klassische südindische, karnatakische Musik mit ihren Sologesängen von stark melodischem Charakter nicht bietet. So gab es bald erste Versuche, christliche Texte zu indischen Volksliedern zu machen, die leicht nachgesungen werden konnten. Es waren jedoch offenbar die Dichter und Komponisten der Bhakti-Bewegung, die mit ihren Liedern das Christentum in Indien heimisch machten: „The bhakti-poets are the men who more than any others have made Christianity ‚at home' in India; their songs are sung and learnt by heart by thousands who would never read a book of theology, and next to the Bible, their works have probably been the most important in helping the Christian Church to take root in Indian soil and to bear the blossoms which the richness of that soil encourages to grow in such profusion." [71] Neben der Tradition eines gemeinschaftlichen Gesangs, der in den christlichen Gottesdienst übernommen werden kann, ist hier vor allem die theologische Nähe der Bhakti-Frömmigkeit zum Christentum in der Betonung von Gnade und Liebe ausschlaggebend. Umgekehrt führt die Bhakti-Frömmigkeit sehr früh auch Gedanken ins Christentum ein, die dieses verändern. [72] An diesem Beispiel wird deutlich, dass die Inkulturation des Christentums in Indien bereits sehr früh begonnen und auch zu eigenen musikalischen Ausdrucksformen geführt hat. Offenbar ist dieser

---

70 Solomon Raj, A Christian Folk Region in India, Studien zur interkulturellen Geschichte des Christentums Bd. 40, Frankfurt am Main 1986, 157. Koel ist ein indischer Singvogel, der den Frühling ankündigt.
71 Robin Boyd, An Introduction to Indian Christian Theology, Madras 1963, 118. Zit bei Raj, op.cit., 167.
72 Z.B. die „Mutterschaft" Gottes lange vor der feministischen Theologie: Der Tamilische christliche Dichter Krishna Pillai (1827–1900) dichtet: „The God in whom the Three are One, and who is One in Three; Holy One in Body, Speech and Mind in form the peerless mother of all good deeds and all worthy to be praised." Zit. bei Boyd, op. cit. 113.

Prozess jedoch regional und auch konfessionell bedingt sehr unterschiedlich verlaufen, so dass westliche und einheimische Formen von Liturgie und Frömmigkeit zeitgleich nebeneinander existieren.

Um eine eigene asiatische Kirchenmusik zu fördern, gründet Francisco Feliciano 1980 auf den Philippinen das *Asian Institute for Liturgy and Music*. Inspiriert durch den Aufbruch asiatischer kontextueller Theologien, eröffnet Feliciano mit dem AILM einen experimentellen Raum, in dem asiatische und europäische Musikstile studiert werden. Die Studierenden werden befähigt zu eigenen Kompositionen, die die aus der Begegnung der verschiedenen kirchenmusikalischen Stile neue Kirchenmusik gestalten als eigenständigen Ausdruck moderner asiatischer Spiritualität: „The Asian Institute for Liturgy and Music, established in the campus of the Episcopal Church in the Philippines in 1980, stands as the foremost training center in Asia for people intending to dedicate their time in the ministry of music and liturgy in the church. Following the movement for contextualization of worship in Asian churches, AILM pioneered in training church musicians for their roles as worship leaders through intensive residential programs designed to equip the students with skills essential to their future work. (...) Contextualization is addressed by courses that emphasize the creative work – music and text writing – pursuing the vision articulated by its founder, Francisco Feliciano, that in order to achieve the goals of contextualization, new works reflecting the spirit and identity of the local churches must be born and re-born."[73] Das AILM bietet ein zweijähriges Studium zum *worship associate* an, darauf aufbauend den Bachelorstudiengang in Kirchenmusik sowie einen MTh in Liturgie und Musik. Alle Studiengänge schließen Chorleitung und das Studium traditioneller asiatischer Instrumente ein, wobei ab dem Bachelor auch Gitarre oder Orgel als Schwerpunktfächer gewählt werden können. Darüber hinaus haben Studierende die Möglichkeit, sich auch mit Tanz, Theater und darstellender Kunst als Ausdrucksformen christlicher Spiritualität zu beschäftigen. Christliche Künstler sind eingeladen, als *visiting lecturer* ins AILM zu kommen, so dass originäre kreative Prozesse möglich werden. Schließlich gibt es einen eigenen Chor, der sowohl westliche als auch asiatische Chormusik im Repertoire hat und weltweit auf Konzerttournee geht. Beim Kirchentag 1993 in München gehörte

---

73 http://www.sambalikhaan.org/ailm.html (2.8.10).

der *AILM-Chorale* zu den zentralen musikalischen Ensembles und gestaltete auch den Abschlussgottesdienst im Olympiastadion mit.[74]

Wie wenig selbstverständlich diese Kombination umgekehrt in Deutschland gesehen wird, zeigen Diskussionen um den Bau und die Verwendung von Orgeln in asiatischen Partnerkirchen: Im Herbst 2007 weiht die Christuskirche in Ranchi/Indien eine neue Orgel ein. Im Bericht darüber nimmt der Direktor der Goßner Mission, Dr. Ulrich Schöntube selbstkritisch Stellung zu der Frage nach einer eventuell paternalistischen Haltung der deutschen Missionsgesellschaft gegenüber ihrer indischen Partnerkirche. Hier spiegeln sich unterschiedliche Meinungen in Partnerschafts- und Missionskreisen wider. Hatten die deutschen Missionen früher die europäischen Instrumente und eben auch die Orgel in ihren Missionskirchen als christliches Kulturgut eingeführt, so wenden sie sich heute kritisch gegen deren Neubau, um eine einheimische Kirchenmusik zu befördern. Schöntube wendet sich kritisch gegen beide Tendenzen: „Es kommt im Glauben aber darauf an, Altes und Neues zusammenzusprechen und so zu einem zeitgemäßen Ausdruck des Glaubens zu kommen, in dem die Wurzeln erkennbar sind. Die Orgel ist nicht dazu da, nur die alten Lieder darauf zu spielen, sondern die heutigen Lieder der Gossner-Christen mögen darauf erklingen. So wurden am Einweihungstag der Orgel in einem nachmittäglichen Konzert indische Lieder darauf gespielt, und die Gemeinde sang kräftig mit. Auf diese Weise kann das ‚europäische' Instrument helfen, die verschiedenen musikalischen Traditionen der Gossner Kirche zusammenzubringen."[75]

Die musikalischen Herausforderungen, vor denen die Kirchen in *Afrika* bei der Entwicklung einer eigenen Kirchenmusik stehen, analysiert Henry Weman in seinem Artikel „Afrikanische Kirchenmusik":[76] Nicht nur die sprachlichen Verzerrungen durch die Übersetzungen europäischer Lieder, auch der völlig fremde Rhythmus des importierten Liedgutes riefen dringend nach einer Erneuerung der afrikanischen evangelischen Kirchenmusik. Schließlich seien die Modulationen in den europäischen Chorälen sowie die Molltonalität afrikanischen Musikstilen völlig fremd. Weman sucht nach Anknüpfungsmöglichkeiten, um eine originäre afrikanische Kirchenmusik zu schaffen, und findet sie in den europäischen modalen (Kirchen-)Tonleitern, der Praxis von Vorsänger und antwortendem Chor sowie in der Freiheit

---

74 Siehe den beigefügten Dokumentarfilm auf der DVD.
75 Mitteilungen der Gossner Mission 1/2008, 8.
76 Wort in der Welt 3/1964, 57–61.

von einem festen Taktschema, die auch in der Gregorianik herrscht. Er schlägt daher vor, aus diesen Elementen einen original afrikanischen Psalmengesang zu schaffen und den Gemeinden die Praxis des Tagzeitengebets nahe zu bringen. Weiter setzt er sich explizit dafür ein, dass die Kirchen einheimische Instrumente in die gottesdienstliche Musik integrieren. Er sieht hierin zugleich eine missionstheologische Notwendigkeit und einen Weg, auf dem die Kirchen ihrer Verantwortung gerecht werden können, etwas von dem Schaden, den die Mission der einheimischen Musik und Kultur zugefügt hat, wieder gut zu machen.

Wie afrikanische Christinnen und Christen allerdings aus ihrer Volksmusik eigene kirchenmusikalische Formen schaffen und damit zu einer eigenständigen missionarischen Ausstrahlung finden, beschreibt Erich Viering aus seiner Erfahrung in Ghana und Togo.[77] Kirchenchöre erfanden zunächst neue Formen des mehrstimmigen Gesangs, die der Rhythmik und den verschiedenen Tonhöhen der einheimischen Sprachen besser Rechnung trugen, wobei die Melodien sich noch stark an die europäischen Modelle anlehnten. Viering analysiert die Texte dieser Lieder und kommt zu dem Schluss, dass eine „aus bitteren Erfahrungen gewonnenen Resignation" viele dieser Lieder durchziehe: „Von einer Befreiung durch Christus ist nur selten die Rede, und es drängt sich einem beim Studium dieser Texte die Frage auf, ob das Nachsingen der erwecklichen Lieder von der Erlösung durch das Blut Jesu aus dem Gesangbuch nicht doch bei sehr vielen Christen gar nicht das eigene Empfinden zum Ausdruck bringt."[78] Der Grund dafür liege in der Tatsache, dass die Missionare der ersten Generation einheimischer Christinnen und Christen nicht die Möglichkeit gaben, ihren jungen Glauben musikalisch eigenständig auszudrücken. Daher sind „alle Chorsätze typische Produkte der zweiten Generation (...), von Menschen, die kein besonderes Bekehrungserlebnis aufzuweisen haben, sondern von Kind auf Glieder der Kirche sind."[79]

Die Gemeindejugend dagegen ging eigene, kreativere Wege: Sie entwickelte neue Tanzlieder, zu denen biblische Geschichten szenisch dargestellt wurden. Diese so genannten „Kantaten" wurden außerhalb des kirchlichen Programms aufgeführt: „Die Trommelrhythmen kommen naturgemäß aus der afrikanischen Überlieferung, während die Melodien völlig

---

77 Erich Viering, „Togo trommelt seine Antwort", in: Wort in der Welt 6/1969, 189–192.
78 A. a. O., 190.
79 A. a. O., 191.

europäisch harmonisiert sind. Die Texte sind kurz und gehören in den Bereich der Lob- und Danklieder. Interessant ist, dass auch Gesangbuchverse zu Kantatensätzen umfunktioniert wurden."[80] Nach der Unabhängigkeit Togos griff die nun unabhängige, einheimische Kirche genau diese „Kantaten" auf, um das Evangelium weiter zu tragen. Damit ist, wie Viering mit leichter Trauer bemerkt, nicht „die Situation des Anfangs" wieder hergestellt. Vielmehr tritt die „eigene Antwort", um die die jungen Kirchen so ringen, neben die traditionelle der Missionare. Und sie tut dies in einer Gestalt, die eben aus der Begegnung einheimischer Kultur mit der europäischen gewachsen ist.

Zugleich aber wird in den neuen Gemeinden „komponiert und gesungen, wie es bisher in der Kirche noch nie geschehen ist." Einheimische Volkslieder werden aufgenommen und zu christlichen Liedern gemacht. Dabei handele es sich um genuine Volkslieder ohne religiösen Inhalt, die also keinen Grund zu der Befürchtung geben, es würden Elemente der alten Religion darin transportiert. Diese Gesänge feiert Viering als „typische Lieder der ersten Generation", die musikalisch „rein afrikanisch und fast immer ohne jeden europäischen Einfluss" seien. So tritt neben die alten Missionsgemeinden, von denen Viering schreibt, sie hätten längst verlernt, sich so auszudrücken, in den neuen Gemeinden und ihrer Musik die „unbeeinflusste eigene Antwort togoischer Christen". Die lässt jedoch auch die traditionellen Gemeinden nicht unbeeindruckt: „Als ein Chor aus den neuen Gemeinden zum erstenmal in einem gemeinsamen Kirchenkonzert mit den sehr traditionellen und sehr kunstvollen Chören der Hauptstadt Lomé sang, ließen sich auch die Älteren von der ursprünglichen Bewegung mitreißen. Selbst Pastor Azamede – über 70jährig – schlief nicht ein, sondern klatschte begeistert den Rhythmus mit seinen Händen; denn das waren keine ‚Trommeln der Europäer'."[81]

Auch in Ostafrika kommt es nach dem Zweiten Weltkrieg zu einer kirchenmusikalischen Neuorientierung[82]: In Ruhija wird mit deutscher Unterstützung 1960/61 die erste afrikanische Kirchenmusikschule gegründet. Leiter ist der von der Betheler Mission ausgesandte Diakon Werner Both, der zunächst mit klassischer Posaunenarbeit beginnt, aber bereits 1962 einen workshop zur Komposition einheimischer Kirchenmusik durchführt.

---

80 Ebda.
81 A. a. O., 192.
82 Die folgenden Ausführungen beruhen auf der Untersuchung von Kornder, 165ff.

Im selben Jahr werden einheimische Instrumente im Gottesdienst eingeführt. Ähnliche Widerstände, wie Erich Viering sie für Westafrika beschreibt, finden sich auch hier: Ältere Kirchenmitglieder stehen der neuen Musik kritisch gegenüber, ist doch für sie das Evangelium identisch mit der westlichen kulturellen Prägung, in der sie es kennen gelernt haben. In der Hinwendung zu traditioneller afrikanischer Musik sehen sie eine Rückwendung zur alten Religion.

Doch die Veränderungsprozesse sind nicht mehr aufzuhalten: In der Bibelschule Makumira unterrichtet seit 1961 Pfarrer Gerhard Jasper, der zunächst von der Bethelmission ausgesandt war. Unter seiner Mitarbeit entsteht ein neuer kirchenmusikalischer Zweig zur Schaffung einer einheimischen Kirchenmusik. Schließlich springt der Funke auf die einheimischen Christinnen und Christen über: Eine studentische Arbeitsgruppe beginnt einheimische Lieder zu komponieren. Der erste einheimische Theologe dort, Sila Msangi, begründet sein musikalisches Schaffen ganz in der Tradition lutherischer Musikauffassung, wenn er schreibt: „Gott bringt nicht einfach fertige Lieder daher, damit wir sie singen, im Gegenteil, er pflegt die Melodie und die Fähigkeit in uns hineinzulegen, so dass wir in die Lage versetzt werden, Lieder zu machen, die ihn verehren." Und ganz wie Luther unterscheidet er: „Aber nicht alles Singen ist ein Geschenk Gottes, weshalb es nötig sei, den Heiligen Geist zu suchen, denn es gebe auch Lieder des Teufels und der Welt." [83]

Mit der ersten lutherischen Rundfunkstation in Addis Abbeba und ihrem Studio für das Kiswahili-sprechende Ostafrika in Moshi entsteht 1963 ein wichtiger Multiplikator, der die neue afrikanische Musik in alle Häuser bringt. 1968 kommt mit *Tumshangilie Mungu* das erste christliche Liederbuch in Kiswahili mit ausschließlich einheimischer Musik heraus. Seine ursprünglich 81 Lieder sind in der sechsten Auflage 1987 auf 152 angewachsen, die 40 verschiedene Ethnien repräsentieren. Es ehrt Sila Msangi, indem es 19 seiner Lieder aufnimmt. Kornder wertet es als „das lutherische Kirchenmusikwerk der jüngeren Geschichte". [84] Allerdings scheint die Inkulturation des Gemeindegesanges mit der Entwicklung im Bereich der Chormusik nicht Schritt gehalten zu haben: Kornder konstatiert, dass bis Ende der 80er Jahre kaum neue Gesangbücher mit einheimischer Musik entstanden und sich in Tanzania erst 1988 mit der Einfüh-

---
83 Zit. bei Kornder, s. 160.
84 Kornder, 170.

rung neuer Gesangbücher in der Moravian Church und der ELCT eine Veränderung abzeichnete.

In *Lateinamerika* schaffen sich die Befreiungstheologien in der katholischen Kirche ihre eigenen musikalischen Ausdrucksformen: In den 70er Jahren entsteht in Nicaragua die *Misa Campesina Nicaraguense* von Carlos Mejía Godoy. 1978 schreibt in El Salvador der Musiker Guillermo Cuéllar auf Bitten von Erzbischof Romero hin die *Misa Popular Salvadoreña*. Die Messteile beider Kompositionen spiegeln befreiungstheologische Grundaussagen wider. Kritik an den Machtstrukturen wird hier direkt in die Liturgie umgesetzt, wenn etwa Gott als der „Gott der Armen" angeredet wird, der in den Kämpfen des Volkes um Gerechtigkeit präsent ist.[85] Cuéllar setzt mit Gitarren, Marimba und Geigen populäre Instrumente ein, die seit der Conquista die mittelamerikanische Volksmusik prägen. Die Sätze der *Misa Salvadorena* sind leicht zu singen und daher weit über die katholische Messe hinaus verbreitet. Auch in protestantischen Kirchen werden sie gern an den entsprechenden Stellen der Liturgie verwendet.[86]

Auf die Herausforderung einer eigenen Kirchenmusik, die der kontextuellen Theologie antworten kann, reagiert der 1968 gegründete Hochschulverband *Comunidad Teológica de México* mit der Einrichtung eines eigenen Studienganges *Licenciatura en Música Sacra y Liturgia,* der auf vier Jahre angelegt ist. Im Flyer heißt es dazu, das Studium solle „in eine liturgische Perspektive (einführen), die in einem Kontext von Armut und kultureller Überfremdung eine kritische Hoffnung artikuliert. Daher soll in dieser

---

[85] Das Eröffnungsstück in der *Misa Campesina Nicaraguense* lautet: „Vos sos el Diós de los pobres, el Diós humano y sencillo, el Diós que suda en la calle, el Diós de rostro curtido". Deutsch: „Du bist der Gott der Armen, der menschliche und einfache Gott, der auf der Straße schwitzt, der Gott mit dem zerfurchten Gesicht." Und im Heilig, heilig, heilig der *Misa Salvadroreña* heißt es: „Santo, santo, santo, santo, santo, santo es nuestro Diós … que acompaña a nuestro pueblo, que vive en nuestras luchas …". Heilig, heilig, heilig, heilig, heilig, heilig unser Gott … der unser Volk begleitet, der in unseren Kämpfen lebt. Beide Stücke sind auf der beigefügten DVD zu hören. Als eine der ersten „indigenen" Messkompositionen nach dem 2. Vatikanum sei hier die Misa Criolla erwähnt. Sie zeichnet sich dadurch aus, dass sie andine Musiktraditionen verwendet. Auf eine befreiungstheologische Neufassung der Texte verzichtet sie allerdings. Es sei hier angemerkt, dass eine Darstellung der ganz eigenen Entwicklung der Musik der römisch-katholischen Kirche in den Missionen den Rahmen der Untersuchung sprengen würde und daher leider entfallen muss. Vgl. hierzu den Artikel von Luís Szarán, Musikalisches Universum und Erbe der Jesuitenmissionen in Südamerika.

[86] So enthält z. B. das Liederbuch der Lutherischen Kirche El Salvadors etliche Stücke der *Misa Campesina Nicaraguense* und der *Misa Popular Salvadoreña*.

Lizentiatur die Musik zu einer Liturgie führen, die für das Leben eintritt."[87]

Die „kenotische Inkulturation", von der Theo Sundermeier spricht, ist einen weiten Weg gegangen. Missionare wie Heinrich Zahn, Erich Viering, Werner Both, Gerhard Jasper – um nur einige zu nennen – haben sich verändern lassen durch die Begegnung mit anderen Kulturen. Dadurch haben sich die „jungen" Kirchen selbst verändert. Auch die Kulturen haben sich verändert durch die Transformationsprozesse, die die Mission – gemeinsam mit Kolonialismus und Dekolonisierung – ausgelöst hat. Und es blieb nicht aus, dass sich die Botschaft selbst veränderte: Wenn Christinnen und Christen heute auf Sumatra, in Papua-Neuguinea oder in Afrika zu ihren eigenen Rhythmen singen und tanzen, verkünden sie ein Evangelium, das ihre eigenen kulturellen Werte und ihre Leiblichkeit bejaht. Und wo immer Christinnen und Christen unter bedrückenden gesellschaftlichen Verhältnissen von dem Gott singen, der an ihrer Seite steht und für sie ein menschenwürdiges Leben will, stellen sie eine Kultur infrage, die ihnen das abspricht. Dabei nimmt die Frage, was denn die Herausforderung, was die wesentliche Botschaft des Evangeliums an die jeweilige Kultur ist, immer neue Gestalt an. Zugleich ist die weltweite Ökumene herausgefordert, mit den Spannungen umzugehen, die durch diese Vielfalt entstehen. Und wiederum ist auch dies eine Frucht der „kenotischen Inkulturation", dass die Vielfalt als Frucht des göttlichen Geistes angenommen wird.

Es wäre jedoch verfehlt anzunehmen, dass der Kampf um die Herzen und Köpfe der Menschen einer friedlichen Koexistenz der Religionen und Kulturen Platz gemacht hätte. In einer sich globalisierenden Welt wird im Kampf um Macht und Märkte auch die Religion eingesetzt und dies geschieht gezielt auch mit den Mitteln der religiösen Musik. Die kulturelle Überfremdung, die die Hochschule in Mexiko kritisch benennt, findet statt in neuem Gewand, nun nicht mehr mit Posaunen und Harmonium, sondern mit den Mitteln elektronischer Medien. Neopfingstliche Kirchen bringen überall auf der Welt eine vorwiegend US-amerikanische Lobpreismusik, die nicht nur lautstark aus den Gotteshäusern auf die Straßen schallt, sondern unter der Bezeichnung „worship-music" auch weltweit auf Tonträgern vermarktet wird. Unabhängig von Konfessionen und Denominationen prägt diese Musik eine Frömmigkeit, die tendenziell eine sehr konservative Theo-

---

87 Vgl. hierzu in diesem Band den Aufsatz von Sergio Ulloa, Lateinamerikanische Liturgie im postmodernen Kontext.

logie vertritt und Gottes Nähe eher außerhalb gesellschaftlicher oder explizit kirchlicher Zusammenhänge sucht. Quer zu den konfessionellen Strukturen wird diese Musik z. B. durch die Willow-Creek-Bewegung in den USA verbreitet und sucht sich in Konzerten und kirchlichen Großveranstaltungen auch in Deutschland ihren Weg zu den Menschen. Es scheint, als sei an die Stelle der „totalen Diktatur des Harmoniums" die weltweite Herrschaft der populären Musikindustrie getreten.

Nun fällt gewiss nicht jede Form populärer christlicher Musik unter diese Kritik. Das Phänomen christlicher Popmusik kann in diesem Rahmen nicht aufgearbeitet werden. Es soll lediglich darauf hingewiesen werden, dass auf diesem Markt bestimmte Musikrichtungen von bestimmten christlichen Kirchen – meist nordamerikanischer Provenienz – ganz gezielt eingesetzt werden, um eine kritische theologische Auseinandersetzung mit den realen ökonomischen, sozialen und politischen Machtverhältnissen zu verhindern. Stellvertretend für eine kritische Stimme in dieser Angelegenheit sei hier Terry MacArthur zitiert. Er bezeichnet diese Art religiöser Popmusik als die „Marschmusik des amerikanischen Imperiums" und fährt fort: [88] „Globalisierung in christlicher Musik kann bedeuten, dass der US-UK Popsound dominiert. (...) Aber die Globalisierung kann uns auch eine andere Alternative eröffnen; das ist die Alternative, die mich fasziniert und die möglicherweise geschieht, weil es der westlichen Popmusik mit sich selbst langweilig wird. Vielleicht wird sie sich dann woanders umsehen. Gerade wenn die Brasilianer so klingen möchten wie die USA, um groß raus zu kommen, wird ein Brasilianer die USA mit einem echt brasilianischen Klang verblüffen."

Die Globalisierung hat genau diese Gegenbewegung ausgelöst: Menschen wenden sich verstärkt ihrer eigenen Kultur zu, um sie vor der großen Vereinheitlichung zu retten – und schaffen aus den Elementen der verschiedenen Kulturen, mit denen sie durch die Globalisierung bekannt geworden sind, ganz Neues und Eigenes. Das gilt auch für die ökumenische Kirchenmusik. Ihr soll der dritte und letzte Satz gewidmet sein.

---

88 Terry MacArthur, Singing the Lord's Song – Evangelism and Music, in: International Review of Mission, Vol 96, Nos 382/383, July/October 2007, 293–295; 294f: „Globalization in Christian music can mean the dominance of the US-UK pop religious sound. (...) But globalization could give us another alternative, which is the alternative that excites me, and eventually will come because Western pop music is getting bored with itself. Eventually it will begin to look elsewhere. Just when Brazilians want to sound like Americans to make it big, some clever Brazilian will dazzle the US with a Brazilian sound." (Übersetzung d. Verf.)

3. Satz Allegro con brio: Faszination Gospel und Worldmusic oder: „Die Rückkehr der Botschaft in die westliche Welt"

Heute sind es nicht mehr Harmonium und Posaunenchöre, die die christlichen Kirchen zwischen Kilimandjaro und dem Hochland von Papua-Neuguinea beherrschen. Zwischen den einstmals „sendenden" Kirchen und ihren heutigen Partnerkirchen gibt es einen lebendigen musikalischen Austausch. Wie weit aber haben – um mit Theo Sundermeier zu sprechen – diese Prozesse wirklich die sendenden Kirchen verändert?

Mit dem Aufbruch der jungen Kirchen zu einer eigenen kulturellen Identität beginnt zugleich auch eine musikalische Bewegung zurück in die Heimatländer der Missionen, die nun unsere musikalische und gottesdienstliche Landschaft verändert: 1952 findet der erste internationale überkonfessionelle Kirchenmusikkongress in Bern statt, der bis heute regelmäßig tagt. Schallplattenaufzeichnungen der Chöre von Ruhija und Makumira in Tanzania bringen seit den 60er Jahren den Originalklang der neuen christlichen Musik aus den jungen Kirchen in die deutschen Gemeinden. Das Liederbuch *Cantate Domino,* ursprünglich vom studentischen Weltbund herausgegeben, enthält in seiner letzten Auflage von 1974, herausgegeben vom ÖRK, unter etlichen Liedern der jungen Kirchen auch drei aus Tanzania.[89] In dem Liederbuch *Tumshangilie Mungu* haben 34 der ursprünglich in Kiswahili verfassten Lieder Übersetzungen ins Deutsche, Englische und Französische erfahren. Katholische und Evangelische Kirchen in Afrika, Europa und den USA benutzen diese Lieder. EMW und Basler Mission geben 1995 mit *Thuma Mina* ein internationales ökumenisches Liederbuch heraus als musikalische Frucht der weltweiten partnerschaftlichen Beziehungen. Ein eigenes tansanisches Liederbuch „für alle Sinne" hat die VEM 2003 herausgegeben.[90] Einige wenige dieser Lieder haben ihren Weg auch ins *Evangelische Gesangbuch* gefunden.[91]

Insbesondere auf dem Gebiet der Chormusik hat es viele Entwicklungen gegeben. Als Beispiel für viele sei hier der *Dumedefo-Chor* aus Ghana genannt. Er wurde 1980 gegründet als Antwort auf die Frage nach einer einheimischen Kirchenmusik in Ghana und ist durch Konzertreisen und CD-

---
89 Kornder, 157.
90 Edson Lugemeleza (Hg.), Sifuni. Tansania mit allen Sinnen erleben. Lieder, Geschichten und mehr, Wuppertal 2003.
91 Darunter eines aus China (EG 454), vier aus Lateinamerika (171, 188, 229, 582 NEK), zwei aus Tansania (116, 591 NEK), eins aus Simbabwe (181.5).

Aufnahmen auch in Deutschland bekannt. Die Texte der Lieder drücken die Freude am Glauben aus und stehen damit – so Paul Wiegräbe – im Kontrast zu vielen traditionellen afrikanischen Liedern, die das Elend und Unglück des Menschen besingen.[92] Trommeln und Tanz sind selbstverständliche Bestandteile dieser durch und durch afrikanischen Musik.

In den vergangenen Jahren sind neue Projekte entstanden, die die Musik aus der Ökumene bewusst in unsere Kirchen und Gemeinden bringen wollen. Fünf davon sollen hier exemplarisch dargestellt werden: Der workshop *Joyful Noise*, den das *Centrum Mission EineWelt* in Neuendettelsau im Jahr 2007 durchgeführt hat; *Thuma Mina – Fest der Lieder*, initiiert von Bischöfin Wartenberg-Potter in Zusammenarbeit mit dem Sprengel Lübeck und dem Nordelbischen Missionszentrum; der Internationale Gospelgottesdienst *Different Colours – One People* in Hamburg; der Liederwettbewerb *Evangelisation through Music* der VEM in 2003; das Projekt *Zusammenklänge* der Norddeutschen Mission 2008/09.

Das *Centrum Mission EineWelt* führte im Sommer 2007 – anlässlich der Gründung des neuen Werkes aus Missionswerk Bayern, Lateinamerikareferat und Kirchlichem Entwicklungsdienst – einen internationalen ökumenischen Musikworkshop durch. Dazu waren Musikerinnen und Musiker aller Partnerkirchen eingeladen: aus Brasilien, El Salvador, Nicaragua, Tanzania, Kongo, Kenia, Liberia, Korea, Hong Kong, Malaysia, Singapur, Philippinen und China. Dazu kamen einige Kirchenmusikerinnen aus Bayern. Die Idee war, eine neue Form ökumenischen Lernens zu finden, bei der aus verschiedenen Perspektiven ein gemeinsames Projekt erarbeitet und dann der Öffentlichkeit präsentiert wurde. Leitend war dabei die Frage, welche Vision von Kirche gemeinsam formuliert werden kann. Die Antwort lag keimhaft schon im Ansatz: Aus den verschiedenen Kontexten kommen unterschiedliche Antworten, und die gemeinsame Vision von Kirche entsteht im Aushalten der Unterschiede. In morgendlichen Bibelarbeiten wurden ekklesiologisch relevante Texte wie die Worte von Salz und Licht der Welt Mt 5,13–16 oder vom Leib 1. Kor 12,12–31 gemeinsam betrachtet.

In der Begegnung mit Christinnen und Christen aus sehr bedrängenden gesellschaftlichen Verhältnissen entstand bei den deutschen Teilnehmenden die Frage, wie Gott in solchen Kontexten überhaupt gelobt werden kann.

---

92 Paul Wiegräbe, *Der Dumedefo-Chor. Nicht Echo, sondern Antwort*, in: 150 Jahre Norddeutsche Mission. 1836–1986, Hg. von Eva-Schöck-Quinteros und Dieter Lenz, Bremen 1986, 309–315.

Die Antwort wurde musikalisch gegeben und fiel unterschiedlich aus: Das *Lateinamerikanische Vaterunser* aus Uruguay und *Gente Nueva (neue Menschen)* aus Nicaragua setzen deutlich befreiungstheologische Akzente, wenn sie den Kampf gegen das Unrecht thematisieren. Dagegen betont die chinesische Version des Vaterunser die liebende Seite Gottes. Das Lied *He is the Lord* aus Korea besingt den erhöhten Jesus als Herrn der Welt. Die persönliche Glaubensbeziehung zu Jesus ist Thema eines Liedes aus dem Kongo. Vier Lieder – aus Deutschland, Liberia, Tansania und Brasilien – sind Loblieder, ein weiteres ist eine Psalmvertonung. Schließlich symbolisieren ein gemeinsam von verschiedenen Flöten gespieltes Lied und ein Percussionstück die Einheit der hier versammelten Christinnen und Christen trotz ihrer kulturellen und theologischen Verschiedenheit. Die gemeinsam erarbeiteten Stücke wurden in der dritten Projektwoche in fünf Konzerten aufgeführt und davon auch eine CD erstellt.[93] In der Begegnung mit der Musik haben alle Teilnehmenden erfahren, dass glaubwürdige Antworten auf die Frage, was Christsein und Kirche heute bedeuten, nur aus dem jeweiligen Kontext heraus gegeben werden können. So öffnen sie auch ökumenischen Partnern die Augen, um den eigenen Kontext neu wahrzunehmen. Die spannungsreiche Vielfalt auszuhalten und sich aus ihr für ein glaubwürdiges Zeugnis im eigenen Kontext inspirieren zu lassen, ist heute eines der wesentlichen Anliegen ökumenischer Zusammenarbeit. Im ökumenischen Musikworkshop wurde dies erlebt.

Zu einer spirituellen musikalischen Reise lud Bischöfin Wartenberg-Potter zusammen mit dem Nordelbischen Missionszentrum und dem Gottesdienstinstitut im Sommer 2007 in Lübeck Gemeinden und ihre Chöre ein: *Thuma Mina – Fest der Lieder* war der Titel des Projektes. In workshops konnten Chöre und musikbegeisterte Gemeindeglieder neue musikalische Stilformen ausprobieren und sich ermutigen lassen, auch im Gemeindeleben mehr musikalisches cross-over zu wagen. Rund 400 Menschen nahmen an dem workshop teil und meldeten teilweise begeistert zurück, dass sie einzelne Stücke auch in ihre Gemeinde oder ihren Chor einbringen möchten. Allerdings stößt dieser Wunsch bei hauptamtlichen Kirchenmusikerinnen und – musikern gelegentlich auf die Sorge, dass darunter das Niveau der traditionellen protestantischen Kirchenmusik leidet, die an Orgelspiel und klassischer Chormusik orientiert ist. Bischöfin Wartenberg-Potter sprach im

---

93 Mission EineWelt (Hg.), Joyful Noise. Musik und mehr mit Christen aus aller Welt. Bunt – lebendig – inspirierend, Neuendettelsau 2007.

abschließenden „Konzert zum Mitmachen", das von ca. 600 Menschen besucht wurde, die Hoffnung aus, dass die befreiende und heilende Kraft des Singens den Teilnehmenden helfen möge, Gottes Gegenwart im Alltag zu spüren und die Vision einer gerechten, frohen, singenden Welt aufleben zu lassen.

Der Internationale Gospelgottesdienst *Different Colours – One People* in Hamburg richtet sich an westafrikanische Christinnen und Christen und deren teils nicht-afrikanische Partnerinnen und Partner und ihre Kinder; auch deutsche Christinnen und Christen sind willkommen. Deutsche und afrikanische Chöre und Theologen nutzen die Gospelmusik und deren besondere Spiritualität bewusst als Brücke zwischen den verschiedenen christlichen Gemeinschaften, um besonders den ethnisch gemischten Familien und der zweiten Generation der Afrikanerinnen und Afrikaner hier eine geistliche Heimat anzubieten. Die Liturgie wird durchgehend zweisprachig gefeiert und ermöglicht so den verschiedenen Zielgruppen gleichberechtigt teilzunehmen. Eine ausgesprochene Mission durch die Gospelmusik ist nicht intendiert, die Zielgruppe, die erreicht wird, ist begrenzt. Andere deutsche Besucherinnen und Besucher nehmen den Gospelgottesdienst gern als Alternative zum herkömmlichen Gottesdienst wahr, weil sie sich stärker emotional angesprochen und durch die Herzlichkeit der Afrikanerinnen und Afrikaner persönlich wahrgenommen fühlen.

Ein völlig anderes Ziel verfolgte der Kompositionswettbewerb, den die VEM im Jahr 2003 ausschrieb. Er trug den Titel *Evangelization through Music* und wollte einerseits die Partnerkirchen ermutigen, neue religiöse Lieder zu schaffen, und zugleich eine VEM-Hymne zu finden. Alle Lieder wurden veröffentlicht, zur VEM-Hymne wurde der deutsche Beitrag von Matthias Morgenroth „Eins im Glauben" gekürt. Da das Kriterium für die Hymne war, dass sie sowohl in Afrika als auch in Asien und Deutschland gesungen werden können muss, sind die meisten in einem populären Musikstil gehalten, spezifisch kontextuelle Traditionen wurden nicht verwendet. Alle eingesandten Lieder wurden in zwei Liederbüchern zusammengefasst, die von der VEM intern verwendet werden.

Zusammenklänge ist der Titel des Projekts, das die Norddeutsche Mission mit Blick auf den 32. DEKT in Bremen 2009 durchgeführt hat. Dazu hatte sie den togolesischen Kirchenmusiker Jean-Paul Nenonene eingeladen, der in Straßburg Kirchenmusik studiert hat und daher sowohl die europäische als auch die westafrikanische Kirchenmusik kennt. Das Anliegen war, mit Menschen verschiedener kultureller Hintergründe für Themen globaler

Entwicklung wie Heimat und Migration, Ausschluss und Teilhabe am gesellschaftlichen Leben, Tradition und Moderne gemeinsame musikalische Ausdrucksformen zu finden. Mit Chören und Posaunenchören wurden interkulturelle musikalische workshops durchgeführt. Neben der Erarbeitung der musikalischen Gestaltung stand die Erarbeitung der Liedtexte im Mittelpunkt, die die politische und soziale Verantwortung der Kirchen in Ghana und im Togo thematisieren. Durch die Begegnung mit der Musik wurden vielfältige Zielgruppen erreicht: In Kirchengemeinden, aber auch in Schulen, Kindergärten und Altenheimen sowie in Weltläden und bei öffentlichen Empfängen wurde über die Begegnung mit dem Kirchenmusiker und seiner Musik viel Interesse an der Thematik seiner Heimatkirche geweckt. Höhepunkt war der Auftritt des Projektchores „Zusammenklänge" im Rahmen des 32. Deutschen Evangelischen Kirchentages am Abend der Begegnung, beim Feierabendmahl und beim Abschlussfest des Afrikazentrums auf der Cap San Diego.

Schließlich muss erwähnt werden, dass der Deutsche Evangelische Kirchentag ein ganz wesentliches Feld ist, auf dem neue Kirchenmusik auch aus dem Bereich der Ökumene entsteht und erfahren werden kann. Aus den Einrichtungen, die sich gezielt mit dieser Thematik beschäftigen, sei das Evangelische Zentrum für Gottesdienst und Kirchenmusik in Hildesheim herausgehoben.[94] Die Darstellung hier beschränkt sich jedoch auf den Beitrag der Missionen zur ökumenischen Musik und zur Debatte um Kultur und Evangelium.

Kein Zweifel: Die Musik spielt eine herausragende Rolle dabei, Mission und Ökumene in unseren Kirchen und Gemeinden zu verankern. Und Menschen lassen sich gewinnen und begeistern durch Konzerte und workshops und werden dadurch selbst zu Trägerinnen und Trägern einer ökumenischen Spiritualität. Wie weit aber reicht diese Veränderung in unseren Kirchen wirklich? Trifft Sundermeiers Modell der „kenotischen Inkulturation", nach der sich auch die sendenden Kirchen verändern, auf die evangelischen Kirchen in Deutschland zu oder haben wir diesen Schritt noch vor uns? Ein Blick auf die dargestellten Projekte legt die Vermutung nahe, dass

---

94 Das Evangelischen Zentrum für Gottesdienst und Kirchenmusik in Hildesheim hat im Juni 2010 in Kooperation mit dem EMW eine erste Tagung unter dem Thema „Musik der Mission" durchgeführt, die Vertreterinnen und Vertreter aus Kirchenmusik, Gemeinden, Mission und Musikwissenschaft zusammen geführt hat. Eine epd-Dokumentation dieser Tagung war zum Zeitpunkt der Drucklegung dieses Buches in Vorbereitung.

die Menschen, die hier erreicht werden, nur einen kleinen Ausschnitt der großen Gruppe all derjenigen darstellen, die sich für christliche Musik begeistern – von dem großen Zuspruch zu Gospelchören einmal abgesehen. Unsere Hauptgottesdienste an Sonn- und Festtagen werden weiterhin vom klassischen protestantischen Kirchenmusikkanon bestritten, angefangen vom Orgelrepertoire bis zum Kirchenlied. Liedgut aus der Weltökumene hat in unser Gesangbuch nur sehr spärlich Eingang gefunden. Liederbücher wie *Thuma Mina* oder *Sifuni* werden lediglich von ökumenisch interessierten Haupt- und Ehrenamtlichen zu bestimmten Veranstaltungen mit ökumenischem Inhalt herangezogen. Einzelne Landeskirchen wie diejenige von Hannover haben Beihefte zum Evangelischen Gesangbuch herausgegeben, in denen sich etliche Lieder aus der Ökumene finden.

Einige Missionswerke haben in den vergangenen Jahren begonnen, die Musik gezielt als Medium für ökumenische Lernprozesse einzusetzen. In den dargestellten Projekten wirken die Missionen als Anwälte der musikalischen Kultur ihrer Partnerkirchen. Mehr noch: Sie motivieren kreative Prozesse der Verschmelzung und Neuschaffung von Musikstilen. Und: Sie regen Gemeinden dazu an, sich mit der Herausforderung auseinander zu setzen, vor die die Migrationsgemeinden in unserem eigenen Land uns stellen – mit der Musik als verbindendem Medium. Christinnen und Christen erleben so in der Begegnung mit der Musik die neue Gestalt von Ökumene, in der sich die verschiedenen kontextualisierten Christentümer ebenbürtig begegnen. Das ist die Konsequenz aus der Debatte um „das Evangelium in den verschiedenen Kulturen": Eine Interkontextualität, in der Christinnen und Christen den Herrschaftsanspruch einer Lehre und einer Kultur gegenüber den anderen aufgeben, dafür umso aufmerksamer werden für die Unterschiede und Ambivalenzen in der Bezeugung des je eigenen Glaubens – und gerade so der starken vereinheitlichenden Tendenz der Globalisierung widersprechen. Missionen sind darin nicht allein Anwälte ihrer Partnerkirchen, sondern auch Vorreiter einer neuen Gestalt von Ökumene, die mit der kritischen Kraft des Evangeliums den globalen hegemonialen Mächten entgegentritt. Und welches Medium könnte dafür besser geeignet sein als die Musik! Wie sagte doch Luther? „Wer solches mit Ernst glaubt, der kann's nicht lassen, er (und sie!) muss fröhlich und mit Lust davon singen und sagen, dass es andere auch hören und herzu kommen."

Schließlich werden in der Begegnung mit Kirchenmusik anderer Kulturen auch Facetten christlicher Spiritualität erfahren, die in der Tradition des mitteleuropäischen Protestantismus zu kurz kamen. Der Erfolg afrikanischer Chöre, die Begeisterung für Gospelmusik und Trommelworkshops belegen dies. Darüber hinaus findet religiöse Musik im weitesten Sinne Anwendung in der modernen Meditationsszene bis hin zu therapeutischer Anwendung. Die postmoderne Patchworkreligiosität bedient sich dieser unterschiedlichen Wirkungsweisen von Musik – im Sinne der von Aristoteles beobachteten kathartischen Funktion – längst jenseits kirchlicher Abgrenzungen. Es wäre an der Zeit, dass die breite religiöse Verwendung von Musik[95] verschiedener kultureller Ursprünge theologisch reflektiert und für eine zeitgemäße Kirchenmusik fruchtbar gemacht wird. Eine zeitgemäße missionarische Kirchenmusik sollte den ekstatischen sowie den regressiven Wirkungen der Musik ihren theologisch angemessenen Raum geben, damit sie ihre heilenden Wirkungen besser entfalten kann. Sie sollte interkulturell sein und die Pluralität der Christentümer respektieren und verstehen helfen. In der Begegnung der Religionen spielt die Musik darüber hinaus eine wichtige Rolle, um zu Frieden und Verständigung beizutragen.

---

95 Vgl. hierzu Fermor/Gutmann/Schroeter (Hg.), Theophonie. Grenzgänge zwischen Musik und Theologie, CMZ-Verlag Rheinbach 2000.

Every nation shall sing

Musik als transkulturelles und interkulturelles Phänomen religiöser Praxis

Gotthard Fermor

Vorspiel

Zu hören wäre Ney-Musik [1]

Ist uns solche Musik nah oder fern? Erkennen wir als Bürger/innen einer multikulturellen Gesellschaft Bruchstücke dieser Musik aus unserem Alltagserleben wieder? Wie wirkt sie auf uns? Strahlt sie einen exotischen Reiz aus, weckt das Fernweh, Lust auf Weite, Reise und Begegnungen? Oder stört sie meine derzeit gut situierte kulturelle Beheimatung? Vielleicht nervt sie sogar? Oder spricht sie vielleicht eine tiefer liegende Sehnsucht an, jenseits aller kulturellen Grenzen und ist mir insofern gleichzeitig nah und fern?

Für den interkulturell und interreligiös denkenden und lebenden Sufi-Mystiker Dschellaledin Rumi (1207–1273) steht die Ney, die Rohrflöte, für eine universelle Sehnsucht, die für uns im Medium der Musik erlebbar wird:

Die Klage der Ney

> Höre auf die Geschichte der Rohrflöte, wie sie sich über die Trennung beklagt:
> „Seit ich aus dem Röhricht geschnitten wurde, hat meine Klage Mann und Frau zum Weinen gebracht.

---

[1] Die Ney, eine Rohrflöte, ist eines der klassischen Instrumente sufischer Musiktradition. Aus rechtlichen Gründen können die in Wuppertal vorgestellten Musikbeispiele nur dokumentiert werden; hier war es: Rabih Abou-Khalil, Nafas, Nr. 7: Waiting, ECM Records, 1988.

Ich suche nach einer von der Trennung zerrissenen Brust, der ich meinen Sehnsuchtsschmerz enthüllen kann.

Jeder, der weit von seinem Ursprung entfernt ist, sehnt sich danach, wieder mit ihm vereint zu sein.

Vor jeder Gruppe in der Welt habe ich meine klagenden Noten gespielt, vor Unglücklichen und vor Frohen.

Jeder hat sich für meinen Freund gehalten, keiner hat meine inneren Geheimnisse gesucht.

Mein Geheimnis ist nicht weit von meiner Klage entfernt, doch es fehlt dem Auge und dem Ohr an Licht.

[...]

Die Flöte ist der Freund derer, die von ihrem Freunde getrennt wurden; ihre Melodien zerreißen unsere Schleier." [2]

Verbindet Musik Welten wie im Lied der Rohrflöte? Lässt sie ahnen, dass die immanente und die transzendente Welt durch sie in Kontakt kommen können? Lebt diese Sehnsucht in jeder Kultur, so könnte Musik potentiell auch die Kulturen untereinander verbinden, da sie alle in ihrer Unterschiedenheit auf diesen einen Grundton der Einheit in Gott bezogen sind? Wäre sie, und das kann man in Unmengen musikpädagogischer Literatur dieser Tage lesen, das Medium interkultureller und transkultureller Praxis schlechthin? Wäre sie somit auch für den kulturellen Transfer, den jede missionarische Praxis beinhaltet, ein Medium verbindenden, nicht hegemonisierenden Austausches? Oder ist das alles einer harmonisierenden Sehnsucht geschuldet, die Differenzen verwischt und unter Umständen damit auch gegebene Machtverhältnisse verschleiert?

Vielleicht beantworten sich diese Fragen nur in der kulturellen, also musikalischen Praxis selbst, und ich erfahre das Ziel der Reise, auf die das Lied der Rohrflöte mich lockt, nur wenn ich den Weg selbst gehe (das ist die Überzeugung Rumis). Und auch wenn dies wahrscheinlich wahr ist, helfen Worte und Nachdenken als Reisebegleiter/innen doch, sich diesen Phänomenen zu nähern, sie anzuschauen und möglicherweise einer christlichen Praxis anzubieten, die einem Gott auf der Spur ist, der die Einheit mit ihm in der Vielfalt seiner möglichen Verwirklichungen sucht.

---

2 Moulana Galal ad-Din Rumi, Matnawi, Bd.1, Buch I und II, übersetzt von Bernhard Meyer, Köln 1998.

Differenzierungen (multi-, inter-, cross- und transkulturell)

Ich meine es lohnt sich, diesen Fragen nachzudenken und beginne mit der Frage nach der Frage: Wonach fragen wir, wenn wir Musik auf ihr transkulturelles, interkulturelles, multikulturelles Potential befragen? Ist das alles ungefähr das gleiche, oder wie müssten wir unsere Fragen präzisieren, wenn das nicht der Fall ist?

Volker Küster, Professor für Interkulturelle Theologie in Kampen, hat dazu meines Erachtens einen ganz hilfreichen Versuch vorgelegt.[3] Er weist darauf hin, dass in der Debatte um das Verhältnis von christlichem Glauben und Kultur mindestens immer wieder vier Präfixe auftauchen, deren Verwendung natürlich von bestimmten Präferenzen abhängig ist:

Multi-, inter-, cross-, und transkulturell. Oft werden sie aufgrund von Überschneidungen auch synonym gebraucht, aber Küster ist der Überzeugung, dass sie sich auch deutlich voneinander abgrenzen lassen. Er stellt sie selbst so vor:

„*Multi*-kulturell beschreibt zunächst einmal den Sachverhalt, dass mehrere Kulturen nebeneinander in einer Gesellschaft existieren. Theorien der multikulturellen Gesellschaft ergründen die Rahmenbedingungen für ein gutes Zusammenleben, das die kulturellen Differenzen ausdrücklich anerkennt und ihnen Raum gibt. Darin unterscheiden sie sich vom Assimilationsmodell, das die völlige Anpassung an die ‚Leitkultur' der aufnehmenden Gesellschaft fordert.

Inter-kulturell nimmt Bezug auf den Raum ‚zwischen' den Kulturen. Der postkoloniale Kritiker Homi Bhabha spricht in diesem Zusammenhang von einem ‚Dritten Raum' (Third Space), in dem sich die Kulturen begegnen. In einer Typologie des Kulturkontakts lassen sich erster Kontakt, Konflikt und Wechselwirkung (Urs Bitterli) unterscheiden. Die Dialogregeln müssen in der Begegnung immer wieder neu ausgehandelt werden.

Cross-kulturell bezeichnet das Überschreiten kultureller Grenzen sowohl, um einen Vergleich mehrerer Kulturen anzustellen, als auch im Sinne der Vermischung von mehreren Kulturen. Im Musik- oder Modediskurs etwa wird mit cross-over bzw. cross-dressing die Vermischung verschiedener Stilrichtungen beschrieben.

---

3   Volker Küster, Interkulturelle Theologie, in: Peter Schreiner/Urusla Sieg/Volker Elsenbast (Hg.), Handbuch Interreligiöses Lernen, Gütersloh 2005, 179–191.

Trans-kulturell setzt voraus, dass es anthropologische Konstanten jenseits kultureller Differenzen gibt. Alle Menschen bestatten ihre Toten, wie das geschieht und gedeutet wird, ist dann wiederum kulturell-religiös äußerst divers."[4]

Ich möchte, da unser Thema die Musik ist, zu jedem dieser Präfix-Differenzierungen ein musikalisches Beispiel anbieten. Ich bleibe dabei bei der schon eingangs vorgestellten Linie orientalischer Musiktradition.

1. Das *erste Beispiel*, zum Stichwort *multikulturell*, kann ich nur beschreiben: Ich fahre viel Zug. Im Zeitalter von Handys, die gleichzeitig Musikdateienspeicher mit integrierten kleinen Lautsprechern sind, habe ich oft die Gelegenheit, ungeplanten multikulturellen Musikinszenierungen beizuwohnen: In der einen Ecke der Bahn meint man Bushido oder einen der anderen Verbalattackierer deutscher Rapkultur wiederzuerkennen, in der anderen klingen ungewohnte orientalische Tonleitern, manchmal poppig, manchmal ohne Popgerüst. Sie klingen nebeneinander, ungewollt miteinander, aber nicht intentional aufeinander zu, eher schon gegeneinander. Problem dieser multikulturellen Miniaturszene: die Dialogregeln werden nicht ausgehandelt und lassen einen genervten Theologen zurück, der offen gestanden froh ist, dass der multikulturelle Soundbrei zumindest für ihn vorüber ist, als beide Gruppen am nächsten Hauptbahnhof aussteigen. Sicher, mir hätte noch die Variante offen gestanden, mich mit meinem MP3-Player in die akustische Höhle meiner Musikkultur zurückzuziehen, aber die nächste Multikulti-Inszenierung wartet an der nächsten Ecke, garantiert.

2. *Zweites Beispiel – zu hören wäre von der CD „Mozart in Egypt I"*[5], *Track 1: Ikhtitaf Fi Assaraya – Die Entführung aus dem Serail.* Ein französischer, ein bulgarischer und ein ägyptischer Produzent[6] hatten die Idee, Mozarts Musik (der großes Interesse an pharaonischen Mythen hatte) und die des ägyptischen Kulturraums (oft sufischer Prägung) nicht nur einander begegnen zu lassen, sondern sie ineinander zu spielen, zu verschränken, zu verkreuzen, eben ein Paradebeispiel für *crossover*. Die orientalische Percussion lässt Mozarts Rhythmisierungen in ganz neuem Licht klingen. Melodie- und Harmoniesysteme, die eigentlich inkompatibel scheinen, erklingen zusammen, ohne den anderen zu verschlucken. Es entsteht ein eigener, neuer

---

4 Küster, Interkulturelle Theologie, 179f.
5 Hughes de Courson and Ahmed al Maghraby, Mozart in Egypt I, Virgin Classic (EMI) 1997.
6 Hughes de Courson, Teg und Nasredine Dalil.

atmosphärischer Klangraum, zu dem jede der beiden Kulturen, ohne sich vorher aufgelöst zu haben, beiträgt.

3. *Drittes Beispiel – zu hören und zu sehen wäre ein Ausschnitt aus der Dokumentation: Die Derwische des Medicus. Eine altorientalische Musik-Therapie von Hajo Bergmann.* [7] Ein Beispiel *interkultureller* Begegnung aus der Praxis der interkulturellen Musiktherapie, die neben der Musikpädagogik eines der führenden interkulturell arbeitenden Felder der Musikforschung geworden ist. [8] Der fremden Musik der Schamanen der Turkvölker, die heute noch bei Mongolen und in Kirgisien praktiziert wird, begegnen österreichische BürgerInnen im intermediären Raum eines Seminars durch die Vermittlung des Istanbuler Forschers und Musiktherapeuten Orec Güvenc im gemeinsamen mantrischen Singen und schamanistisch inspirierten Tanzen sowie im Nachdenken über musiktherapeutische, psychologische und religiöse Vortragsimpulse. Die Dialogregeln scheinen klar: Freiwilligkeit und Partizipation gehören dazu. Es ist eine inter-kulturelle Erfahrung: Kulturen kommen zusammen in einem Seminarraum, werden jedoch nicht vermischt, sie brauchen Vermittlung (der türkische Seminarleiter spricht französisch).

4. Dass europäische Zeitgenossen diese Musik nicht nur museal bestaunen oder exotisch beklatschen, hängt mit einer Grundannahme zusammen, die zur letzten Präfix-Differenzierung führt: Das, was in und mit dieser Musik wirken kann, ist nicht an kulturelle Grenzen gebunden, es ist *transkulturell*, und somit führt dieses *Beispiel* auch zur *vierten Kategorie*.

Es wird in der Musikwissenschaft – kontrovers versteht sich – diskutiert, ob es in der Musik Strukturen gibt, die als universal angesprochen werden können, die zwar in jeder Kultur ihre spezifische Klangfarbe erhalten, aber in ihrem Gehalt vergleichbar sind durch die Partizipation an dieser universellen Struktur. Es braucht, so das Erkenntnisinteresse, Deutungskategorien für das Phänomenmaterial, das sich beispielsweise in der Musikethnologie inzwischen zuhauf findet: Wie können musikalische Phänomene, die kulturell, geografisch, überlieferungsgeschichtlich überhaupt keine Berührungspunkte aufweisen, so ähnlich, ja manchmal identisch klingen? Wie kann es

---

7   Hajo Bergmann, Die Derwische des Medicus, DVD, Komplett Media 2006.
8   Vgl. dazu: Gerhard Tucek, Altorientalische Musiktherapie in Praxis, Forschung und Lehre, in: Hans-Helmut Decker Voigt (Hg.), Schulen der Musiktherapie, München/Basel 2001, 312–356; Ders., Altorientalische Musiktherapie im interkulturellen Dialog – Kulturimmanente und kulturtranszendente Aspekte im Menschenbild, in: Helga Egner (Hg.): Heilung und Heil. Begegnung – Verantwortung – Interkultureller Dialog, Düsseldorf /Zürich, 120–148.

sein, dass Musikinstrumente, wie die Rahmentrommel der Schamanen, in vollkommen disparaten Kulturkreisen ähnlich gebaut werden und ähnlich gebraucht werden? Ist der Rhythmus, der sich von den biologischen Grundfunktionen des Herzschlages und der Atmung herleitet, nicht ein universelles anthropologisches Phänomen?

Eine Deutungsschiene, die ich hier nur anzeigen kann, ist die Entwicklung einer musikalischen Archetypenlehre: [9] Was im Gefolge der Entdeckungen C. G. Jungs für Sprache, Symbole und Bilder gilt, gilt hier für musikalische Strukturen, die ein Menschheitswissen sind und im Musikerleben aktiviert werden können. Deshalb wirken die schamanischen Gesänge der Turkvölker bei den österreichischen Büroangestellten im Seminar in Wien, so diese Theorie.

Dies ist die eine Variante der Präfix-Differenzierung *trans-kulturell*. Es gibt jedoch noch eine weitere, die Rumis Lied der Rohrflöte schon andeutete. Musik hat das Potential, auf das „trans" der Wirklichkeit Gottes zu verweisen. Ob es nun indische Schöpfungsmythen sind, die die Welt aus dem Klang entstehen lassen (Nada Brahma – die Welt ist Klang), ob es die persische oder japanische Variante ist, ob es Platons Timaios oder Keplers Theorem der Weltharmonie ist, die noch Leibniz faszinierte, der Tenor scheint gleich: Musik ist ein Weg, mit der transzendenten Wirklichkeit in Kontakt – *in tune* – zu kommen, da diese Welt auf einen Ur-Klang zurückzuführen ist, in dem Gott zum Klingen kommt (manchmal ist er auch selbst dieser Klang). [10] Dieser Grundton ist transzendenten Ursprungs und durchzieht die Welt, er ist gleichsam der *cantus firmus* der Schöpfung, zu dem die kulturellen Verschiedenheiten seit Jahrtausenden polyphon variieren. [11] Wenn wir Musik erleben, sind wir potentiell BürgerInnen zweier Welten, das ist nicht nur in Afrika ein Grundwissen. Wir singen hier, vor Gott in seinem himmlischen Hofstaat ertönt seit Ewigkeit das Sanctus der Engel. An der Musik der zweiten Welt können wir auf mindestens zwei Weisen partizipieren:

---

9 Z. B.: Wolfgang Martin Stroh, Zur psychoanalytischen Theorie der Weltmusik, in: Helmut Rösing (Hg.), Step across the border. Neue musikalische Trends – neue massenmediale Kontexte (Beiträge zur Popularmusikforschung 19/20), Karben 1997, 128–151.
10 Vgl. Joachim-Ernst Berendt, Nada Brahma. Die Welt ist Klang, Reinbek 1985.
11 Vgl. zu diesem Bild Bonhoeffers: Andreas Pangritz, Polyphonie des Lebens. Zu Dietrich Bonhoeffers „Theologie der Musik", Berlin ²2000.

a) Durch symbolische Partizipation: Unsere Musik ist ein Abbild oder Vorausbild der himmlischen Musik. Das schwingt dann mit, wenn wir Bachs H-Moll-Messe als „himmlisch" bezeichnen. Unsere menschlichen Klangfigurationen kommen in Resonanz mit denen der Sphären, indem wir in vergleichbare Bauprinzipien und Proportionen eintauchen, so etwa Johann Kepler.
b) Durch ekstatische Partizipation: Musik hat das Potential, uns aus uns herauszusetzen und die Reise in die zweite Welt anzutreten, so die Grundüberzeugung schamanistischer Musikpraxis. Reise- oder Verbindungsmedium ist meist der Rhythmus. Auch die Götter oder Ahnen sind in Westafrika dem Rhythmus unterworfen, er ist das kosmische Bauprinzip, das Kommunikation zwischen den Welten ermöglicht. [12]

Im Grunde müsste man für die Differenzierung des Transkulturellen noch zwei Subdifferenzierungen anbieten, also ein

a) Trans I, das auf anthropologische Universalismen, jenseits der eigenen kulturellen Beschränkungen verweist, und ein
b) Trans II, das auf den transzendenten Horizont oder Ursprung jeder Kultur verweist, in der alle Kulturen „ihre Heimat" haben und auf den sie sich gegenseitig aufmerksam machen können.

Kommt Gott also auch im Klang zu uns? Wie hilfreich sind die Differenzierungen Küsters für die Missionstheologie? Wie helfen sie das Ausbreiten biblisch gegründeter froher Botschaften in den Zwischenräumen des Multi-, Cross-, Inter- und Trans-Kulturellen im Medium der Musik wahrzunehmen? Ist Gott in einer zunächst fremden Musik schon erfahrbar, bevor wir ihn dort hinzubringen meinen? Ist das – die Wirklichkeit des Trans II – die Brücke, warum die Musik anderer Kulturen, die wir in missionarischen Kontexten zunächst interkulturell erfahren, angeeignet werden kann für die

---

12 Peter Bubmann differenziert neben der metaphorisch-symbolischen und der ekstasierend-bewusstseinstranszendierenden noch weitere religiöse Dimensionen der Musik: die klangmagische, mystische, integrierend-kommunikative, seelsorglich-therapeutische, rhetorische und autonom-spielerische, in: Ders./Michael Landgraf, Musik in Schule und Gemeinde. Grundlagen – Methoden – Ideen, Stuttgart 2006, 31–33.
Vgl. zu den Transzendenzaspekten von (Pop)Musik: Gotthard Fermor, Ekstasis. Das religiöse Erbe in der Popmusik als Herausforderung an die Kirche, Stuttgart u. a. 1999, 94–96.

eigene religiöse Praxis und dann sogar in kirchlichen Gesangbüchern landet?

Systematisch-theologische Überlegungen

Auf dem Wege, diese Fragen zu beantworten, sind m. E. einige systematisch-theologische Überlegungen nötig. Grundsätzlich gehe ich dabei davon aus, dass Inkulturation der Verwirklichungsprozess der *missio Dei* ist.[13] Die Bewegung Gottes zur Welt wird immer auch Kultur und ist nur als solche überhaupt wahrnehmbar. Im Medium der Musik lässt sich diese Bewegung erleben, vielfältig, notwendig polykulturell. Die besonderen Herausforderungen liegen in der interkulturellen und transkulturellen Exploration dieser Klang-Mission Gottes.

Kriterium dieser lebenslangen Expedition bleibt die Wahrnehmungsspur des Trans II, die immer wieder kulturell auszuhandeln ist, besonders dort, wo im interkulturellen Raum die Verweisspuren auf dieses Trans sich produktiv-different spiegeln.

Ich versuche als Deutungsangebot eine trinitarische Denkfigur von Musik als dem dogmatischen Bedenken des „Zum Klingenkommen Gottes".[14] Das „Zum Klingenkommen Gottes" wahrzunehmen heißt:

---

13 Vgl. Theo Sundermeier, Missio Dei heute. Zur Identität christlicher Mission, in: ThLZ 127 (2002) 1243–1262; Missio Dei heute. Zur Aktualität eines missionstheologischen Schlüsselbegriffs. Studienheft Weltmission heute (EMW), Bd. 52, Hamburg 2003.

14 Die folgenden Überlegungen habe ich in ihren Grundgedanken schon vorgelegt in: Gotthard Fermor, Der Sound des Lernens. Systematisch- und praktisch-theologische Überlegungen zur Gemeindekulturpädagogik am Beispiel der Musik, in: ZPT 59 (2007), 120–135, hier: 124–129. Hier werden sie auf das Thema des Inter- und Transkulturellen bezogen.
Es hat einige Entwürfe einer trinitätstheologischen Musikbetrachtung gegeben, z. B.: Dedo Müller, Die Musik und die Trinität, in: Otto Michel/Ulrich Mann (Hg.), Die Leibhaftigkeit des Wortes, FS Adolf Köberle, Hamburg 1958, 463–475; Oskar Söhngen, Theologie der Musik, Kassel 1967; Peter Bubmann, Urklang der Zukunft. New Age und Musik, Stuttgart 1988, 175–246 („Musik und christlicher Glaube"). Einen gewissen Schwerpunkt bilden nach zahlreichen christologisch angelegten Musiktheologien (vgl. dazu: Gustav Adolf Krieg, Grundprobleme theologischer Musikbetrachtung, in: PTH 77 [1988], 240–253) neuerdings pneumatologische Fokussierungen: Henning Schröer, Wie musikalisch kann Theologie werden? Ein Plädoyer für die Wahrnehmung von Theophonie, in: Gotthard Fermor/Hans-Martin Gutmann/Harald Schroeter (Hg.), Theophonie. Grenzgänge zwischen Musik und Theologie, Rheinbach 2000, 299–312.; Gotthard Fermor, Ekstasis, 234–242; Ernstpeter Maurer, Kirchen-

Auf den Schöpfer hören, auf den Sound der Schöpfung hören

„Nichts ist ohne Klang", schreibt Paulus im 1. Korintherbrief (1. Kor. 14,10). [15] „Die Welt ist Klang" (Nada Brama) heißt es im indischen Schöpfungsmythos und der Medientheoretiker Jochen Hörisch liest den Big Bang schöpfungstheologisch so: „Am Anfang war der Sound. Und dieser Sound war so ungeheuerlich, dass wir heute noch sein Echo hören." [16] Und wenn wir hier schon den Geist mit ins Spiel bringen (was trinitarisch nie anders geht, weil diese Aspekte des göttlichen Seins sich immer durchdringen), dann wird das mit dem Sound am Anfang auch ganz plastisch: „Der Geist schwebte über den Wassern" heißt es in Gen 1,2, was in einer möglichen Übersetzungsvariante auch so gelesen werden kann: Der Geist vibrierte über den Wassern. Und dieses Vibrieren ist ein Sound – Nada Brama, wenn wir es denn so lesen wollen. Und siehe, es war sehr gut, good vibrations also. Die Gestimmtheit der Schöpfung ist nicht (nur) ein imaginierter Wohlklang oder eine in ewige Gesetze gegossene prästabilisierte Harmonie (auch wenn sie das auch ist), sondern auch das *in-tune*-Kommen mit der Schöpfung als offenem, nicht abgeschlossenem Prozess. In ihr geht es immer auch um das Unerhörte, über das wir nicht hörend verfügen, das Jenseits jeden Klangs, das im Klang geahnt, aber eben nicht abgebildet werden kann, auch nicht in der noch so himmlischsten Musik. Das *in-tune*-Kommen mit der Schöpfung geht nur kräftig polyphon, wie Bonhoeffer das so schön formuliert hat, da jede noch so fremde Stimme vom *cantus firmus* des Schöpfers getragen ist. In jeder musikalischen Erfahrung oder Begegnung, der wir das Prädikat transkulturell geben wollen, schwingt also ein letzter, nicht verfügbarer Rest oder besser Grund mit: Gott als das Geheimnis der Welt. Je weniger wir nur einer Heimatkultur gehören, desto mehr Chancen hat möglicherweise dieser nicht verfügbare Grundimpuls, Resonanz zu finden. Interkulturelle Musikpraxis kann ein Feld dieser transkulturellen Erfahrung sein. Dies wird in der zweiten Spur noch deutlicher:

Das „Zum Klingenkommen Gottes" wahrzunehmen heißt:

---

musik als Systematische Theologie, in: Gotthard Fermor/Harald Schroeter-Wittke (Hg.), Kirchenmusik als religiöse Praxis. Praktisch-theologisches Handbuch zur Kirchenmusik, Leipzig 2005, 158–166.
15 Vgl. dazu: Harald Schroeter-Wittke, Nihil est sine sono (1. Kor. 14,10). Vorspiel einer musikalischen Religionspädagogik, in: ZPT (57) 2005, 575–588.
16 Jochen Hörisch, Eine Geschichte der Medien. Von der Oblate zum Internet, Frankfurt a. M. 2004, 23.

Auf die Stimme Christi hören

Diese Stimme durchkreuzt unsere imaginären Selbstverfügungskonzerte, in dem sie unser Ohr öffnet für die Stimme des Anderen. So nutzt sie bedrohliche Verstimmungen, die unsere selbstgebastelten Harmoniegefüge irritieren, produktiv in der darin möglichen Öffnung zu solidarischer Sozialität. Gerade dazu verhilft in der interkulturellen Begegnung der Klang des Anderen, des Fremden. Wir brauchen das Inter-, manchmal vielleicht sogar das Konterkulturelle, um uns für das Transkulturelle öffnen zu lassen.

In der Begegnung mit der Wahrnehmungsspur Christi lernen wir aufzuhorchen auf das, was zu verstummen droht; lernen wir, ihm zu ge"hören", in dem wir aus und mit seinem grundlegenden Vertrauen hören lernen; lernen wir uns unterbrechen zu lassen – eine musikalische Theologie der Pause, die Ästhetik der nicht gemachten Stille; lernen wir angesichts drängender Entschleunigungsnotwendigkeiten, auf seine Stimme zu hören, die vielleicht auch Elia schon gehört hat, als er am Berg Gottes aus der Höhle trat und eine „Stimme verschwebenden Schweigens" hörte (wie Martin Buber diese Stelle in 1. Kön 19 so wunderbar übersetzt hat) – eben als *Sounds of Silence*. *Darin* sind wir angenommen, gerechtfertigt. *Diese* Stimme, als die Stimme Christi immer auch die der Liebe, schafft Resonanz, lässt sich *und* Anderes hören. Musikalisch ausgedrückt mit Paulus: „Wenn ich alle Sprachen der Menschen reden und singen könnte und in den Sprachen der Engel Gottes, und es wäre keine Liebe in mir, wäre ich nicht mehr als eine vom eisernen Klöppel angeschlagene Brummglocke oder ein schepperndes Becken aus Blech" (1. Kor 13, 1 in der schönen Übertragung von Jörg Zink).[17] Jede Interkulturalität ohne Liebe ist stumpfe Blechmusik. Und die Hörübung auf die Stimme Christi macht hoch aufmerksam für alle Klangerstickungstendenzen, in denen der *cantus firmus* nicht mehr hörbar wird – im blechernen Gerappel unser geldzählenden (und wieder verlierenden) computerisierten Gierinstrumente ist der *cantus firmus* nicht verschwunden, aber schwer verzerrt. Es gibt Musik, die töten kann.

Das „Zum Klingenkommen Gottes" wahrzunehmen heißt:

---

17   Jörg Zink, Womit wir leben können, Stuttgart 1963 (Text für den 28. Juni).

Im Geiste hören

Der Geist Gottes schließt seine Schöpfungspotentiale auf, da wo wir sie verdecken, er ermöglicht den Rückschluss zur Schöpfung als Aufschluss. Die Wirklichkeit des Geistes ist aufschlussreich. Unsere Verwirklichungen verdecken, verwirken immer auch die Potentiale der Schöpfung. Das kann man an Erfahrungen wunderbar studieren. Erfahrungen sind immer latent etwas Konservatives, man/frau richtet sich gerne in ihnen ein. Heimat-Kultur! Insofern braucht es, wie Dietrich Zilleßen es genannt hat, „sinnvolle problematische Erfahrungen".[18] Sie können in interkulturellen Begegnungen entstehen. Der Geist Gottes führt in die Wahrheit, das heißt er deckt auf (aletheia – griech. für Wahrheit – meint das Aufgedeckte), er macht lebendig, was in Erfahrung zur Konserve zu werden droht. Spiritualität ist somit immer ein Wagnis, so wie es jede Mission ist, die der *missio Dei* auf die Spur kommen will.

Weil dieser Klang Gottes des Vaters und Schöpfers unerschöpflich ist, weil er als Klang Gottes des Sohnes immer auch anders, herausfordernd und irritierend ist, und weil er als Klang Gottes des Geistes, immer mehr möglich machen kann als wirklich ist, sind gerade interkulturelle Begegnungen eines der prominentesten Erfahrungs- und Bewährungsfelder einer solchen Musiktheologie, die der *missio Dei* als Prozess der Inkulturation nachdenkt.

Missionstheologische Konsequenzen

Die grundsätzliche Offenheit für interkulturelle Erfahrungen im Medium der Musik wäre von daher jeder missionarischen Praxis zu wünschen. Die Christentumsgeschichte ist bekanntlich das Zeugnis einer ambivalenten Ausgestaltung dieser Praxis:

a) Zum einen hat missionarische Praxis immer auf die kulturellen Traditionen vor Ort zurückgegriffen und zurückgreifen müssen.
b) Zum anderen hat sie oft die froh machende Grundbotschaft mit der heimatlichen Prägung christlicher Inkulturation ideologisch identifiziert und in der Verbreitung ersterer letztere hegemonialisierend eingesetzt und somit im Grunde konterkariert.

---

18 Dietrich Zilleßen, Sinnvolle problematische Erfahrungen, in: JRP 7 (1990), 277–295.

Ich würde in diesem Zusammenhang missionstheologisch auch keine Angst vor Synkretismen [19] haben, im Gegenteil: Dort wo mein kultureller Schatz als Verwirklichungsform Evangelium-inspirierter Praxis mit der anderer und fremder Kultur zusammenwächst (syn – krasis), ist nicht gesagt, dass die Gründung in der Evangeliumserfahrung damit von der anderen Kultur aufgelöst wird. Ist nicht das Zusammen*wachsen* aus der Wurzel des Evangeliums die wunderbarste Form der Aneignung? In Gottes Garten wachsen immer neue Gewächse, wer davor Angst hat, taugt eben nur zum theologischen Kleingärtner. Mir ist das Staunen über neue Gewächse, die die Wahrheit des Evangeliums neu sehen lernen und wiederentdecken helfen, wichtiger als die Bestandswahrungsbotanik vieler kirchlicher Profilprogramme. In solchen Monokulturen sind wir von Multikulti noch weit entfernt. Interkulturelles Lernen tut uns hier grundsätzlich gut. Und es sensibilisiert in diesem Garten gleichzeitig für alles krankmachende Parasitentum, für alle ungesunden Überwucherungen und alle wachstumshindernden Konstellationen, wo der große Schatten des einen das Gedeihen des anderen verhindert.

Und, um es noch einmal zu sagen: Entscheidend sind in theologischer Perspektive nicht die Differenzen des Inter oder die anthropologischen Vertrautheiten des Trans I, sondern deren Verweisungspotentiale auf das Trans II, die in der eigenen kulturellen Beheimatung zu schnell zu verkrusten drohen oder im Abarbeiten an der interkulturellen Differenz ihr transzendierendes Potential nicht freilegen können. Es geht um die Differenz der Differenz, das wäre die transkulturelle Pointe interkultureller Begegnung in der Perspektive religiöser Erfahrung.

Die Interkulturalität biblischer Bezugnahmen

Darüber hinaus ist grundsätzlich auch der Bezug auf das, was wir bewahren wollen, der Bezug auf unsere biblischen Urkunden, immer ein interkulturelles Unterfangen. Das muss jeder traditionsimperialistischen Variante dieser Bezugnahme deutlich gesagt werden.

---

19 Vgl. dazu grundsätzlich: Theo Sundermeier, Synkretismus und Inkulturation, in: Ders., Religion – was ist das? Religionswissenschaft im theologischen Kontext, Frankfurt a. M. 2007, 187–206.

Ich möchte diese grundsätzliche Interkulturalität biblischer Bezugnahme in meinem letzten Teil, wiederum am Beispiel der Musik, deutlich machen.

Vor einigen Jahren habe ich mit großer Neugier eine CD erstanden: „Die Musik der Bibel" (Harmonia Mundi 1976).[20] Die finnische Musikwissenschaftlerin Suzanne Haik Vantoura verspricht im Booklet der CD nicht weniger als die Musik der Bibel restituiert zu haben durch eine Rekonstruktion von Notationszeichen, die über den ganzen Text der hebräischen Bibel verteilt sind, die man aber bis dahin nicht zu entschlüsseln vermochte.

Was wir so ziemlich auf der ganzen CD zu hören bekommen, ist eine eigenwillige Fassung synagogalen Gesangs, der seine Wurzeln in der Exilserfahrung hatte und sich nachexilisch weitergebildet hat. Es ist eine aus einer bestimmten Grunderfahrung gottesdienstlicher Praxis (also ohne Tempel und Kult) hervorgegangene – wunderbare – Musikpraxis der Bibel, die sicher auch das Singen in den ersten Gemeinden beeinflusst hat und sich in der Gregorianik fortsetzt. Aber: es ist nicht *die* Musik der Bibel. Diese Fassung ist auch in irritierender Weise stark europäisiert, dabei soll sie aus hebräischen Notationszeichen gewonnen sein, die bekanntlich dem orientalischen Raum entstammen.

Zur Musik der im orientalischen Raum entstandenen Bibel gibt es noch viel mehr wahrzunehmen als diese etwas anmaßende Verengung. Einen anderen Annäherungsversuch an die Musik der Bibel, den ich in seiner musikalischen Breite verheißungsvoller finde, ist im Zuge der Produktion vom Martin Scorseses Film „Die letzte Versuchung Christi" entstanden. Peter Gabriel, der sich seit den 80er Jahren mit einem eigenen Label für die Verbreitung von Weltmusik einsetzt, war mit der Filmmusik betraut worden. Dazu hat er lokale orientalische Musikkulturen studiert, sie aufgesucht und mit ihnen musiziert bzw. ihre Musik aufgenommen. Das waren die Quellen seiner Filmmusik, die er auf der CD „Passion Sources" (Realworld/Virgin Records 1989) veröffentlicht hat. Der Soundtrack zum Film selbst wurde als „Passion" (Realworld/Virgin Records 1989) veröffentlicht und hat große Aufmerksamkeit erregt. Da diese Musik meistens rein oralen, illiteraten Wurzeln entspringt, ist ihre Vergleichbarkeit mit der vorgestellten Musik zur Zeit Jesu m. E. relativ hoch.

---

20 Mancherorts noch erhältlich als: «La musique de la biblie révélée. Une notation millénaire décryptée par Suzanne Haik-Vantoura», Harmonia Mundi 2000.

Beiden Annäherungsversuchen ist meines Erachtens jedoch eines gemeinsam: Die Musik der Bibel ist uns fremd. Wir werden seit Kindergottesdiensttagen mit eurozentrischen Projektionen der biblischen Kultur in Bild, Wort und Ton sozialisiert, die ferner von den Ur-Kunden nicht sein könnten. Jedes kurdische Fest in der multikulturellen Nachbarschaft nebenan ist mit Musik und Tanz näher an der biblischen Ursprungskultur als die Kinderbibel von Cees de Kort und unsere schlagerhaften Kindergottesdienstlieder. Die viel zitierte Ost-West-Begegnung (meist nur auf die fernöstlichen Religionen bezogen) bekommt unter dieser interkulturellen Prämisse noch einmal ein anderes Gesicht.

Können wir denn etwas über die Musik der Bibel wissen oder sind alle Versuche, sich ihr zu nähern, nur reine Projektionen aus dem einen oder anderen Interesse? Ich habe versucht zu zeigen, dass dies über das Wahrnehmen der präzise beschriebenen Musikinstrumente möglich ist.[21] So ist beispielsweise die „Pauke", auf die Mirjam im militärischen Siegestanz schlägt, die Rahmentrommel (hebr. *top*) – das zentrale Instrument schamanischer Musikpraxis, deren Wege ekstatisch sind. Auch der Tanz der Frauen (bei Luther so harmlos-nett der „Reigen" genannt) als Endpunkt der Psalmenaufführung im Tempel ist von der Rahmentrommel begleitet und darf so gehört werden, wie auf Peter Gabriels „Passion". Ebenso die Begleitinstrumente Harfe und Leier, die wenig mit unserer europäischen Harfe zu tun haben, eher schon mit der *oud*, der Laute orientalischer Musik (vgl. Rabih Abou-Khalil). Denn auch die *kinnor* (Leier) wurde mit einem Plektrum gespielt, was jeden E-Gitarristen heute freut. Das Volk im äußeren Vorhof lärmt mit Zimbeln/Metallplatten (*saelsaelim*) als Ausdruck ihrer Psalmenfreude, das muss man sich laut vorstellen. Also mein Plädoyer geht dahin, mindestens über die Wahrnehmung der Vielfalt der Musikinstrumente die Vielfalt der biblischen Musikpraxis vom poetischen Singen einzelner, über synagogalen Sprechgesang und ekstatische Musik in Kult und Fest bis hin zu militärischer Signalmusik wahrzunehmen. Hätten wir die Gnade einer Zeitreise, ich bin mir sicher, sie wäre uns fremd und somit eine interkulturelle Herausforderung.

Allerdings, und nun versuche ich einen Bogen zu unserem missionstheologischen Interessen zu schlagen: Von der ekstatischen Praxis der Psalmen

---

21 Vgl. Gotthard Fermor, Ekstasis, 190–205. Auf die hervorragende Studie „Musik in biblischer Zeit und orientalisches Musikerbe" von Thomas Staubli (u. a.), Freiburg Schweiz 2007, kann ich an dieser Stelle nur verweisen.

haben wir gerade über die Mission nordamerikanischer Sklaven und deren Musik wieder etwas zurückgewonnen. Gerade die afro-amerikanische Musikentwicklung, die ein Beispiel der crosskulturellen Begegnung zwischen den Resten westafrikanischer religiöser Musikpraxis und der methodistischer und baptistischer Hymenpraxis ist,[22] zeigt, dass in der Mission Hin- und Rückwege möglich sind (darauf hat auch Friedemann Walldorf an diesem Beispiel hingewiesen).[23] Auf dem Hinweg christlicher Hymnen, die den Sklaven für ihre einzigen Versammlungen angeboten wurden, hat sich auf dem Rückweg in der synkretistischen Umwandlung dieser Hymnen aus westafrikanischem Erbe das wunderbare Liedgut der Spirituals entwickelt. Deren gottesdienstliche Praxis zeigt spätestens seit ihrer Weiterentwicklung im Gospel Strukturelemente, die der alttestamentlichen Psalmenpraxis vergleichbar sind: Vorsänger und Chor entwickeln den Text in call und response, die Gemeinde fällt akklamierend immer wieder ein mit „Hallelujah", „ewig währe seine Treue", „Amen" – heute noch ist dies in jedem afroamerikanischen Gottesdienst zu studieren, und nicht nur da. Der ekstatische Rhythmus und der Tanz kommen hinzu. Das Wie dieses Musizierens ist so wichtig wie das Was, weil im Rhythmus Kommunikation hergestellt wird, nicht mehr mit den Ahnen oder einem Loa, aber mit Gott und den alttestamentlichen Heiligen.

So ist Mission, so möchte ich schließen, nie eine Einbahnstrasse, sondern Praxis- und Bewährungsfeld interkultureller Kommunikation, die gelingender Maßen auf ihren transkulturellen Grund verweist.

Every nation shall sing, damit sie – in all ihrer gegenseitigen Fremdheit – von anderen gehört werden können und zur staunenden Anerkennung des vielgestaltigen Lobes Gottes beitragen! So kommt die Mission Gottes immer wieder und unauf-hör-lich zu ihrem Ziel.

---

22 Vgl. Gotthard Fermor, Ekstasis, 130–148.
23 Friedemann Walldorf, „There's a better day a coming" – Afroamerikanische Musik als Inkulturation. Eine historisch-missiologische Spurensuche, in: ZMiss 1/2008, 69–90.

Biblisch-levantinisches Musikerbe im Christentum und seine Relevanz für heutige transkulturelle Prozesse

Thomas Staubli

Die christliche Musik trägt genetische Merkmale, die sie dem vorchristlichen und vorjüdischen Musikerbe der Levante verdankt.[1] Einige davon werden im Folgenden kurz vorgestellt. Daran anknüpfend finden sich einige Fragen für transkulturelle Prozesse in missionarischen Kontexten.

Kontext: Levante als kulturelle Drehscheibe

Die geopolitische Lage der Levante im Grenzgebiet dreier Kontinente machte die hier lebenden Menschen zu Vermittlern. Was sich im ökonomischen Bereich in einem regen Handel, im politischen in einer hoch differenzierten Bündnispolitik und im kultischen Bereich in synkretistischer Reduktion aufs Wesentliche äußert, schlägt sich im Bereich der Musik in der Fähigkeit zur Kulturvermittlung nieder. So war die syropalästinische Musik in Ägypten eine bei Hof gepflegte Attraktivität und die syrische Kastenleier fand Eingang ins ägyptische Instrumentarium.[2]

Zugleich war die Levante über Jahrhunderte hinweg aufgrund ebendieser geopolitischen Gegebenheiten immer wieder Opfer hegemonialer Machtinteressen. Diesen hat sich die Bevölkerung phasenweise durch innere Emigration entzogen, die sich nach Außen in bewusster Verweigerung von Sitten

---

1 Das häufig evozierte Modell, wonach sich das Christentum aus dem Judentum entwickelt habe, verkürzt zu stark. Das antike Judentum war eine sehr vielgestaltige Größe, zu dessen „kultureller Erbmasse" nebst mesopotamischen und ägyptischen Elementen in erster Linie die kanaanäische Kultur gehört. Das Christentum hat dieses Erbe neben dem Judentum eigenständig weiterentwickelt. Gleichzeitig zeigt ein Vergleich der jüdischen und der christlichen Psalmodie, dass in beiden Traditionen gleiche Ursprünge fortleben (vgl. BIBEL+ORIENT Museum, CD Tempelmusik, Track 6).
2 Thomas Staubli, Musikinstrumente und musikalische Ausdrucksformen, in: Ders. (Hg.), Musik in biblischer Zeit, Stuttgart 2007, Abb. 37f.

und Gebräuchen der anderen, die als die Mächtigen erfahren wurden, zeigen konnte. Besonders der Verehrung fremder Herrscher suchte man sich bewusst zu entziehen.

Und schließlich war die Levante, zumal im klimatisch und territorial randständigen Süden, im Vergleich zu den Flusskulturen am Nil und im Zweistromland immer ein armes Pflaster mit relativ geringer Ausprägung von Klassengesellschaften. Das bedeutet, dass wir mit einer recht starken Durchdringung von Volks- und Hofmusik rechnen dürfen und dass der orchestrale Aufwand in dieser Region immer relativ bescheiden blieb.

Diese drei Momente der „biblischen Musik", die Kulturvermittlung, die kritische Distanz und die volkstümliche Erdung spielen bei transkulturellen Prozessen, soweit sie in der Bibel einen Niederschlag gefunden haben, immer wieder eine wichtige Rolle, wie im Folgenden einige Beispiele illustrieren sollen.

Musikvielfalt als Ausdruck von Weisheit

Im Vorderen Orient gibt es eine Jahrtausende alte Tradition des Musizierens zu Ehren einer Gottheit. Dies gilt nicht nur für Ägypten, wo in der Gestalt der Göttin Merit die kultische Freude gewissermaßen personifiziert worden ist [3], und für Mesopotamien, wo die Kultinstrumente und die mit ihnen produzierten Klänge zu den ME, den quasi göttlichen zivilisatorischen Errungenschaften gehörten, sondern auch für die Levante und den syroarabischen Raum. In den kultischen Texten aus dem Ugarit des 14. Jh. v. Chr. wurde der singende und spielende Musiker ähnlich wie in Ägypten als etwas Göttliches betrachtet: „(Der Gott), der singt und spielt/ mit der Leier und mit der Pfeife,/ mit der Handpauke und Zimbeln,/ mit den gesalbten Tänzern,/ mit den fröhlichen Gefährten des Koschar." [4] Das ließ das monotheistische Konzept der Bibel nicht zu. Umso mehr muss auffallen, dass jede Möglichkeit ausgereizt wird, um den quasi göttlichen Charakter der Musik dennoch zum Ausdruck zu bringen. Nach Spr 8,22–31 ergötzte die urzeit-

---

[3] W. Guglielmi, Die Göttin mr.t. Entstehung und Verehrung einer Personifikation (Probleme der Ägyptologie 7), Leiden/NewYork/København/Köln 1991.

[4] Die Keil-alphabetischen Texte aus Ugarit (KTU), hg. von M. Dietrich, O. Lortz, J. Sanmartin, Neukirchen-Vluyn 1976. Koschar ist der Patron der Schmiede und Musiker. Vgl. zu dieser Kombination auch die altisraelitische Theorie vom Ursprung der Musik in Gen 4,19–22.

liche Weisheit mit scherzhaftem Tanz Gott und regte ihn zu schöpferischem Tun an.[5] Durch liturgische Spiele scheint das urzeitliche Handeln der Weisheit aktualisiert worden zu sein (Sir 24,9). Die Psalmisten und Psalmistinnen sind, liturgisch betrachtet, Personifikationen der Weisheit oder, semitisch ausgedrückt, Kinder der Weisheit, die Kunde von ihr ablegen.[6] Zu ihrem Gesang gehört die instrumentale Begleitung, wie viele (Selbst-)Aufforderungen in den Psalmen zeigen.[7] Das bedeutet aber nicht, dass die Weisheit bloß im Tempel hörbar ist. Gerade der öffentliche Raum, der Platz beim Tor bzw. die Agora der hellenistischen Städte war ihr bevorzugter Ort (Spr 9,1). Auch Prophetinnen und Propheten werden manchmal als Sänger und Musikantinnen vorgestellt (1Sam 10,5) oder die Psalmisten selber werden den Propheten gleichgesetzt (1Chr 25,1). Dass diese engen Verbindungen zwischen Prophetie, Psalmenrezitation und Weisheit im Palästina der Zeitenwende noch immer lebendig sind, zeigt ein Hymnus aus Qumran (1QH 19). Darin bekennt der Sänger, dass er Gottes Geheimnisse, die ihm zuteil werden, unermüdlich klagend auf der Handleier, freudig auf der Standleier und lobend auf der Flöte auszudrücken versuche. Er fragt sich aber: „Wer unter all Deinen Werken kann (wirklich) Deine Wunder künden?" Um gleich die Antwort nachzuschieben: „Im Mund ihrer aller werde gelobt Dein Name für ewige Zeiten!" Dieselbe Position bezieht das in Mt 11,16–19 und Lk 7,31–35 überlieferte Q-Logion, das die Evangelien im Kontext der Auseinandersetzung darüber einfügen, ob Johannes mit seiner Bußpredigt oder Jesus mit seiner Frohbotschaft in der rechten Art von Gott spreche. Das Gleichnis von den musizierenden Kindern auf dem Marktplatz soll die unverständige Generation darstellen: Jene, die klagen wollen, wollen sich mit den Flötenspielern nicht freuen und jene, die sich freuen wollen, wollen mit den Klagesängern nicht trauern. Jesus, der Genießer und Johannes, der Asket aber sind anders geartete Kinder der Weisheit. Sie anerkennen das ganz andere „Spiel" des je anderen als notwendig, um die Fülle Gottes zu begreifen. Damit stehen sie in einer weisheitlichen judäischen Tradition, die die Vielfalt der Zugänge zu Gott, gerade auch musikalisch,

---

5   Othmar Keel, Die Weisheit spielt vor Gott. Ein ikonographischer Beitrag zur Deutung des mesaˮäqät in Sprüche 8,30f, Freiburg CH/Göttingen 1974.
6   Dazu und zum Folgenden ausführlich Thomas Staubli, Die musizierenden Kinder der Weisheit (Mt 11,16–19‖Lk 7,31–35), in: Max Küchler/Peter Reinl (Hg.), Randfiguren in der Mitte (FS: Hermann-Josef Venetz), Luzern/Freiburg CH 2003, 276–288.
7   Pss 33,2; 43,4; 49,5; 57,9; 71,22; 81,3; 92,4; 98,5; 108,3; 147,7; 149,3; 150,3.

kultivierte: Die Weisheit wird gerechtfertigt durch *alle* ihre Kinder bzw. *alle* ihre Werke (vgl. Lk 7,35 bzw. Mt 11,19).

Hegemoniale Macht und kritische Distanz

Zur Zeit der Assyrer und Neubabylonier

Die inzwischen auf Englisch zugänglichen Staatsarchive des assyrischen Imperiums zeigen wie schon die rund tausend Jahre älteren, auf Französisch zugänglichen Archive von Mari eines ganz deutlich: Musiker und Tänzerinnen, Sängerinnen und Chorleiter waren im Bereich der Klänge im Alten Orient so etwas wie Elfenbein, Gold und Lapislazuli im Bereich des Kunsthandwerks. Es handelte sich um Luxusgüter, die zur Prestigeausstattung eines Hofstaates gehörten und die ein Herrscher sich, wenn er fremde Städte eroberte, als Kriegstrophäen aneignete.[8] So geschehen bei der Eroberung der judäischen Stadt Lachisch durch die Armee des assyrischen Königs Sanherib. Sanherib erwähnt nicht nur judäische Sängerinnen auf seiner Tributliste, sondern lässt auf den monumentalen Reliefs, die seinen Palast mit den eigenen Heldentaten dekorieren, eigens ein Leierspielertrio darstellen, das die eingenommene Stadt Lachisch, gefolgt von einem schwer bewaffneten assyrischen Soldaten, musizierend verlässt. Das Bild drückt aus der Sicht der Sieger aus, was rund 120 Jahre später, nach der Eroberung Jerusalems durch die Neubabylonier, ein Lied der Besiegten auf seine Weise reflektiert. Es ist uns in Ps 137,1–4 erhalten geblieben. Darin heißt es: „An den Strömen Babels, da saßen wir und weinten, wenn wir an Zion dachten./ An die Pappeln dort hängten wir unsere Leiern;/ denn die uns gefangen hielten, forder-

---

8   Sänger und Sängerinnen genossen an assyrischen Tempeln und Höfen im 8.–6. Jh. v. Chr. eine privilegierte Stellung. Sie gehörten in Ninive zum Personal des Palastes. In Assur wurden sie mit Nahrungsrationen und Beutegut aus Feldzügen versorgt und nahmen an großen Bankettanlässen teil. Sie besaßen eigene Siegel und traten öfter als Zeugen bei juristischen Transaktionen auf. Sie waren hierarchisch organisiert, d. h. es gab Chefsänger, die teilweise so bekannt waren, dass nach ihnen sogar ein Jahr benannt werden konnte. Die Künstlerszene war so international, dass einheimische Interpreten eigens als „Assyrische Sänger" bezeichnet werden müssen. Belege bei Silvia Schroer/Thomas Staubli, Musik und Gesellschaft in biblischer Zeit, in: Staubli, Musik, 57. Zur Stellung der Musiker und Musikerinnen in Mari siehe Nele Ziegler, Les Musiciens et la musique d'après les archives de Mari, Florilegium Marianum IX, Mémoires de NABU 10, Paris 2007.

ten dort von uns Lieder mit Worten,/ und die uns wehklagen machten, verlangten Freude: ‚Singt uns eins der Zionslieder!'/ Wie sollten wir JHWHs Lied singen auf fremder Erde?" Die natürliche Reaktion der Sänger in ihrer Situation ist, zu wehklagen. Klagegesänge waren im Alten Orient Jahrtausende lang wichtige Medien der Bewältigung einer Stadteroberungskatastrophe. Einerseits fand in ihnen die Trauer einen kultivierten Ausdruck, andererseits erinnerte das Lied an das, was vor der Zerstörung war und verband so Generationen in der Leidbewältigung. Diese Klage hatte meistens ein weibliches Vorzeichen. So wie es Frauenaufgabe war, die siegreiche Heimkehr des Heeres und die Schmach der Feinde mit Siegesliedern zu kommentieren (Ex 5,19–21; Ri 5,1; 11,34; 16,24; 1Sam 18,6f), gehörte es auch zu ihrer Aufgabe, der Trauer über die Zerstörung ihrer Stadt mit Klageliedern Ausdruck zu verleihen (Jer 9,17–22).[9] Die Besitzer der Musikanten, die Teil ihrer Kriegsbeute sind, verlangen aber Unterhaltung durch Zionslieder, also durch Preislieder aufs Heiligtum, das sie zerstört hatten. Sie wollten sich an der Verzweiflung der Erbeuteten weiden, die in ihren Liedern einen Gott hochleben lassen mussten, der sie der Schande preisgegeben hatte. Lakonisch konstatiert das Lied die Unmöglichkeit dieser Forderung. Indem es die auswegslose Situation nüchtern und gerade dadurch eindringlich schildert, leistet es einen Beitrag zu deren psychischer Bewältigung. Dort wo kein Lied mehr möglich scheint, wird das Lied über diese Unmöglichkeit zu einer Art Fluchtleiter Richtung Gott. Der fürchterliche Fluch im zweiten Teil des Liedes versucht dasselbe auf seine Weise.[10] Nachhaltiger, auch rezeptionsgeschichtlich, hat aber dieser erste Teil gewirkt.

Zur Zeit der Hellenisten

Die Eroberung des Vorderen Orients durch die Makedonier beschleunigte die Transkulturationsprozesse zwischen Orient und Okzident massiv. Die Vorherrschaft westlicher Völker über den Orient war für diesen neu. In der

---

9 Das weibliche Vorzeichen der biblischen Klagelieder wurde bei deren Verschriftung unsichtbar gemacht. So werden von der Tradition die Klagepsalmen David und die Klagen über Jerusalem Jeremia zugeschrieben (vgl. dazu Silvia Schroer, Häusliche und außerhäusliche religiöse Kompetenzen israelitischer Frauen – am Beispiel von Totenklage und Totenbefragung, in: lectio difficilior 2002/1 (www.lectio.unibe.ch/02_1/schroer.htm [30.3.09])

10 Erich Zenger, Ein Gott der Rache? Feindpsalmen verstehen, Freiburg 1994, 108–113.

Levante und in Nordägypten entstanden neuartige urbane Zentren wie Antiochia, Sebaste, Skythopolis, Philadelphia oder Alexandria. Die Städte tragen Namen von Herrschern oder ihren nächsten Angehörigen, die damals göttliche Verehrung genossen. Gleichzeitig verlief in der Levante die Konfliktzone zwischen den sich bekämpfenden Diadochen. Die Spannungen zwischen einer vom Krieg gebeutelten Zivilbevölkerung, die sich angesichts des Kulturdrucks einigelte, und einer Schicht von Neureichen, die vom Kulturtransfer und den damit einhergehenden ökonomischen Umwälzungen profitierten, widerspiegeln sich facettenreich in den zeitnah entstandenen jüdischen Schriftwerken (1–4Makk; Dan; Hen und vielen mehr). Dan 3 propagiert im frühen 2. Jh. v. Chr., zurückprojiziert in die Zeit des neubabylonischen Herrschers Nebukadnezzars (604–562 v. Chr.), der Jerusalem zerstört hatte, den Widerstand gegen den Herrscherkult der seleukidischen Könige, der von attraktiver Musik begleitet war. Die in Dan 3,5.7.10.15 verwendeten Begriffe für die bei den Prozessionen zu diesen Standbildern verwendeten Musikinstrumente stellen eine seltsame Mischung aus griechischen, aramäischen und hebräischen Wörtern dar: „Sobald ihr den Klang der Hörner (aram. *qarna'*), Pfeifen (*maschroqita* von hebr. *scharaq*, ‚pfeifen') und Leiern (*qajtros* von griech. *kithara*), der Harfen (*sabekha* von griech. *sambyke*), Winkelharfen (*pesanterin* von griech. *psalterion*) und Sackpfeifen (*sumponjah* von griech. *symphonia*) und aller Arten von Instrumenten hört, sollt ihr niederfallen und das goldene Standbild anbeten, das König Nebukadnezzar errichtet hat" (Dan 3,5). Schadrach, Meschach und Abed-Nego, die als Verwalter in der Provinz Babel arbeiteten, weigern sich, das Standbild zu verehren. Sie werden in einen Feuerofen geworfen, wo sie Gott lobpreisen und aus den Flammen gerettet werden. Die an dieser Stelle eingefügten und aus dem reformatorischen Kanon wieder entfernten Gebete des Asarja und der drei Jünglinge im Feuerofen – natürlich a capella – belegen die große Popularität der Erzählung im antiken Judentum und später auch im jungen Christentum, wo das Motiv der Jünglinge neben dem Standbild Nebukadnezzars auch ins Repertoire der nordafrikanischen Tonlampenbilder eingegangen ist.[11] Die Prozessionen der Heiden galten als große Anfechtung für Christen und wurden daher von den Bischöfen als *pompae diaboli* scharf verurteilt. Zwar wird die fremdartige Musik in Dan 3 nicht als solche verurteilt, jedoch als geeignetes Mittel zum Zweck der Herrscherverehrung. Eine dergestaltige Unterscheidung zwischen guter und

---

11 Staubli, Musik, 71 Abb. 104.

schlechter Musik beschränkt sich nicht auf sekundäre Religionen. [12] Sie findet sich auch bei Platon, der die Jugend vor dem Einfluss verderblicher Musik (Aulosmusik, Vieltönigkeit, weiche Tonarten, bunte Rhythmen), die zum Verderben des Staates führe, fernhalten wollte (rep. 3,398c-400c; 4,424c).

Muslimisches und christliches Nachleben

Im Islam lebte die Ablehnung von Musik, die mit unorthodoxen religiösen Praktiken in Verbindung stand, weiter, ganz besonders, wenn sie von Frauen praktiziert wurde. Der Omajade Jazid Ibn al-Walid, Kalif im Jahre 744, vergleicht die Wirkung von Gesang mit dem von Wein und warnt vor beidem. Vor allem zu Ehren der vorislamischen Göttinnen al-Lat, al-Uzza und Manat, die ursprünglich von Mohammed als Fürbitterinnen respektiert, nach der Hidschra aber, wohl aus Rücksicht auf die streng monotheistischen Juden von Medina als „satanische Verse" (53,20) ausgeschieden worden sind, wurde bei Prozessionen auf Kamelen viel musiziert. [13] Die in einer anderen mündlichen Überlieferung zusammen mit Hexen, Klagefrauen und Ehebrecherinnen kritisierten Sängerinnen standen in enger Verbindung mit der im islamischen Raum nur mit solchen Frauen gepflegten Prostitution. In sehr strengen muslimischen Kreisen wird außerhalb der Koranrezitation keine Form von Musik toleriert.

Die römisch-katholische Kirche hat im 15. Jh. angesichts neu aufkommender Musikstile die Verehrung der Heiligen Caecilia zu propagieren begonnen. Von dieser römischen Märtyrerin heißt es, sie habe, während ihre Peiniger, von Instrumenten begleitet, gesungen hätten, allein in ihrem Herzen still zu Gott gesungen, damit ihr Herz und ihr Leib unbefleckt geblieben sei. Damit steht diese Heilige für ein asketisches Kirchenmusikverständnis, wenn nicht gar für eine Art innerer Musik, die nur von Gott gehört werden kann, im Gegensatz zur äußeren, für andere Menschen hörbaren. Die als Cäcilianismus bekannt gewordene Restaurationsbewegung des 19. Jh. verband sich ebenfalls mit dieser Heiligen, als sie den Acapella-Gesang in Anlehnung an Palästrina propagierte. Durch die Arbeit des

---

12 Andreas Wagner (Hg.), Primäre und sekundäre Religion als Kategorie der Religionsgeschichte des Alten Testaments, BZAW 364, Berlin/N.Y. 2006.

13 Thomas Staubli, Das Image der Nomaden im Alten Israel und in der Ikonographie seiner sesshaften Nachbarn, OBO 107, Freiburg CH/Göttingen 1991, Abb. 113–116.

lutherischen Theologen und Abtes Ludwig Friedrich Schöberlein (1813–1881) in gleichem Sinn und Geist trug die Bewegung protoökumenische Züge.

Volkstümliche Erdung der judäischen Musik

Es fällt auf, dass Saul und David, die beiden großen Gestalten in den Erzählungen über die Anfänge des judäischen Königreiches, eng mit Musik in Beziehung gesetzt werden. Von Saul wird einerseits erzählt, dass er sich einer Gruppe von Propheten angeschlossen habe, die mittels Musik in Ekstase gerieten (1Sam 10,5.10), andererseits, dass er sich von David musiktherapeutisch behandeln ließ, wenn er von manischen Depressionen heimgesucht wurde (1Sam 16,23). Von David wird einerseits berichtet, dass er ein begabter Leierspieler war, der dank dieser Begabung an Sauls Hof berufen wird (1Sam 16,14–23), andererseits, dass er bei der Überführung der Bundeslade nach Jerusalem nackt und ekstatisch tanzte (2Sam 6,14). So sehr sich die sogenannte Aufstiegsgeschichte Davids bemüht, die beiden Figuren zu kontrastieren – in diesem Punkt gleichen sie sich: Beide haben die Fähigkeit, sich von Musik in Ekstase versetzen und sich dabei ganz von gewöhnlichen Menschen in ihrem Umfeld anstecken zu lassen. Das ist im Rahmen altorientalischer Herrscherliteratur einzigartig.

Noch verblüffender ist, dass in beiden Zusammenhängen ausdrücklich vom Unverständnis und der Kritik die Rede ist, die die beiden Protagonisten bei den Eliten des Landes auslösen. Bei Saul in Form anonymer Stimmen, die aufgrund seines Verhaltens an seiner Abkunft und an seiner Führungsfähigkeit zweifelten (1Sam 10,11f.27), bei David in Gestalt seiner Frau Michal, die David verachtete, weil sie sein Verhalten für nicht standesgemäß hält (2Sam 6,16.20). David rechtfertigt sein Verhalten damit, dass er ausschließlich für JHWH getanzt habe, vor dem er sich gerne noch demütiger zeigen wolle und dass er damit beim Volk in keiner Weise an Ansehen verloren habe (2Sam 6,21–22). Die Verbindung mit dem gewöhnlichen Volk in Musik und Tanz wird hier zum Ausweis echter Frömmigkeit. Dies ist zu bedenken, wenn von David als dem Patron der Psalmen und damit der „Kirchenmusik" die Rede ist.

Fazit und Ausblick

Der Rückblick in die biblische Zeit kann im Rahmen missiologischer Fragestellungen zur Bedeutung kirchlicher Musik in transkulturellen Prozessen verdeutlichen, dass im jüdisch-christlichen „Erbgut" sowohl *integrative* wie *exklusive* Verhaltensmuster angelegt sind. Dabei können die integrativen als „Normalfall" gelten, die exklusiven hingegen als reaktionär im eigentlichen Sinne des Wortes, insofern sie Reaktionen auf von außen aufoktroyierte, imperialistische Strukturen sind. In diesen Phasen zieht sich das Musikleben auf tradierte Formen und beschränkte Ausdrucksmittel zurück. Das Instrumentarium der Kolonialisten, mehr noch aber deren Verzweckung des gottesdienstlichen Musizierens zur Stützung ihrer Herrschaft wird bewusst gemieden (2.2). In nicht unbeträchtlichem Maße haben sich solche asketische Verhaltensmuster in der Frühzeit des Christentums, aber auch des Islams als normativ etablieren können (2.3.). Im Rückgriff auf die Bibel als *norma normans non normata* muss diese Praxis daher – zumal in Friedenszeiten – hinterfragt werden. Der Normalfall der integrativen Praxis entspricht den levantinischen Grundwerten der Gastfreundschaft und des Handels. Der öffentliche Platz vor dem Tor ist nicht nur der Ort des Waren- und Gedanken-, sondern auch des *Kulturaustauschs*, ein Ort des Musizierens und Tanzens, aber auch des Trauerns und Klagens. Im Rahmen des sophialogischen Diskurses in der Levante wird diese *Vielfalt des Ausdrucks* als Notwendigkeit der Annäherung an das göttliche Geheimnis verstanden. Die Anhörung und damit Wertschätzung der Musik der anderen erhält darin eine geradezu soteriologische Qualität. In gewisser Weise handelt es sich dabei um eine *imitatio Dei*, insofern Gott selbst bei der Erschaffung der Welt Genießer der Künste der Weisheit war (1). Die Weisheit präsentiert sich bei alledem nie elitär, sondern immer *volksnah*, als Gastwirtin, als Lehrerin, als Erbauerin des Hauses, Sängerin, Musikerin und Tänzerin vor Gott.[14] Der König als erster Jünger der Weisheit (vgl. SapSal 1ff) hört daher aufs Volk. Er lässt sich von der Begeisterung seiner Propheten anstecken und ist sich nicht zu schade mitzutanzen (3).

In missionarischen Zusammenhängen wäre demnach bezüglich der Funktionen und Leistungen von Musik u. a. Folgendes kritisch zu prüfen:

---

14 Zum Image der Weisheit siehe Silvia Schroer, Die Weisheit hat ihr Haus gebaut. Studien zur Gestalt der Sophia in den biblischen Schriften, Mainz 1996.

1. Ist die missionierende Kirche Teil einer hegemonialen Kultur? Steht sie in der Gefahr, die Musik der anderen als Trophäe zu vereinnahmen (der Reichtum der Musik als Ausdruck des Reichtums/der Macht der eigenen Kultur: seht, was wir euch alles bieten können ...)? Oder ist umgekehrt die missionierende Kirche Teil einer unterdrückten Kultur? Steht sie in der Gefahr, ihre Musiktradition abzukapseln und dem öffentlichen Kulturleben zu entziehen, dadurch Quellen der eigenen Belebung abzuleiten? Neigt sie zu Fundamentalismus?
2. Gibt es musikalische Ausdrucksformen, die durch ein ausbeuterisches System derart kontaminiert sind, dass sie gemieden werden müssen, weil sie götzendienerische Qualität angenommen haben? Gibt es nur die Möglichkeit der Abgrenzung oder ist ein Gespräch mit dem Gegner möglich?
3. Pflegt die Kirche eine Gastfreundschaft im Bereich der Arten des Lobpreises und der Klage? Hat die ganze Palette des musikalischen Ausdrucks menschlicher Gottesbeziehung (Gesang, Instrumentalmusik, Tanz, verschiedene Gottesbilder, Musikstile etc.) Platz im kirchlichen Leben? Wird die Weisheit durch *alle* ihre Kinder gerechtfertigt oder werden ganze Bevölkerungsgruppen (Frauen, Männer, Alte, Junge, Behinderte, Fremde, Andersprachige etc.) ausgeschlossen? Gibt es unausgeschöpfte Möglichkeiten, die Anliegen der Kirche in einem veränderten oder neuen Kontext mit Hilfe der Musik verständlich zu machen, indem die Inhalte in neue kulturelle Gefäße hinein übersetzt werden?
4. Ist die gepflegte Musik volksnah, echt, verständlich? Oder neigt sie zum Elitären? Gibt sie die Möglichkeiten, alle Gefühle, Gedanken und Regungen Gott gegenüber auszudrücken? Fördert sie die Gemeinschaft?

Afrika

Begegnungen

Was mit Musik passiert, wenn Völker sich begegnen [1]

James R. Krabill

Sing nicht wie ein anderer, tanz nicht wie ein anderer.
Kamerunisches Sprichwort, Mafa [2]

> Schon seit längerer Zeit wartete die Missionsstation an der Elfenbeinküste ungeduldig auf den 30. Mai 1922, den 25. Jahrestag der Ordination ihres verehrten Pfarrers, seiner Eminenz Mgr. Moury ... das Wetter zu Tagesbeginn war fantastisch ... dann kam endlich der Moment und die Prozession, angeführt von dem Kreuz und den Chorjungen, setzte sich unter dem fröhlichen Klang der Glocken in Bewegung ... oh! Welch wunderbare Gelegenheit für das Lied Laetatus sum in his, mit dem ihr Marsch zur Kirche begleitet wurde, wo das Mysterium der Liebe von vor 25 Jahren nun erneuert werden sollte! ... Dieser schöne Tag wurde schließlich mit der „Hymne für die Heilige Johanna" beendet (lasst uns nicht vergessen, dass heute der 30. Mai ist), dessen Refrain von der gesamten Versammlung gesungen und von den lebhaften Trompeten des Blechbläserensembles begleitet wurde. [3]

Afrikas Musik, so schrieb Henry Werman vor fast einem halben Jahrhundert, ist der Spiegel seiner Seele, „ein grundlegender Teil des innersten Wesens Afrikas; sie hat die Macht zur Befreiung und es sind die Musik und der Tanz, in denen der Afrikaner am besten er selbst sein kann." Da Wermans Bemerkung auch schon für die afrikanische Gesellschaft vor der Einführung des Christentums Gültigkeit hatte, so sollte es nicht verwundern,

---

1 Der Beitrag wurde ursprünglich englisch veröffentlicht als „Encounters. What Happens to Music When People Meet", in: Roberta King zusammen mit Jean Ngoya Kidula / James R. Krabill / Thomas Oduro (Hg.), Music in the Life of the African Church, Waco Texas 2008.
2 „Ka slu dimesh ndo bai; ka gotso ngece ndo bai," Quelle und Übersetzung von Pastor Dr. Moussa Bongoyok.
3 S. G. de Moury/T. R. P. Chabert, Jubilée Sacerdotal, in Echo des missions africaines, September/Oktober 1922,133 f. 149.

dass sich die Musik gleichermaßen als ein wichtiger Bestandteil im Alltag und in der Identität der neuen christlichen Gemeinden entwickelt, die überall auf dem Kontinent aus dem Boden schießen. Mit *„Ndiyanda Kurinda!* – Ich will singen!" – kündigen tatsächlich viele Sambier ihren Wunsch an, sich dem christlichen Glauben anzuschließen – ein Glaube, der für sie nur durch Gesang adäquat zum Ausdruck gebracht werden kann.[4]

Aus diesem Grund ist es wirklich bedauerlich, dass es viele westliche Missionare als die ersten christlichen Botschafter versäumt haben, die Quellen der traditionellen afrikanischen Musik anzuzapfen und die Tür zu öffnen „durch die jedenfalls ein bisschen dieses Reichtums in die Religionsausübung der jungen Kirchen hätte eindringen können". Dies wird häufig als ein „kultureller Genozid" und eines der traurigsten Kapitel der gesamten westlichen Missionsgeschichte bezeichnet.[5] Zu weit verbreitet waren Erfahrungen, wie die eines älteren Mannes im Tschad, der dem lokalen US-Missionar gegenüber bekannte: „Ich möchte gerne Christ werden ... aber muss ich dafür eure Musik erlernen?"

Dieser Beitrag untersucht, wie die Welten westlicher und traditionell afrikanischer Musik einander begegneten, wie sie aufeinander einwirkten und gemeinsam zur afrikanisch christlichen Musik beitrugen, wie sie heute in weiten Teilen der afrikanischen Christenheit zu finden ist. Diese Begegnung wird zunächst aus historischer Perspektive betrachtet, dann aus jener des religiösen Wandels.

Die Begegnung aus historischer Perspektive

Die Entwicklung der afrikanischen christlichen Musik war eine langsame und beschwerliche Reise. Laut der wichtigen Studie von Paul Willar Warnock „Trends in der afrikanischen Kirchenmusik"[6], die 1983 erschien, kann diese jahrhundertealte Geschichte in fünf verschiedene historische Phasen aufgeteilt werden; er hat sie darin als Präludium, Fundament, Konsolidierung, Neubewertung und Neuorientierung beschrieben.

---

4   Bengt Sundkler, Bara Bukoba. Church and Community in Tanzania, London 1980, 184.
5   Bongaye Senza Masa, „The Future of African Music", in Kenneth Best (Hg.), The African Challenge, Nairobi 1975, 146–159, hier: 157.
6   Paul Williard Warnock, Trends in African Church Music. A Historical Review, MA Thesis, University of California, Los Angeles 1983, 12f.

Präludium (1419–1736)

In dieser Zeit fand die erste Begegnung des subsaharischen Afrikas mit dem europäischen Christentum statt; sie beginnt mit der Erkundung der Küsten durch den portugiesischen Prinzen Heinrich der Seefahrer. Der früheste Bericht über eine römisch-katholische Messe, die vor einem afrikanischen Publikum abgehalten wurde, geht auf das Jahr 1482 zurück, zunächst in Guinea und später im gleichen Jahr in Ghana. Die Aussichten auf eine signifikante Kirchenexpansion durch portugiesische Katholiken waren eine Zeit lang sehr hoffnungsvoll, vor allem in den Königreichen von Kongo und Monomotapa (dies war ein bedeutender vorkolonialer Staat im südlichen Afrika. Er umfasste Teile vom heutigen Simbabwe und des mittleren Mosambik, Anmerkung der Übersetzerin). Doch die enge Verbindung der Mission mit den europäischen Interessen des Handels, des Militärs und des Sklavenhandels war nur wenig förderlich, um „die gute Nachricht" zu verbreiten. In einem ostafrikanischen Schlachtbericht von 1505 waren die Franziskaner die Ersten, die das eindringende Seefahrtsschiff verließen und ein Kreuz aufstellten, unter dem sie ein: *te deum laudamus* („Wir preisen dich, o Gott") sangen. Danach „wurde dieses Gebiet zum Plündern freigegeben"[7]. Die Begegnung zwischen westlichen Missionaren und Afrikanern in dieser Zeit resultierte in weitgehend erfolglosen Versuchen, eine dauerhafte Kirchenpräsenz in Afrika zu etablieren.

Fundamente (1737–1850)

Die meiste Zeit des späten 17. und des frühen 18. Jahrhunderts waren die europäischen Mächte mit anderen Gebieten beschäftigt als mit Afrika und so reduzierten sie ihre missionarischen Aktivitäten auf dem Kontinent. Doch in der Mitte des 18. Jahrhunderts begann die erste Welle protestantischer Missionare aus England, Holland und Deutschland und anderswo aus Europa in Afrika zu landen. Diese Missionare schätzten – ganz im Sinne des damaligen Zeitgeistes – die afrikanische Kultur und Musik gering und brachten in die von ihnen neu gegründeten Gemeinden des neuen Glaubens westlichen Hymnengesang mit. Ein vorherrschender Gedanke zu dieser Zeit war nach Katherine Morehause, „dass die verschiedenen Weltregionen auf

---

[7] Ebda.

einem unterschiedlichen Stand der Musikentwicklung angekommen waren und alle vielleicht die Chance hätten, das exzellente Niveau der westlichen Musik zu erreichen."[8] Es ist nicht überraschend, dass sich genau in dieser Zeit – laut Bruno Nettl – die Anfangsphase des „maßgeblichsten Phänomens der globalen Musikgeschichte" abzeichnet: die intensive Dominanz westlicher Musik über den Rest der Welt.[9]

Konsolidierung (1851–1918)

Das Fundament des späten 18. Jahrhunderts wurde im 19. Jahrhundert gefestigt. In dieser Zeitspanne fand das statt, was gemeinhin als die erste Phase der kolonialen Ära in Afrika bezeichnet wird – die Aufteilung des Kontinents durch die europäischen Mächte bei der Berliner Konferenz von 1884–1885. Dabei legten sich die Akteure auf die harte Strategie der „drei C's" (Christianity, Commerce und Civilization) fest, die zentrale Bedeutung für die koloniale Politik, Identität und deren Ziele bekamen. Missionsschulen und Kirchen wurden von den kolonialen Verwaltern als nützliche Instrumente der Kolonie gesehen und wurden gut platziert, um die Afrikaner mit Religion, Sprache und Kultur der Kolonialherren zu indoktrinieren. Die Bibel und das Gesangbuch waren schon immer Schlüsselwerkzeuge in der Hand der Missionare um Grundsätze des Glaubens zu vermitteln; aber in dieser Zeit schätzten einige Missionare die Kirchenlieder auch wegen ihrer Eigenschaft, neu gewonnene Konvertiten in die westliche Musiktradition der Choralgesänge mit Instrumentenbegleitung einzuführen. Dies war ganz klar der Tonus von Rev. W. R. Stevenson, der 1892 deutlich erregt feststellte: „Tatsache ist, dass die besten Choräle von ... englischen (deutschen und amerikanischen) Komponisten jetzt in China und Südafrika, in Japan und Syrien gesungen werden, bei den indischen Völkern und auf den pazifischen Inseln – wirklich in fast allen Gebieten, wo die protestantischen Missionare die Flagge der frohen Botschaft gehisst und christliche Gemein-

---

8   Katherine Moorehouse, „The Western Hymn in Mission: Intrusion or Tradition", in Paul Neely u. a. (Hg.), Global Consultation on Music and Missions. The Proceedings, New York 2006, 327–349, hier: 4f.
9   Bruno Nettl, „The Forth Age" in „The Western Impact on World Music", New York 1985, 3–6.

den um sich geschart haben."[10] Das harte koloniale Vorgehen und die Tatsache, dass die westlichen Missionsgesellschaften die Eigeninitiativen der einheimischen Bevölkerung in Bezug auf Kirchenleitung und Gottesdienstgestaltung konsequent unterdrückten, führte bereits in dieser frühen Zeit zu wachsenden Spannungen zwischen Kirchen und Missionen in Afrika. Zugleich wuchs unter afrikanischen Christen das Interesse, einheimische Kirchenmusik als afrikanischen Ausdruck des Glaubens zu erkunden.

Die Neubewertung (1919–1957)

In seiner groß angelegten Studie über das französische Engagement in Zentral- und Westafrika nennt Jean Suret-Canale diese Zeit „den Zenith" oder „das Goldene Zeitalter" der Kolonialgeschichte.[11] Nachdem sie eine stabile Präsenz auf dem Kontinent erreicht hatten, nutzten die Kolonialmächte diese Periode zwischen den Weltkriegen, um ihre ökonomischen Interessen maximal zu befriedigen und ihre Reiche in der Region und der gesamten Welt auszudehnen. Doch der 2. Weltkrieg zwang Europa dazu, innerhalb von fünf Jahren den gleichen Schrecken zu erleben, den Afrika während der letzten 60 Jahre durchlebt hatte. „Europa lernte", so der Autor Bernard Dadié, „dass die schlimmste Unterdrückung überhaupt darin bestand, die Menschen ihres freien Ausdrucks zu berauben und ihnen damit zu verbieten, sie selbst zu sein."[12] Diese veränderte Einstellung führte zweifellos zur Lockerung der kirchlichen Haltung gegenüber der afrikanischen Musik. Hinzu kamen etliche neue Forschungsarbeiten sowie die Diskussion neuer Erkenntnisse im Rahmen der Missionskonferenzen. Ein deutlicher Wendepunkt für die römisch-katholische Kirche war die von Papst Pius XII verfasste Enzyklika *Musicae Sacrae Disciplina* (1955)[13], die die Missionare dazu ermutigte, einheimische Musik im Gottesdienst einzusetzen. Sie stellte fest, dass „viele Menschen, die den Missionaren anvertraut sind, eine überra-

---

10 W. R. Stevenson, „Foreign Missions", in: John Julian (Hg.), A Dictionary of Hymnology. Setting for the Origin and History of Christian Hymns of All Ages and Nations, London 1892, 738–759, hier: 759.
11 Jean Suret-Canale, Afrique Noire: L'Ere Coloniale, 1900–1945, Paris 1977.
12 Zitiert in: Philipp Oberlé, Côte d'Ivoire, Images du passé, 1888–1980, Colmar 1986, 62.
13 Pius XII, Musicae Sacrae Disziplina, päpstliche Enzyklika 1955, http://www.vatican.va/holy_father/pius_xii/encyclicals/documents/hf_p-xxi_enc_25121955_musicae-sacrae-en.html(15.6.2010), 423.

schend starke Freude an rhythmischer Musik haben und die Anbetung ihrer Götter mit religiöser Musik bereichern. Es wäre nicht klug von den Vorboten Christi, des wahrhaftigen Gottes, dieses effektive Mittel zur Verbreitung der frohen Botschaft zu geringfügig einzuschätzen oder zu vernachlässigen." [14] Dieser Rat „führte zur Produktion der berühmten *Missa Luba* in Zaire und zur Adaptation von einer großen Anzahl an neuer afrikanischer Musik, vor allem im ehemaligen Rhodesien (heutiges Zimbabwe), wo die Menschen dies als Ausdruck von Widerstand gegen die Siedlerherrschaft ansahen." [15] Ein Ausbruch an musikaler Energie fand sich auch bei den neu entstehenden afrikanischen unabhängigen Kirchen (African initiated Churches = AICs), die durch den wachsenden Nationalismus auf dem ganzen Kontinent bestätigt und bestärkt wurden. In der Elfenbeinküste setzten sich die „Harrist Kirche" (protestantische Kirche, die von dem liberianischen Pastor William Hade Harris gegründet wurde, Anmerkung der Übersetzerin) und die „Papa Nouveau-Bewegung" (benannt nach dem prophetischen Pastor Papa Nouveau, Anmerkung der Übersetzerin) für den aufstrebenden Widerstandskämpfer Felix Houphouet-Boigny ein. Sie sangen Lobpreisungen für ihn in ihren Kirchenliedern und verglichen ihn mit einem modernen Moses, der von Gott erhöht wurde, um sie von den Fesseln des französischen Kolonialregimes zu befreien. [16]

Neuorientierung (1959–1982)

Dass viele afrikanische Staaten in der Zeit um 1960 ihre Unabhängigkeit erlangten, öffnete die Tür zu einer ganz neuen Ära in Afrika, nicht nur auf der sozio-politischen Ebene, sondern auch im Leben der schnell wachsenden afrikanischen Kirchen. Diese Jahre waren geprägt von der kreativen Vermischung westlicher und afrikanischer Musiktraditionen, einer Explosion an indigenen Kompositionen in nahezu allen Kirchen und der Aufnahme sowohl von zeitgenössischen, populären pan-afrikanischen Liedern als auch von nicht-afrikanischer Musik aus der übrigen Welt in den Gottesdienst. Obwohl Warnocks Studie im Jahr 1982 endete, kann man sagen, dass viele

---

14 Ebd.
15 David Dargie, „Christian Music among Africans", in: Christianity in South Africa, Richard Elphick and Rodney Davenport (Hg.), Berkeley 1997, 321.
16 James R. Krabill, The Hymnody of the Harrist Church among the Dida of South-Central Ivory Coast (1913–1949), Frankfurt a. M., 1995, 270.

der Besonderheiten, die er für die Phase der Neuorientierung festgestellt hatte, auch für die laufenden musikalischen Entwicklungen im heutigen Afrika gelten. Zusätzlich zu diesen Merkmalen müsste jedoch mit einer gründlicheren Analyse der Zeit nach 1982 die wachsende Nutzung von „Lobchorälen" in englischer und französischer Sprache untersucht werden. Diese entspringen amerikanisch-inspirierten Gottesdienstressourcen und der fast universellen Nutzung von Schlagzeugen und elektronischem Equipment (d. h. Tonanlage, Keyboards und Gitarren) sowohl in jugendlichen städtischen Gemeinden als auch in abgelegenen ländlichen Glaubensgemeinschaften. Entgegen der Tendenz, diese Entwicklungen als Globalisierung der afrikanischen christlichen Musik zu bezeichnen, sollten die kulturellen Wurzeln dieser Trends und die Gründe für ihre Anziehungskraft im afrikanischen Kontext genauer untersucht werden.

Die Begegnung aus dem Blickwinkel des religiösen Wandels

Einige der historischen Meilensteine, die die Begegnung zwischen Europäern und Amerikanern auf der einen und Afrikanern auf der anderen Seite während der Christianisierung des subsaharischen Afrikas geprägt haben, sind untersucht worden. Nun soll eine weitere Begegnung bedacht werden: die der religiösen Weltbilder, des westlichen Christentums und der traditionellen afrikanischen Religion (oder Religionen im Plural, von denen viele frankophone Akademiker lieber sprechen). Was kann man über diese Begegnung sagen, das uns beim Verständnis der Entwicklung der afrikanischen christlichen Musik helfen würde? 1900 gab es schätzungsweise 10 Millionen Christen in Afrika, die ungefähr neun Prozent der Gesamtbevölkerung ausmachten. Um das Jahr 2000, nur ein Jahrhundert später, war die Anzahl an Christen explosionsartig auf 360 Millionen angestiegen, oder fast auf die Hälfte der Gesamtbevölkerung des Kontinents. Gleich welchen Maßstab man ansetzt, dies stellt eine deutliche religiöse Veränderung dar. So stark, dass – um mit den Worten des Missiologen David A. Shank zu sprechen – Afrika den unerreichten Rekord hält, „der Ort zu sein, an dem die größte Anzahl an Menschen sich innerhalb der kürzesten Zeit im Laufe der Geschichte dem christlichen Strom angeschlossen hat." [17]

---

17 James R. Krabill (Hg.), What Western Christians Can Learn from African-Initiated Churches, Mission Insight series, no. 10, Elkhart, Ind 2000, 1.

Es ist nicht angemessen, von afrikanischen Christen und ihren Kirchen anzunehmen, sie seien eine homogene monolithische Gruppe gleich gesinnter Menschen. Eine Untersuchung von 1984 stellte fest, dass es in 43 verschiedenen Ländern des Kontinents um die 7.000 unterschiedliche indigene Strömungen gibt. Insgesamt verfügten diese Strömungen über 71.000 Gotteshäuser und eine Anhängerschaft von annähernd 28 Millionen Menschen, mit einem jährlichen Zuwachs an 800.000 neuen Mitgliedern und mehr. Seitdem haben diese Zahlen nur noch weiter zugenommen. In der Ausgabe der *World Christian Encyclopedia* von 2001 wurden die „unabhängigen" afrikanischen Christen mit 83 Millionen angegeben und die „Pfingstler/Charismatiker" mit 126 Millionen. Von diesen beiden Gruppen insgesamt kamen 65 Prozent aus den drei Ländern Nigeria, Kongo und Südafrika.[18]

Noch wichtiger als die geographische Verteilung und die bloße Größe der Strömungen ist vielleicht die kulturelle, religiöse und theologische Vielfalt, die innerhalb dieser Gruppen herrscht. Das liegt teilweise daran, dass viele, wenn nicht die meisten von ihnen vollständig lokale afrikanische Gruppierungen sind, und zwar in ihrem Gemeinwesen, ihrem Programm, ihrer Kirchenleitung und ihren Finanzen.

Genauso bezeichnend ist die Tatsache, dass jede dieser Strömungen einen unterschiedlichen Platz einnimmt in der fortdauernden Begegnung zwischen traditionellen afrikanischen Überzeugungen und Praktiken einerseits und der westlichen Version des Christentums andererseits, die viele von ihnen ursprünglich kennengelernt hatten.

Harold W. Turner war einer der ersten Wissenschaftler, die eine Bandbreite von erkennbaren Reaktionen auf diese Begegnung beobachtet haben.[19] Er begann mit jenen Gruppen, die sich nur einen Schritt von der afrikanischen traditionellen Religion entfernt hatten, und spannte die Skala

---

18 Drei der zahlreichen Werke, die den vielfältigen Charakter dieser Bewegungen beschreiben: Allan Anderson, African Reformation, African Initiated Christiantiy in the 20th Century, Trenton N.J. and Asmara, Eritrea 2001; David B. Barrett, Schism and Renewal in Africa, Nairobi, Addis Abeba, Lusaka 1987 und Inus Daneel, Quest for Belonging, Harare 1987.

19 Harold W. Turner, African Independent Church, vol. 2, Oxford, Clarendon, 1967, Turner bezeichnete diese Bewegungen als „neo-ursprünglich", „synthetistisch", „hebraistisch", „unabhängige Kirchen" und „missionarisch-gegründete Kirchen". Ich werde einige dieser Termini beibehalten, andere verändern und einen neuen Terminus hinzufügen, um einige neue Realitäten zu reflektieren, die zu den Zeiten seiner Untersuchungen noch nicht existierten. Turners frühe Versuche, diese Typologie zu erstellen, sind dargestellt in: Harold W. Turner, „Classification and Nomenclature of Modern African Religious Groups" in African Independent Church Movements, Journal of

bis zu jenen Gemeinden, die ganz deutlich nach dem Modell der westlichen Missionen aufgebaut und beeinflusst waren, die sie ins Leben gerufen hatten.

Neo-traditionelle Gruppen haben sich aus Afrikas Begegnung mit dem westlichen Christentum entwickelt, sie wurden jedoch durch diese Begegnung vergleichsweise weniger beeinflusst. Westliche Einflüsse können sich in der Nutzung einiger kraftvoller Wörter (wie z. B. Halleluja), Gesten (z. B. sich bekreuzigen), Objekten (z. B. ein Foto des Papstes auf dem Altar) oder bestimmter Kleidung (z. B. Priesterroben oder Kopfbedeckung) zeigen. Aber diese Strömungen sind deutlich stärker an der Belebung der geschwächten und bedrohten traditionellen Religion interessiert als daran, den importierten Glauben des „weißen Mannes" anzunehmen. Ihre Musik ist vollständig einheimisch und ist tief in den Sprachen, den Musiksystemen und der Metaphorik des lokalen Kontextes verwurzelt. Die Niankan-Bewegung der Elfenbeinküste mit ihrem selbst ausgerufenen „schwarzen Propheten-Messias" war zwischen 1970 und 1990 charakteristisch für diese Strömungen.

Die Termini *synthetistisch* und *hebraistisch* sind Ausdrücke, die von Turner stammen. Mit „synthetistischen" Gruppen bezeichnet er Bewegungen, die sich bewusst beider Seiten, des westlichen Christentums und der afrikanischen Religionen bedienen und eine kreative, einzigartige Synthese von beiden herstellen. Die wichtige Arbeit von Albert de Surgy über das „Himmlische" Christentum in Benin ist eine hilfreiche Brücke, um solch eine Bewegung zu verstehen. [20] „Hebraistische" Gruppen, auch wenn diese fest mit dem afrikanischen Boden verhaftet sind, entfernen sich bewusst ein wenig von einigen Aspekten der traditionellen Religion. Sie lehnen Fetische unerbittlich ab und sind ausdrücklich monotheistisch orientiert mit einem deutlichen Fokus auf der „Verehrung des einzig wahren Gottes". Ihre Betonung von Gottes Gesetz (die Zehn Gebote und Aspekte der levitischen Lehre und der Reinheitsgebote), von priesterlicher Führerschaft, Gottesdiensträumen als „heiligen Orten" und dem Fehlen einer christologischen Ausrichtung und Klarheit gibt diesen Bewegungen einen Anstrich des alten Testaments (hebraistisches Empfinden und Charakter). Die „Déhima-Bewegung" in der Elfenbeinküste, mit ihren Warnungen an alle Kirchgänger, alle Fetische beiseite zu lassen und im Abfall vor der Kirchentür zu entsor-

---

Religion in Africa, 1967, 18–21; „A Typology of Modern African Religions Movements", Journal of Religion and Religions 1, 1967, 1–34.

20 Albert de Surgy, L'Eglise du Christianisme Céleste. Un exemple d'église prophétique au Bénin, Paris 2001.

gen, bevor das Gotteshaus betreten wird, ist ein Beispiel für diese Gruppen. Synthetistische und hebraistische Bewegungen, genauso wie die neo-traditionellen Gruppen vor ihnen, komponieren ihre eigene Musik für den Gottesdienst und machen nur wenig oder gar keinen Gebrauch von Liedern aus westlichen Musikquellen.

AICs, die in ihren Anfängen African Independent Churches (unabhängige afrikanische Kirchen) genannt wurden, sind den traditionellen afrikanischen Ausdrucksformen und Strukturen auch sehr verbunden, doch sie sind eher Repräsentanten eines christus- und bibelorientierten und spirituellen Glaubens des Neuen Testaments.

Sie sind die ersten dieser Gruppen, die ich Kirchen genannt habe. Die früheren Gruppen, die von Turner untersucht wurden, werden normalerweise als Bewegungen der neuen Religion bezeichnet. AICs fühlen sich stark dazu verpflichtet, Christentum in Theorie und Praxis umzusetzen, doch sehen sie es nicht als notwendig an, sich dafür dem Westen anzugleichen. Viele Christen der AIC-Kirchen und deren Führungspersonal waren vormals Mitglieder der westlichen Missionskirchen, die sich dann von diesem Weg abwandten oder ausgeschlossen wurden. Aufgrund der historischen Verbindungen zu den westlichen Missionen haben einige AICs die Gesangbücher ihrer Vorgänger-Kirchen übernommen oder in anderer Weise afrikanische Versionen der euro-amerikanischen Musik in ihre Gottesdienste übernommen.[21] Das Komponieren von afrikanisch-inspirierten Chorälen und Liedern wird jedoch in vielen dieser Kirchen auch sehr hoch geschätzt. Beispiele für AICs im heutigen Afrika umfassen einige der zionistischen Kirchen im südlichen Afrika und einige Gruppen innerhalb der weißgekleideten „Gebets-" oder Aladura-Kirchen (z. B. „die Kirche des Herrn" und „Cherubim und Seraphim"), die aus Nigeria stammen und nun in nahezu allen Staaten im westlichen Afrika fest etabliert sind.

Die so genannten evangelischen Pfingstkirchen wurden größtenteils erst vor kurzem dem Gemisch der afrikanischen religiösen Szene hinzugefügt. Als Turner seine Studien in verschiedenen Orten in ganz Westafrika in den 1960er Jahren durchführte, hatten sie noch keine ernstzunehmende Größe. Alberts de Surgys bedeutende Arbeit über diese Kirchen in Benin zeigt, wie

---

21 Siehe Bengt Gustaf Malcolm Sundkler, Bantu Prophets in South Africa, London 1961; 1. Ausgabe, 1948, 193 zu den Zulu Zionists; J. Akinyele Omoyajowo, Cherubim and Seraphim, The History of the African Independent Church, New York 1982, 159 zu den Cherubim and Seraphim; und Turner, African Independent Church 2, 296 zur Church of the Lord (Aladura).

schnell sie sich in der Region ausgebreitet haben. [22] Von nur neun registrierten Kirchen im Jahr 1955 wuchsen die Denominationen auf 36 im Jahr 1980, 81 in 1986, 96 in 1994 und auf 163 Ende des Jahres 1997. Viele von ihnen, wenn auch nicht alle, sind den evangelischen Pfingstkirchen zuzurechnen; Paul Giffords Arbeit [23] über diese Kirchen in Nigeria, Ghana und Liberia und Allan Andersons Versuch [24], sie innerhalb der „globalen charismatischen Kirchenfamilie" einzuordnen, helfen dabei, ein Profil ihres Gottesdienstes, ihres Gemeindelebens und ihrer Aktivitäten zu erstellen. Auch wenn es für Schlussfolgerungen noch zu früh ist, sind doch einige Charakteristika deutlich, wie etwa klassische Manifestierung von Geistesgaben (z. B. das Zungenreden, Prophetie und ähnliche Dinge), ein bibeltreuer Glaube, ein beachtlicher evangelistischer Eifer und eine dynamische Art des Gottesdienstes; dies sind Merkmale in vielen, aber nicht in allen dieser Kirchen. Sie haben die Tendenz, sich selbst für weniger „synkretistisch" zu halten als die AICs und für „spiritueller" als die Kirchen, die sich aus den westlichen Missionen entwickelt haben (WMICs). Zuwachs haben vor allem die Kirchen im städtischen Bereich, die sich den jungen Erwachsenen, die vom Land zugezogen sind, optimistisch und weltoffen präsentieren und sich auf deren Bedürfnisse einstellen. Sonntagstracht, Leitungsstrukturen, Gottesdienstgestaltung und Musikstile sind oftmals ziemlich westlich ausgerichtet. Doch die Vorbilder hierfür findet man weniger bei den WMICs als bei den Radio- und Fernsehpredigern, den global inspirierten Rednern und in den Audio- und Videokassetten und DVDs von Pfarrern und Musikern, die frei zirkulieren und aus allen erdenklichen Regionen Afrikas und der westlichen Welt stammen.

Trotz des schnellen Wachstums der evangelischen Pfingstler machen die WMICs (z. B. die Konfessionen der römisch-katholischen Kirche, Lutheraner, Presbyterianer, Reformierte, Anglikaner, Baptisten, Methodisten, nordamerikanisch Unabhängige/Nicht-konfessionelle, usw.) immer noch bei weitem die Mehrheit der Christen im Afrika südlich der Sahara aus. Ihre Geschichte hat sich in den meisten Fällen mit der Geschichte der europäischen Kolonialreiche überschnitten, die wir in einem früheren Abschnitt beschrieben haben. Diese Kirchen haben seit dem Zusammentreffen des westlichen Christentums mit den präkolonialen religiösen Traditionen in

---

22 Albert de Surgy, Le phénomène du Pentecôtisme en Afrique noire. Le cas béninois, Paris 2001, 11.
23 Paul Gifford, Christianity and Politics in Doe's Liberia, Cambridge 1993.
24 Allan Anderson, African Reformation.

Afrika am längsten Bestand und sind das sichtbarste Zeichen hierfür. Viele dieser Kirchen haben verschiedene Stadien durchlaufen von den „importierten" Kirchenliedern hin zu kulturell verwurzelten oder lokal produzierten Kompositionen, die sich über die Jahrzehnte oder sogar Jahrtausende musikalisch verfeinert und entwickelt haben. Und der Hybridstil der Kirchenmusik, der heute geschaffen wird, ist für viele von ihnen in einem aufregenden aber andauernden Zustand des Experimentierens und der Veränderung. Vor über 20 Jahren wurde ich zu einem grandiosen Gottesdienst am Sonntagmorgen eingeladen, zu dem mehr als 1.000 Mitglieder der methodistischen Kirche von der Elfenbeinküste zusammenkamen. Sechs Chöre und eine Blaskapelle gaben im Verlauf eines fast dreistündigen Gottesdienstes 37 Kirchenlieder zum Besten. Von diesen Kirchenliedern waren nicht weniger als 35 aus dem Westen übernommen, von diesen wiederum wurden 27 in französischer Sprache gesungen (darunter Händels „Halleluja"), während die anderen acht (eines davon war „Joy to the World") in die lokalen Sprachen übersetzt worden waren. Nur zwei von den vorgetragenen Liedern konnten als heimische Kompositionen qualifiziert werden. Doch dies verändert sich für viele WMICs, da neuere, oftmals dynamischere AICs und evangelische Pfingstkirchen die Messlatte für Musik höher anlegen und selbst damit beginnen, das reiche kulturelle Erbe zu erforschen, das ihnen als dem afrikanischen Volk eigen ist. Einige dieser Kirchen sind auf diesem Weg schon ein gutes Stück vorangekommen, während andere diese Reise erst begonnen haben.

Sechs Phasen musikalischer Entwicklung in afrikanischen Gemeinden

Einige Kirchen und Religionsgemeinschaften in Afrika haben von Anfang an ihre selbst komponierte Musik verwendet. In einigen Fällen, wie bei der Harrist Bewegung der Elfenbeinküste, wurde von der Nutzung von Musik, die von Außen kam, nicht nur abgeraten, sondern sie wurde über fast ein Jahrhundert sogar verboten. Die meisten anderen Kirchen – vor allem diejenigen, die aus den westlichen Missionen hervorgegangen sind, durchlaufen eine Reihe von Entwicklungsphasen auf dem Weg zu einer eigenen Kirchenmusik. Einige dieser Phasen zu identifizieren ist hilfreich, um ein anderes Niveau dieser Begegnung Afrikas mit dem Westen aufzuzeigen, das sich seit dem Singen der ersten lateinischen Messe an der Westküste Afrikas im Jahre 1482 entwickelt hat.

Die sechs Stufen sind: Übernahme, Adaptation, Abwandlung, Nachahmung, Indigenisierung und Internationalisierung. Ich will damit nicht behaupten, dass alle Kirchen jeden dieser Schritte gegangen sind oder genau diese Reihenfolge eingehalten haben. Doch diese Phasen erscheinen häufig genug, um zu verdeutlichen, was mit Musik passiert, wenn Völker sich begegnen.

Phase 1: Übernahme

In der Phase der Übernahme kommen alle Choräle, Texte und Rhythmen aus den westlichen Missionen. Während einer langen Zeit in der afrikanischen Kirchengeschichte wurden die Kirchenlieder von Isaac Watts und Charles Wesley, Teile der lateinischen Messe oder „das Loblied auf die heilige Johanna" einfach vom Westen übernommen und so originalgetreu wie möglich von den neu gewonnenen Gläubigen in afrikanischen Gottesdiensten wiedergegeben. Viele der afrikanischen Christen lernten die euro-amerikanischen Musiktraditionen im Laufe der Zeit zu schätzen und sehen sie als ihre Eigenen an. Asante Darkwa, die für viele andere ghanaische Christen spricht, hat festgehalten, dass „die Kirchenliedmelodie vielleicht die allgemein verständlichste Form der westlichen Musik ist, sowohl für Afrikaner, die der Schriftsprache mächtig sind als auch für diejenigen, die es nicht sind. Christen singen ihre beliebtesten Kirchenlieder nicht nur im Gottesdienst, sondern auch bei Totenwachen und Beerdigungen und in anderen Situationen, in denen sie Erleichterung und Trost in diesen alten und modernen Melodien finden, die Christen auf der ganzen Welt einen Reichtum an Spiritualität geschenkt haben."[25] Catherine Gray berichtet von einer ähnlichen Situation bei den Baganda in Uganda, wo die westlichen Kirchenmelodien jetzt „ein so starker Teil des christlichen Gottesdienstes und des Alltags der Baganda geworden sind, dass man inzwischen von heimischer Musik sprechen kann."[26] Nicht alle Afrikaner fühlten sich allerdings „heimisch" in den westlichen Musiktraditionen, wie man dies nun annehmen

---

25 Asante Darkwa, „New Horizons in Music and Worship in Ghana" in: African Urban Studies 8/1980, 63–70, hier: 69.
26 Moorehouse, Western Hymn, 10.

könnte. Bei vielen Menschen bestand ein grundlegendes Gefühl der Distanz gegenüber der „spirituellen Untauglichkeit" in dem Erbe der westlichen Musik, die von den Missionaren eingeführt wurde. Der Nigerianer E. Bolaji Idowu stellte dies vor 40 Jahren sehr harsch mit den folgenden Worten fest: „Wie wir beobachtet haben, werden Chöre immer wieder dazu gebracht, komplizierte Lobgesänge auf Englisch zu singen oder zu kreischen, während sie fast nicht oder überhaupt nicht verstehen, was sie da singen ... wir sollten uns nicht davon beeindrucken lassen, dass die Leute ihr Martyrium bisher so klaglos ertragen haben."

Phase 2: Adaptation

In der Adaptationsphase wurden von Außen eingeführte Liedermelodien oder – texte sozusagen „afrikanisiert", um sie für Gottesdienstbesucher für ein bestimmtes Setting anzupassen und verständlicher zu machen. In dieser Entwicklungsphase wird an den übernommenen Liedmelodien oder -texten nichts Wesentliches verändert. Aber man bemühte sich, die Melodie dem Kontext einer bestimmten Glaubensgemeinschaft anzupassen, indem man Trommeln, Rasseln oder andere lokal hergestellte Instrumente verwendete. Die „Cherubim und Seraphim-Kirche" tut dies häufig mit geläufigen westlichen Kirchenliedern wie z. B. durch ihre Version des Liedes „Welcher Freund ist unser Jesus" begleitet mit Harmonium, Schlagzeug und Kuhglocken.[27] Oder es wird entschieden, dass der Text eines Kirchenliedes von einer westlichen Sprache in eine lokale Sprache übersetzt wird, damit er besser verstanden werden kann. Dem liegt nicht der Wunsch oder das Anliegen zugrunde, den Text des Liedes zu verändern, sondern ihn einfach in einer anderen Sprache zugänglicher zu machen.

Das Übersetzen von Kirchenliedertexten war ein verbreiteter Brauch während der längsten Zeit der Missionsära und ist sowohl hilfreich für neu gewonnene Konvertiten als auch befriedigend für die Missionare selbst. „Du kannst dir nicht vorstellen, was es bedeutet, „Nichts als das Blut von Jesus" in einer fremden Sprache in einem Dorf im Busch zu hören!" berichteten Christen und Missionsgemeinschaftsmitarbeiter 1930 ein Jahr nach ihrer

---

27 Krabill, Hymnody.

Ankunft an der Elfenbeinküste.[28] Es muss hier allerdings erwähnt werden, dass übersetzte Kirchenlieder, wenn sie vielleicht auch besser verstanden werden als diejenigen, die „fremdsprachlich" sind, oft wenig mehr als beschnittene Versionen bleiben und „aus künstlerischer Sicht nicht die Besten sind."[29] Ein bekanntes Dilemma ist, dass bei vielen afrikanischen Wörtern, die auf eine Tonfolge gelegt werden, der Klang und die Bedeutung verändert werden, wenn sie zu euro-amerikanischen Melodien gesungen werden. Ein gravierender Fall wird von Idowu berichtet, wo der englische Ausdruck „armer Sünder" in Yoruba übersetzt und gesungen zu einer bestimmten europäischen Melodie zu „du Armer von Drüsentuberkolose – Betroffener" wurde.[30]

Phase 3: Abwandlung

In der Abwandlungsphase wurde ein Teil der Missionslieder (Melodie, Text oder Rhythmus) von einheimischen oder anderweitig stark abgeänderten Formen abgelöst. Was in dieser Phase passiert ist mehr als eine einfache Übersetzung der westlichen Melodien (durch Rasseln) oder Texte (durch Sprache) in eine afrikanische Mundart; es ist eher eine beträchtliche Veränderung oder gar ein völliger Ersatz eines Teils der westlichen Kirchenlieder durch Melodie, Text oder Rhythmus in einheimischen Stil. Beispiele für diese Art der Veränderung können sein: (a) Kirchenlieder, in denen westliche Melodien beibehalten, aber die westlichen Texte durch neue einheimische ersetzt werden; oder (b) Kirchenlieder, in denen die westlichen Texte beibehalten, aber die mit neuen einheimisch komponierten Melodien versehen werden. Die II. Vatikanische Satzung zur Liturgie[31] hatte entsprechende Variationen und Adaptationen der Liturgie ermöglicht und für lebendige Diskussionen in afrikanischen katholischen Kreisen über die Notwendigkeit „einer kulturellen Verwurzelung der Liturgie" und „inkarnatorisch eucharistischer Feiern" gesorgt.[32]

---

28 Ruth Ellenberger, „Gossiping the Gospel in French West Africa in: „The Alliance Weekly, September 13, 1930, 598.
29 J. H. Kwabene Njetia, „The contribution of African Culture to Christian Worship", in: International Review of Missions 47/1958, 265–278, hier: 274.
30 Idowu, Indigenous Church, 33.
31 2. Vatikanisches Konzil, Konstitution über die Heilige Liturgie, http://stjosef.at/konzil/SC.htm(15.06.2010).
32 Krabill, Hymnody, 42, Anm. 58.

Phase 4: Nachahmung

In der Phase der Nachahmung werden Melodien, Texte und Rhythmen vor Ort komponiert oder vorgetragen, aber in einer Art und Weise, die von dem westlichen Musikgenre inspiriert ist oder dieses nachahmt. Asante Darkwa sagt dazu: „Fast alle bekannten ghanaischen Komponisten und auch Studenten haben versucht, Kirchenlieder zu schreiben."[33] Einer der Bekanntesten unter ihnen war Dr. Ephraim Amu, der als Experte in traditioneller ghanaischer Musik an der Royal School of Music in London studierte (1937–1940) und später dann eine Sammlung von 45 Choräle komponiert und veröffentlich hat.[34] Vor kurzem berichtete Gray aus Uganda von Liedern, die, im Stil von Kirchenliedern gedichtet und vertont, vor der Gefahr von AIDS warnen.[35] Überall auf dem Kontinent wimmelt es an Beispielen von afrikanischen Musikern, die Lieder für den Gottesdienst im Stile der Erweckungsbewegung des 19. Jahrhunderts, südländische Gospels, vierstimmige Männer-Quartett-Arrangements und – im Rahmen der heutigen Musikszene – zunehmend in den populären Genres „Lobpreis- und Anbetungs"-Chorgesang, Country- und Westernmusik, Hip-Hop, Reggae und Rap komponiert haben.

Phase 5: Indigenisierung

In der Phase der Indigenisierung werden Melodien, Texte und Rhythmen vor Ort in einheimischen musikalischen Formen und Stilen produziert. Viele afrikanische Christen der 1. Generation vermieden es, einheimische Melodien, Sprachen und Instrumente für den Gottesdienst zu verwenden, um keine emotionalen und spirituellen Assoziationen zu ihrem früheren Leben heraufzubeschwören. Die Kirche und ihre „Musikschaffenden und -manager" müssen diese Angelegenheit ernst nehmen und alle unnötigen Versuchungen oder „Stolpersteine" für neu gewonnene Gläubige vermeiden. Nichts inspiriert jedoch stärker und bringt mehr Leben in die Kirche Afrikas, als das Singen und Tanzen der „Herzensmusik" der heimischen Kultur. Wann immer solche Musik in die afrikanische Gottesdienstpraxis übernommen wurde, fand etwas fast Magisches statt. „Plötzlich" so Idwu,

---

33 Darkwa, New Horizons, 69.
34 Ephraim Amu, Amu Choral Works, Vol. 1, Accra, Ghana 1993.
35 Moorehouse, Western Hymn, 10.

„leuchtet jedes Gesicht auf und es gibt ein untrügliches Gefühl von durstigen Wüstenreisenden, die die Oase erreichen. Jeder, der zusieht ... merkt sofort, dass die Gottesdienstbesucher zu Hause sind und mit Herz und Seele singen."[36] Einheimische, lokal komponierte Musik, muss nicht die einzige Vorgabe für die Kirche sein. Doch eine gesunde Kirche wird sie sich zum Ziel setzen. Denn „wenn die Menschen ihre eigenen Kirchenlieder sowohl mit landeseigenen Wörtern als auch Musik entwickeln, ist dies der Beweis dafür, dass das Christentum wirklich Wurzeln geschlagen hat."[37]

Phase 6: Internationalisierung

In der Phase der Internationalisierung wurden Melodien, Texte und Rhythmen aus der weltweiten Ökumene jenseits des westlichen und des eigenen lokalen Kontextes in das Leben und den Gottesdienst der Kirche integriert. Dies ist das aktuellste, noch fast unerforschte Gebiet der Gottesdienstmusik für die Kirche. Im Gegensatz zur kontextabhängigen Musik ist sie das, was die 1996 erschienene „Erklärung von Nairobi zu Gottesdienst und Kultur"[38] als „interkulturelle" Musik bezeichnet hat. Dies wird „die" Begegnung des 21. Jahrhundert sein, deutlich breiter angelegt und reicher als die bilateralen Beziehungen, die einen großen Teil des kolonialen Experiments zwischen Europa und Afrika bis dahin geprägt haben. Die Internationalisierung der Musikbegegnungen verspricht viel für die Kirchen, denn sie bringt uns dieser ultimativen Begegnung näher, die in Offenbarung 7:9–10 beschrieben wird, wenn alle Sprachen, Stämme und Nationen zusammen verkünden: „Das Heil unserem Gott, der auf dem Throne sitzt, und dem Lamme."

---

36 Idowu, Indigenous Church, 34.
37 Vida Chenoweth/Darlene Bee, „On Ethnic Music", in: Pratical Anthropology 15/1968, 205–212, hier: 212.
38 Dieses Zitat stammt von der Studiengruppe „Gottesdienst und Kultur" bei der III. internationalen Konsultation des Lutherischen Weltbundes in Nairobi, Kenya, im Januar 1996, www.worship.ca.

Den Weg fortsetzen: Das Vergangene respektieren und die Zukunft gestalten

In den kommenden Jahren wird die afrikanische christliche Musik sicherlich durch eine Flut an Dynamik und Kreativität bestimmt werden, da sich ererbte Musiktraditionen aus der Vergangenheit ihren Weg in die gemischten Gottesdienstformen der Zukunft bahnen werden. Denn schließlich, so schreibt Warnock, haben Afrikaner sich selbst niemals erlaubt, von Abendländern dominiert zu werden.

Nachdem sie einmal die Lebensart der Missionare übernommen hatten, machten die Afrikaner die notwendigen Anpassungen um für sich die Freude zu vermehren, die sie aus der neuen Musik ziehen konnten. Sie unternahmen bewusste und unbewusste Veränderungen an den Melodien und am Rhythmus. Sie sorgten dafür, dass Kirchenlieder, die sie nicht mochten, aus dem Umlauf kamen. Sie gründeten ihre eigenen Kirchen, denn sie hofften, dass sie dort die Wohltaten des Christentums ohne das unerwünschte Drumherum genießen konnten. In einer subtilen Weise hat der Afrikaner gezeigt, dass er die Kontrolle über sein Schicksal hat. Die Geschichte der afrikanischen Kirchenmusik ist nicht durch das Tun der Missionare so faszinierend, sondern dadurch, wie die Afrikaner auf den missionarischen Impetus reagierten. Auch wenn es strenge Begrenzungen des musikalischen Ausdruckes gab, so waren die afrikanischen Christen in der Lage, die Musik durch die afrikanische Persönlichkeit zu filtern und etwas Neues aus ihr zu erschaffen.[39]

Professor B. Makhathini von der Universität in Swasiland beschreibt in einem faszinierenden Bild, wie die afrikanische Kirche funktioniert, um mit dem Erbe der westlichen Christen kreativ umzugehen auf ihrem Weg von der Vergangenheit in die Zukunft. Seiner Meinung nach haben die westlichen Christen „das Brot des Lebens" (den christlichen Glauben) genommen, das sie über die Jahrhunderte erhalten hatten, und es in eine Plastiktüte gepackt (nach ihrem eigenen Brauch). In Afrika angekommen, gaben sie den Menschen das Brot zusammen mit der Tüte zu essen. „Jetzt macht uns die Plastiktüte krank", sagt Makhathini. „Das Plastik gehört ihnen. Wir wissen, dass Gott für uns vorgesehen hat, dass wir das Brot

---

39 Warnock, African Church Music, 275f.

erhalten, genauso wie er es auch schon für sie vorgesehen hatte. Wir können das Plastik entfernen und das Brot genießen."⁴⁰

Das Brot ohne das Plastik genießen – das ist offensichtlich das, was eine wachsende Anzahl an Afrikanern tut, denn der Kontinent schreitet jedes Jahr darin fort, um alle anderen Kontinente als die größte Hochburg des christlichen Glaubens zu überholen. Und wie es aussieht, wird es bestimmt eine neue Art der gegenläufigen interkulturellen Begegnung geben von der vor ein paar Jahren noch niemand etwas geahnt hatte. Ich konnte einen Blick auf diese Begegnung erhaschen, als ich ein Abendkonzert eines kongolesischen Kirchenchors besuchte, der in den Vereinigten Staaten auf Tournee war. Es waren ca. 45 Minuten der Präsentation vergangen, da wurde angekündigt, dass der Chor dem vorwiegend weißen und etwas steifen bürgerlichen Publikum nun ein Lied zum Mitsingen beibringen würde.

Mit einem Zwinkern im Auge drehte sich der Chorleiter zu der Menge um und sagte: „Nun, ich weiß, dass die Musik, die Sie hier heute Abend hören, vermutlich für Ihre Ohren etwas merkwürdige harmonische Muster hat und ein bisschen mehr Rhythmus, als Sie es gewöhnt sind. Doch lassen Sie mich Ihnen ein Geheimnis verraten. Wenn wir in den Himmel kommen, dann kommen alle Kinder Gottes zusammen und stimmen darüber ab, welche Art von Musik gesungen werden soll. Nun haben Sie sicherlich von dem unglaublichen Wachstum gehört, den die Kirche im globalen Süden erlebt. Nun, was glauben Sie, wer die Abstimmung gewinnen wird? (Das Publikum bricht in lautes Gelächter aus). Also, wenn es vielleicht so sein wird, dass Sie diese Musik für immer singen werden, meinen Sie nicht, dass es dann eine tolle Idee ist, ein bisschen von ihr heute Abend schon zu lernen?"

Fazit

Die Begegnung zwischen dem westlichen Christentum und Afrikas traditionellen Religionen hat ein weites Spektrum an lebhaften Reaktionen in den afrikanischen Regionen südlich der Sahara ausgelöst. In allen Kirchen oder Glaubensgruppen, die als Ergebnis aus dieser Begegnung entstanden sind, hat Musik eine lebendige Rolle gespielt und tut es weiterhin. Wenn man innehält, um das gesamte Volumen an Musikproduktionen zu bedenken,

---

40 Bruce Britten, We Don't Want Your White Religion, Manzini, Swaziland, 1984, 26.

die innerhalb der Tausenden an Gruppierungen und Konfessionen und der Zehntausenden an lokalen Glaubensgemeinschaften in Afrika heute entstanden sind, dann ist dies jenseits jeder Vorstellungskraft.

Die dynamische Begegnung zwischen afrikanischen und westlichen Musiktraditionen wird sicherlich in den kommenden Jahren unvermindert anhalten. Vielleicht ist das Leben und der Rat des ghanaischen Kirchenliedkomponisten und Ethno-Musikwissenschaftlers Amu das beste Beispiel dafür, uns vorzustellen, wie die beiden als getrennte aber dennoch gemischte Realitäten koexistieren können. Als junger Student auf dem Höhepunkt der kolonialen Zeit in den 1930er und 1940er Jahren beschloss Amu bewusst, sich von den kulturellen Erwartungen seiner Zeit zu lösen. Er lehnte es ab, sich nach westlicher Art zu kleiden und trug stattdessen traditionelle ghanaische Kleidung aus lokal gesponnener Baumwolle. Amu lebte deutlich bi-kulturell mit großer Leichtigkeit in beiden, der westlichen und der afrikanischen Welt, und man erzählt sich, dass er es liebte, Gästen Suppe in tönernen Töpfen zu servieren und Wasser in Kalabassen auf einem Tisch, der mit importiertem Geschirr gedeckt war. „Es ist nichts Schlimmes dabei, gute Dinge anderer Kulturen anzunehmen, die universelle Werte haben", sagte Amu einmal, „doch um Himmels willen, lasst uns die besten Dinge unserer Kultur beibehalten."[41]

Übersetzung aus dem Englischen: Lilli von der Ohe

---

41 Ephraim Amu, Amu Choral Works. Diese Kommentare sind der Einleitung von J. H. Kwabena Nketia entnommen.

Lieder des Propheten – Begegnungen mit Ntsikanas Musik

Dave Dargie

1. Die Xhosa

Die Xhosa sind das südlichste der Bantuvölker Afrikas, jener Völker, in deren Sprachen *bantu* oder ein ähnliches Wort „Menschen" bezeichnet. In Xhosa ist *umntu* ein einzelner Mensch, Menschen in der Mehrzahl sind *abantu*. Die Xhosa leben in Eastern Cape in Südafrika, der südöstlichsten Ecke des afrikanischen Kontinents. Ihre Vorfahren kamen im Zusammenhang mit der langen Wanderung aus der Region in Westafrika, in der die Bantusprachen ihren Ursprung haben, in die Gegend der heutigen Provinz Eastern Cape, und zwar wohl schon im 6. oder 7. Jahrhundert.

Die Sprache Xhosa ist wegen ihrer Klicklaute bekannt: *c,* ein Zahnlaut, *q,* ein Palatal-Laut, und *x,* ein Laut, der mit der Zunge am Bogen des Gebisses auf der Seite gemacht wird. Die Klicklaute sind nur eine der kulturellen Eigenheiten, die die Xhosa von den KhoiSan übernommen haben – der Völker, die in der kolonialen Ausdrucksweise „Hottentotten" oder „Buschleute" genannt wurden. Die KhoiSan waren die Urbevölkerung des heutigen Südafrika. In meiner Heimatstadt East London in Eastern Cape fand man menschliche Fussabdrücke in Felsen, zweifellos von KhoiSan, die 35.000 Jahre alt sind. Die Vorfahren der KhoiSan waren aber sicher schon lange vorher dort.

2. Die Geschichte der Xhosa zu Ntsikanas Zeit

Die Xhosa haben eine lange und oft sehr bewegte Geschichte von den frühen internen Auseinandersetzungen über den langen Kampf gegen die kolonialen Eindringlinge bis zum Ende der Apartheid und zum Anfang der Demokratie in Südafrika 1994. In einer besonders krisengeschüttelten Zeit betrat Ntsikana die Bühne.

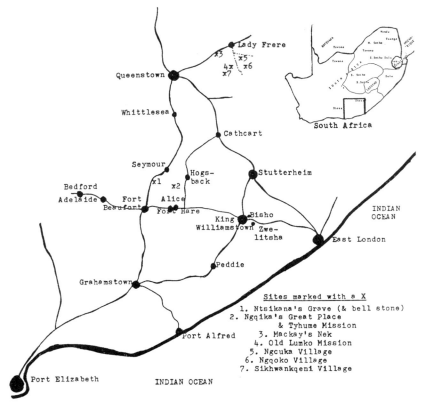

Eastern Cape Provinz – Orte, die für Nstikanas Musik von Bedeutung sind.

Im späten 18. Jahrhundert kündete sich ein Konflikt unter den Xhosa an: Der rechtmäßige König Ngqika war alt genug, die Macht zu übernehmen, doch sein Onkel Ndlambe, der, weil Ngqika damals erst drei Jahre alt war, seit dem Tod von Ngqikas Großvater und Vater regierte, wollte die Macht nicht abgeben. Die Buren waren ebenfalls schon eine Weile in der Gegend, und die Engländer drängten in die Region Eastern Cape.

Die London Missionary Society, eine an keine bestimmte religiöse Denomination gebundene protestantische Organisation, war 1794 in London gegründet worden, um „... das Evangelium unter den Heiden zu verkündigen."[1] 1799 wurde der erste christliche Missionar zu den Xhosa ausgesandt; Johannes Van der Kemp kam bis zu Ngqikas „great place", seinem königlichen Hof, und fing dort mit seiner Missionstätigkeit an. Ngqika hatte unterdessen Ndlambe gefangen gesetzt, aber alle Menschen in der Region spürten, wie stark der Druck und die Unruhe zunahmen. Krieg lag in der Luft. Es gelang Van der Kemp nicht, jemanden zum Christentum zu bekehren, aber es gab zwei Xhosa, die sich an seine Botschaft erinnern sollten: Neben Ntsikana war dies Makanda, der auch „Nxele" („Linkshänder") genannt wurde, der Sohn von Gaba. Van der Kemp verließ die Xhosa und half mit, unter den Khoi in Bethelsdorp, in der Nähe des heutigen Port Elizabeth, eine Mission aufzubauen.

Ndlambe gelang es, Ngqika zu entkommen, nun drohte ein Krieg zwischen den beiden. Der „Linkshänder" Makanda Nxele wurde in dieser Zeit zu einem Visionär, der seine eigene Version dessen verkündete, was er von Van der Kemp gehört hatte: Er sagte die Auferstehung der Ahnen voraus, die die Briten bekämpfen würden. Es gebe zwei Götter, einen, den Van der Kemp gepredigt habe, den Gott der Briten, ein falscher Gott, und den anderen, den wahren Gott auf Erden, der Gott der Xhosa, der ihnen den Sieg bringen werde. Nxele wurde Ndlambes Kriegsprophet, beide sahen im Krieg gegen Ngqika und gegen die Briten die Lösung.

3. Ntsikanas Bekehrung und seine Mission

Ntsikana hörte Nxeles Predigt und erinnerte sich selbst an das, was Van der Kemp verkündigt hatte. Er machte eine Erfahrung, die seine späteren Nachfolger mit der Konversion von Paulus verglichen: Ntsikana sah eine Lichtvision, die auf seinen Reitochsen fiel. Am gleichen Tag nahm er an einem Hochzeitsfest teil, denn er war ein berühmter Tänzer. Aber jedes Mal, wenn er zum Tanzen aufstand, erhob sich ein so starker Wind, dass alle Menschen zu Boden geworfen wurden und der Tanz abgebrochen werden musste. Er kehrte nach Hause zurück und, so wird berichtet, blieb die ganze Nacht über wach und sang ein fremdes neues Lied. Er sagte den Menschen später, etwas sei in ihn gekommen und habe ihm gesagt, er müsse zum einen wahren Gott beten, dem großen Gott in den Himmeln.

---

[1] Noel Mostert, Frontiers. The Epic of South Africa's Creation and the Tragedy of the Xhosa People, New York 1992, 286.

Ntsikana warnte vor der falschen Predigt Nxeles. Es werde keine Auferstehung der Ahnen für den Krieg geben. Es sei nur ein großer Gott, und der sei in den Himmeln. Ntsikana warnte Ngqika dringend davor, gegen Ndlambe in den Krieg zu ziehen; er beschwor Nxele, die Briten nicht anzugreifen. Doch Ngqika zog gegen Ndlambe in den Krieg und erlitt eine fürchterliche Niederlage. Nxele führte 1819 einen Angriff auf Grahamstown an, auch er wurde geschlagen. Damit fing eine lange Zeit kriegerischer Auseinandersetzungen zwischen den Briten und den Xhosa an, eine Zeit zunehmenden Leidens und wachsender Verluste für die Xhosa.

Ntsikana fing an, seine Version des christlichen Glaubens zu verkündigen, und es bekehrten sich Menschen. Er hielt Gottesdienste für sie und brachte ihnen Lieder für die Gottesdienste bei. Er und diejenigen, die ihm nachfolgten, durften in ihren Dörfern wohnen bleiben, etwas bis dahin Unerhörtes. Er blieb Van der Kemps Verkündigung treu, aber es gelang ihm, die Wahrheiten des Christentums auf afrikanische Weise auszudrücken. Das lässt sich an seinem „Great Hymn", dem „großen Gesang" ablesen, dessen Text später von Missionaren niedergeschrieben wurde: „Gott ist die große Decke, die wir über uns legen; Gott ist der Jäger, der nach der Seele jagt; Er ist der wahre Schild, der wirkliche Schutzwald, in dem wir Zuflucht finden". [2]

Weil seine Warnungen an Ngqika und Nxele sich bewahrheitet hatten, fingen seine Nachfolger an, Ntsikana als einen wahren Propheten zu betrachten. Janet Hodgson zeigt, dass Ntsikana ein Prophet im biblischen Sinn war: Nicht so sehr einer, der die Zukunft voraussieht, sondern ein Seher, der die Ereignisse seiner Zeit im Licht von Gottes Wort deutet. [3] Er lobte die Briten, weil sie das Evangelium gebracht, aber bedauerte, dass sie ebenfalls das Geld eingeführt hatten. Dennoch schrieben ihm seine Jüngerinnen und Jünger viele Weissagungen zu. Das gilt bis heute: 1980 nahm ich einmal einen Xhosa im Auto mit. Dieser erzählte mir, Ntsikana habe vorausgesagt, es werde einmal eine große Schlange geben, die Feuer und Rauch speien und Menschen transportieren werde: die Eisenbahn, natürlich. In den 1990er Jahren sagte eine Xhosa mir, Ntsikana habe auch das Auto vorhergesagt. Mittlerweile wird er auch Flugzeuge und Raumschiffe angekündigt haben.

---

2   Siehe die Beispiele am Textende.
3   Janet Hodgson, Ntsikana: History and Symbol: Studies in a process of religious change among Xhosa-speaking people, unpublished Ph. D. thesis, University of Cape Town, 1985.

Ntsikana – gezeichnet von Missionarin Williams, Anfang 19. Jh.

Grab Ntsikanas bei der Mission Tyhume.

1816 kam ein anderer Missionar zu den Xhosa, Joseph Williams. Ntsikana ging hin und hörte ihm zu; die Frau von Williams fertigte damals eine Porträtzeichnung von Ntsikana an.[4] Leider verstarb Williams schon 1818. Zwei Jahre später wurde in der Nähe von Ngqikas Königshof am Tyhume-Fluss eine neue Mission errichtet. Ntsikana war dorthin unterwegs, als er plötzlich erkrankte und 1821 unterwegs starb. Er hatte angeordnet, er sollte wie Joseph Williams bestattet werden. Sein Grab liegt hinter dem Berg bei der Mission Tyhume, nicht weit entfernt vom heutigen Alice und der University of Fort Hare (siehe die Karte oben). Nach Ntsikanas Tod begaben sich die, die zu seinem Kreis gehörten, auf die Missionsstation und siedelten sich dort an. Die Missionare entwickelten eine Orthographie für das Xhosa; Ntsikanas Jüngerinnen und Jünger waren die ersten, die lernten, ihre Sprache zu schreiben. Natürlich schrieben sie die Geschichte Ntsikanas auf; die Missionare hielten die Texte von Ntsikanas Liedern fest und glichen sie an die europäischen Liedverse an. Das musikalische Arrangement des als

---

4   Ntsikana, gezeichet von den Frau des Missionars Joseph Williams, 1868–1818. Die St Ntsikana Memorial Association hat die Worte „Ntsikana ongcwele" angefügt, „Heiliger Ntsikana".

Ntsikanas „Great Hymn"[5] bekannten Lieds stammt von John Knox Bokwe, dem zweiten Xhosa, der als christlicher Geistlicher ordiniert wurde.[6]

4. Der Musik Ntsikanas begegnen

Ich selbst habe 1965 zum ersten Mal von Ntsikana gehört. Der Xhosa Komponist B. K. Tyamzashe war von zwei deutschen katholischen, unter den Xhosa in Eastern Cape arbeitetenden Missionaren, Oswald Hirmer und Fritz Lobinger, beauftragt worden, Kirchenmusik zum Gebrauch in Xhosa Gottesdiensten zu komponieren. Zu jener Zeit war Tyamzashe der am besten bekannte sol-fa-Komponist[7] unter den Xhosa. Er schrieb populäre Chormusik, die stilmäßig auf den Tonleitern, den Harmonien und Rhythmen (genauer: der Abwesenheit von Rhythmus) der Missionsmusik aufbaute, deren unzweifelhaftes Ideal Händels Halleluja war. Er hatte am sol-fa-College in London studiert. Nun wurde er zum ersten Mal gebeten, etwas im Xhosa-Stil zu schreiben und komponierte ein sehr schönes Gloria, für das er Tonleiter, Harmonie und Rhythmus der Xhosa verwendete.[8]

1965 organisierten Hirmer und Lobinger eine Tagung am Lumko-Pastoralinstitut der katholischen Kirche, das sich damals im Landesinnern in Eastern Cape befand. Dort sollte die von Tyamzashe neu komponierte Messe uraufgeführt werden. Als einer, der sich für Musik interessierte, war ich eingeladen. Viel später, 1979, sollte ich dann Mitarbeiter bei Lumko werden, zusammen mit Hirmer und Lobinger, aber damals traf ich sie zum ersten

---

5   John Knox Bokwe, „Ntsikana and his Hymn", als Serie publiziert im *Christian Express*, 1878/9 (später neu herausgegeben als: Ntsikana, the Story of an African Hymn, Lovedale [undated, c. 1904]); J-K. Bokwe, Ulo Tixo Mkulu: Ntsikana›s Hymn, arranged by J. K. Bokwe, in: Amaculo ase Lovedale – Lovedale Music, Lovedale, 1885 (1894²). J. K. Bokwe brachte ebenfalls einen Lebensbericht über Ntsikana heraus: Ntsikan, the Story of an African Convert, Alice 1914².

6   Der erste ordinierte Geistliche war Tiyo Soga, ein Sohn Sogas, der seinerseits einer von Ntsikanas führenden Nachfolgern gewesen war. Bokwe selbst war der Enkel von zwei Nachfolgern Ntsikanas.

7   Damit ist jene Art von Notation gemeint, die auf die bei uns übliche Notenschrift verzichtet, dafür mit den ausgeschriebenen Notenbezeichnungen (do-re-mi …) arbeitet; der Rhythmus wird mit Punkten und Strichen angezeigt. In manchen Kirchen Afrikas und darüber hinaus finden sich Liederbücher, in denen Melodien, manchmal auch mehrstimmige Sätze so notiert sind. Vgl dazu den Beitrag von Nepomuk Nitschke in diesem Band.

8   Tyamzashe's *Gloria*, für Marimbas arrangiert vom Autor, ist auf der beigelegten CD zu hören.

Mal. Ich war begeistert vom neuen Gloria und fragte Hirmer nach dessen Herkunft. Er sagte, Tyamzashe führe die Inspiration dazu auf Ntsikana zurück, den ersten Xhosa-Christen.

Ntsikana hatte bis dahin im Denken der Katholiken kaum eine Rolle gespielt. Seine Jüngerinnen und Jünger wurden zur Presbyterianischen Kirche gezählt, sein *Great Hymn* fand sich im presbyterianischen und in einigen anderen protestantischen Liederbüchern, und es war deshalb nicht überraschend, dass Tyamzashe als Presbyterianer ihn und seine Musik kannte. Für mich allerdings war das ganz neu und sehr spannend.

Ein paar Jahre später hatte ich das Glück, einige Zeit mit einem älteren Xhosa-Priester zusammen zu leben. Ich fragte ihn nach Ntsikana. Er sang mir Bruchstücke von Ntsikanas Musik vor und sagte mir, Ntsikanas Jüngerinnen und Jünger träfen sich im Pirie Bush, einer Gegend nordwestlich von King Williams Town; dort sängen sie seine Lieder, manche würden daraufhin in Ekstase fallen. 1978 traf ich schließlich einige von Ntsikanas Nachfolgern und konnte an ihren Gottesdiensten im Pirie Bush teilnehmen. Sie waren sehr freundliche und liebenswürdige Menschen, die in ihren Gottesdiensten vor allem gegen das Trinken und Rauchen predigten; mich nahmen sie mit offenen Armen auf. Ihr Anführer und Generalsekretär war der Rev. C. C. M. D. Hoyana, ein Methodistenpfarrer. Er starb 2006, umgeben vom Hauch der Heiligkeit; er war weit über neunzig Jahre alt. Manche fanden ihn gefährlich. Lennox Sebe, der vom südafrikanischen Regime zum Diktator über die „Republik" Ciskei ernannt worden war, verbot die Nachfolge Ntsikanas. Das überrascht nicht, wenn man bedenkt, dass er einmal versuchte, Ostern abzuschaffen, damit alle Xhosa-Christen am Ostersonntag kommen könnten, um ihn Hof halten zu sehen. Hoyana und seine Freunde gingen in den Untergrund, und Hoyana leitete die Saint Ntsikana Memorial Association weiter, getarnt als ein Begräbnisverein, bis Sebe zu seinem persönlichen Ostern vor den Herrn gerufen wurde.

Meine Gelegenheit, mich Ntsikana anzunähern, ergab sich 1978. Im Juli dieses Jahres kam Janet Hodgson von der University of Cape Town auf mich zu; sie arbeitete an einer Dissertation über Ntsikana.[9] Sie suchte jemanden, der Ntsikanas Musik analysieren könnte und hatte deshalb Kontakt zu Andrew Tracey aufgenommen, den Doyen der Ethnomusikwissenschaft in Südafrika; dieser hatte sie an mich verwiesen. Nun hatte ich endlich einen wirklichen Anlass, mich intensiver mit Ntsikana zu beschäftigen.

---

9   Hodgson, Ntsikana.

5. John Knox Bokwes Beitrag zum Erhalt von Ntsikanas Musik

Janet Hodgson brachte mir Kopien von John Knox Bokwes Transkriptionen und Arrangements von Ntsikanas Liedern. Schon 1823 hatten Missionare der Mission Tyhume Texte dessen festgehalten, was Bokwe Ntsikanas „Great Hymn" nannte. Aber Bokwe versuchte als erstes, die Musik zu notieren, die Ntsikana komponiert hatte. Schließlich war Bokwe selbst Komponist, seine Kompositionen werden bis heute von Xhosa-Chören gesungen. Bei seinen Transkriptionen ging Bokwe von der Art und Weise aus, wie die Lieder in der Kirche gesungen wurden, aber auch von dem, was er von seinen Großeltern gelernt hatte. Bokwe unterschied „four hymns" Ntsikanas: Er nannte sie „The Bell", „The Life-Creator", „The Round Hymn" und „The Great Hymn". Ich habe Bokwes sol-fa-Notationen übertragen in die übliche Notation.[10] Bei der Analyse der Musik stellte ich fest, dass Melodien und Harmonien Elemente von Xhosa und westlichen Stilen enthalten, afrikanische Rhythmen jedoch ganz fehlen.

Janet Hodgson brachte eine 1957 von dem renommierten Musikwissenschaftler Hugh Tracey zusammengestellte Schallplatte von Aufnahmen von Xhosa-Musik mit. Sie enthielt auch die Interpretation der „Four Hymns of Ntsikana" durch einen Chor aus Zwelitsha bei King Williams Town, dirigiert von S. T. Bokwe, J. K. Bokwes Sohn.[11] Ich habe diese Interpretation transkribiert[12] und dabei festgestellt, dass S. T. Bokwe nicht das Arrangement verwendet hatte, das sein Vater für den „Great Hymn" gemacht hatte mit seiner ungelenken und sperrigen Melodie. Er hatte vielmehr die Melodie des „Round Hymn" für den „Great Hymn" wiederholt, die perfekt passt und einen viel klareren musikalischen Sinn ergibt. Auf der Rückseite der LP befindet sich ein „Wedding Song", den Hugh Tracey im gleichen Jahr im Peddie District aufgenommen hatte. Ich war fasziniert, als ich begriff, dass dieser „Wedding Song" tatsächlich eine Version von Ntsikana's Lied war,

---

10 Dave Dargie, Xhosa Music. Its techniques and instruments, with a collection of songs, Cape Town 1988, 197f.; Dave Dargie, Ntsikana Music Collection, handbook and CD, München / Fort Hare 2000, 17f (beides beim Autor erhältlich). Für zusätzliche Informationen über Ntsikana und seine Musik vgl. ebenfalls: Dave Dargie, The Music of Ntsikana, in: South African Journal of Musicology 2 (1982), 7–28; Ders., Hidden words of the Prophet: Texts appearing in traditional versions of the songs of Ntsikana, in: Missionalia 26/3 (1998).

11 Die LP befindet sich in der ILAM (International Library of African Music, Grahamstown, S. Africa) LP TR26.

12 Dargie, Xhosa Music, 199; Dargie Ntsikana Music, 19.

aber in einer traditionelleren Xhosa-Weise. Es war das Lied eines Volkes, das sich „amaGqobhoka" nennt, die „Durchbohrten", die sich selbst als Christinnen und Christen betrachten, aber nicht notwendigerweise einer bestimmten christlichen Denomination angehören. Die Gqobhoka haben ihre eigenen Versionen vieler traditioneller Riten und Zeremonien, mit ihren eigenen Gesängen und Liedarten. Der „Wedding Song" ist im typischen Gqobhoka-Stil gehalten, mit rhythmischer Bewegung, mit Ruf und Antwort, mit zufälliger Anordnung der Strophen, auch einigen, die von den Missionaren nicht aufgeschrieben worden waren.

6. Die Bewahrung der Lieder Ntsikanas in der Überlieferung

Mir ging auf, dass Ntsikanas Lied auch als rein traditionelles Lied überlebt haben könnte, und ich versuchte, das herauszufinden. Besonders spannend war für mich, ob ich eine Version finden würde, in der das Lied begleitet würde vom *uhadi,* dem Musikbogen, dem wichtigsten traditionellen Xhosa-Musikinstrument. 1979 fing ich mit der Arbeit im Lumko-Institut an, ich setzte mich besonders dafür ein, kirchenmusikalische Kompositionen in afrikanischem Stil zu fördern. Natürlich nutzte ich die Gelegenheit, möglichst viel afrikanische Musik aufzunehmen, da sie zu verschwinden drohte. Immer wenn ich mit Xhosa-Musikern arbeitete, fragte ich sie nach Ntsikanas Lied. Das Lumko-Institut befand sich damals rund zwölf Kilometer von Lady Frere entfernt, im ländlichen Gebiet der Xhosa. Das schien mir der ideale Ort, um traditionelle Musik zu dokumentieren. Ich nahm Tanzlieder und Bogentrommelgesänge auf und entdeckte die ersten Beispiele für Obertongesang (biphonales Singen, das aus Asien sehr bekannt ist), die in Afrika dokumentiert werden konnten. Aber in Bezug auf Ntsikanas Musik hatte ich zunächst keinen Erfolg.

An einem Tag 1981 besuchten mich auf der Missionsstation Mackay's Nek zwei Xhosa-Frauen. Eine von ihnen, Nosinothi Dumiso, spielte den *uhadi*-Musikbogen, die andere, Nomawuntini Qadushe, sang mit ihr zusammen. Sie hatten schon ein paar traditionelle Lieder gesungen, als ich Ntsikana erwähnte. Sofort bekann Nosinothi zu spielen und zu singen, und Nomawuntini stimmte ein; sie sang den Antwortteil: eine *uhadi*-Version von Ntsikanas Lied, ganz traditionell in seinem Charakter, mit einem tradi-

Xhosa-Sängerinnen Nomawuntini Qadushe und Nosinothi Dumiso, zusammen mit dem Verfasser, 1981.

tionellen additiven Rhythmusmuster (3+3+2 Schläge).[13] Man wird sich meine Aufregung vorstellen können. Nicht lange nachher konnte ich eine Gruppe älterer Xhosa-Frauen aufnehmen, die ohne Begleitung sangen. Wieder fragte ich nach Ntsikana, sie hatten aber noch nie etwas von ihm gehört. Als ich begann, die Melodie zu singen, die ich von Nosinothi gelernt hatte, sagte eine der Frauen „*Ndinayo*!" („Ich hab's!") und stimmte mit den Frauen eine andere Version von Ntsikanas Lied an. Für sie hieß es *Zidlanza zinamanxeba* – „Die Hände sind verwundet". Es war ihnen nicht bewusst, dass sie über die verwundeten Hände Christi sangen, oder dass das Lied von Ntsikana stammte.

Es gäbe viel mehr über diese Lieder zu berichten, als ich in diesem Beitrag unterbringen kann. Es soll genügen anzumerken, dass die Version von Mackay's Nek als Freiheitslied im Krieg von Mlanjeni (1850–1852) verwendet wurde, in dem in einer Schlacht unweit von Mackay's Nek mehr als 200 Xhosa durch britische und burische Truppen getötet wurden. In den Texten, die die zwei Frauen sangen, heißt es auch: „*Hewu, hewu! Lemfazwe*

---

13 Die Aufnahme ist auf der beigelegten CD zu hören; die Notation findet sich in Dargie, Ntsikana Music.

kaMlanjeni" — „Ach, ach, dieser Krieg von Mlanjeni". Die beiden Sängerinnen wussten selbst nichts mehr von diesem Krieg, sondern glaubten wohl, es beziehe sich auf irgendwelche lokalen Auseinandersetzungen. Den Text hatten sie gleichwohl all die Jahre treu beibehalten. Nosinothi und Nomawuntini berichteten mir, sie hätten das Lied von ihren Großeltern gelernt.

Ich habe später, 1983, noch eine weitere Version von Ntsikanas Lied mit dem *uhadi* entdeckt, und zwar im Dorf Ngqoko, gerade oberhalb von Lumko. In diesem Dorf fand ich auch eine weitere Gqobhoka-Version des Lieds, die für verschiedene Zeremonien verwendet wurde, auch für Hochzeiten. Nachdem ich 1989 Lumko verlassen hatte, begann ich 1995 eine Lehrtätigkeit an der University of Fort Hare in Alice in der Eastern Cape-Provinz. An meinem damaligen Wohnort im Dorf Hogsback, rund 140 Kilometer südwestlich von Lumko, konnte ich eine weitere Gqobhoka-Version von Ntsikanas Lied aufnehmen, die Textteile enthält, die von den früheren Missionaren oder J. K. Bokwe noch nicht niedergeschrieben worden waren. Eine dieser Zeilen hatte ich 1985 schon einmal aufgenommen („*Uyolingena ngolisebenzela* — Du wirst hineinkommen [sc in den Himmel], wenn du dich dafür anstrengst"), die auf sehr traditionelle Weise mit Trommelbegleitung in einer Zionistenkirche in Ngqoko bei Lumko gesungen wurden.[14]

7. Verbindungen zwischen den Versionen von Ntsikanas Liedern

Wie standen diese verschiedenen Versionen zueinander und zu Bokwes Versionen in Beziehung? Ich kann an dieser Stelle nicht die vollständigen Transskriptionen aller Versionen bieten.[15] Die am Ende beigefügten Notenbeispiele zeigen aber immerhin dies: es gibt genügend Ähnlichkeiten zwischen den einzelnen Versionen, sodass wir zu Recht davon ausgehen können, es handle sich nicht um unterschiedliche Lieder, sondern um unterschiedliche Versionen eines Lieds.

---

14 Zu hören sind sie auf der CD, die beigelegt ist zu Dargie, Ntsikana Music.
15 Siehe dazu David Dargie; *Ntsikana Music Collection,* 2000, die aus einer CD mit allen Versionen besteht (außer jener von Bokwe selbst, wohl aber die seines Sohns), sowie der Notation sämtlicher Melodien und Sätze (auch jener von Bokwe). Die gesamten Texte sind dort enthalten, sowie eine Reihe von Photographien.

Bokwes Melodie für den „Great Hymn" (Notenzeile 4) ist seltsam unbeholfen arrangiert. Bokwe selbst erinnert daran, es habe zwei unterschiedliche Weisen gegeben, in denen das Lied gesungen worden sei; offenbar versuchte er, beide miteinander zu kombinieren. Die Melodie vor dem Doppelstrich (Teil A) ist ähnlich wie die Melodie des „Round Hymn" (Zeile 3), besonders, wenn man die Harmonie in Takt 2, wo die Melodie statisch wird, mit den Harmoniemustern der beiden letzten Takte in Zeile 3 vergleicht. Zeile 5, eine doppelte Notenlinie, zeigt die Melodien für den Vorsänger, die Vorsängerin und die Antwortzeile in der *uhadi*-Version des Lieds von Mackay's Nek. Die Melodie des Vorsingenden ist dieselbe wie die des „Round Hymn", gleichzeitig ist die Ähnlichkeit zwischen der Antwortmelodie mit dem zweiten Teil der Melodie von Bokwes „Great Hymn" (Teil B, nach dem Doppelstrich) zu beachten. Ich bin der Meinung, Bokwes zwei Weisen, das zu Lied zu singen, seien ursprünglich die unterschiedlichen Melodien gewesen, die traditionellerweise vom Vorsänger und denjenigen verwendet wurden, die antworteten. Wer nur auf den Vorsänger hört, hört die erste Melodie, wer nur auf die Antwort hört, die zweite. Alles weist darauf hin, dass es nur ein Lied gab, das aber je nach Situation auf unterschiedliche Weise und mit unterschiedlichen Texten gesungen wurde.

Die Einteilung in Verse der Texte des Lieds, wie sie von den Missionaren und J. K. Bokwe für den „Great Hymn" verwendet wurde, ist in der traditionellen Xhosa-Musik nicht üblich. In Liedern mit mehreren Texten (es gibt Lieder mit vierzig oder mehr Zeilen) können die Sängerinnen und Sänger nach Belieben wählen, welche sie singen wollen; oft singen Vorsängerin und Antwortende unterschiedliche Texte zur gleichen Zeit. Das ist in der Aufnahme aus Mackay's Nek zu hören, auch im „Wedding Song", der in der *Ntsikana Music Collection* enthalten ist. Es wäre typisch westlich zu versuchen, das, was als zufälliger Text erscheint, in logisch angeordneten Versen zu ordnen. Ein wichtiger Beleg ist auch, dass S. T. Bokwe nicht das Arrangement seines Vaters für den „Great Hymn" verwendete, sondern einfach mit der Melodie des „Round Hymn" weiterfuhr, weil die so gut passte. Ebenfalls bemerkenswert ist, dass die Interpreten von Mackay's Nek das Lied „*Intsimbi kaNtsikana* – Ntsikana's Bell" nannten; diesen Namen hatte J. K. Bokwe dem Lied „*Sele! Ahom!*" gegeben, wobei er die Melodie von Zeile eins benutzte, die wie die Version von Mackay's Nek anfängt, aber mit einer typisch westlichen Kadenz endet.

8. Schluss

Möglicherweise sind diese Spekulationen für die Leserinnen und Leser dieses Beitrags nur von beschränktem Interesse. Ich hoffe jedoch, dass für sie dies sehr wichtig ist: das Lied von Ntsikana ist in seinen verschiedenen Versionen ein höchst kraftvoller Ausdruck der Wahrheit des christlichen Glaubens, sowohl musikalisch als auch vom Text her. Um dem „Great Hymn" etwas afrikanischen Rhythmus zurückzugeben (Doppelzeile 6), haben wir 1984 bei der Ordination von Bischof Lenhof in Queenstown in Eastern Cape ein Marimba-Xylophon als Begleitinstrument verwendet. Der Effekt war majestätisch!

Ntsikanas Lied verdient einen würdigen Platz innerhalb der christlichen Musik; ich hoffe, dass ihm dieser Platz einmal zugestanden wird.

Anhang:

Die Texte von Ntsikanas Liedern, wie sie von J. K. Bokwe überliefert wurden

„Ntsikana's Bell" (***Intsimbi kaNtsikana***) *(Auszüge)*
Sele! Ahom! (Rufe, die zum Lob und zur Begrüßung wichtiger Persönlichkeiten verwendet werden.)
Kommt! Ihr seid für den Himmel berufen!

„Life-Creator" (***uDalibom***) *(Auszüge)*
Seht den Schöpfer des Lebens, ... der Schule (das heißt: der Mission) ...

„The Round Hymn" (Auszüge)
Elelele Homna, Hom, Homna (Lobrufe, vom Vorsänger in der Aufnahme von Mackay's Nek benutzt; das beduetet, dass dieser Text zu den anderen Texten des „Great Hymn" gehört. Bokwe bietet noch Verse, die davon berichten, wie die christliche Botschaft an die verschiedenen Orte im Xhosa-Gebiet gelangte.)

Ntsikanas „Great Hymn" *(aufgrund der englischen Übersetzung von D. Dargie)*

1. Du bist (Er ist) der Große Gott in den Himmeln. Du bist der wahre Schild. Du bist die wahre Festung. Du bist der wahre Wald. Du lebst in der Höhe.
2. Du hast das Leben geschaffen, du hast es in der Höhe geschaffen. Du bist der Schöpfer, der die Himmel gemacht hast. Du hast die Sterne und die Pleiaden gemacht. Ein Stern ist aufgestrahlt, der hatte eine Botschaft für uns. Dieser Schöpfer der Blinden, er schuf mit einer Absicht ... (König Ngqika war am Erblinden.)
3. Die Trompete ist erschallt, sie ruft uns. Du bist der Jäger, der die Seelen jagt. Du bringst die Herden zusammen, die gegeneinander kämpfen (man bemerke Ntsikanas Pazisfismus). Du bist der Anführer, der uns führt. Du bist die große Decke, mit der wir uns kleiden.
4. Deine Hände sind verwundet. Deine Füße sind verwundet. Dein Blut – warum fließt es? Dein Blut ist für uns vergossen. Sind wir einen so hohen Preis wert? Sind wir wert, dieses dein Haus zu betreten? (Möglicherweise auch: ... dieses Haus von Konwana zu betreten? Konwana war eine Name Sogas, des wichtigsten Jüngers Ntsikanas. Vielleicht wurden die Gebetstreffen in Sogas Haus abgehalten.)

Die Texte anderer Fassungen von Ntsikanas Lied

In anderen Fassungen von Ntsikanas Lied, traditionellen und Gqobhoka-Versionen, wurden von Bokwe verfasste Texte aufgenommen, darunter das „Ahom, ahomna", das Bokwe mit seinen ersten drei Liedern verbindet, aber nicht dem „Great Hymn". In verschiedenen Versionen kommen noch andere Texte vor. Die Frauen von The Mackay's Nek kannten einen Text, der von frühen Missionaren niedergeschrieben worden war, der aber von Bokwe und in den Gesangbuchfassungen ausgelassen wurde. Sie sangen auch den Text „Alas! Alas! This war of Mlanjeni"[16].

Übersetzung aus dem Englischen: Benedict Schubert

---

16 Diese Texte werden diskutiert in Dargie, Hidden Words.

Musikbeispiele

1–4: Transkriptionen/Bearbeitungen von Ntsikanas Hymnen durch Rev. John Bokwe.

MUSIC EXAMPLES.

1 to 4: Transcription/Arrangements of Ntsikana's Hymns by Rev. John Knox Bokwe.

1. Ntsikana's "Bell" (J.K. Bokwe)

2. Ntsikana's "uDalubom" (J.K. Bokwe)

3. Ntsikana's "Round Hymn" (J.K. Bokwe)

4. Ntsikana's "Great Hymn" (J.K. Bokwe)

5. The Mackay's Nek Version of Ntsikana's "Bell" (sung with *uhadi* musical bow)

6. Ntsikana's "Great Hymn" – the church version (transcribed D. Dargie)

Notationsformen Kameruner Kirchenlieder

Quellen zum Verständnis afrikanischer Musikwahrnehmung

Nepomuk Nitschke

Ein Sündenbekenntnis in einer besonderen Form

Im Januar 2004 war ich das erste Mal Zeuge eines Konzertes des Seraphine Choirs in dem abgelegenen Urwalddorf Nlog in Westkamerun. Eines der Lieder, die der Chor damals in der lokalen Bantu-Sprache Akoose vortrug, begann auf folgende Weise:

Wō! Ane nwegede ye!   O weh, ich bin schuldig!

Mit einem unregelmäßigen Wechsel zweier benachbarter Töne eröffnete die Sopranstimme das fünfminütige Kirchenlied. Diesem Bekenntnis vor Gott antwortete bestätigend der gesamte Chor, ebenfalls im freien Metrum:

Wé yéé njaténé yǫel tè, ngwédé!   Ja, ich habe mich vergessen, ich bin schuldig.

Die Dirigentin führte dazu schwingende Armbewegungen aus, die mehr den Bogen der Melodie beschrieben als einen Grundschlag. Dies änderte sich jedoch wenige Verse später: jetzt sang der Sopran gleichmäßige, dreitonige Motive mit langen Endnoten:

Jè mé hópé/ mě mbèlá/ á nkǫnnsé?   Was werde ich sagen,/ was werde ich tun/ hier auf der Erde?

Die Unterstimmen imitierten diese Motive rhythmisch auf harmonieeigenen Tönen unter der langen Note, so dass ein Gespräch innerhalb des Chores über den Umgang mit der Sündhaftigkeit im Leben entstand. Die Dirigentin schlug dazu einen strikten Zweiertakt, ihre Bewegungen und die Melodie erinnerten an europäische Musizierpraktiken.

Im Schlussteil des Liedes koppelte sich dann die Bassstimme von dem Chor ab und warf nur noch ein kurzes Motiv ein, das von den den Oberstimmen weitergeführt und abgeschlossen wurde.

Bass	*Mode sué:*	*Niemand ...*
Chor	*Ne mèká méngên.*	*... soll mit leeren Händen gehen.*

Der Kehrvers wurde mehrfach wiederholt und war als Moral formuliert: die Gläubigen wurden angesichts der Sterblichkeit zu einem christlichen Lebenswandel aufgefordert und aufgerufen, auch ihren Mitmenschen in diesem Sinne zu helfen. Die Melodie wurde zuerst kräftig gesungen, nach einigen Wiederholungen jedoch nur noch geflüstert, da sich dann darüber ein einminütiges Solo erhob. Dies orientierte sich weder rhythmisch, melodisch noch harmonisch an der Chorbegleitung. Die Solosängerin erhielt dabei weder einen Einsatz, noch suchte sie Blickkontakt mit der Dirigentin, die stur die Chorwiederholungen mit einem stabilen Zweiertakt dirigierte. Sie stellte sich ebenfalls vor den Chor und sang diesen beschwörend an, wobei sie ihren Vortrag mit zahlreichen Gesten unterstützte. Den Beteiligten war während der gesamten Zeit anzumerken, wie sehr sie diese abwechslungsreiche und ausgedehnte Form eines Kirchenliedes begeisterte.

Es versteht sich von selbst, dass dieses afrikanische Kirchenlied weitgehend ungeeignet ist, um mit Klatschen, Trommeln oder Tanz begleitet zu werden. Der Seraphine Choir der Presbyterianischen Kirche ist mit Sicherheit auch kein ekstatischer Chor, allerdings im Hinblick auf seine verschiedenen Formen von Melodien und Mehrstimmigkeit ist er einzigartig in der Region, zumal er mehr als vierzig solche Lieder auswendig vortragen kann.

Auf der Suche nach einer Notationsform

Wie müsste eine Notation aussehen, die dieses Lied adäquat wiedergeben wollte? Eine regelmäßige Taktart ließe sich im ersten beschriebenen Teil gar nicht erkennen, im zweiten müsste aufgrund der Stimmenimitation eine mehrstimmige Partitur erstellt werden. Der dritte Teil würde neben der ständigen Wiederholung des Chorverses ein weiteres Notensystem für die Solostimme erfordern, wobei diese möglicherweise nur improvisiert wird und vielleicht gar nicht definitiv festgehalten werden kann.

Erstaunlicherweise gibt es jedoch eine Notation zu diesem Lied und zwar nicht in Form einer Transkription durch einen Musikethnologen sondern von dem afrikanischen Komponisten selber, der in diesem Dorf geboren ist, Elias Ebong Ngole (1913–2005). Dieser war über Jahrzehnte hinweg Dorfpfarrer in dem umliegenden Bakossi-Gebiet und hat mit seinem Seraphine Choir diese sehr eigenständige Kirchenmusik in der einheimischen Sprache begründet. Für die Niederschriften seiner etwa 200 Lieder hat er eine Notationsform gewählt, die er durch eines der wenigen Kirchengesangbücher, die überhaupt mit Noten versehen waren, kennen gelernt hat, und zwar das Tonic Sol-fa System. Diese Buchstabennotation des Briten John Curwen wurde allerdings in Kamerun im Gegensatz zu anderen Missionsgebieten nie grundlegend unterrichtet. Ngole hat sie sich also selbst beigebracht und bei der Abfassung seiner Lieder daraus eine ganz eigene Version entwickelt.

Diese notationale Individuallösung eines Kameruner Dorfpfarrers, die nie weite Verbreitung gefunden hat, verdiente keine Aufmerksamkeit, wenn sich an ihr nicht sehr viel darüber ablesen lassen könnte, wie Musik in diesem Teil Afrikas überhaupt strukturiert wird.[1] Durch den Vergleich mit den Aufnahmen der Lieder lässt sich nämlich das logische System rekonstruieren, nach dem Ngole seine Melodien in eine schriftliche Form überführt hat. Dabei wird in jeder Hinsicht deutlich, dass diese Noten nicht nur Skizzen sind, sondern dass er versucht hat, für jedes kompositorische Problem eine eigene Lösung zu finden. Darüber hinaus lässt sich beobachten, wie in diesem Liedgut anglo-amerikanische Kirchenlieder verarbeitet wurden. Die Veränderungen an dem Notationssystem zeigen, dass diese Musik von den Kamerunern grundsätzlich anders wahrgenommen wird. Und schließlich existiert ein besonderes Verhältnis zwischen den Dirigiergesten und den Noten, das darauf hinweist, dass diese in dem Aufführungsprozess die Funktion einer Körpernotation einnehmen und erst ermöglichen, dass die Lieder auswendig gesungen und überliefert werden können. Die Musik der ehemaligen Missionskirche hat sich somit nicht nur sprachlich und klanglich Kamerun angepasst, sondern sie ist auch in den afrikanischen

---

1 Ngole ist der einzige Kameruner, von dem ein Werk in diesem Umfang in Tonic Sol-fa Notationen existiert. Er ist aber nicht der einzige, der versucht hat, afrikanische Stilistik mit dieser Notenschrift festzuhalten. Komplexe Rhythmen versuchte u. a. auch J. P. Mohapeloa in Südafrika zu notieren, um einen der bekanntesten Komponisten zu nennen.

Kontext integriert worden, in dem Musik mehr ist als das rein Klingende und Körperbewegungen miteinschließt.

Elias Ebong Ngole – ein vielseitig talentierter Dorfpfarrer aus dem Bakossi-Gebiet

Elias Ebong Ngole gehörte nie zu der „Elite" seines Volksstammes, der Bakossi, auch nicht der Presbyterianischen Kirche, für die er Jahrzehnte lang als Dorfpfarrer gewirkt hat. Er war ein unscheinbares Talent und zu introvertiert, um mit seinen Fähigkeiten eine breite Öffentlichkeit für sich einzunehmen. Es ging ihm bei seiner Tätigkeit jedoch vor allem um die Sache: er wollte den christlichen Glauben den Menschen seines Volksstammes in ihrer Sprache verständlich machen. Dazu setzte er gezielt seine Chormusik ein: „I am always at home when I hear people singing in vernacular language in Congregations. I being (sic!) the inventor in the Bakossi district to show how to compose songs in vernacular language." [2]

Ngole wurde 1913 in dem kleinen Dorf Nlog geboren, ganz in der Nähe des Ortes Nyasoso, wo sich seit 1896 die erste Station der Basler Mission im Kameruner Hinterland befand. Von dieser Kirche profitierte der Junge, dessen Intelligenz schon früh erkannt wurde. Er besuchte Dorf- und Mittelschulen und später das Katechisten- und Lehrerseminar. In den 1940ern diente er als Katechist in zwei Gemeinden im Kreis Buea, einem der wichtigen Zentren im anglophonen Teil Kameruns. Dann gab␣er er den Kirchendienst auf und arbeitete einige Jahre als Sekretär in einer Plantage in der Küstenstadt Victoria (heute: Limbe), da dies besser bezahlt wurde. Hier kam er in Kontakt mit Kirchengemeinden, in denen der Küstenstamm Bakweri schon seit längerem eine eigene und dynamische Kirchenmusik praktizierte. Die faszinierte ihn so sehr, dass er sich davon ab den 1960er Jahren, als er wieder Pfarrer im Bakossi-Gebiet war, zu eigenen Liedern inspirieren ließ. Erst erfand er sie in der Kirchensprache Duala, dann ging er dazu über, im eigenen Dialekt zu komponieren. Der Seraphine Choir, den er in seinem Heimatdorf zusammen mit dem Musiker und Chorleiter David Enongene gründete, erlangte schnell lokale Berühmtheit. Es war das erste

---

2   Elias Ebong Ngole, Questions for Presbyterian Pastors in the Bakossi District 1976, Ngomboku, 1976, 3 (Privatbesitz).

Mal, dass die Bakossi Kirchenlieder in ihrer eigenen Sprache hörten; für viele das erste Mal, dass sie christliche Inhalte überhaupt verstanden.[3]

Sein Werk umfasst kurze Prozessionslieder und Wechselgesänge ebenso wie liturgische und theologische Kirchenlieder für vierstimmigen Chor. Typisch für seinen Stil sind die letzteren, die gesungenen Predigten gleichen und aus zwei Teilen bestehen: einem ersten strophischen im vorwiegend freien Metrum, in dem unterschiedliche Melodien nacheinander gereiht gesungen werden, und einen repetitiven, metrisch stabilen Schlussteil, in dem zu einem Kehrvers des Chores verschiedene Solostimmen erklingen können. Bei den Melodien der Strophen lässt sich mehrfach der Einfluss von anglo-amerikanischer Kirchenmusik nachweisen, die Schlussteile sind dagegen in typisch afrikanischer Stilistik komponiert. Vorbilder für diesen Aufbau, der in keinem Gesangbuch zu finden ist, finden sich in mehreren westafrikanischen Liedformen.[4] Der Wechsel von narrativen mit responsorialen Teilen, der in einer zentralen Schlussaussage gipfelt, weist aber auch Analogien mit der Form des traditionellen mündlichen Geschichtenerzählens auf.[5] Es muss Ngole bewusst gewesen sein, dass Lieder in seiner Gesellschaft, die nur zu Teilen alphabetisiert ist, eine wichtige Funktion übernehmen. Mit ihnen wird Wissen memoriert und verbreitet, deswegen dient der Seraphine Chor zugleich der Missionierung seines Volksstammes.[6] Diese Thematik lässt sich an vielen Liedtexten deutlich ablesen.

Durch das anglo-amerikanische Gesangbuch „Sacred Songs und Solos" (SS&S)[7], das mit Tonic Sol-Fa Notationen in Kamerun eine gewisse Verbreitung fand, kam er auf den Gedanken, seine Kompositionen in ähnlicher Weise festzuhalten. Dies ermöglichte ihm, die Lieder zwischen seinem Wohnort und dem Chor im Heimatdorf zu übermitteln. Es half ihm aber auch, sich während des Niederschreibens seine kompositorischen Gedanken deutlicher bewusst zu machen und an den Stücken im Detail zu arbeiten. Dadurch entstanden Lieder mit einem sehr viel höheren Komplexitätsgrad

---

3   Samuel Ngome Ejedepang-Koge, Funeral Programme for The Late Reverend Elias Ebong Ngole, Yaoundé, 2005 (Privatbesitz), daneben persönliche Gespräche mit ihm und Heinrich Balz.
4   Vgl. z. B. Kwasi Ampene, Female Song Tradition and the Akan of Ghana, The Creative Process in Nnwonkoro, Aldershot Burlington, 2005.
5   Samuel Ngome Ejedepang-Koge, Know Yourself, Introducing Bakossiland, Yaounde, 2001, 182–186.
6   Vgl. Jean Ngoya Kidula, Music Culture, African Life, in: Roberta King (Hg.), Music in the Life of the African Church, Waco, 2008, 43.
7   Ira Sankey (Hg.), Sacred Songs and Solos, London, 1873.

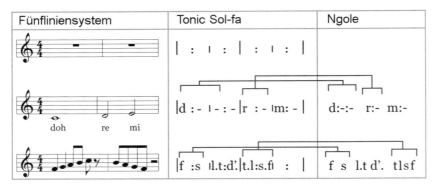

Abb. 1: Notationsentwicklung von Fünfliniensystem über Tonic Sol-fa zu Ngoles Notation

als bei anderen lokalen Chören, deren Werke nur durch orale Komposition entstehen und überliefert werden.

Aber auch mit anderen Schriftwerken versuchte er dazu beizutragen, dass das Christentum Wurzeln schlagen konnte. Er übersetzte nicht nur die englische Gottesdienstliturgie in den 1970ern ins Duala, das in den Dorfgemeinden besser verstanden wurde [8], sondern er unterbreitete in einem kirchenweiten Wettbewerb auch einen prämierten Vorschlag, wie das traditionelle Dorffahnenfest christianisiert werden könnte. [9]

Sein Einfluss auf das Kirchenleben ist allerdings begrenzt geblieben. Heute ist nur noch der Seraphine Choir in der Lage, seine Lieder so aufzuführen, wie sie notiert sind. Allerdings hat sich mittlerweile fast in jeder Gemeinde im Bakossi-Gebiet ein Chor gegründet, der in der einheimischen Sprache Akoose singt. Nach der typischen Art von mündlicher Überlieferung haben diese den Liedaufbau und einzelne Melodien von ihm übernommen und weiterentwickelt. Zwar existieren Texthefte zu den bekanntesten Stücken von diesen, an eine Notation hat sich aber bislang kein anderer Komponist gewagt. [10] Dieser Rückfall in die mündliche Tradition hat jedoch bewirkt, dass der Komponist Ngole wieder in Vergessenheit geraten ist und seine Musik lediglich als Tradition weiter existiert. Nur weil Bakossi-

---

8 Erwähnt in Ngole, Questions, 1976, 4. Das Schriftstück oder eine Kopie davon sind jedoch bislang nicht gefunden worden.
9 Elias Ebong Ngole, How the traditional feast of NDIE in Bakossi could be christianized, Nyasoso, 1977 (Privatbesitz).
10 Presbyterian Church in Cameroon, The BAPRESCA Song Book, Tombel, 2002.

Forscher sein Talent früh erkannten und seine Texte und Noten aufbewahrt haben, liegen sie heute überhaupt noch vor. [11]

Tonic Sol-Fa und die Mission

Der Musikwissenschaftler Charles McGuire beschreibt in seinem Buch über die Tonic Sol-Fa Bewegung ausführlich, wie diese Notation ihre weltweite Verbreitung vor allem dem Einsatz in der christlichen Mission zu verdanken hat. Er vertritt aber auch die These, dass der eigentliche Fehler, den der Erfinder John Curwen und später sein Sohn begingen, darin lag, dass sie sich nicht genügend auf dieses Feld konzentrierten. Sie sahen ihre Hauptaufgabe in der Ausbildung der britischen Arbeiterschicht zur musikalischen Literarität, da sie sich durch das Chorsingen klassischer Werke eine Steigerung der Moral und ein erfolgreiches Mittel im Kampf gegen den Alkoholismus erhofften. [12] In der Tat ist diese Notenschrift, die zu Beginn des 20. Jahrhunderts von Millionen Kindern an britischen Schulen gelernt wurde, in ihrem Entstehungsland fast verschwunden. In allen ehemaligen Missionsgebieten stellt sie dagegen oft immer noch die einzige Notationsform dar, in der gesungen und komponiert wird. Wurde sie in Ländern wie Madagaskar oder Südafrika durch die London Mission Society (LMS) gezielt eingeführt [13], so verlief der Prozess in Kamerun eher zufällig durch Gesangbücher, was wahrscheinlich an der Aufgabenteilung zwischen deutschsprachiger Mission und englischer Kolonialregierung lag. [14]

Grundlegend handelt es sich bei der Tonic Sol-fa Methode im Vergleich mit dem Fünfliniensystem um eine vereinfachte Notenschrift für den Gesang. Es werden nicht die absoluten Tonhöhen angegeben sondern die

---

11 Ejedepang-Koge interviewte Ngole für sein Buch „Know Yourself", Heinrich Balz sammelte für seine Bakossi Bücher die Schriftstücke und ließ sich eine Kopie von über 50 Liedern anfertigen (Heinrich Balz, Where The Faith Has To Live – Studies in Bakossi Society and Religion, Part I: Living Together, Basel, 1984; Part II: The Living, The Dead and God, Berlin, 1995).
12 Charles Edward McGuire, Music and Victorian Philanthropy, The Tonic Sol-fa Movement, Cambridge, 2009, 121.
13 McGuire, 2009, 129–143. Regelmäßige Berichte über die Entwicklung in den Missionsgebieten der LMS auch in dem Magazin: Tonic Sol-fa Reporter, London, ab dem Jahrgang 1859.
14 Der erste Beleg für den Gebrauch des Gesangbuches SS&S erscheint in dem handschriftlichen Jahresbericht der Basler Mission 1948 von dem Missionar H. Göpfert aus Nyasoso. Er äußert sich negativ über dessen Einsatz an den englischen Schulen.

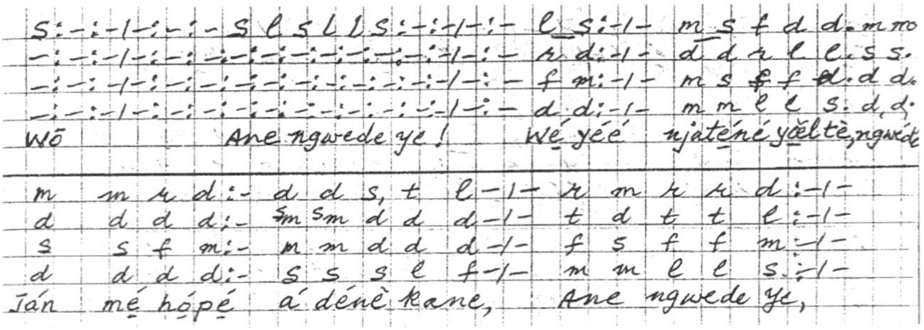

Abb. 2 Notenbeispiel Ausschnitt Lied „Ànĕ ngwédé yè!" (Anfang)

relativen innerhalb der westlichen Dur-Tonleiter. Die einzelnen Töne werden nicht als grafische Elemente dargestellt, sondern nur mit den Anfangsbuchstaben der italienischen Tonnamen *doh, re, mi, fa, so, lah, ti* bezeichnet. Der Rhythmus wird schließlich nicht durch unterschiedliche Schwarzwerte der Notenköpfe und verschiedene Notenhälse kenntlich gemacht, sondern ergibt sich aus der Position der Notenbuchstaben innerhalb eines festen Taktgerüstes (s. Abb. 1). Diese Notation funktioniert sehr gut im Bereich des Gesangs mit einer westeuropäischen Tonleiter und einfacher rhythmischer Struktur; dafür ist sie auch entwickelt worden. Jedoch ist es mit ihr fast unmöglich, Instrumentalstücke zu notieren, und sie sperrt sich gegen jede Form von Musik, die rhythmisch und metrisch unregelmäßig ist oder andere Tonleitern verwendet. Dass es Ngole mit einem ganz anderen kulturellen Hintergrund überhaupt gelungen ist, mit diesem System seine musikalischen Gedanken festzuhalten, ist eine seltene Leistung innerhalb der Missionsgeschichte.

Die Reduktion des Zeicheninventars führt jedoch zu dem Verlust der visuellen Veranschaulichung von hohen und tiefen Tönen, das das Grundprinzip der Fünfliniennotation ist. Um diesen Mangel auszugleichen, bietet das Tonic Sol-fa System eine zusätzliche Methode an und zwar die Visualisierung der Tonhöhen durch den Chorleiter. Dazu entwickelt Curwen nicht nur eine Wandtafel mit einer vertikalen Reihe der Tonnamen, auf die während des Singens verwiesen werden kann, sondern auch zu jeder Tonhöhe eine Handgeste, so dass selbst musikalische Laien per Sichtkontakt die Melodieverläufe erkennen können. [15] Da dies System Kamerun jedoch nur

---

15 John Curwen, Standard Course of Lessons on the Tonic Sol-fa Method of Teaching to Sing, London, 1858.

über ein Gesangbuch erreicht hat, sind diese Visualisierungsmöglichkeiten dort niemals unterrichtet worden. Allerdings übernehmen die Gesten der Dirigentin beim Seraphine Choir in gewisser Weise diese Darstellungsform der Musik. Darüber hinaus ist nicht einmal gesichert, ob überhaupt die Logik hinter der schriftlichen Notation allgemein bekannt war. Ngole hat sich allen Aussagen nach das System selbst beigebracht, seine Veränderungen beruhen jedoch nicht auf dem Unverständnis des britischen Systems sondern auf einer ganz eigenen Musikwahrnehmung.

Abb. 1 zeigt, wie das Auslassen der Taktstriche bei Ngole eine Vereinzelung der Tonwerte bewirkt und somit ein ganz anderes Notenbild entsteht. Er behält zwar die Namen der einzelnen Tonhöhen bei, ordnet diese jedoch nicht in ein metrisches Schema ein, sondern hängt einzelne Interpunktationen an die Notenwerte an, um die Länge anzuzeigen. Allerdings verfährt er dabei nicht einheitlich. Die dritte Zeile verdeutlicht, dass er auch ganz auf Interpunktationen verzichten kann und nur noch der Abstand zwischen den einzelnen Noten deren Länge beschreibt. Da dieser Abstand aber auch zugleich von der gesungenen Silbenlänge abhängt, ist der genaue Rhythmus aus dem Notenbild nicht immer eindeutig abzulesen.

Was hat ihn eigentlich dazu veranlasst, die Taktstriche wegzulassen, die doch als Rahmen der Noten in dem Kirchengesangbuch nicht zu übersehen sind? Ist der der Rhythmus in der Tonsprache Akoose so streng festgelegt, dass er nicht eigens notiert werden muss oder hat Ngole die Veränderungen bewusst vorgenommen, weil er das Taktschema nicht benötigte, um seine kompositorischen Gedanken auszudrücken?

Grundlagen einer afrikanischen Notationsform

Zurück zum Beginn des Liedes (Abb. 2): Die erste Strophe ist in der typisch afrikanischen „Ruf-und-Antwort"-Form aufgebaut. Der Sopran beginnt mit einem Solo, das von dem Chor vierstimmig beantwortet wird. Dabei verlaufen Alt und Tenor mehr oder weniger in Parallelen zur Melodie des Soprans, während die Bassstimme die Grundtöne der Harmonie aussetzt oder einzelne Stufen durchläuft. Diese Form der Mehrstimmigkeit ist charakteristisch für westafrikanischen Gesang in einer Tonsprache mit einem sieben-

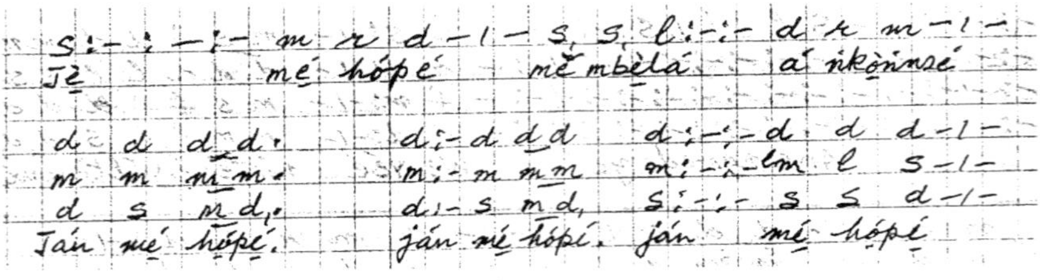

Abb. 3 Notenbeispiel Ausschnitt Lied „Ànĕ ngwédé yè!" (Mitte)

stufigen Tonleitersystem.[16] Das Metrum ist frei, was für den Beginn eines Liedes durchaus nicht ungewöhnlich ist, zumal es sich nicht um Tanzmusik handelt und ohne Begleitinstrumente vorgetragen wird.

Allerdings weist das Notenbild durchaus sichtbare Struktureinheiten auf: diese orientieren sich zuerst an den textlichen Sinneinheiten wie dem Zeilenumbruch oder den Kommata. Darüber hinaus lassen sich zusätzlich Abstände erkennen, die nicht allein dem Text geschuldet sind, wie z. B. zwischen den ersten beiden Noten der zweiten Zeile. Wenn aber die Interpunktionen nach den Einzelnoten – vergleichbar dem Gedankenstrich in der geschriebenen Sprache – als Trennungsmarker betrachtet werden, gruppieren sich die einzelnen Töne auf einmal zu unterschiedlichen musikalischen Gestalteinheiten. So besteht die erste Zeile aus einem langen Ton, einer Einheit von sechs Tönen, dann von zwei und schließlich einer sieben.

Diese Melodie kennt also keinen im Hintergrund ablaufenden Pulsationsschlag, sondern reiht stattdessen verschiedene musikalische Motive, die jeweils eine feste Zeitlänge beanspruchen, nacheinander. Genau dieses Prinzip entspricht wiederum der afrikanischen Musikstrukturierung, wie sie vor allem im Bereich der instrumentalen Musik anzutreffen ist.[17] Unterstützung für diese Lesart der Noten liefern die Gesten der Dirigentin. Sie begleitet den Rhythmus der Melodie mit schwingenden Armen, hält aber bei den Endnoten der Gestalteinheiten stets inne, schließt diese also motional ab. Ein vergleichbarer Ruhestand der Armbewegungen innerhalb der Motive erscheint dagegen nie.

Das Lied beginnt also mit einer in jeder Beziehung afrikanischen Stilistik, die Melodie verläuft in einem freien Metrum und passt sich ganz der

---

16 Alfons M. Dauer, Musiklandschaften in Afrika, in Artur Simon (Hg.), Musik in Afrika, 20 Beiträge zur Kenntnis traditioneller afrikanischer Musikkulturen, Berlin, 1983, 41–48, hier: 43.
17 Gerhard Kubik, Zum Verstehen Afrikanischer Musik, Aufsätze, Leipzig, 1988, 71–81.

textlichen Struktur und den Sprachtonbewegungen an. Thematisch äußert sich das in dem persönlichen Bekenntnis der Sopranstimme und darauf zustimmend vom gesamten Chor. Ngole trägt also mit diesem Anfang einen christlichen Inhalt in seine Musiktradition hinein.

Neukomposition durch Imitation musikalischer Vorbilder

Mit diesen Grundlagen lässt sich nun der zweite Abschnitt des Liedes untersuchen. Hierbei handelt es sich jedoch nicht um einen Vers in afrikanischer Stilistik sondern um eine Imitation einer Melodie- und Mehrstimmigkeitsform aus dem Gesangsbuch SS&S. Im Vergleich dazu wird offensichtlich, wie anders sie notiert und verstanden wird. (Abb. 3)

Der Chor teilt sich in zwei Gruppen: der Sopran übernimmt die Führungsmelodie, während die Unterstimmen eine Sockelharmonie bilden. Diese musikalische Form ist typisch für das anglo-amerikanische Liedrepertoire und der der Aufbau fast aller Refrains der Erweckungslieder aus dem 19. Jahrhundert, die mit dem Komponisten Ira Sankey verbunden sind. Diese Lieder, die oft über einen Marschrhythmus, einfache Melodien und wenig unterschiedliche Harmonien verfügen, erfreuen sich in vielen Missionsgebieten Afrikas im Gegensatz zum protestantischen Choral großer Beliebtheit – meist mehr bei den Einheimischen als bei den Missionaren.[18]

Die Teilung des Chores, die zu einer Art von Wechselgesang führt, da die Unterstimmen nur singen, wenn der Sopran eine Note aushält, ist mit der afrikanischen Ruf-und-Antwort Struktur verwandt, bei der sich die Einsätze von Vorsängerin und Chor durchaus auch überschneiden können. Deswegen wird diese Form sicher auch gerne von Ngole imitiert. Das Überlappen der Motive beim Wechsel zwischen den Stimmen erfordert jedoch eine Organisation, die es nötig macht, einen klaren zeitlichen Ablauf vorzugeben und sich nicht nur an der Textstruktur zu orientieren. Das wird an dieser Stelle von der Dirigentin auch dementsprechend ausgeführt. Das Schriftbild der Notation lässt jedoch erkennen, dass der Komponist dies nicht im europäischen Sinne als Metrum versteht, sondern weiterhin Motive in einzelnen Gestalteinheiten aneinander reiht. Weder stimmt z. B. die Notenlänge beim ersten Ton im Sopran mit den Unterstimmen überein,

---

18 Z. B. in Ostafrika: Wolfgang Kornder, Die Entwicklung der Kirchenmusik in den ehemals deutschen Missionsgebieten Tanzanias, Erlangen, 1990, 117.

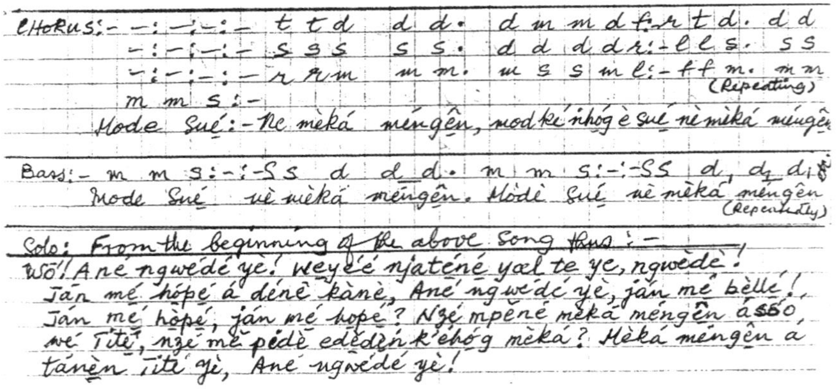

Abb. 4 Notenbeispiel Ausschnitt Lied „Ànĕ ngwédé yè!" (Ende)

noch sind diese exakt unter den Querstrichen angeordnet. Überhaupt denkt Ngole mehr auf der horizontalen Ebene als harmonisch vertikal: das zweite Motiv in den Unterstimmen ragt z. B. in den dritten Beginn des Soprans hinein, auch wenn dieser bei der Aufnahme erst danach einsetzt. Zudem scheint kein Unterschied zwischen unbetonten und betonten Schlagzeiten zu bestehen, denn die drei Dreitoneinheiten im Sopran sind fast gleich notiert, dabei werden die ersten beiden mit zwei kurzen und einer langen Endnote ausgeführt, das letzte dagegen mit zwei langen Werten und einer Endnote. Die Form der Notation lässt also darauf schließen, dass die Kameruner Christen die Lieder aus dem Gesangsbuch SS&S anders wahrnehmen, nämlich in gereihten Gestalteinheiten. Das bedeutet zudem, dass die Melodie während des Singens nicht als Ganzes erlebt und in Bezug auf den Abschluss hin gedacht wird, sondern immer nur jede Gestalteinheit für sich.

Die Notation dieses Abschnittes liefert also einen wichtigen Hinweis darauf, warum es innerhalb der Mission immer wieder zu Streitigkeiten über die Musik im Gottesdienst gekommen ist. Es ging dabei nicht nur um den Stil der Melodien, den Ausdruck oder die begleitenden Instrumente und Tanz, sondern Missionare und Afrikaner hörten die gleiche Musik auf unterschiedliche Weise. Nur die Melodieformen, die am ehesten in ihre Musikvorstellung integriert werden konnten, fanden Aufnahme in einheimische Neukompositionen wie hier. Dies liegt mit Sicherheit an dem kommunikativen Stil zwischen Sopran und Unterstimmen in den Refrains und der vergleichbar einfachen Harmonik. Dafür wurde allerdings der Gesangstext in ein durchgängiges Dreisilbenschema eingepasst und Melodie und Sprachtöne werden voneinander unabhängig. Diese Form stellt allerdings im Gegensatz zu den anglo-amerikanischen Melodien bei Ngole nicht den Höhepunkt der Lieder dar.

Erweiterung musikalischer Räume durch Notation

Ein wirklich kreativer Umgang mit Melodien in Bezug auf die Mehrstimmigkeit zeigt sich schließlich bei diesem Lied im letzten Abschnitt. Hier erhält nämlich eine Musizierpraxis erstmals eine feste Form, die den frühen Missionaren bei ihrem Auftreten als ein zufälliges und keineswegs erwünschtes Phänomen erschien. So berichtet z. B. Georg Hässig über den Vorabend eines Kirchweihfestes in Sakbayeme 1908:

> „Die Schüler, die sich dazu eingefunden hatten, sorgten für die Tafelmusik. War das ein edler Wettstreit! Jede Schule wollte die meisten Lieder singen und oft kam es vor, daß auf zwei Seiten zwei verschiedene Lieder angestimmt und durchgesungen wurden, unbekümmert um die Mißklänge, die es gab – der reinste Sängerkrieg." [19]

Dass diese Musizierpraxis kein Zufall ist, zeigen bis heute Kirchenprozessionen, bei denen mehrere Lieder zugleich gesungen werden, aber vor allem die Schlussteile der Lieder Ngoles. Ganz bewusst setzt er an dieser Stelle mehrere Melodien zueinander in Beziehung. Zu einem Kehrvers, der mit einem Dreitonmotiv des Basses eingeleitet und dann von den Oberstimmen beantwortet wird, erklingt eine Solostimme. Diese ist aber im Gegensatz zum Höreindruck gar nicht improvisiert, sondern beginnt parallel zur repetitiven Chormelodie das Lied erneut von Anfang an. Ngole wiederholt deswegen nur den Text und keine Noten. Auffällig ist jedoch in Abb. 4, dass er an dieser Stelle die Linearität der Notation aufgibt und das Solo getrennt von dem Chor schreibt. Damit gibt er nicht genau vor, wann das Solo einzusetzen hat.

Die Solosängerin folgt genau den vorgeschriebenen Anweisungen. Sie singt den Text wie notiert, allerdings in einer geringfügig abweichenden Tonart, und vergrößert und verkleinert ab und zu Intervallabstände in der Melodie. Meist singt sie allerdings bimetrisch und bimelodisch zu der stän-

---

19 Georg Hässig, Kirchweih im Urwald, in: Jahresbericht des Basler Mission, Basel, 1908, 102–106, hier: 103.

dig wiederholten Chorformel. Auch mit der rhythmischen Gestalt des Liedes geht sie freier um. Dies ergibt sich aber auch daraus, dass sie z. B. die Stelle, die in Abb. 3 besprochen wurde, alleine singt, also ohne die typischen Wiederholungen der Unterstimmen, wodurch sich der Charakter der Melodie grundlegend verändert.

Dieses Solo zu notieren, wäre sehr zeit- und platzaufwendig, deswegen reicht die verkürzte Form mit dem Wissen um die Aufführungspraxis vollkommen aus. Allerdings kommt eine weitere Komponente ins Spiel, die Ngole veranlasst haben könnte, die Noten ausgerechnet auf diese Weise zu notieren, nämlich die Räumlichkeit der Aufführung. Während bei meiner Aufnahme der Chor in einem Halbkreis um die Dirigentin sitzt, die Männer mitsamt dem Chorleiter etwas abseits davon links außen, steht die Solosängerin nun zu ihrem Solo aus der Sopranreihe auf und stellt sich prominent neben die Dirigentin. Mit Blick auf Abb. 4 findet also die räumliche Trennung von Chor, Bass und Solo genauso statt, wie sie in den Noten angeordnet ist und entspricht im Übrigen auch den getrennten Textaussagen.

Die Dirigentin schlägt in diesem Abschnitt zwar einen stabilen Zweiertakt für den Chor und kümmert sich nicht um die Solosängerin, diese macht ihr jedoch deutlich Konkurrenz. Sie singt direkt auf den Chor ein und begleitet dabei mit Armen und Händen ihren Gesang. Allerdings dirigiert sie nicht, sondern drückt mit Gesten den Inhalt ihres Textes aus. So beginnt sie das Lied mit dem Sündenbekenntnis demütig mit Verbeugungen des Oberkörpers und nach unten fallenden weiten Armbewegungen. Wenn sie dann von Gott singt, vor dem sie mit leeren Händen steht, öffnet sie ihre Handflächen und streckt ihre Arme nach oben. Als sie schließlich die anderen auffordert, vorsichtig zu sein, richtet sie ihre Zeigefinger zuerst auf die Augen und dann in die Runde. Die direkte Verbildlichung von Textinhalten durch Körperbewegungen findet sich auch in zahlreichen anderen Liedern der Kameruner Kirche. Die Solosängerin unterstreicht hiermit jedoch den engen Zusammenhang zwischen Musik und Motion sowie die Funktion solcher Gesten als Körpernotation.

Der Schlussteil des Liedes präsentiert also eine afrikanische Form von Mehrstimmigkeit mit parallel verlaufenden Melodien, wie sie in der europäischen Kirchenmusik unbekannt ist. Dieser Stil wurde von den Missionaren nicht erkannt, ist aber in Afrika durchaus verbreitet.[20] Durch die Niederschrift erzeugt Ngole in Kamerun als erster aus einer improvisierten Praxis

---

20 Joseph H. Kwabena Nketia, Die Musik Afrikas, Wilhelmshaven, 1979, 203–4.

auf einmal eine präskriptive, da er genau vorschreibt, welche Melodie zu welcher gesungen werden soll. Die Art der Aufführung zeigt darüber hinaus, dass diese Form als Höhepunkt und Abschluss des Liedes eine höhere körperliche Beteiligung der Solosängerin einfordert. Sie fällt sozusagen in eine afrikanische Musikausübung, in der Musik aus klingenden und nicht klingenden Elementen, nämlich Bewegungsmustern, besteht. [21]

Fazit: Afrikanische Notation in mehreren Dimensionen

Drei kurze Ausschnitte eines Kirchenliedes, vom Seraphine Choir in Westkamerun gesungen, habe ich ins Verhältnis zu den Noten gesetzt, die der Komponist Elias Ebong Ngole in seiner Version des Tonic Sol-fa Systems festgehalten hat. Es lässt sich nachweisen, dass es sich bei seinem System nicht um eine Gedankenstütze handelt, sondern dass es nach Prinzipien westafrikanischer Musikwahrnehmung strukturiert ist. Diese baut Melodien aus einzelnen musikalischen Gestalteinheiten auf, die über eine eigene Zeitdauer und Rhythmik verfügen, und orientiert sich nicht an einem dahinter liegenden Metrum. Im Vergleich mit der Imitation einer angloamerikanischen Melodie konnte gezeigt werden, dass diese auf afrikanische Weise wahrgenommen wird, da Ngole den Unterschied zwischen betonten und unbetonten Schlägen nicht kennt, was sich in dem veränderten Notenbild zeigt. Zum Schluss wurde ein Abschnitt mit einer afrikanischen Form von Mehrstimmigkeit vorgestellt, bei der zwei Melodien unabhängig voneinander parallel gesungen werden. Dies führt bei Ngole zu einer eigenen Art der Darstellung, die ohne Vorbild in Curwens Tonic Sol-fa System ist. Diese Form ist aber nicht nur dem musikalischen Ablauf angepasst, sondern verläuft zudem analog in ihrer Raumaufteilung mit der Aufführung des Liedes.

So erscheint diese individuelle Notationsform alles andere als zufällig. Vergleicht man sie jedoch mit typischen Transkriptionen afrikanischer Musik von Musikethnologen, so sind diese in der Regel nicht so weit von Ngoles Version entfernt, auch wenn sie meist im Fünfliniensystem notiert sind. Bei metrisch freien Melodien wie am Anfang des Liedes wird auch hier gerne auf Taktstriche verzichtet oder diese werden nur als Trennzeichen von musikalischen Einheiten gesetzt. Zyklische Formen wie am Ende des Liedes

---

21 Kubik, Verstehen, 41–51.

werden ebenfalls nur einmal ausgeschrieben und zusätzliche Melodien davon separat oder im Einsatz verschoben notiert.[22] Hin und wieder wird sogar der Versuch unternommen, solche Musik in einer Kreisnotation festzuhalten, die dem Ablauf – und bei Tänzen auch der räumlichen Aufführung – besser entsprechen würden.[23] Diese Übertragungen sind insofern nur ein weiterer Beweis dafür, dass der Kirchenkomponist Ngole seine Notationsform sehr genau der Musik angepasst hat.

Dass der Seraphine Choir nicht aus diesen Noten singt, sondern nach der Übermittlung von Komponist zum Chorleiter diese auswendig gelernt hat und seitdem nur noch mündlich weitergibt, deutet auf ein weiteres Phänomen hin. Die Lieder werden nämlich durch die Dirigentin körperlich während der Aufführung notiert. Ihre Gesten verlaufen dabei analog zu den musikalischen Gestalteinheiten in der schriftlichen Notation. Die musikalische Wahrnehmung drückt sich also zugleich in einer Körperbewegung aus, die für die übrigen Sänger eine Memorierungs- und Ausführungshilfe darstellen. Dies wird durch die Solosängerin noch einmal gesteigert, die zu jeder Textzeile eine textverbildlichende Geste ausführt. Diese garantieren die Stabilität der Überlieferung, denn Aufnahmen derselben Lieder, die ich im Abstand von fünf Jahren machen konnte, unterscheiden sich nur unwesentlich voneinander.

Insofern stellt sich nicht mehr die Frage, ob afrikanische Musik in einer Notation festgehalten werden kann, denn Elias Ebong Ngole ist einer derjenigen im 20. Jahrhundert auf dem Kontinent, der höchst eigenständig eine Form dafür entwickelt hat, die auf seiner eigenen musikalischen Wahrnehmung beruht. Mit Blick auf die Untersuchung der musikbegleitenden Gesten wird aber auch sichtbar, dass der Begriff der Notation dringend einer Erweiterung bedarf. Wenn Armbewegungen und Handgesten analog zu schriftlichen Notationen verlaufen, sind sie vielleicht in einer immer noch nicht vollständig alphabetisierten Gesellschaft unter Umständen viel besser zur musikalischen Überlieferung geeignet als eine schriftliche Form. Sie sind zudem ein Zeichen dafür, dass sich die Kirchenmusik in dem ehemaligen Missionsgebiet Kamerun nicht nur klanglich der afrikanischen Umgebung angepasst hat, sondern dass sie von den Einheimischen erst als umfas-

---

22 Z. B. Veit Erlmann, Die Macht des Wortes, Preismusik und Berufsmusiker bei den Fulbe des Diamaré (Nordkamerun), Notenteil, Hohenschäftlarn, 1980.
23 David Rycrofts Transkription von „Highbreaks" in: David B. Coplan, In Township Tonight! South Africa's Black City Music & Theatre, 2nd edition, Chicago/London, 2007, 437.

send angenommen wird, seitdem sie sich auch in ihren Begriff von Musik integrieren lässt.

(Einige Lieder des Seraphine Choirs sind zu hören unter: www.myspace.com/seraphinechoir)

Vom „Tanz der Christen" zum Gospel Boom

Christentum und populäre Musik in Ghana im 19. und 20. Jahrhundert

Veit Arlt

Verruchte Musik und christliche Erweckung

Die Musikszene des westafrikanischen Landes Ghana, insbesondere die populäre Musik, wird stark durch Gospelmusik geprägt. In den späten 80er Jahren des letzten Jahrhunderts setzte ein eigentlicher Gospelboom ein, der bis heute anhält. In diesem Beitrag liegt das Augenmerk allerdings weniger auf der gegenwärtigen Gospelszene in der jüngeren Zeit, vielmehr soll den Wurzeln dieser Entwicklung nachgegangen und die gemeinsame Geschichte von populärer Musik und Christentum beleuchtet werden. Die unter dem Begriff Highlife bekannte populäre Tanzmusik Ghanas ist seit jeher eng mit dem Christentum verbunden, auch wenn sie lange Zeit von den Missionskirchen und ihren Nachfolgeinstitutionen als unvereinbar mit einer christlichen Lebensführung gesehen wurde.

Lassen Sie mich mit einer Reminiszenz aus dem Jahr 1998 beginnen. Wir befinden uns im Südosten Ghanas in der Krobo Region nahe des Volta Flusses. Es ist eine heiße Nacht und im Hof in dem ich wohne, herrscht friedliche Ruhe. Doch aus der Ferne dringt bis weit in die frühen Morgenstunden die Musik eines Revival-Meetings an mein Ohr und raubt mir den Schlaf. Die Texte der Lieder kann ich zwar nicht verstehen, doch die elektrisch verstärkte Gitarre trägt ein endlos wiederholtes Riff an mein Ohr, das ich gut kenne: Yaa Amponsah. Diese Melodie ist prägend für die populäre Musik Ghanas. Sie geht zurück auf ein Lied, das um 1920, also in der Blütezeit der Kakaowirtschaft an der damaligen Goldküste, in den Handelszentren des Hinterlandes entstand. Hier prägten die Kakaoaufkäufer und Händler, die meist Abgänger der Missionsschulen waren, neue Formen der Unterhaltung. Von der Küste her brachten sie neue Lieder, neue Tänze und

Musikinstrumente in diese kleinen Orte, wo die Bauern ihre Kakaoernte ablieferten und sich in den Geschäften mit Konsumgütern eindeckten.

Das Lied handelt von der schönen Yaa Amponsah. Deren Haare fühlen sich an wie Seidenfäden, ihre Augen strahlen wie Krokodilfeuer und ihr Hals gleicht dem einer schön geformten Kalebasse. Doch die Beziehung zwischen ihr und dem Sänger ist in die Brüche gegangen:

Yaa Amponsah yeagyae aware a	Black and beautiful Yaa Amponsah
Ma yentwe mpana kakra	crowned with soft silken hair
Wo tiri nhwi te se	though we are now apart
Sirikyi ahoma	shall we come
Amponsah wagyae awarea	together again
Bra ma yentwe mpana.	in wedlock or as lovers. [1]

Es handelt sich um den ältesten Hit in Ghanas Musikgeschichte. Die schöne Yaa Amponsah soll die Schwester eines Kakao-Einkäufers gewesen sein. Dieser Händler wurde von seinem Arbeitgeber von der Küste in einen jener ländlichen Orte im Hinterland geschickt, die um die Jahrhundertwende zu Umschlagplätzen für den damals wichtigsten Exportartikel wurden. Zusammen mit Kollegen richtete der smarte junge Mann, der auch Gitarre spielte, in seiner Freizeit ein Musiklokal ein. Dort wurden nicht nur die neuesten Lieder von der Küste dargeboten, sondern Yaa Amponsah führte die ‚Hinterwäldler' auch in die neuesten Tänze ein. Dazu gehörte das geschlossene Tanzen, was hier eine Ungeheuerlichkeit darstellte. Die Figur der Yaa Amponsah ist somit eng mit dem Transport von neuen Frauenbildern, Geschlechterrollen und Beziehungsformen verbunden. [2]

Das Lied wurde 1928 als eines der ersten ghanaischen Musikstücke aufgenommen und zwar in London von Kwame Asare, respektive Sam's Kumasi Trio. [3] Der Titel wurde in den Palmweinschänken der Goldküste gespielt, meist von Trios begleitet mit Gitarre oder einer Konzertina und Perkussion, daher der Begriff PalmweinTrio. Sowohl das Lied, wie auch die Gitarre oder

---

1 Fred Agyemang, Amu the African. A Study in Vision and Courage, Accra 1988, 43.
2 John Collins, Highlife Time. The Story of the Ghanaian Concert Party, West African Highlife and Related Popular Music Styles, Accra 1994, 8. Viele Geschichten ranken sich um die Gestalt der Yaa Amponsah. Das zentrale Thema ist die Beziehung zwischen ihr und einem Gitarristen, der sie heiraten möchte. Als Yaas Eltern den Musiker als unrespektabel ablehnen, beschliessen die beiden auch ohne Heirat ein Paar zu bleiben. Siehe auch Agyemang, Amu, 42–43.
3 Kumasi Trio, Amponsah part 1 and 2, London 1928 (Zonophone EZ 1001).

die Konzertina wurden mit Alkoholkonsum, losen Beziehungen und überhaupt mit einem unordentlichen Lebenswandel assoziiert. Doch heute dient seine eingängige Melodie als Grundlage für viele der aktuellen christlichen Lieder Ghanas, und Gitarre, Akkordeon, Perkussion und Tanz haben sogar Eingang in die Gottesdienste gefunden. Wie kommt es, dass die Melodie des verrufenen Liedes und die erwähnten Instrumente heute in den Kirchen zu hören ist? Wie kommt es, dass der einst verbotene Tanz als zentrales Element des Gottesdienstes akzeptiert wurde und weltliche Musiker als Kirchendiener fungieren – dass die Musikindustrie ein wichtiger Teil der ghanaischen Kirchen geworden ist? Ja, wie kommt es, dass sich inzwischen die Situation gewissermaßen ins Gegenteil gekehrt hat: Während viele Berichte von frühen Missionaren Klagen über das Trommeln im ‚Heidendorf' enthalten, so ist heute das Gegenteil der Fall: Inzwischen sind es in Ghana oftmals die traditionellen Autoritäten, die gegen Kirchen klagen, in denen auch während jener Wochen vor den wichtigen traditionellen Jahresfesten im Gottesdienst getrommelt wird, in denen dies untersagt ist.[4] Auf der Suche nach einer Antwort soll im Folgenden erst ein Blick auf die Anfänge der populären Musik an der damaligen Goldküste geworfen und dann der Aufstieg des Gospels in der jüngeren Zeit beleuchtet werden.

Musik in den Gemeinden der Basler Mission im 19ten Jahrhundert

Die Basler Mission, die ab 1828 an der Goldküste tätig war, definierte das christliche Gemeindeleben und den ordentlichen Lebenswandel in ihrer Ordnung für die christlichen Gemeinden an der Goldküste in Abgrenzung zur lokalen afrikanischen Kultur und beschrieb diese im Gegenzug als Heidentum.[5] Trommeln und Tanzen wurden klar als Elemente des Heidentums beschrieben und waren deshalb den Christen nicht erlaubt. Als Alternative führten die Missionare Liedgut in der jeweiligen lokalen Sprache ein, das sich an der Kirchenmusik Württembergs und den Liedern der Erweckungsbewegung, aber auch an den Volksliedern der Heimat orientierte. Die Lieder der Basler Missionsgemeinden waren von Nüchternheit

---
4 Rijk van Dijk, Contesting Silence. The Ban on Drumming and the Musical Politics of Pentecostalism in Ghana, in: Ghana Studies 4 (2001), 31–64.
5 Ordnung für die evangelischen Gemeinden der Basler Mission in Indien und Westafrika, Basel 1865, Archiv mission 21, Bestand Basler Mission [BMA] D-9.1c,11a.

Obscener Tanz (Sipisapa), BMA D-30.23.027, Fotograf Wilhelm Erhardt, Datum zwischen 1899 und 1912, ©mission 21

geprägt und die Missionare taten sich schwer mit der großen Anziehungskraft, die Sankeys Lieder auf viele Christen an der Goldküste ausübten.[6] Gesungen wurde nicht nur in den Kirchen sondern vor allem auch in den Schulen der Mission, und an manchen Orten gab es sogar Posaunenchöre wie jenen der Mittelschule Christiansborg.

Gegen Ende des 19. Jahrhunderts hatte das Schulsystem der Basler Mission an der Goldküste eine stattliche Größe erreicht und leistete einen entscheidenden Beitrag zum Bildungswesen dort. Die Schulabgänger waren bei den Firmen, aber auch bei der Kolonialregierung sehr gefragt und oft verließen die Schüler schon vor dem Abschluss die Institution um eine lukrative Arbeit zu übernehmen. Manchmal wurden sie freilich auch wegen Verstö-

---

6   Ein gutes Beispiel für das Liedgut der Basler Mission ist auf der Compact Disc Ghana Popular Music 1931–1957. From Palm Wine Music to Dance Band Highlife, Paris 2001 (Arion ARN64564) zu finden. Es handelt sich um die Psalmen 115 und 118, die 1936 von der Presbyterian Church Singing Band Adabraka (Accra) unter Leitung von Theo Bekra gesungen und von der Basler Handelsgesellschaft UTC aufgenommen wurden. Obwohl es sich um eine Neukomposition des Chorleiters handelt, bleibt die Melodie nahe am Original der Basler Mission.

ßen gegen die Schulordnung ausgestossen.[7] Für den Missionsdienst meldeten sich hingegen nur wenige. Dies hatte freilich auch mit den limitierten Karriereperspektiven in der Mission zu tun. Die Zöglinge kümmerte es wenig, wenn sie ihr Abschlusszeugnis nicht erlangten, denn in der breiten, nichtchristlichen Bevölkerung wurde diesem Detail wenig Beachtung geschenkt. Wer auf der Missionsschule schreiben und lesen gelernt hatte, galt als „scholar" und als Christ.[8] Es waren diese jungen Männer, die eine der größten Herausforderungen für die Mission im frühen zwanzigsten Jahrhundert darstellten. Denn sie verstanden es, sich in der Sprache der Kolonialmacht auszudrücken, hatten Zugang zu antikolonialen und missionskritischen Schriften, waren hoch mobil und wirtschaftlich oftmals sehr erfolgreich. Scholars verkehrten nicht nur zwischen der Küste und dem Hinterland, sondern auch entlang der Küste bis in die Bucht von Guinea, ja bis in den Kongo Freistaat. Insbesondere über ihr Konsumverhalten definierten sie weithin sichtbar eine Moderne, die von ihren Zeitgenossen als christlich wahrgenommen wurde, die jedoch den Vorstellungen der Basler Mission widersprach.[9] Das Beispiel des Kakaohändlers Jakob Sam und seinem Lied Yaa Amponsah illustriert dies sehr gut. Ins Hinterland brachten die Scholars nicht nur die neuesten Moden und Konsumgüter, sondern auch die Melodien, Lieder und Tänze einer neuen Form von populärer Tanzmusik. So auch das Lied von der schönen Yaa Amponsah. Der Kakaoboom der 1890er Jahre spülte viel Geld ins Hinterland der Goldküste und auch die hiesigen Bewohner der Handelszentren und die Bauern suchten neue Formen von Unterhaltung und Vergnügen.

Schon in den 1880er Jahren werden in Berichten von Basler Missionaren erstmals Tanzveranstaltungen erwähnt, die neue Formen populärer Musik erkennen lassen, und die den Scholars zugeschrieben werden.[10] Mit der verstärkten Mobilität der Missionszöglinge in der zweiten Hälfte des 19. Jahr-

---

7   Gottlob Josenhans, Jahresbericht, Odumase 11.03.1911, 22, BMA D-1.95 Goldküste 1910, Odumase 12.
8   Veit Arlt, Der Tanz der Christen. Zu den Anfängen der populären Musik an der Goldküste, ca. 1860–1930, in: Jahrbuch für europäische Überseegeschichte 4 (2005), 139–178, hier: 147–148.
9   Als sogenannte verandah boys spielten diese jungen Männer mit Mittelschulausbildung eine wichtige Rolle im Unabhängigkeitskampf Ghanas. Adu Boahen, Ghana. Evolution and Change in the Nineteenth and Twentieth Century, Accra 2000, 103, 143–148.
10 Johannes Weiss, Quartalsbericht, Odumase 10.07.1880, 5, BMA D-1.32 Afrika 1880, Odumase 65.

Die Musikbande des Königs von Odumase, BMA QW-30.007.0007, Fotograf unbekannt, Datum vermutlich 1896, ©mission 21

hunderts, vor allem aber mit dem Boom der Kakaowirtschaft um die Jahrhundertwende, kam es auch in diesem Bereich zu einer enormen Intensivierung und Beschleunigung. In den Berichten der Basler Missionare vermehren sich die Klagen über populäre Musik und Tanz und deren starke Anziehungskraft speziell auf die jüngere Bevölkerung. Eine Fotografie des Basler Missionars Wilhelm Erhardt, aufgenommen im Südosten der Goldküste illustriert eine solche Veranstaltung (s. S. 146). [11]

Wir sehen eine Gruppe Frauen und Männer, die anscheinend im Kreis schreiten oder tanzen, im Hintergrund ist ein Banner mit einem Schriftzug und einem Kreuz zu erkennen. Alle abgebildeten Personen sind ordentlich angezogen, manche der Frauen tragen eine Kaba, alle haben ihre Schultern zumindest teilweise bedeckt und erfüllen so die Kleidungsvorschriften der Mission. [12] Alle tragen sie ein Kopftuch, und auch die meisten Männer tra-

---

11 Wilhelm Erhardt, Obscener Tanz (Sipisapa), zwischen 1899 und 1912, BMA D-30.23.027, © mission 21.
12 Paul Jenkins, Everyday Life Encapsulated? Two Photographs Concerning Women and the Basel Mission in West Africa, c.1900, in: Journal of African Cultural Studies, 15/1 (2002), 45–60, hier 55.

gen Hüte oder Mützen, wobei die Strohhüte der Knaben darauf hinweisen, dass es sich um Mittelschüler handelt. Ein Zaun schließt offensichtlich den Tanzplatz ab und limitiert den Zugang. Die Bildunterschrift will jedoch nicht so richtig zum Bild passen: „Sipisapa, obscener Tanz". Aus schriftlichen Berichten jener Jahre erfahren wir, dass sich der Sibisaba [13] Tanz wie ein Lauffeuer über die Goldküste verbreitete und viel Schaden in den Missionsgemeinden anrichtete. Wer mittanzen wollte, musste es sich leisten können. Denn gefragt waren modische Stoffe, Konsumstärke gerade auch hinsichtlich des ausgeschenkten Alkohols und großzügiger Umgang mit dem Geld, aber auch mit Lavendelwasser. In den Augen der Missionare wurde hier gepresst – die Teilnehmenden jedoch demonstrierten durch diesen ostentativen und großzügigen Einsatz von Luxusgütern die Zugehörigkeit zu einer Statusgruppe. [14]

Die allgemeine Bevölkerung nahm Tänze wie den Sibisaba als Teil einer christlichen Kultur wahr und bezeichnete sie als „Soleli a do", respektive „Tanz der Christen". Der Mission entglitt hier also gleichsam die Definitionsmacht über das Christsein. Auch stellten die Liedtexte ein Problem dar. In den Archiven der Bremer Mission finden sich einige Hinweise auf deren Inhalt, und es ist klar, dass auch Kritik an den Herrschaftsverhältnissen und an den Missionaren geübt, respektive letztere verspottet wurden. Ein Blick auf die rund vierzig hier erhaltenen Transkriptionen lässt erkennen, dass die meisten von ihnen, zumindest im Rahmen des von der Mission gestatteten, tatsächlich anstößig waren. Bei mehreren der leider nur in Auszügen festgehaltenen Lieder, lassen sich die Bedenken der Missionare leicht nachvollziehen. Doch wird auch betont, dass die Texte auf den ersten Blick zwar harmlos erscheinen, jedoch eine erotische oder subversive Botschaft verbergen. Insiderwissen war nötig, um diese zu erschließen. Missionar Johann Dettmann verglich die Lieder denn auch mit Witzblättern, wie sie in Deutschland beliebt waren:

> Sie strotzen an Spott über Eigentümlichkeiten und Entartungen bekannter Personen, auch Europäer. Dann aber sind sie auch für den Sinnenkitzel berechnet und

---

13 Der Ausdruck *(O)sibisaba* bezieht sich auf die Gesänge der jungen Fischer im Fante-Gebiet. Chrys Kwesi Sackey, Highlife. Entwicklung und Stilformen ghanaischer Gegenwartsmusik, Münster 1996, 194. Missionar Bürgi im benachbarten Togogebiet schrieb den Namen des Tanzes dem Musiker zu, der ihn in Togo einführte: C. B. Sabah. Ernst Bürgi, Folklore, Lome, Anfang Oktober 1910, Archiv der Norddeutschen Missionsgesellschaft Bremen [NMG] 7, 1025, 41/2.
14 Veit Arlt, Tanz, 160.

zwar derartig raffiniert, dass der Uneingeweihte, selbst wenn er die Worte richtig versteht, sich die harmloseste Sache von der Welt dabei zusammenreimt; aber auf den eigentlichen Sinn des Liedes unmöglich verfallen kann. Es geht auch vielen Eingeborenen so, dass sie ‹mitmachen› ohne sich dabei etwas zu denken. [15]

Die Lieder erlaubten nicht nur geschützt durch den Gebrauch der lokalen Sprachen Kritik an den Weißen zu üben, respektive deren Vorstellungen von einer christlichen afrikanischen Gesellschaft in Frage zu stellen. Sie waren auch eine Plattform, um einen modernen Lebensstil und die Aspirationen der Scholars als Statusgruppe zu thematisieren: Mobilität, neue Frauenbilder, Beziehungsmuster, Liebe, wirtschaftlicher Erfolg, aber auch Scheitern. Die Lieder waren somit ein wichtiges Gefäß zur kritischen Reflexion und Aneignung der kolonialen Situation [16], aber auch zur Selbstdarstellung als ein räumlich und sozial hoch mobiles Bevölkerungssegment. Doch mehr als die Liedtexte war es wohl der Tanz und die Bewegung an und für sich, sowie der Freiraum zur Vergnügung, der hier geschaffen wurde, der in den Augen der Missionare im Widerspruch zu einem christlichen Lebenswandel stand. Die Tänze mit ihren Bewegungen und ihrer Zeichensprache wirkten erotisierend und boten Gelegenheit zu sexuellen Kontakten. [17] Die Mission selber trug jedoch ebenfalls zur Ausprägung bestimmter Formen populärer Musik bei. So waren Posaunenchor und Marschmusik beliebte Angebote auf den Mittelschulen und bei der „Heidenpredigt". Die Marschmusik war in Europa als ein wirkungsvolles Instrument zur Hebung und Disziplinierung der Arbeiterschaft bekannt. [18] An der Goldküste wurde diese Musikform jedoch auf eine Art angeeignet, die der Idee der Disziplinierung insbesondere mit Bezug auf Takt, Zeit und Marschordnung gänzlich entgegenstand, indem die Musik synkopiert und als Tanzmusik gespielt wurde. [19] Vermögende Kakaoproduzenten rekrutierten zum Teil die in den Schulen ausgebildeten Musiker für ihre eigenen *sanekoko* genannten Musikkapellen. Mit diesen Marschkapellen, die eine Mischung aus europäischer Marschmusik

---

15 Johann Dettmann, Der Zibi-Zaba-Tanz in Togo, Atakpame ohne Datum, NMG 7, 1025, 41/2.
16 Catherine M. Cole, This is Actually a Good Interpretation of Modern Civilisation. Popular Theatre and the Social Imaginary in Ghana 1946–66, in: Africa 67/3 (1997), 362–388, hier: 366.
17 Arlt, Tanz, 158.
18 Trevor Herbert und Margaret Sarkissian, Victorian Bands and their Dissemination in the Colonies, in: Popular Music, 16/2 (1997), 165–179, hier 169.
19 John Collins, Ghanaian Christianity and Popular Entertainment. Full Circle, in: History in Africa, 31/4 (2004), 407–423, hier 409.

und afrikanischer populärer Tanzmusik spielten, stellten die Patrone nicht nur ihren Reichtum zur Schau. Vielmehr waren sie wie die traditionellen Hoforchester der Häuptlinge auch ein Symbol von Macht und Einfluss, mit dem ihr Patron seine Ambitionen gegenüber den traditionellen Herrschern ausdrückte. Emanuel Mate Kole, der erste christliche König von Manya Krobo, war selber ein äußerst erfolgreicher Kakaoproduzent. Seine bei der Bevölkerung äußerst beliebte Marschkapelle rüstete er sogar mit Uniformen aus, und nutzte das Ensemble, um seinen Hofstaat und das Hoforchester um eine zeitgemäße Komponente zu ergänzen. [20]

Afrikanisches Christentum und die Singing Band Bewegung

Wurde die Mission an vielen Orten also ungewollt zur Wegbereiterin der populären Tanzmusik Ghanas, so spielten die unabhängigen afrikanischen Kirchen eine entscheidende Rolle für die Entwicklung der heutigen Kirchenmusik. Es waren vor allem die Kirchen spiritueller Ausprägung, die zu Beginn des 20ten Jahrhunderts als Abspaltungen von Missionskirchen oder als unabhängige Gründungen entstanden, die zur Afrikanisierung der Kirchenmusik beitrugen. So hat z. B. die Musama Disco Christo Church ihren Ursprung darin, dass 1919 der Katechist William Egyanka Appia von der Methodistischen Mission ein Prayer Camp zur spirituellen Erneuerung seiner Gemeinde begann und sich dabei auf eine Vision berief. 1923 wurde er aus der Mission ausgeschlossen und gründete in der Folge seine eigene Kirche, die Musama Disco Christo Church. Prägende Elemente sind die Betonung von Spiritualität, sowie Liedgut in der lokalen Sprache, Bewegung und Trommeln im Gottesdienst, aber auch Elemente populärer Musik. Weitere Beispiele für afrikanische unabhängige Kirchen an der Goldküste mit spiritueller Ausprägung sind die Church of the Twelve Apostles oder die Bewegung des Propheten Harris. In ihren Gottesdiensten wurde getrommelt und getanzt. Andacht und Lobgesang waren von Elementen populärer Tanzmusik geprägt. In diesem Umfeld entstanden die populären Singing Bands, die ab den 1930er Jahren auch Schallplattenaufnahmen machten, und schon in den 1950er Jahren führten manche dieser Kirchen afro-kuba-

---

20 Arlt, Tanz, 162–163.

nische Perkussion und Swing Band-Instrumentierung nach dem Muster der Highlife Bands jener Jahre ein.[21]

Die Popularität der Singing Bands führte auch in der presbyterianischen Kirche, die aus der Basler Mission hervorging, zu einer Reformbewegung. Ein wichtiger Exponent und Vorreiter dieser Bewegung war Ephraim Amu, Musiklehrer und Katechist am Lehrerseminar in Akropong. Er war bestrebt afrikanische Elemente in das Kirchenliedgut einzubringen, wie z. B. Rhythmen, Formen und Strukturen, Wortbilder aber auch Perkussionsinstrumente.[22] Zudem kleidete er sich nicht auf europäische Art, sondern trug das gewebte Kente-Tuch, eine Art Toga.[23] Wichtiger als Ephraim Amus Einfluss auf die Kirchenmusik und seine innovativen Ideen, die ihn in Konflikt mit der Kirchenleitung brachten und zu seiner Entlassung führten, war jedoch seine Wirkung auf die nationale Kultur Ghanas. Die Betonung der Gleichwertigkeit afrikanischer Musik und Texte, die oft eine nationalistische Bedeutung haben, machten Amus Bestreben um eine zeitgemäße afrikanische E-Musik zu einem wichtigen Fundament, auf dem später das ghanaische Nationbuilding aufbaute. Das Lied Monyi moho adi, aufgenommen 1931 durch die Union Trade Company (Basler Handelsgesellschaft)[24] und gesungen von der Akropong Singing Band, ist ein typisches Beispiel dafür. Ins Englische übersetzt lautet der Liedtext:

Bring it out of yourself.
Even you have some ability but you are hiding it.
So bring it out.
This life is hard with struggling.
But you too should fight and struggle hard.
Press on and bring it out of yourself.[25]

---

21   Collins, Christianity, 410.
22   Agyemang, Amu, 49.
23   Agyemang, Amu, 73–76.
24   Die Basler Handelsgesellschaft, oder Union Trade Company UCT, war aus den ökonomischen Aktivitäten der Basler Mission hervorgegangen. Es war die Singing Band Bewegung, die dazu führte, dass die Firma ins Musikgeschäft einstieg und selber Schallplattenaufnahmen machte. Veit Arlt, The Union Trade Company and its Recordings. An Unintentional Documentation of Ghanaian Popular Music, in: History in Africa, 31/4, 393–405, hier: 401.
25   Ghana Popular Music 1931–1957. From Palm Wine Music to Dance Band Highlife, Paris 2001 (Compact Disc Arion ARN64564).

Die Singing Band Bewegung öffnete afrikanischen Christen ein Feld, indem sie Musik jenseits des europäisch geprägten Liedkanons und der Kontrolle der ehemaligen Missionskirchen machen und kreativ sein konnten. Sie erlaubte es, die Kirchenmusik zu afrikanisieren und in jenen Kirchen, die ungleich der presbyterianischen Kirche ihren Gottesdienst nicht in den lokalen Sprachen hielten, verlieh sie den Kirchenmitgliedern ohne Schulbildung eine Stimme. Zuvor war die Chormusik in diesen Kirchen das Privileg eines offiziellen Ensembles (des Kirchenchores) gewesen, das Lieder in englischer Sprache sang. So war z. B. in der methodistischen Kirche eine Zweiklassengesellschaft entstanden. Die Singing Band führte hier gewissermaßen zu einer Demokratisierung. Allerdings erhielten die Singing Band innerhalb des Gottesdienstes nur wenig Raum. Viel gewichtiger war die Rolle, die sie bei Anlässen im allgemeinen kirchlichen Leben spielte, so z. B. bei Trauerfeiern und öffentlichen Anlässen. [26]

Dadurch haben die Singing Bands auch einen großen Anteil an der populären Musik Ghanas und haben deren Entwicklung mitgeprägt. Der Begriff Singing Band blieb denn auch nicht auf christliche Formationen beschränkt. Unter den 95 Aufnahmen die im Jahr 1931 von der Union Trade Company veröffentlicht wurden, bezeichnen sich 61 Formationen als Singing Bands. Bei genauerem Hinsehen, resp. Hinhören, stellt sich jedoch heraus, dass manche von ihnen muslimische Gruppen sind oder ganz klar weltlich orientierte Gitarrenformationen. [27] So verwendeten z. B. Highlife-Musiker wie Ebo Taylor Lieder der Singing Bands als Grundlage für ihre Tanzmusik. [28] Hier tritt also nicht bloß die Unschärfe des Begriffs ‚Singing Band' zu Tage, sondern auch eine enge Verbindung von Christentum und populärer Musik, die von John Collins aufgezeigt wurde. [29] Typisch für die Lieder der Singing Bands ist die Verwendung von afrikanischen Sprichwörtern aber auch Bibelzitaten und eine Mischung aus westlichen und afrikanischen Formen. [30]

---

26 Sackey, Highlife, 379–383; Arlt, Tanz, 145.
27 Unter den Aufnahmen befinden sich 14 muslimische Gruppen wie z. B. die Mallam Katsina Singing Band mit ihrem Hausa Song (Parlophone UTC54, London 1931). Als Beispiel für eine Gitarrenformation weltlicher Ausprägung sei die Mpraeso Singing Band mit ihrem Titel Meyere Reton Cocoa (Parlophone UTC57, London 1931) genannt. Schallplattensammlung der UTC, BMA.
28 Sackey, Highlife, 405.
29 Collins, Christianity.
30 Das Lied Anoma Oreko der See there Singing Band, aufgenommen 1939, baut z. B. auf einem Akan-Sprichwort auf. Es handelt von einem Vogel, der nicht fliegen kann und

Wirtschaftlicher Niedergang und Aufstieg des Gospels in Ghana

Wichtig für das Entstehen des heutigen Gospel Booms in Ghana sind drei Entwicklungen. Zum Ersten ist hier die spirituelle Bewegung in den Kirchen Ghanas zu nennen. Mit der pfingstlich-charismatischen Erneuerung Anfang der 70er etablierten sich vermehrt auch Youth Music Teams und Ministries wie die Joyful Way Incorporated, die meist aus Studierenden bestanden und ihre musikalischen Aktivitäten auf eine Berufung zurückführten. Es waren diese Gruppen, die die vormals mit einem verrufenen Lebensstil konnotierte Gitarre erstmals in die Kirche brachten. Zum Zweiten reagierten die ehemaligen Missionskirchen in den 1970er Jahren auf den Konkurrenzdruck der Pfingstkirchen, aber auch der unabhängigen und spirituellen afrikanischen Kirchen. Nach und nach fanden auch hier Trommeln und Tanzen Eingang, und auch die sprachliche Lokalisierung des Gottesdienstes wurde fortgeführt. Zum Dritten sind die Oekonomische Krise der 1970er und 1980er Jahre, die politischen Umstürze und die Strukturanpassungsprogramme der Weltbank zu nennen. Sie sind möglicherweise sogar entscheidender für den Erfolg des Gospels. Denn infolge der vom Revolutionsführer und späteren Präsidenten Jerry Rawlings verhängten Ausgangssperre mussten die meisten Konzertlokale schließen. Auch erhob der Revolutionsrat eine Luxussteuer auf Musikinstrumente und andere Ausrüstung, so dass viele Musiker ihre Bands aufgeben mussten. Sie fanden Unterschlupf in den Kirchen. Da Kirchen als karitative Organisationen steuerfrei waren, blieben hier Instrumente zugänglich. Hier konnten junge Musiker ausgebildet werden, und hier wurde unbehelligt von der Ausgangssperre am Sonntagmorgen getanzt. In den 1980er Jahren nahm denn auch die Zahl der Gospel Bands und ihrer Plattenproduktionen rasch zu.[31] Doch wie dieser Beitrag gezeigt hat, wäre es aufgrund der eng verknüpften Geschichte von populärer Musik und Christentum in Ghana falsch, Gospelmusik und populäre Tanzmusik zu stark zu kontrastieren. Auch ist das Liedgut des Highlifes seit jeher stark spirituell geprägt. Fast immer ist ein

---

deshalb sein Nest gleich am Strassenrand baut. Die übertragene Bedeutung ist, dass ein fauler Mensch nie um eine Entschuldigung verlegen ist. Interessant ist, dass dieses Lied zwar im Stil des Highlifes (also der populären Tanzmusik) ist, jedoch nur auf Perkussion und Gesang aufbaut, wobei die Clave einen Akan Blues vorgibt. See There Singing Band, Anoma Oreko, London 1939 (Schellackplatte UTC1014).

31 Collins, Christianity, 419–420.

Element der Verehrung oder Moral in dieser Musik zu finden, die auch Möglichkeit zur Katharsis bietet.[32]

Schluss

Dieser Artikel hat die gemeinsame Geschichte von Christentum und populärer Musik in Ghana bis in die 1970er und 1980er Jahre beleuchtet. Diese Jahre waren nicht nur von wirtschaftlichem Niedergang geprägt, es war auch die Zeit, zu der die pfingstliche und charismatische Welle über das Land schwappte. Angesichts der Bedeutung der Prosperity Komponente in der charismatischen Bewegung und der inzwischen enormen wirtschaftlichen Bedeutung der Kirchenökonomie erstaunt es nicht, dass heute Gospelmusik einen Anteil von 50–70 % am Musikmarkt in Ghana hat. Interessanterweise trägt populäre Musik denn auch ganz konkret zur Prosperität der Kirchen bei, indem die Tanzmusik bei der Kollekte und anderen Formen von Fundraising eine gewichtige Rolle für deren Ertrag spielt. Wichtig ist anzumerken, dass es sich hier um Gospelmusik auf der Basis der ghanaischen populären Musik handelt. Das internationale pentecostale Liedgut ist zwar im Original und in den verschiedenen Formen seiner Aneignung durchaus präsent, doch wichtiger ist, dass die Musik auf der Basis der Highlife Rhythmen tanzbar ist. Dabei hat afrikanische Musik nicht direkt in die Kirche Eingang gefunden, sondern über synkretistische Formen. Die Funktion von Musik ist jedoch die gleiche und ob am Hof des Chiefs, in der populären Tanzmusik, oder in der Kirche: Musik und Tanz sind seit jeher zentrale Elemente der Andacht und des Lobgesangs.

---

32 Der Basler Missionar Johannes Weiss beschreibt zum Beispiel 1880 einen Vorgänger des erwähnten Sibisaba Tanzes mit dem Namen Djohemo. Dieser Begriff lässt sich als Pazifizierung übersetzen und Weiss nennt denn auch die Schlichtung eines Streits oder die erfolgreiche Vollendung eines Projekts als mögliche Anlässe für eine solche Tanzveranstaltung. Johannes Weiss, Bericht, Odumase, 20.10.1880, BMA D-1.32 Afrika 1880, Odumase 68.

Asien

Das indische Kirchenlied und seine Entstehung

Rolf Hocke

Mit „Das Lied der Kirche im indischen Wirkungsraum der deutschen evangelischen Mission" überschreibt Gerhard Rosenkranz in seiner missionshymnologischen Studie „Das Lied der Kirche in der Welt"[1] den Abschnitt über Indien. Sein Buch wurde in weiten Teilen unmittelbar vor dem 2. Weltkrieg geschrieben, im Druck erschien es 1951. Selbstredend hat sich in der Zwischenzeit in Indien allerhand verändert und entwickelt, was vor einem halben Jahrhundert nicht im Entferntesten absehbar gewesen ist: Schöpfungs- und Befreiungstheologie brachten viele neue Lieder hervor. Auch der von Rosenkranz gesteckte Rahmen, nur die deutsche evangelische Mission in Indien in den Blick zu nehmen, ist, um nur einen Überblick allein über die evangelische Kirchenmusik des drawidischen Südens zu gewinnen, zu eng. Es ist ja gerade eines der Charakteristika der Kirchenunion der Church of South India, dass unterschiedlichste Formen des Christ- und Kirche-Seins und damit auch Kirchenmusiktraditionen unterschiedlichsten Ursprungs in einer spannungsvollen Einheit zusammen fanden und immer noch damit befasst sind, zueinander zu finden. Kongregationalisten, Methodisten, von der Basler Mission geprägte Gemeinden und Anglikaner als Vollmitglieder, und die aus der syrisch-orthodoxen Tradition stammende Mar Thoma Kirche mit den anderen in Kanzel- und Abendmahlsgemeinschaft, stehen je für sich in dem Spannungsverhältnis zwischen Bewahrung der eigenen Sing- und Musizierpraxis, der Auseinandersetzung mit dem, was andere in die Kirchenunion einbringen, und was im näheren wie weltweiten christlich-ökumenischen Umfeld gerade angesagt ist. Kirchliche Hochschulen und liturgische Zentren entwickelten, angestoßen durch die Pionierarbeit, die in der katholischen Kirche nach dem 2. Vaticanum geleistet worden war,[2] in den letzten Jahrzehnten des 20. Jahrhunderts eigene

---
1 Gerhard Rosenkranz, Das Lied der Kirche in der Welt. Eine missionshymnologische Studie, Bielefeld/Berlin 1951.
2 So wurde beispielsweise „OM BHAGAWAN" – vgl. Thuma Mina: Singen mit den Partnerkirchen. Internationales Ökumenisches Liederbuch, Basel/München 1995,

Formen indischer Liturgie und gottesdienstlichen Singens, namentlich die so genannten Bhajans, auf deren Entstehung im Folgenden näher eingegangen werden soll.

Bereits im 19. Jahrhundert haben indische Christen mit den so genannten Christian Lyrics in beträchtlichem Umfang in Wort und Musik eigenständiges geistliches Liedgut geschaffen. Bevor wir uns diesen Liedern christlicher Bhakti zuwenden, ist es nötig, die Rolle deutscher Missionsgesellschaften bei der Behinderung von Kreativität auf diesem Gebiet wahrzunehmen.

Rosenkranz verdanke ich den erhellenden Hinweis auf die Kontroverse zwischen den Missionswissenschaftlern Grundemann und Gareis, die Grundemann durch seinen Vortrag über „Die Mission und die Kunst" auf der Brandenburgischen Missionskonferenz 1892 ausgelöst hatte, – zu einer Zeit also, in der die ästhetischen Selbstverständlichkeiten in allen Bereichen der abendländischen Zivilisation in Veränderung, wenn nicht in Auflösung begriffen waren. R. Gareis bestritt der indischen Musik a priori, Trägerin eines Gesangbuchliedes zu sein.[3] Grundemann, der Indien bereist und durchaus unterschiedliche Qualitätsstufen indischer Gesangsdarbietungen zu schätzen gelernt hatte, begründete in einer ersten Replik sein Befürworten indigener indischer Lieder mit dem Nutzen für den Erfolg missionarischer Anstrengungen bei so genannten Bazarpredigten.[4] In einem Nachtragskapitel zur Druckversion seines oben erwähnten Vortrags präzisiert Grundemann seine Überzeugung wie folgt:

> „Das nationale Ideal bricht sich zuletzt doch Bahn. Davon haben wir in Indien ... in der Musik ein schlagendes Exempel. Die Mission suchte europäische Melodien einzuführen und hat es teilweise in den christlichen Gemeinden erreicht. Dagegen hat sich trotz des Widerstandes vieler Missionare eine christlich-indische Poesie und Musik gebildet, die bereits fast überall die Zulassung in den Kirchen errungen hat und in weitem Maße als ein wichtiges und wirksames Missionsmittel angewandt wird ... In dieser christlich-indischen Musik schafft sich das von christlichem Geist befruchtete Ideal mächtig seine Bahn. Die Menschen haben es lange nicht anerkennen wollen; aber Gottes Wege gehen auch in diesem Stück ganz anders, als der Menschen Pläne. ... Auch das christliche Kunstideal ist der Entwicklung

---

Nr. 62. – erstmals veröffentlicht in einem katholischen Liederheft: Bhajans. A collection of songs of praise in various languages used at the NBCLC (Music edition), Published by National Biblical Catechetical and Liturgical Centre, Bangalore 1977, 37.
3 Rosenkranz, Das Lied der Kirche, 59.
4 Rosenkranz, Das Lied der Kirche, a. a. O.

unterworfen. In Indien hat eine solche begonnen. Hüten wir uns, sie zu verachten oder durch unsere Aufdringlichkeit zu verhindern."

Trotz allen Wohlwollens, das aus diesem Zitat unschwer herauszuhören ist, ist es eine Position unter kolonialistischen Vorzeichen. Nun ist Indien seit mehr als 60 Jahren unabhängig, und die Mehrzahl der ehemaligen Missionen sind unabhängige Kirchen, die selbst entscheiden, auch in musikästhetischer Hinsicht. Doch hier tun sich die nächsten Probleme auf. Worauf soll Kirche sich bei dem Abenteuer der Indigenisierung beziehen? Auf die Mehrheitskultur des brahmanisch geprägten Hinduismus oder eher auf den Grass-Root-Level der marginalisierten Gruppen der Dalits und Adivasis, aus denen sich die indische Christenheit mehrheitlich zusammensetzt?

Bhajans – Die Gesänge der Bhaktibewegung

Bhajan ist zunächst ein allgemeiner Begriff für religiöses Singen.[5] Im gegenwärtigen kirchlichen Sprachgebrauch in Indien ist *Bhajan* Gattungsbezeichnung für schlichte meditative Chorusse, die in der Regel im Wechsel zwischen Vorsänger und Plenum gesungen und beliebig oft wiederholt werden können. *Bhajans* wurden häufig über Kassetten bekannt gemacht.

Unter *Christian Lyrics* versteht man die im 19. und 20. entstandenen Lieder indischer Dichter, die in der Regel auf traditionellen indischen Melodien beruhen, bzw. Adaptionen indischer *Ragas* beruhen. Als *Hymn* betrachtet werden Übersetzungen europäischer und auch amerikanischer Choräle und geistlicher Lieder. Für *Hymns* und *Lyrics* gibt es je eigene Liedersammlungen. Im Bereich der Basler Mission waren allerdings nur *Hymns* für den Gottesdienstgebrauch zugelassen. Klassische *Lyrics* sind zwar dort in der Regel ebenfalls bekannt, aber im Gottesdienst eher selten zu hören.

Historisch hat das Singen von *Bhajans* seine Wurzeln in der Reform- und Protestbewegung, die unter dem Sammelbegriff *Bhakti Movement* bekannt ist. Etwa ab dem 5. Jahrhundert traten in Tamil Nadu wandernde Sänger-Heilige auf, die singend und missionierend umher zogen, buchstäblich bettelarm, aber mit großem Einfluss auf die breiten Massen, was deren ethisches, religiöses wie auch ästhetisches Empfinden angeht. Seit diesen frühen Aufbrüchen vor mehr als Zwölfhundert Jahren sind zwei einfache Instrumente in Gebrauch, mit denen sich wandernde Sänger-Heilige bis

---

5 Vgl. YEM BHADSCHANA im Materialanhang und auf der beigelegten DVD.

heute selbst begleiten: Die *Ektara* (wörtlich: „Eine Saite") und die nicht minder archaisch anmutenden indischen Kastagnetten. Beide Instrumente sind in ihrer Funktion geniale Reduktionen auf das musikalisch Wesentliche: Die Kastagnette verstärkt den Rhythmus; das für westliche Ohren monotone „Pling-Pling" der *Ektara* sorgt für den für alle genuin indische Musik unverzichtbaren einen und einzigen tonalen Orientierungspunkt. „Genial" sind die beiden Instrumente insofern, als sie leicht herzustellen, leicht zu tragen und leicht von ein und derselben Person zeitgleich zu spielen sind – und obendrein keinen großen materiellen Besitz darstellen.

Die tamilischen *Alwars* machten die *Vaishnava-Bhakti (Wishnu-Verehrung)* in weiten Teilen Indiens populär, und spätere Reformer griffen ihre Themen wie auch die Formen der Verkündigung in einfachen Strophenliedern mit Refrain, den so genannten *Bhajans* auf. – Die *Christian Lyrics* des 19. und frühen 20. Jahrhunderts stehen in dieser Tradition. Die *Bhajans* genannten Chorusse greifen eher einfache Tempelgesänge auf. Die *Alwars* sangen in der lokalen Sprache, die die einfachen Leute verstanden. Mehrheitlich, jedoch nicht völlig ausschließlich, ist die *Bhakti*-Poesie der Folgezeit nicht in Sanskrit, sondern in lokalen Sprachen und Dialekten entstanden.

Charakteristisch für die Lieder nicht nur der *Alwars*, sondern nahezu aller Mystikerinnen und Mystiker der unterschiedlichsten Strömungen der *Bhakti* ist eine leidenschaftlich-kompromisslose Gottes-Minne, kombiniert mit zum Teil heftiger Kritik am herrschenden System religiös-sozialer Ausgliederung, das unter dem wenig klaren Begriff Kastenwesen nur schwer zu fassen ist. Aber wenn den religiös hochmotivierten Massen der Bevölkerung von der herrschenden Priesterkaste der Brahmanen der Zugang zu Tempeln einerseits und der Zugang zu religiöser Bildung andererseits mit drakonischen Strafen verboten war, ist es leicht einsichtig, welche Massenwirkung es unter diesen Umständen hatte, wenn ein singender Wanderprediger außerhalb der heiligen Orte und traditionellen Bildungswege im Staub der Landstraße zu den arbeitenden Menschen hinging und ihnen anbot, in den Refrain seiner Lieder einzustimmen. Wenn dann auch noch ein Topos wie der der Gleichheit aller Menschen vor Gott, kombiniert mit Kult- und Institutionskritik wie bei Amos und anderen alttestamentlichen Propheten bis hin zu Johannes und Jesus so brillant formuliert wird, dass derartige Verse dem leseunkundigen Volk über Jahrhunderte im Gedächtnis bleiben, dann haben wir den Anfang einer Ahnung, was alles in dem Wort *Bhakti* mitschwingt.

Indische und europäische Musik

Als im Zeitalter des Kolonialismus Portugiesen, Engländer, Dänen und Franzosen nach Indien kamen, integrierten indische Musiker schnell europäische Instrumente in ihre traditionelle Musizierpraxis, so wie sie es zuvor mit persischen und türkischen Instrumenten getan hatten. Seit Jahrhunderten bereits perfektionierte man in Europas Klöstern die schriftliche Fixierung von Musik, und Mitte des 13. Jahrhunderts wurde die Mensuralnotation erfunden, jener Quantensprung, der erstmals im Westen exakte Tonhöhe mit exakter Tondauer leicht fasslich ins Bild setzt. Dass es möglich ist, ohne je das Lied „Yella Kaladollu"[6] im Original gehört zu haben, die Melodie dieses indischen *Bhajans* einfach aus dem Notenbild erschließen zu können, ist eine unmittelbare Folge des Ringens mittelalterlicher Notenschreiber um eine optimale Notation.

Auf indischer Seite hatte man wesentlich früher Notationsformen für Tonhöhe und Rhythmus entwickelt, und als der Benediktinermönch Guido von Arezzo im Sommer 1028 mit dem von ihm entwickelten System der Notation Papst Johannes XIX. so nachhaltig beeindruckte, dass er daraufhin zur wichtigsten musikalischen Autorität des Mittelalters avancierte, hatte er nicht unwesentliche Impulse[7] zu seinen Silben UT [später DO] RE MI FA SOL LA TI DO von entsprechenden indischen Vorläufern erhalten. In Indien sah man jedoch SA RI/bzw. RE GA MA PA DHA NI SA und ähnliche Buchstabenschriften, die sich der verschiedensten indischen Alphabete bedienten, nie als wirkliche Hilfen bei der Aufführung von Musik an. Nur zu Unterrichtszwecken oder allenfalls in Ausnahmefällen als flüchtig hingeworfene Gedächtnisstütze ist in den letzten 3000 Jahren indische Musik schriftlich fixiert worden. Und selbst, wenn ich einen Fund dieser Art machen sollte, bin ich dann noch immer nicht in der Lage, den Klang zu rekonstruieren.

> „By ‚notated', a far different degree of exactness is implied for Indian classical music than for its Western counterpart. One may find a melody notated and published in a collection in North India, but the notated form is unlikely to be the source from which the performer learned the melody. And even if he had learned it from that notation, his performance would most likely deviate drastically from the notated

---

6   Thuma Mina, Nr. 211.
7   Alain Daniélou, Einführung in die indische Musik. Aus dem Französischen von Wilfried Szepan. Erweiterte Neuausgabe, 2. stark erweiterte Auflage. Heinrichshofen 1982, 38.

version. There does not seem to be a desire to render songs as they were originally composed or learned. Karnatak notations of kriti ... are rather like Western folksong variants: performers publish their own variant of a song, and although two variants might be quite different, they are regarded as the same song ... For these and other reasons, melodies in notated form bear little resemblance to their realization in performance. The notation gives only a skeletal outline, paring the music to its melodic and rhythmic essentials." [8]

Während von der abendländischen Musik gesagt werden kann, dass es in ihrem Wesen liege, „zur Schrift gebracht zu werden." [9], ist für die Gestaltwerdung indischer Musik die Autorität des *Gurus*, bei dem man gelernt hat oder mit dem zusammen man als Schüler auftritt, maßgeblich. Traditionelle Musikerziehung in Indien funktionierte bis zur Einführung des Grammophons ausschließlich im Lehrer-Schüler-Verhältnis. Und wie der Meister die Tonhöhen der einzelnen Töne eines *Ragas* vorgibt und festlegt, wo welche Verzierung angebracht ist und wo nicht, so übernimmt es der Schüler von seinem *Guru*.

Selbstredend war *Dalits* und *Adivasis* der Zugang zu einer formellen Ausbildung bei einem musikalischen *Guru* streng untersagt. Menschen außerhalb der indischen Gesellschaftshierarchie sind zwar deshalb noch lange nicht Menschen ohne eigene Musik, aber die jahrtausendealte Ausgrenzungspolitik durch die Kastenhindus ist beim praktischen Singen und Musizieren in der Kirche immer noch als Schatten spürbar, bis hin zu der immer wieder verbalisierten Unsicherheit, einen *Raga* der klassischen Tradition, der einem Lied des 19. oder 20. Jahrhunderts zugrunde liegt, „richtig" zu interpretieren. Dass „richtig" oder „falsch" in diesem Kontext unangebrachte Kategorien sind, muss nicht betont werden. Das Grund-Unbehagen, klassischen Standards mit kirchlichen Adaptionen alter *Raga*-basierter Lyrics nicht wirklich zu genügen, kommt aus dem Bewusstsein, nicht wirklich in der Sukzession *Guru*/Schüler zu stehen.

Wann und wo die Geige, die aus Indien gar nicht mehr wegzudenken ist, Aufnahme in die klassische indische Musik fand, ist bekannt: *Raja Swati Tirunal* (1818-1848), Herrscher von Travancore, Förderer der Musik und des Tanzes und selbst ein begnadeter *Bhakti*-Dichter in mehreren Sprachen und bedeutender Komponist ausschließlich religiöser Musik, holte sich ein in

---

8   Bonnie C. Wade, Music in India. The Classical Traditions, Riverdale 1987, 26.
9   Hans Heinrich Eggebrecht (Hg.), Riemanns Musiklexikon, Mainz 1967^{12}, Artikel „Notenschrift".

seiner Zeit renommiertes Ensemble, das Tanjore Quartett, die vier musizierenden und komponierenden Brüder *Chinniah, Ponniah, Sivanandam* and *Vadivelu* (1810–1848), an seinen Hof. Letzterer, ein Lieblingsschüler *Muthuswami Dikshitars* (1776–1835), war ein Virtuose auf der Geige. Erlernt hatte er das Spielen der Geige von einem europäischen Missionar in seinem Geburtsort Tanjore, einer Hochburg der südindischen Musik. [10]

Parallel zum Aufkommen des indischen Nationalgedankens entbrannte im 20. Jahrhundert ein Streit um die Verwendung des Harmoniums in wahrhaft indischer Musik und vorübergehend wurde erfolgreich gegen dieses „Missionarsinstrument" und seine Verwendung im Rundfunk und bei Plattenaufnahmen polemisiert. [11] Aber das Harmonium hatte sich bereits längst seinen festen Platz in der indischen Klassik wie auch in der vielgestaltigen Folklore erobert und wird bis heute in Indien nicht nur gespielt, sondern im Lande auch gebaut.

Da die *Lingayats* oder *Lingaits* über lange Zeit für die Arbeit der Basler Mission in Karnataka von eminenter Bedeutung waren, soll hier kurz auf ihre Entstehung eingegangen werden, zumal Lieder bei dieser interreligiösen Begegnung immer wieder eine Rolle spielten.

Basava und die Lingayats

Als Gründer der hinduistischen Sondergemeinschaft der *Lingayats* gilt der als Premierminister eines südindischen Königs tätig gewesene Sozialreformer *Basava* [12], der von ca. 1134 bis 1194 lebte und *Shiva-Bhakti* mit dem Gedanken der Gleichberechtigung verband. Er wendete sich vehement gegen die Diskriminierungen des Kastenwesens in sozialer wie religiöser Hinsicht und lehrte die Unmittelbarkeit jedes Menschen zu Gott. Im Laufe der Zeit schaffte es der Mehrheitshinduismus nach dem Tode *Basavas* jedoch, die *Lingayats* wie so viele andere egalitäre Bewegungen zu anderen Zeiten und in anderen Regionen Indiens, in Form einer eigenen Kaste mit weiteren Unterkasten wieder in das bestehende System der Gesellschaft zu integrieren.

---

10 S. Venkitasubramonia Iyer, Swati Tirunal and his Music, Trivandrum 1975, 53.
11 Ludwig Pesch, The Illustrated Companion to South Indian Classical Music, Delhi 1999, 18f.
12 Bzw. *Basawa, Basavanna* oder *Basaveshwara*.

Basava war ein begnadeter Dichter, und die 1500 erhaltenen seiner *Vachanas* (epigrammatische Kurz-Prosa, die gesungen und instrumental begleitet wurde) gehören zusammen mit einer ganzen Reihe von Schöpfungen anderer Dichterinnen und Dichter seines geistigen Umfelds zum Kanon der klassischen Literatur in Karnataka. Eine Besonderheit, nicht nur allein in *Basavas* Oeuvre, sondern aller mittelalterlicher *Lingayat*-Autoren, stellen die *Kalajnana Vachanas* dar: an Nostradamus erinnernde Prophezeiungen unterschiedlichster Art, die sich in esoterischen Kreisen derzeit international großer Beliebtheit erfreuen. In der Mitte des 19. Jahrhunderts suchten einige durchaus einflussreiche *Lingayats* die Nähe christlicher Missionare, da etliche Motive der *Kalajnana*-Überlieferungen auffallende Ähnlichkeiten mit charakteristischen Zügen der christlichen Religion und Übereinstimmungen mit zeitgeschichtlichen Ereignissen aufwiesen. In den Quartalsberichten der Basler Missionare [13] nimmt die Reflektion der Bemühungen um die *Kalajnanas* breiten Raum ein. Einer Szene, von der Missionar Frey nach Basel berichtet, ist noch die Begeisterung anzumerken, die diese interreligiöse Begegnung anfänglich auf beiden Seiten ausgelöst haben muss:

„Wednesday 5th August [1840] … In the evening I spoke to the congregation … I started with a survey of Biblical History, with Creation, the Fall of Mankind, the Flood, the Call of Abraham, and especially the prophecies of the coming of the Messiah. When I read them the passage in Isaiah 7, 14, and said that the Messiah must be born to a virgin, the Gauda (village chief) sang a sloka (verse) pointing to something similar. I then went on to talk about the fulfillment of these prophecies in the New Testament, with an account of the birth of Christ according to Luke, along with John 1 to explain that the man Jesus born of Mary was also verily God." [14]

Trotz dieser faszinierenden Übereinstimmungen von Teilen der möglicherweise auf Erinnerungsreste an untergegangene nestorianische Gemeinden [15] oder auf heterodoxen islamischen Traditionen beruhenden Überlieferungen der *Lingayats* bzw. der *Kalajnana*-Bewegung mit der christlichen Botschaft

---

13 Jennifer und Paul Jenkins, Journeys and Encounters. Religion, Society and the Basel Mission in North Karnataka 1837–1852. Translations and summaries from published materials in German. Provisional Edition, November 2007.
14 Jenkins / Jenkins, Journeys and Encounters, 2.9.
15 So erinnert auch das zur religiösen Pflicht erhobene Tragen des stilisierten *Shiva-Lingams* in seiner Funktion als Erkennungszeichen der *Lingayts* an das von Christen als Schmuck getragene Kreuz.

waren die Missionsbemühungen der Basler gerade unter diesen beiden einander nahe stehenden Gruppierungen kaum von nennenswertem Erfolg. Vor dem Hintergrund dieser wiederholt enttäuschten, jedoch immer wieder neu genährten, Hoffnungen auf den missionarischen Durchbruch ist leicht nachvollziehbar, warum den beiden Missionaren Essig und Hiller, die am 1. Weihnachtstag 1840 mutterseelenallein in Betgeri auf Visitationsreise sind, der Stoßseufzer entfährt: „Oh – let us soon have a congregation, and then we will sing!" Und unter dem Datum des 27.12.1840 notieren sie: „We long for congregational singing, but we must be happy if we have quiet and attentive hearers." Im nächsten Satz machen sie sich selbst Mut, indem sie sich gegenseitig an eine sensationelle Neuerung erinnern: „The Holy Spirit will soon enough give us songs of praise in Kannada. In Mangalore, singing in Kannada has already been introduced, because of the boys."[16] In den frühen Quartalsberichten der Basler Mission aus Karnataka ist wenig von Liedern und Gemeindegesang zu lesen: Wo keine Gemeinde ist, hatte Kirchenmusik allenfalls in der Erinnerung des Missionars ihren Platz. Das Gebiet der Basler Mission im nördlichen Karnataka glich lange dem sprichwörtlichen steinigen Acker.

Purandaradasa Vitthala und die karnatischen Klassiker

Zur Zeit der Landung der Portugiesen lebte und wirkte in der Hauptstadt des gleichnamigen drawidischen Großreiches *Vijayanagar* der Dichter-Heilige und Musikpädagoge *Purandaradasa Vitthala* (1484–1564). *Purandaradasa* war ein *Haridasa*, ein Verehrer *Wishnus*. *Dasa Padagallu*, wörtlich übersetzt (Gottes-) Knechts-Lieder, sind Lieder der *Wishnu-Bhakti*. Inhaltlich zeichnen sich diese Lieder nicht nur durch ihre intensive Frömmigkeit, sondern auch durch recht interessante Apologetik, ja gelegentlich auch Polemik gegenüber anderen Kulten und Religionen aus.

Inwiefern die Begegnung mit Jesuiten, die am Hofe von *Vijayanagar* erschienen, in einigen seiner Lieder ihre inhaltlichen Spuren hinterlassen hat, wäre reizvoll zu untersuchen. Es finden sich in den Ruinen von Hampi nicht nur in Stein gemeißelte Portugiesen an den Säulen einiger Tempel, die *Purandaradasa* vertraut waren. *Purandaradasa* singt in einem seiner Lieder: „Vorgestern habe ich geheiratet, zwei von meinen Kühen haben gekalbt,

---

16   Jenkins / Jenkins, Journeys and Encounters, 2.22.

gestern hab ich mir einen ertragreichen neuen Acker gekauft, ich hab genug Geld, ich bin reich, ich kann nicht sterben, – doch während ich dies sage, haucht mir der Tod kalt in den Nacken und lacht mich aus, o Gott! Die Engel des Todes kennen kein Erbarmen." [17] Klingt das nicht wie ein genialer Mix aus zwei Gleichnissen Jesu? Zum einen das große Gastmahl aus Lukas 14, 16-24 und der reiche Kornbauer Lukas 12, 16–21.

Purandaradasa legte mit seinem Liedschaffen das Fundament für die südindische Klassik. Die im Lyric Book der CSI häufig zu lesenden Bezeichnungen *Pallawi, Anupallawi* und *Charanagallu*, Chorus, Subchorus und Strophe, gehen auf die von ihm entwickelte Form der *kirtana* (Preislieder) zurück, die dann unter dem Dreigestirn der karnatischen Klassik *Tyagaraj* (1767–1847), *Muttuswami Dikshitar* (1775–1835) und *Syama Shastri* (1762–1827) in der klassischen Form der *kriti* zur künstlerischen Perfektion heranreifte. Ob die Lieder, die unter *Purandaradasas* Namen bis heute tradiert werden, musikalisch noch als Originalmelodien anzusehen sind, ist eher unwahrscheinlich. Vermutlich sind sie in der Bearbeitung durch *Tyagaraj* und andere Musiker des 18. Jahrhunderts auf uns gekommen. Da *Purandaradasa* 1564, exakt 1 Jahr vor der Eroberung *Vijayanagars* (1565) starb, gingen viele seiner Lieder in den Wirren beim Untergang des Reiches verloren. Im 20. Jahrhundert schufen zahlreiche renommierte indische Künstler neue, eigene Vertonungen seiner Lieder. [18] Unter den Singübungen jedoch und den Liedern für den musikalischen Nachwuchs, den *sarali varisai* [19] und den leichten, aber gleichwohl qualitätvollen *gitam*, wird ein weitaus umfangreicherer Anteil an originaler Musik *Purandaradasas* vermutet.

Purushothan Choudhury und die Entstehung der christlichen Bhakti-Poesie in Andhra Pradesh

Der Name *Purushothan Choudhury* steht in mehrfacher Weise für einen Glücksfall: Er ist nicht nur der allererste evangelische Liederdichter in Telugu [20] und noch dazu einer der ganz besonders begnadeten, sondern die

---

17 Übersetzung aus dem Englischen von Rolf Hocke. Vgl. Albrecht Frenz (Hg.), Freiheit hat Gesicht. Anandapur – eine Begegnung zwischen Kodagu und Baden-Württemberg. Stuttgart 2003, 242f.
18 Pesch, The Illustrated Companion, 86.
19 Pesch, The Illustrated Companion, 81ff.
20 Wichtigste Sprache in Andhra Pradesh.

Stunde Null der Evangelischen Kirchenmusik in Adhra lässt sich obendrein auch noch auf den Tag genau datieren: *Purushothan Choudhury* (geb. 1803) war bereits ein anerkannter Dichter – es sind mehre Hymnen auf *Vishnu* und eine auf *Shiva* von ihm aus seiner hinduistischen Lebensperiode bekannt – als er am 6. Oktober 1833 in dem Gottesdienst, in dem er selbst getauft wurde, spontan und aus dem Stegreif das erste evangelische Kirchenlied in Telugu sang.[21] Er setzte damit einen wahren Liederfrühling in Gang, der seinen Niederschlag im „Telugu Hymnal" *Andhra Kraistava Kirtanalu* von 1937 fand und zu dem er selbst zahlreiche meisterhafte Dichtungen beisteuerte. Bemerkenswert ist, dass die Dichter dieser christlichen *Bhakti*-Lyrik in Telugu fast ausnahmslos Inder waren, die zum christlichen Glauben konvertiert waren, jedoch war unter ihnen auch ein in Andhra aufgewachsener und mit der Bhakti-Spiritualität aufgewachsener Missionarssohn, der als Engländer indisch-christliche *Bhakti*-Lieder dichtete.

Theologisch sind diese Lieder überaus spannend, trauten sich ihre Dichter doch, Aussagen zu machen und Worte, Bilder und Vorstellungen zu benutzen, die den westlichen Missionaren als zu sehr mit dem hinduistischen Erbe behaftet erschienen. Über die Lieder der christlichen Bhakti etablierte sich die Verwendung des zuvor vermiedenen Sanskritwortes *Dewa* für Gott. In der Sprache der Missionare wurde die hinduistische Gottesbezeichnung zu Beginn der Mission nur im Sinne von ‚Götze' gebraucht.

Die Entstehung der so genannten Christian Lyrics oder Church Lyrics entstand mit zum Teil großer zeitlicher Verzögerung in den unterschiedlichen Gebieten der einzelnen Missionsgesellschaften, die diesen Gesängen teils ermunternd, teils, wie im Falle der Basler Mission von Seiten der Missionsleitung, strikt ablehnend gegenüberstanden. In Nordkarnataka ist die Wiege dieser Gesänge um Mysore, später fanden sie Eingang in anderen Landesteilen.

Einen repräsentativen Querschnitt über die seit dem 19. Jahrhundert entstandenen Klassiker evangelischen Liedguts in den unterschiedlichsten Sprachen Indiens gibt das 1961 herausgegebene Liederheft „Masihi Sangeet. Christian Lyrics of India".[22] *Masihi Sangeet* enthält nicht nur Melodien in westlicher Notenschrift, sondern neben der Transliteration der Originaltexte auch sehr genaue Übersetzungen der Lyrics ins Englische.

---

21 R. R. Sundara Rao (Hg.), Bhakti Theology in the Telugu Hymnal, Bangalore 1983.
22 World Council of Churches, Masihi Sangeet. Christian Lyrics of India, Bangalore 1961.

Das Erbe der Portugiesen und der Einzug der Filmmusik

Unter dem Titel „Konkani – die fast vergessene Musik Indiens. Eine musikalische Spurensuche im kleinsten indischen Bundesstaat Goa" brachte der hessische Rundfunk am 26.06.2008 einen Beitrag von Sigrid Pfeffer, der ein für unser Tagungsthema noch einmal ganz unerwartetes Kapitel aufschlägt: Die in Goa gelandeten Portugiesen machten in dem von ihnen unter ihre Gewalt gebrachten Teil des Reiches von *Vijayanagar* religiös und kulturell zunächst tabula rasa und führten nicht nur Portugiesisch als Landessprache und den Katholischen Glauben als Staatsreligion ein, sie führten auch die westliche Musik flächendeckend und so gründlich ein, dass das kleine Goa fortan immer wieder mit exzellent ausgebildeten Musikern die innerindische Nachfrage nach Fachleuten auf diesem Gebiet befriedigen konnte. Nach der Annexion Goas durch indische Truppen brach innerhalb der nunmehr ehemaligen portugiesischen Kolonie die Nachfrage nach westlich geschulten Musikern fast völlig in sich zusammen. Es kam zu einer massenweisen Abwanderung in die Filmstudios von Bollywood, was wiederum die indische Filmmusik nachhaltig beeinflusste.

Der für westliche Ohren immer wieder gewöhnungsbedürftige, gleichwohl zu allermeist hochprofessionell arrangierte wie musizierte Mix aus Ingredienzien, die unvorbereitete Westeuropäer nicht unbedingt mit Indien assoziieren, wie italienische Weisen mit Mandolinen-Untermalung, mexikanische Mariachi-Klänge mit ihren typischen Trompetensoli, Reminiszenzen an kubanischen Son oder an Balkanfolklore sind genauso zu hören wie Fill-Ins traditioneller Volksweisen aus Rajasthan oder klassisch-indische Passagen. Seither konkurrieren populäre Titel aus der so genannten *filmi music* mit Folk Tunes und klassischen, auf *Ragas* basierenden Melodien um die Gunst der Gemeinde. [23]

Populäre Musik und traditionelle Singweisen konkurrieren jedoch nicht bloß miteinander, sie durchdringen sich auch wechselseitig. Die so genannte ‚light music', zu der viele neuere christliche Lieder zu rechnen sind, zeichnen sich durch einen Stilmix aus. In den Anfangsjahren passte noch nicht immer alles zusammen, was zusammengemischt wurde, aber längst hat sich ein eigener Stil mit ganz eigenem Charme herausgebildet. Selbst Sufis und Fakire im pakistanischen Industal schrecken in ihren Gesängen mystischer Gottesliebe gelegentlich nicht vor Anleihen bei der Filmmusik zurück. [24]

---

23 Vgl. die Beispielsammlung SUNDARA RAKSHAKANE im Material-Anhang.
24 Peter Pannke, Horst A. Friedrichs, Troubadoure Allahs. Sufi-Musik im Industal, 1999.

Neu ist dieser unbefangene Eklektizismus ganz und gar nicht: Im weiteren Verlauf des bei indischen Christen, insbesondere katholischen Charismatikern, beliebten Revival-Songs „SANTOSHA WUKKUTE", [25] dessen Chorus unter 626 Eingang in den Hessischen Anhang des EG gefunden hat, gleitet die Melodie munter hinüber nach „Der Kuckuck und der Esel, die hatten einen Streit." Und wenn Sie sich auf der beiliegenden DVD die Melodie von „NADIPINCHU NAA NAWA" anhören, werden Sie dem Kopfmotiv von „Ins Wasser fällt ein Stein" [26] begegnen, doch danach entfaltet sich melodisch etwas ganz eigenes.

Nur um ein Missverständnis zu vermeiden: Die Filmmusik ist nicht die Zukunft der indischen Kirchenmusik, nur weil sie in meinen Ausführungen an letzter Stelle Erwähnung fand. Sie ist nichts weiter als nur ein Stamm der vielen *Banyan*-Baum-artig miteinander verwachsenen Stämme und Zweige der indischen Kirchenmusik.

Epilog

Wer ist eigentlich Subjekt der Mission? Statt einer Antwort eine Geschichte: In den 50ern des vergangenen Jahrhunderts wurde der singende Bettler *Bhaskarappa* in einem Krankenaus der Basler Mission in Nord-Karnataka erfolgreich gegen Lepra behandelt. Er wurde vollständig geheilt, wurde Christ, ließ sich taufen, heiratete und ließ sich bei Gadag-Betgeri nieder. Die Ehe ging jedoch schief: Die Vorurteile der anderen Dorfbewohner, auch der Christen unter ihnen, dem „Aussätzigen" gegenüber, waren so groß und ihr Gerede so nachhaltig, dass seine Frau ihn nach einigen Jahren wieder verließ. Daraufhin zog *Bhaskarappa* wieder als singender Bettler durch das Land, nur sang er jetzt von Jesus, der die Aussätzigen rein macht. [27]

Beispiele auf der beigefügten DVD macht das Ausgeführte hörbar.

---

25 Siehe Materialanhang SANTOSCHA WUKKUTE.
26 EG Hessen Nr. 621, ursprünglicher englischer Titel: „Pass it on" von 1965. Videos zu Nadipinchu Naa Naava, finden sich reichlich – z. B. über: http://www.youtube.com/watch?v=Jyl6Q7ThJ98.
27 1992 berichtet von Aksha Konesagar, Pfarrfrau in Dharwad, die Bhaskarappa zuletzt als Kind in ihrem Heimatdorf gesehen hat. / Vgl. SHRI YESU NAAMA – insbesondere Strophe 4 – im Material-Anhang.

YEM BHADSCHANA
Wem singen wir?

Bhajan
aus Andhra Pradesh
(Telugu)

Als Bhajan [sprich *Bhadschan*] bezeichnet man in Indien ganz allgemein religiöse Gesänge. *Yem Bhajana* bedeutet auch soviel wie 'Was für ein Gottesdienst findet hier denn statt?' Im klassischen Sanskrit hat *Bhajan* die Grundbedeutung 'jemandem den ihm zustehenden Anteil geben.' Vgl. Jesu "Gebt dem Kaiser, was des Kaisers ist!" Mt. 22,21. Die wörtliche deutsche Übersetzung dieses Liedes eignet sich zwar nicht zum Mitsingen, gibt aber stattdessen Gelegenheit zum Schmunzeln.

Telangana Folk Song
C.S.I. Medak Diocese

Chorus:

Diese 3. Chorus-Zeile am Schluss mehrfach leiser werdend wiederholen und ausklingen lassen!

Strophen:

1. Ihr Frauen, lasst das Schwatzen sein! ...
2. Ihr Männer, stellt das Rauchen ein! ...

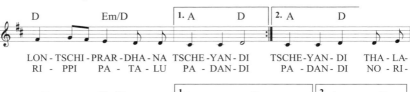

SUNDARA RAKSCHAKANE
Melodie I

Kannada Kirtanagallu 19 / Kannada Lyrics No. 19
see also Yellam Yesuwe (1997) No. 19

Text: J. Job Paul before 1956
Indian classical melody
as sung in Mysore and Bangalore

SUNDARA RAKSCHAKANE
vereinfachte und nicht ganz korrekte Fassung der Melodie I

Kannada Kirtanagallu 19 / Kannada Lyrics No. 19

Text: J. Job Paul before 1956
Mel.: as presented in 'Yellam Yesuwe" 1997
as No. 19

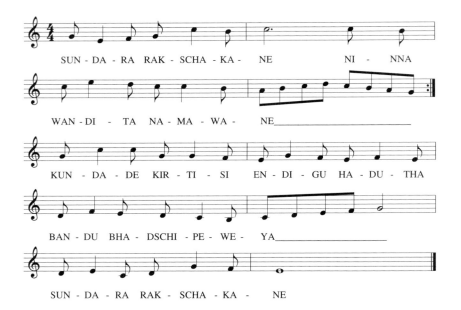

Please note:

Translations into Telugu, Tamil and Malayalam are provided in
"Yellam Yesuwe"- A Collection of Christian Lyrics in the four languages of
South India, compiled and edited by: S. Sylus Raj & Bishop Sam Amirtham
1997
A translation of the first stanza into Mahrathi is also provided in
"Kannada Lyrics   used in South India   " presented at the Centenery
Celebrations of the Methodist Church in Southern Asia 1956. Arranged by
V. J. Samuel, retired organist, Belgaum Church, assisted by Rev. J.T.
Seamands, D.D.

SUNDARA RAKSCHAKANE
Melodie II

Kannada Kirtanagallu 19 / Kannada Lyrics No. 19
as sung in Belgaum

Text: J. Job Paul before 1956
Mel.: as presented in V.J. Paul's 'Kannada Lyrics' 1956
as No. 19.(1)

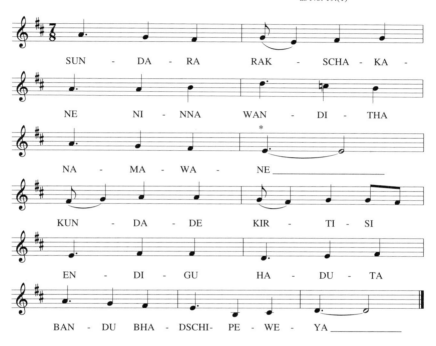

A quite common variation of bar No. 6 which is not to be found in the here quoted source goes as follows:

See also Lyric No. 10 "TANDEYU": There almost the same melody is presented in 4/4 metre:

SUNDARA RAKSCHAKANE
Melodie III

Kannada Kirtanagallu 19 / Kannada Lyrics No. 19

Text: J. Job Paul before 1956
Mel.: as presented in V.J. Paul's 'Kannada Lyrics' 1956 as No. 19.(2)

Praise God from whom all Blessings flow

CCA Hymnal No.131 / Telugu Hymnal No. 79

vgl. SUNDARA RAKSHAKANE Melodie 3
Text vermutlich urspr. Tamil / Eng. Tr. D.T.Niles

SANTOSCHA WUKKUTE

EG 626 Hessischer Anhang: Freude, die überfließt

Revival Song aus Südindien
Sprache: Kannada

Kehrvers

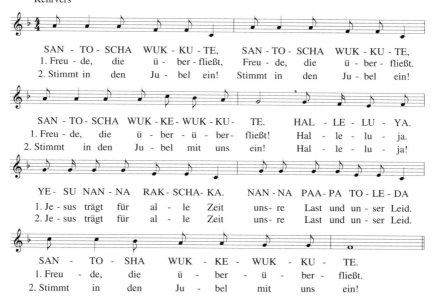

Wörtliche Übersetzung:

Refrain: Überströmende Freude. Halleluja.
Jesus, mein Retter, hat meine Sünde weggewaschen.

Vers 1: Ich ging auf dem falschen Weg. Und obwohl ich es wußte, daß es der falsche Weg war, ging ich immer weiter. Aber Jesus hat mich nicht verlassen. Er selber kam und rettete mich. Dieser gute Jesus wurde mein eigen.

Vers 2: Die Menschen, die in der Sünde bleiben, wandern in die Hölle. Ich werde im Himmel neue Lieder singen. Unser guter Jesus hat uns errettet.

NADIPINCHU NAA NAAVA
Yellaam Yesuwe No. 33

Indian Lyric
Telugu language

Text: Rev. Dr. A. B. Masilamani (1914-1990)

Guide my ship of life o God in the midst of the sea
that the voyage that I undertake o God may be full of righteousness and love.
Guide my ship of life o God.
When my heart is crushed by the weight of sins of my day after day.
Gently step in and handle my ship till my soul blooms and darkness sails away.

SHRI YESU NAAMA ATISHAYA NAAMA
Lord Jesus' Name is the most beautiful music

Der Name Jesu ist der schönste aller Namen. Im Ohr des Sünders klingt er wie Musik.

1. Es ist der Name dessen, der in die Welt kam, um zu suchen, was verloren ist.
Es ist der Name dessen, der ohne Sünde unter uns lebte, uns allen zum Vorbild.

2. Jesu Name ist groß und höher erhaben als alle Namen. Es ist der Name dessen,
vor dem aller Knie sich anbetend beugen weden.

3. Er kam nicht, um zu verstoßen und ins Elend zu treiben, sondern er kam,
um mich reich zu segnen. Der Name des Höchsten sei gepriesen!

4. In seinem Namen werden Besessene von bösen Geistern befreit und Kranke geheilt;
Blinde werden sehend und Aussätzige rein.

Die Entstehung indigener christlicher Musik in Papua-Neuguinea von Zahn und Keyßer bis heute

Benjamin Carstens

So selbstverständlich das Übersetzen deutscher oder englischer Kirchenlieder lange Zeit von Missionaren betrieben wurde, als so selbstverständlich empfinden wir es heute, wenn uns christliche Musik aus anderen kulturellen Kontexten begegnet, die auf indigener Musik basiert. Doch wie entsteht indigene christliche Musik? Vor ausführlicheren Beispielen aus Papua Neuguinea scheinen ein paar allgemeine Überlegungen wichtig zu sein.

Will man die Entstehung christlicher Musik untersuchen, stellt sich zuerst die Frage nach der Definition indigener Musik. Betrachtet man die musikethnologische Literatur, stellt man zwar fest, dass der Begriff „indigene Musik" (engl. „indigenous music") mit einer gewissen Selbstverständlichkeit verwendet wird, eine einigermaßen allgemeingültige Definition scheint sich aber nicht durchgesetzt zu haben. So verwende ich diesen Begriff vorerst vor allem aus dem Grund, weil er allemal besser geeignet scheint als die Alternativen: Von Volksmusik, Folklore oder Weltmusik zu reden führt in eine falsche Richtung. Nur von traditioneller Musik oder von regionaler Musik zu sprechen, wäre dagegen zu eingrenzend, Begriffe wie autochthone Musik oder endemische Musik werden dagegen kaum benutzt. Eine mögliche Annäherung wäre, indigene Musik schlicht als die Musik indigener Völker zu verstehen. Zwar lässt sich sagen, welche Bedeutung und Funktion Musik im Leben indigener Völker hat, aber die Frage bleibt, wie indigene Völker zu definieren sind und ob nicht auch Personengruppen, die nicht unter die Kategorie „indigene Völker" fallen, indigene Musiktraditionen haben. Der Begriff „indigene Musik" scheint sich der Definierbarkeit im herkömmlichen Sinne weitgehend zu entziehen, was durch die Tatsache bestätigt wird, dass man in den beiden großen Musikenzyklopädien („Musik in Geschichte und Gegenwart" sowie dem „New Grove Dictionary of Music and Musicians") vergeblich nach einem Stichwort „indigene Musik" oder „indigenous music" sucht. Als Arbeitsdefinition soll daher zunächst folgende

Annäherung dienen: Indigene Musik ist regionale Musik im Sinne einer mehr oder weniger engen Verbundenheit der Musik mit einer bestimmten Region, sie wird von einer bestimmten Bevölkerungsgruppe als „ihre Musik" angesehen und sie ist, wenn auch nicht mit traditioneller Musik gleichzusetzen, auf jeden Fall das Produkt einer musikalischen Tradition, die in vielen Fällen zumindest früher einmal oral weitergegeben wurde.

Indigene christliche Musik: Drei grundsätzliche Möglichkeiten

Versteht man ein indigenes christliches Lied als ein Lied, das einen christlichen Text besitzt und durch seine Melodie zu einem indigenem Liedgenre gehört, dann bieten sich drei grundsätzliche Möglichkeiten zur Schaffung indigener christlicher Lieder an: Zu einem existierendem Lied kann ein neuer Text geschrieben werden, es kann innerhalb eines existierenden Genres ein neues Lied komponiert werden, oder es kann für den Zweck der christlichen Musik ein neues indigenes Genre geschaffen werden.

Die Übernahme indigener Melodien

Die genaue Übernahme indigener Melodien, für die ein neuer Text gedichtet wird, ist sicherlich die einfachste Methode zur Schaffung indigener christlicher Musik. Bereits in der Bibel finden sich zahlreiche Beispiele für diese Praxis. So heißt es in Psalm 22,1: „Ein Psalm Davids, vorzusingen nach der Weise ‚Die Hirschkuh, die früh gejagt wird'." Der Psalmist bediente sich beim Dichten seiner geistlichen Lieder offensichtlich bei populären Melodien seiner Zeit, die gar keinen religiösen, sondern einen äußerst profanen Hintergrund hatten. Auch in der abendländischen Musikgeschichte ist die Übernahme einer weltlichen Melodie für geistliche Musik ein sehr gängiger Vorgang. Schon in der Renaissance waren einige der beliebtesten Messen sogenannte Parodiemessen, die auf einem oft sehr bekannten weltlichen Chanson oder Madrigal basierten, was die Übernahme der Melodie umso deutlicher erkennbar werden ließ. Zwar versuchte das Tridentiner Konzil (1545–1563), Parodiemessen komplett zu verbieten, allerdings ohne anhaltenden Erfolg. Auch außerhalb von Messen wurden die Melodien von zahlreichen Volksliedern für Kirchenlieder übernommen: So wurde aus dem Volkslied „Innsbruck, ich muss Dich lassen" das Kirchenlied „O Welt, ich muss Dich lassen" und das bekannte Weihnachtslied „O du fröhliche" wurde im 19. Jahrhundert zur Melodie eines alten sizilianischen Seemannsliedes gedichtet. Trotz der jahrhundertelangen Abwertung geschlechtlicher Liebe durch die Kirche wurden auch Liebeslieder umgedichtet, eins der prominentesten Beispiele dafür ist „Mein Gmüth ist mir verwirret, das macht ein Jungfrau zart" von Leo Hassler, dessen Melodie sogar von Bach in die Matthäuspassion aufgenommen wurde. Zuerst hatte die Melodie mit dem Text „Herzlich tut mich verlangen" Einzug in die Kirche gefunden; als „O Haupt voll Blut und Wunden" ist sie noch bis heute sehr bekannt. Warum sollte dieses Verfahren nicht auch im Kontext der Mission sinnvoll sein? Auch Heinrich Zahn wurde durch die Fülle an Beispielen aus der abendländischen Kirchenmusikgeschichte darin bestätigt, dass dieses Vorgehen auch in Neuguinea möglich und sinnvoll sein kann. Besonders einfach zu handhaben ist diese Methode vor allem aus zwei Gründen: zum einen können auch Menschen ohne besondere musikalische Fähigkeiten aktiv am Schaffungsprozess indigener christlicher Musik beteiligt sein, zum anderen können ohne Probleme auch Lieder aus indigenen Genres zur Grundlage genommen werden, in denen schon lange nicht mehr komponiert worden ist, sondern nur noch existierende Lieder tradiert werden. Dennoch ist eine problemlose Übernahme indigener Melodien nicht immer möglich: Wenn zu einer bestimmten Melodie nur ein Text existiert, der mit den Inhalten des Christentums unvereinbar ist und diese Melodie starke Assoziationen zum Text weckt, ist eine Benutzung dieser Melodie im christlichen Kontext wahrscheinlich erst mit größerem zeitlichem Abstand möglich – aus einem Kriegslied kann nicht immer ohne weiteres gleich ein Segenslied werden und bestimmte ausschließlich zur Geisterbeschwörung verwendete Melodien werden von den einheimischen Christen wahrscheinlich erst einmal gemieden. Sind zu bestimmten Melodien aber bereits verschiedene Texte bekannt, stellt ein weiterer Text, diesmal mit christlichem Inhalt, auf jeden Fall kein Problem dar.

Neukompositionen in bestehenden Genres

Einen Schritt über das Schreiben neuer Texte zu indigenen Melodien hinaus geht die Neukomposition christlicher Lieder in bestehenden Genres indigener Musik. Auch wenn sich ein Genre durch darin neukomponierte christliche Lieder durchaus ändern kann, besteht kein Zweifel daran, dass nichtchristliche indigene Lieder, die in der Kultur hoch angesehen sind, als Vorbild beim Komponieren dienen können: „Well-regarded traditional songs may be used as models for hymn composition." [1] Nur müssen mit Bedacht die Genres ausgewählt werden, die sich am besten für den Zweck der Neukomposition christlicher Lieder eignen, ein Musikethnologe oder musikethnologisch ausgebildeter Missionar kann mit seinen Fähigkeiten der einheimischen Kirche durchaus dabei behilflich sein, geeignete Genres auszuwählen. Dazu müssen alle vorhandenen Genres gründlich analysiert werden, um eventuelle Beschränkungen zu erkennen: Dürfen nur Männer oder nur Frauen die Lieder eines bestimmten Genres singen? Zu welchen Anlässen wird welches Genre benutzt? Wie werden in den einzelnen Genres neue Lieder geschrieben, wenn überhaupt neue Lieder komponiert werden? Ist es denkbar oder unmöglich die Komposition eines Liedes des untersuchten Genres mit einem bereits bestehenden Text zu beginnen? Sind die Lieder eines Genres thematisch festgelegt oder können sie von allem möglichen handeln? Werden bestimmte Kostüme benötigt? Damit die Wahl des oder der Genres für christliche Musik kulturell angebracht ist, aber allen die Teilnahme ermöglicht, rät der Musikethnologe und Missionar Paul Neeley zusammenfassend: „look for a genre in which anyone can sing about anything anytime anywhere! In some parts of the world, no single genre will have all these characteristics, so a choice will be made on the basis of other (locally determined) criteria." [2] Bei der Suche nach einem geeigneten Genre muss das Ziel bewusst sein: Sollen christliche Lieder für Audioaufnahmen, für bestimmte Feste und Anlässe oder für den gewöhnlichen Sonntagsgottesdienst entstehen? Genres mit langen narrativen Liedern eines Solisten sind für Gottesdienstmusik ungeeignet, für Audioaufnahmen aber denkbar, ebenso wie jahreszeitlich festgelegte indigene Musik zur Grundlage für Musik zu christlichen Festen in den entsprechenden Zeiten werden kann, sich aber nicht so sehr für den gewöhnlichen sonntäglichen Gebrauch anbietet. Dabei ist gerade die Kirchenmusik, die jeden Sonntag verwendet werden kann, wahrscheinlich die am dringendsten benötigte christliche Musik an vielen Orten. Auch wenn Neeley dies nicht erwähnt, so ist es natürlich auch denkbar, dass christliche Musik für sonntäglichen Gebrauch in einem

---

1   Briag Schrag et alii, Music and Cross-Cultural Communication. Promoting Indigenous Hymnody. Course Notes (unveröffentlichtes Manuskript), 45.
2   http://www.worship-arts-network.com/PN-HandyGuide.html (30.5.2006).

Genre entsteht, dessen Lieder eigentlich nur von einer bestimmten Personengruppe an einem bestimmten Tag im Jahr an einem ganz bestimmten Ort gesungen werden. Wenn die Mitglieder einer Kultur von sich aus beschließen, ihre eigene Musikkultur in diesem Punkt so drastisch zu ändern, wird ein Missionar dies wahrscheinlich nicht verhindern – solche Änderungen vorschlagen oder fordern sollten kulturelle Außenseiter wie Missionare oder Musikethnologen aber nicht. Auch sollten sie mit ihrer persönlichen Meinung zu den neuen Liedern sehr vorsichtig sein, ihr eventuelles Missfallen sagt schließlich nichts über die Qualität der Lieder aus, ganz im Gegenteil:

„If missionaries or other foreign Christians do not like the product, that is not sufficient reason to question its value or suitability, but may, in fact, simply confirm the appropriateness of the indigenous medium." [3]

Neue christliche Genres

Christliche indigene Musik kann auch durch die Begründung eines neuen christliches Genres entstehen, wobei das neue Genre eher unbewusst oder ganz bewusst geschaffen werden kann. Letzteres kann zum Beispiel dann in Betracht kommen, wenn die bestehenden indigenen Genres von den Christen allesamt abgelehnt werden, sei es wegen der damit verbundenen Assoziationen oder wegen einer negativen Grundeinstellung von Missionaren, die sich auf die Christen und dort eventuell von einer zur nächsten Generation übertragen hat. Roberta King, die das wohl einzige Buch [4] geschrieben hat, das den Kirchen im subsaharischen Afrika eine Anleitung zum Komponieren kulturell angebrachter Kirchenmusik sein will, spricht von sechs eigentlich sehr simplen Bedingungen [5], die ein für indigene christliche Musik neugeschaffenes Genre erfüllen sollte:

— die Lieder des neuen Genres sollten allen die aktive Teilnahme ermöglichen
— sie müssen von allen einfach zu singen sein
— sie müssen auch mit einer größeren Menge Text noch natürlich klingen

---

3 http://www.papuaweb.org/dlib/s123/wilson/mth.pdf (7.12.2005), 56.
4 Roberta King, A Time to Sing. A Manual for the African Church, Nairobi 1999.
5 Time to Sing, 58f.

- das Genre sollte musikalisch äußerst attraktiv sein
- es muss den Leuten helfen, sich auf die Botschaft zu konzentrieren
- die Lieder des Genres sollen auf Gott verweisen – auf Grund möglicher negativer Konnotationen ist eine zu große Nähe zu von einheimischen Christen abgelehnten Genres daher zu vermeiden.

Die Bedeutung von Missionaren

Welche Rolle können Missionare bei der Entstehung indigener christlicher Musik spielen? Beispiele aus Gegenwart und Missionsgeschichte zeigen: Jede nur erdenkliche Rolle ist möglich. Indigene christliche Musik kann trotz der Arbeit von Missionaren entstehen, völlig unabhängig von Missionaren oder gerade durch die Arbeit von Missionaren. Als Beispiel für die Entstehung indigener christlicher Musik trotz der Arbeit von Missionaren möge ein Erlebnis der Musikethnologin Michelle Kisliuk dienen, das sie während ihrer Feldforschung in den achtziger Jahren des 20. Jahrhunderts bei den BaAka–Pygmäen in Zentralafrika machte [6]. Dort führte die Haltung einer Missionarin zunächst dazu, dass indigene Musik und Tanz auch von der einheimischen Bevölkerung als satanisch abgelehnt wurden. Bei ihrem nächsten Besuch stellte Kisliuk fest, dass die BaAka in Abwesenheit der Missionarin bereits ein neues indigenes christliches Musik- und Tanzgenre entwickelt hatten, einen „god dance" genannten Tanz, der häufig und mit großer Begeisterung getanzt wurde. Dass die Missionarin indigene Musik und gerade die Tänze komplett ablehnte, hatte die bekehrten BaAka nicht daran gehindert, ihren neuen Glauben mit ihren kulturellen Mitteln auszudrücken. Dass eine radikale Ablehnung indigener Musik durch Missionare nicht immer solche Folgen hatte wie in diesem Beispiel, muss sicher nicht erwähnt werden. Es bleibt aber festzuhalten, dass indigene christliche Musik auch unter scheinbar besonders ungünstigen Umständen entstehen kann. Auch der gegenteilige Fall, die Entstehung indigener christlicher Musik durch die Arbeit von Missionaren, ist natürlich möglich. Missionare können einheimische Christen sehr wohl dazu ermutigen, ihr eigenes kulturelles Erbe bei der Schaffung neuer Kirchenmusik nicht unberücksichtigt

---

6 Michelle Kisliuk, (Un)doing Fieldwork. Sharing Songs, Sharing Lives, in: Gregory F. Barz, Timothy J. Cooley (Hg.), Shadows in the Field. New Perspectives for Fieldwork in Ethnomusicology, New York 1997, 229ff.

zu lassen. Hierfür haben sich in den letzten Jahrzehnten musikethnologische Workshops als hilfreich erwiesen, auf die ich später noch ausführlicher eingehen werde. Aber auch ganz unabhängig vom positiven oder negativem Einfluss christlicher Missionare kann indigene christliche Musik entstehen. Als Beispiel hierfür mag die Geschichte Südafrikas dienen, wo es ausgerechnet die Apartheid war, die an etlichen Orten zu einer Indigenisierung der Kirchenmusik führte, da der politische Widerstand der schwarzen Kirche mit einer Indigenisierung des Liedguts – auch des christlichen – einherging. [7]

Christian Keyßer

Wie kam es zur Entstehung indigener christlicher Musik in Papua-Neuguinea? Christian Keyßer war als Neuendettelsauer Missionar von 1899–1920 unter den Kâte in der damaligen Kolonie Deutsch-Neuguinea tätig. Obwohl er im Allgemeinen dafür bekannt wurde, dass er versuchte, Gemeindebau ohne westliches Vorbild zu betreiben und als Bezugspunkte nur das Neue Testament und die Kultur vor Ort nehmen wollte, begann auch er seine musikalische Arbeit mit dem Übersetzen deutscher Choräle. Rückblickend schreibt er: „Auf der Missionsstation lernten die braunen Knaben christliche Lieder nach deutschen Melodien. Man wußte keine anderen." [8] Die wie eine Entschuldigung wirkende Begründung traf sicher auf viele Missionare der damaligen Zeit zu, man nahm die Melodien, die man kannte, ohne darüber nachzudenken, ob es Alternativen gäbe. Wenn die bekehrten Kâte die übersetzten Choräle sangen, muss das in den Ohren ihrer Mitmenschen schrecklich geklungen haben: „Wenn die Jugendlichen in ihren Dörfern die neuen Lieder sangen, ernteten sie alles andere als Lob oder Zustimmung „Schweigt mit dem neumodischen Geheul! Ihr kräht ja wie die Lederkopfvögel. Hockt Euch zu ihnen auf die Bäume hinauf, aber verschont uns hier in den Häusern damit; ihr werdet nur Unglück über uns bringen mit eurem Gekrächze!" [9] Leider lässt sich heute nicht mehr eindeutig sagen, ob es die Fremdartigkeit der ausländischen Melodien oder die Gesangsqualität war,

---

7 Dave Dargie, Christian Music among Africans, in: Richard Elphick, Rodney Davenport (Hg.), Christianity in South Africa. A Political, Social & Cultural History. Kapstadt 1997, 319–326.
8 Christian Keyßer, Eine Papuagemeinde, Kassel 1929, 101.
9 Papuagemeinde, 102.

die zu jenem Eindruck führe. Doch nicht nur unter musikästhetischen Gesichtspunkten konnten die neuen Lieder die Kâte nicht überzeugen, auch die vielen Strophen der Choräle mit ihren Unmengen an Text ließen sie an der Tauglichkeit der übersetzten Choräle für sie zweifeln: „Sie meinten, die von uns Weißen aus dem Deutschen übersetzten Lieder taugten nicht recht für Neuguineer, denn sie enthielten zu viele Gedanken. ‚Ihr Weißen wollt immer denken; ihr singt mit dem Kopf, wir dagegen mit dem Herzen'. Die Männer hatten vielleicht nicht ganz unrecht." [10]

Diese Erfahrungen reichten Keyßer, um musikalisch eine Kehrtwende zu machen und zum ersten Missionar auf dem Gebiet des heutigen Papua-Neuguinea zu werden, der auf indigene christliche Musik setzte. Zu seiner Überraschung waren seine Bemühungen anfangs aber gar nicht von Erfolg geprägt: „Die Christen zeigten sich außerstande, der alten Weise einen neuen Text anzupassen, ja sie schienen zuerst unfähig, überhaupt ein christliches Lied hervorzubringen." [11]

Als Reaktion auf diese Probleme schrieb Keyßer selbst christliche Texte zu den für ihn schönsten indigenen Melodien und gab den einheimischen Christen damit einen entscheidenden Impuls: Es entwickelte sich eine euphorische Kompositionsbewegung, durch die in kürzester Zeit hunderte von indigenen christlichen Liedern entstanden. Warum die Kâte erst nach dem Beispiel Keyßers in der Lage waren, eigene indigene christliche Musik zu schreiben, lässt sich heute nicht mehr genau rekonstruieren. Denkt man an die oben erwähnte erste Möglichkeit der Schaffung indigener Musik (neuer Text zu indigener Melodie), dann wäre denkbar, dass es vielleicht nicht üblich war, die gleiche Melodie für verschiedene Lieder zu verwenden. Denkt man an die zweite Möglichkeit (Neukomposition in bestehenden indigenen Genres) wäre es vorstellbar, dass in dem indigenem Genre, das für die neuen Lieder verwendet wurde, nur noch existierende Lieder tradiert wurden, man aber schon seit langer Zeit keine neuen Lieder mehr darin komponierte. Unzweifelhaft ist, dass Keyßer mit seinen Kompositionen zu Demonstrationszwecken den Kâte einen entscheidenden Impuls zur Schaffung einer ganz eigenen indigenen Musik gab – dies ist also offensichtlich auch kulturellen Außenseitern möglich. Eine genauere wissenschaftliche Untersuchung Keyßers musikalischer Aktivitäten und seines Einflusses steht – anders als bei Heinrich Zahn – indes noch aus.

---

10 Papuagemeinde, 104.
11 Papuagemeinde, 102.

Heinrich Zahn

Heinrich Zahn war wie Christian Keyßer ebenfalls als Neuendettelsauer Missionar auf Neuguinea tätig, allerdings nicht so weit im Inland, sondern in der Gegend um Finschhaven an der Küste, wo er mit einem Jahr Unterbrechung von 1902 bis 1932 unter den Jabêm tätig war. Da er musikalisch und linguistisch sehr interessiert war, hielt er sehr viele seiner Beobachtungen zusammen mit seinen Reflektionen dazu schriftlich fest, 1920 war die Arbeit am Manuskript „Musik und Mission" beendet. Erst 1996 wurde es in englischer Übersetzung als „Mission and Music" erstmals veröffentlicht [12], herausgegeben und kommentiert von Don Niles in Papua-Neuguinea, wodurch Heinrich Zahns Leben und Wirken wissenschaftlich aufgearbeitet und internationalem Fachkreisen zugänglich gemacht wurde.

Neben Lehrtätigkeit und Bibelübersetzung gab Zahn mehrere Gesangbücher heraus, deren Zusammensetzung sich im Lauf der Zeit sehr änderte, wie folgende Tabelle [13] zeigt:

Jahr	Zahl der Lieder	Anteil der Lieder mit westlichem Autor	Anteil der Lieder mit westlicher Melodie
1909	62	100 %	97 %
1911	82	100 %	98 %
1917	205	<1 %	0 %
1927	196	43 %	40 %
1932	222	41 %	38 %

Wie deutlich zu erkennen ist, kam es 1917 offensichtlich zu einem radikalen Bruch mit der bisherigen Praxis des Übersetzens von Chorälen. Hierfür war zum einem Christian Keyßer verantwortlich, mit dem Zahn sich regelmäßig traf, zum anderen Karl Steck, ein Neuendettelsauer Missionsinspektor, der 1914/1915 die Gegend um Finschhafen besuchte und sich auf Grund seines Eindrucks von der Qualität des Gesangs übersetzter Choräle für eine

---
12 Heinrich Zahn, Mission and Music. Jabêm Traditional Music and the Development of Lutheran Hymnody. Boroko 1996.
13 Vgl. Mission and Music, xxvi.

Indigenisierung aussprach. Schließlich war es auch Zahns eigene Erkenntnis, dass der Choralgesang der Jabêm von solch dürftiger Qualität war, dass sich die Frage nach dem Sinn übersetzter Choräle stellt: „Do the natives have to have our hymns when they can't sing them properly?"[14]

Als Zahn aber damit anfing, die Einheimischen zu ermutigen, durch Schreiben von neuen Texten zu traditionellen Melodien eine indigene Kirchenmusik zu schaffen, waren die ersten Ergebnisse ähnlich ernüchternd wie bei Keyßer: Das erste in der Folgezeit entstandene Lied enthielt trotz Zahns Ermutigung keine indigene Melodie, sondern war vielmehr aus Melodiebruchstücken verschiedener Choräle zusammengesetzt. Das Lied muss so wenig überzeugend geklungen haben, dass Zahn befürchtete, dass es könne später in irgendeiner Weise gegen ihn verwendet werden. Ob einfach nur Zeit verging oder ein bestimmtes Ereignis Auslöser dafür war, dass einige Zeit später von Zahn als hochwertig erachtete Lieder mit indigenen Melodien in großer Menge entstanden, ist leider nicht bekannt. Auf jeden Fall stellte das 1917 von Zahn herausgegebene Gesangbuch mit 205 auf indigenen Melodien beruhenden Liedern ein großes Novum in der Kirchengeschichte von Neuguinea dar.

In den später herausgegebenen Liederbüchern befanden sich schließlich Kirchenlieder mit indigenen und europäischen Melodien nebeneinander – neben der Tatsache, dass es einige Choralmelodien wahrscheinlich doch geschafft hatten, bei der einheimischen Bevölkerung populär zu werden, mag hier auch das Streben nach einer lutherischen Identität eine Rolle gespielt haben.

Zahns Muscheltrompetenorchester

Wirklich bekannt wurde Zahn aber weder durch seine Jabêm-Gesangbücher, noch durch seine beachtlichen ethnografischen Aufzeichnungen und seine Zylinderaufnahmen, die sich heute im Berliner Phonogrammarchiv befinden, sondern durch das das Muscheltrompetenorchester oder den Muschelbläserchor – zu Recht, ist dieses musikalische Experiment doch weltweit einmalig und demonstriert bis heute, dass auch zwei völlig unterschiedliche Musikstile zu einem einzigartigen Neuen zusammenkommen können. Ziel war des Muscheltrompetenorchesters war es eigentlich, durch

---

14   Mission and Music, 155.

Zeigen der richtigen Tonhöhe den Gesang westlicher Choräle zu verbessern, den Zahn doch noch nicht ganz aufgeben wollte, dazu benutzte er die Ziffernnotation vom Niederländer Daniël de Lange. Die Ziffernnotation war nicht nur einfacher als normale Notation zu lesen (die in den Schulen der Mission unterrichtet wurde), sie war auch berechtigt, da man mit einer Muscheltrompete nur einen einzigen Ton erzeugen konnte. Je größer die Muscheln, desto tiefer ist der erzeugte Ton, je kleiner desto höher ist er. Da es nicht einfach war, von einer einzelnen Spezies so viele verschiedene Größen zu finden, wurden insgesamt vier verschiedene Spezies [15] als Instrumente verwendet: Charonia tritonis, Pleuroploca filamentosa, Tutufa bubo (alle seitlich geblasen) und Cassis cornuta (frontal geblasen) und anschließend bearbeitet. Das Orchester spielte zunächst zweistimmig, später sogar vierstimmig, vorwiegend westliche Choralmelodien.

Auch wenn das Muscheltrompetenorchester mit pädagogischem Impetus begonnen wurde, verselbständigte es sich schnell und wurde durch seine einzigartige Mischung aus westlichen Melodien und indigenen Instrumenten zu einer Attraktion, auf die viele Neuguineer, vor allem in der Provinz Morobe bis heute stolz sind – „its uniqueness has ensured its status aside from any pedagogical aims." [16]

Im August 1928 erhielt Zahn vom Bayerischen Posaunenchorverband eine Spende von zehn Blechblasinstrumenten (sechs Ventilflügelhörner, zwei Zugposaunen, ein Tenorflügelhorn und eine Tuba) und begann eine Posaunenchorarbeit, die bald darauf dazu führte, dass ein kleiner Posaunenchor zusammen mit dem Muscheltrompetenorchester spielten konnte. Obwohl Zahn meist als Dirigent fungierte, konnten beide Gruppen auch ohne Dirigenten gut spielen. Besonders beim Zusammenspiel der beiden Gruppen wurde eine beträchtliche Lautstärke erreicht, die mit ein Grund für die Popularität gewesen sein mag und eventuell auch dafür verantwortlich war, dass es sich einbürgerte, dass das Doppelorchester nie Gesang begleitete, sondern sich bei Liedern das Orchester und der Gemeindegesang im Strophentakt abwechselten. Zur allsonntäglichen Anwendung in Gottesdiensten war das Doppelorchester zu besonders und aufwendig, bei Anlässen wie Taufen, manchen Beerdigungen und großen Festivitäten wurde das Doppelorchester aber immer gerne eingesetzt. Auch wenn der Posaunenchor anfangs

---

15   Biologisch betrachtet handelt es sich eigentlich nicht um Muscheln, sondern um Schnecken.
16   Mission and Music, xcii.

Muscheltrompeterorchester in heutiger Zeit. (Foto Burkhard Heupel)

vor allem mit dem Muscheltrompetenorchester zusammen in Erscheinung trat, trug die von Zahn begonnene Bläserarbeit in Neuguinea Früchte, die weit darüber hinausgingen: Nach längerer Pause sind Posaunenchöre heute an vielen Orten in Papua-Neuguinea wieder ein wichtiger Bestandteil evangelisch-lutherischen Gemeindelebens.

„Heart music" – ein neues Konzept

Bereits in den anfänglichen Überlegungen zum Begriff der indigenen Musik wurde die Schwierigkeit einer Definition deutlich. Eine an manchen Orten präsente Ausweitung des Begriffs kann schnell dazu führen, dass die Anwendung noch unklarer wird. So ist es in Australien nicht unüblich alle von Aborigines gemachte Musik „indigenous music" zu nennen, auch wenn diese Musik rein gar nichts mit ihrer traditionellen Musik zu tun hat: „Indigenous music draws on and embraces the full range of musical styles and form, including pop, country and western, disco, opera, rap, techno, and rhythm and blues." [17]

---

17   http://www.baman.org/main/images/pdf/proto_song.pdf (27.8.2006).

Posaunenchor in Papua. (Foto Burkhard Heupel)

Doch nicht nur die immer schwerer werdende Definition spricht gegen den Begriff, auch bei der Frage, was heute indigene christlicher Musik ist, stößt man sehr schnell an die Grenzen des Begriffs. Als Beispiel mögen die heutigen Posaunenchöre in Papua-Neuguinea dienen, die gerade in der lutherischen Kirche vielerorts ein fester Bestandteil des Gemeindelebens sind und von den Mitgliedern als traditionelle Musik bezeichnet werden. Kann man Posaunenchöre einfach als westliche und importierte Musik abtun, wenn die einheimische Kirche sie inzwischen als Teil ihrer eigenen traditionellen Musik sieht und zu manchen Anlässen sogar traditionelle Bekleidung und Schmuck dazu trägt?

Wer hier als westlicher Besucher strikte Einteilungen in „indigen" und „westlich" vornimmt, landet schnell bei einem Paternalismus, vor dem gerade mit Blick auf die Kolonialgeschichte zu warnen ist: „how long will I, as an outsider to this place, continue to hold on to my preconceived notions of what is ‚traditional', what is ‚modern', what is ‚foreign' and so on?" [18] Vor allem, wenn man im Blick hat, der einheimischen Kirche zu helfen, eine

---

18 Neil Coulter, From the guest editor, in: Ethnodoxology (2/2005), 1–2, hier: 1.

angebrachte Kirchenmusik zu entwickeln, darf man nicht die eigenen westlichen Maßstäbe anlegen.

Aus diesem Grund sprechen christliche Musikethnologen, die im Kontext der Mission tätig sind, von „heart music", wenn sie von der Musik reden, die sie fördern wollen. Tom Avery definiert „heart music" als „The musical system that a person learns as a child or youth and that most fully expresses his or her emotions."[19] Ziel des Begriff ist es also, Musik nicht danach zu beurteilen ob sie eher westlich oder traditionell ist, sondern jene Musik zu benennen, zu denen Menschen eine tiefe emotionale Beziehung haben, in der Regel, weil sie durch Musik dieser Art in ihrer Kindheit geprägt wurden. Auch wenn der Begriff etwas schwülstig klingen mag und sich schwer ins Deutsche übersetzen lässt – er eignet sich hervorragend, um deutlich zu machen, was für eine Kirchenmusik anzustreben ist, eine, die die Menschen berührt, weil sie aus ihrem Inneren kommt und ihnen nicht fremd ist. Das können traditionelle indigene Melodien sein, lutherische Choräle, angelsächsische „worship songs" oder eine Mischform aus indigeneren und westlicheren Musiktraditionen sein – entscheidend darüber, was „heart music" ist, ist nur die Beziehung der Menschen zu dieser Musik und damit die Bedeutung der Musik für sie.

Musikethnologische Workshops

Wie kann der einheimischen Kirche am besten geholfen werden, die Möglichkeit und Notwendigkeit von christlicher Musik, im Stil der „heart music" zu verstehen und selber die notwendigen Schritte zu gehen, um zu solcher Musik zu gelangen? Kompositionswettbewerbe können in Einzelfällen das kompositorische Schaffen ankurbeln, aber als das wohl geeigneteste Hilfsmittel haben sich in den letzten Jahren Workshops erwiesen, die inzwischen an den verschiedensten Orten der Welt (meist kostenlos) angeboten werden. In der Regel werden sie an Orten durchgeführt, wo bereits eine oder mehrere einheimische Kirchen existieren, aber durch starken Einfluss westlicher Musik oder kulturelle Fehler der Missionare an diesem Ort nur wenig oder gar keine christliche Musik im Stil der „heart music" existiert oder indigene Musik von Christen gar nicht mehr oder nur mit schlechtem Gewissen praktiziert wird. Oft dauern die Workshops nur zwei Tage oder

---

19 Course Notes, 19.

ein Wochenende, es gibt aber auch Konzepte für ein oder zwei Wochen oder noch längere Programme, bei denen die musikalischen Inhalte Elemente eines größer angelegten theologischen und / oder musikalischen Ausbildungsprogramms sind. Durchführende sind meist christliche Musikethnologen oder Missionare mit mehr oder weniger ausführlicher musikethnologischer Zusatzausbildung. Die Teilnehmer eines Workshops stammen in der Regel alle aus derselben Kultur und haben daher einen mehr oder weniger vergleichbaren musikalischen Hintergrund. Oft wird der Workshop in Zusammenarbeit mit einheimischen Kirchen durchgeführt, deren eventuell ablehnende Haltung die Ergebnisse des Workshops schnell zerstören könnte. Todd und Mary Sauermann, zwei Musiktherapeuten, die heute hauptsächlich musikethnologische Workshops leiten, benennen als Ziel der Workshops: „to pass on a vision to composers, musicians, story tellers, church leaders, and cross cultural workers about the value of using language and music that speaks directly to the hearts of people within their own culture"[20]. Dieses Zitat verdeutlicht auch den Zusammenhang zwischen „heart music" und Sprache – an einigen Orten, an denen Workshops durchgeführt werden, sehen die Workshopleiter die einheimische Kirche auf Grund der Missionsgeschichte und/oder neueren westlichen Einflusses mit zwei großen Problemen belastet: im Gottesdienst wird weder heart music verwendet, noch die eigentliche Sprache der Bevölkerung, sondern stattdessen eine Verkehrssprache oder von den Missionaren eingeführte Kirchensprache gesprochen.

Den möglichen Inhalt eines Workshops fasst Tom Avery folgendermaßen zusammen:

> „workshops vary according to the immediate need, but typically they involve illustrating the value of using local music systems (especially where the people are stuck in the rut of using only foreign music in church), thinking through the Psalms or other Scripture passages that might be put to music, composing new Christian songs, and recording the new songs."[21]

Trotz unterschiedlicher Workshopkonzepte, die sich auch in unterschiedlichen Namen wie „Songwriting Workshops" oder „Applied Ethnomusicology Workshops" zeigen, haben alle Workshops eine deutliche Zweispurig-

---

20 Todd & Mary Beth Sauermann: Effective Principles for Facilitating Applied Ethnomusicology Workshops, unveröffentlichte Seminarunterlagen der Global Consultation on Music and Mission 2006 in St. Paul, Minnesota.
21 http://www.missionfrontiers.org/1996/0508/ma963.htm (30.5.2006).

keit gemeinsam: Zum einen gilt es, im Studium verschiedener Bibelstellen zu erarbeiten, was die Bibel über Musik sagt – und was die Bibel nicht über Musik sagt, zum anderen soll bei einer Art Bestandsaufnahme der verschiedenen in der Kultur praktizierten Musikstile unter anderem ein Bewusstsein der eigenen Musikkultur und deren Möglichkeiten geschaffen werden. Zum Erreichen des oben genannten Ziels eines solchen Workshop ist die Verknüpfung der beiden Spuren des Workshops unabdingbar. Ob die biblischen und kulturellen Teile des Workshops nacheinander oder parallel durchgenommen werden, ist je nach Konzept unterschiedlich. Die Fokussierung auf die Bibel im einen Teil des Workshops kommt nicht nur vielen Kirchen in nichtwestlichen Ländern entgegen, da die Bibel im Leben der Christen dort oft eine viel größere Rolle als bei uns spielt, es ermöglicht auch, ein Umdenken in Bezug auf Musik anzuregen, ohne die einheimische Kirche oder die Arbeit früherer Missionare direkt zu kritisieren, was den Workshopleiter leicht in ein neokoloniales Licht rücken könnte und zu einer Art Paternalismus führen könnte.

Beim biblischen Teil des Workshops sind Viele Workshopteilnehmer erleichtert oder überrascht, dass in der Bibel

— Gott selbst auch einmal als ein singender Gott beschrieben wird (Zef. 3,17) [22],
— sehr oft spontan improvisierte Lieder und Tänze erwähnt werden, meist Dank- und Loblieder nach freudigen Ereignissen oder überstandenen Gefahren (2. Mose 15),
— offenbar keine per se „bösen Instrumente" existieren und die Verwendung bestimmter Instrumente für Unterhaltungsmusik (Jes. 5,12) oder sogar für Götzendienst (Dan. 3,5) nicht die Verwendung dieser Instrumente im Lobpreis des Gottes Israels unmöglich macht (Ps. 150),
— sehr oft zum Schreiben neuer Lieder zu Gottes Ehre aufgefordert wird (Ps. 33,3),
— so viel getanzt wird, ohne dass die Bibel dies missbilligt, und zwar sowohl im nichtreligiösen Kontext (1. Sam. 18,6), als auch zur Ehre Gottes (2. Sam. 6),

---

22 Die deutschen Bibelübersetzungen reden von „jubeln", „jauchzen" oder „frohlocken", in den meisten Bibelübersetzungen in anderen Sprachen wird dagegen noch deutlicher, dass der Urtext auch im Sinne einer musikalischen Äußerung Gottes übersetzt werden kann, so heißt es beispielsweise auf Englisch (New International Version): „he will rejoice over you with singing".

– die Beschreibung vom Ende der Welt erwähnt, dass alle Völker Gott preisen werden (jedes in seinem Musikstil, wie diese Stelle auch gelesen werden kann, Offb. 5,9),
– mit großer Selbstverständlichkeit so viele Arten nichtreligiöser Musik erwähnt werden, seien es Lieder über militärische Erfolge (Ri. 5), Liebeslieder (Hes. 33,32), Trinklieder (Jes. 24,7–9), Hochzeitslieder (1. Mose 31,27), Klagelieder (2. Chr. 35,25), etc. Offensichtlich war die Angewohnheit, mindestens alles wirklich Wichtige auch in Liedern auszudrücken den Menschen im Alten Testament ebenso zueigen wie vielen indigenen Völkern.

Im kulturellen Teil des Workshops geht es vor allem um Sammeln von Informationen zu den verschiedenen Musikstilen (indigenen wie westlichen) in der jeweiligen Kultur, zahlreiche Fragen sind zu beantworten: Welche Genres existiere? Welche Instrumente sind in Gebrauch? Welche Tänze werden zu welchem Anlass getanzt? Wie entstehen neue Lieder? Etc. Darüber hinaus kann es hilfreich sein, wenn die Teilnehmer sich vor Augen führen, welche Funktionen die verschiedenen Musikstile in ihrer Kultur haben oder hatten und welche Emotionen sie bei ihnen auslösen können. Eine Betrachtung der aktuellen Kirchenmusik kann zur Frage führen, welche Möglichkeiten in dieser Hinsicht noch bestehen; so entsteht auch leichter die wichtige Diskussion über die Argumente der Teilnehmer gegen die Verwendung ihrer eigenen indigenen Musik im Gottesdienst. Wenn der Workshop es als sinnvoll erscheinen lässt, dass christliche Musik in einem indigenen Genre neukomponiert wird, in dem bisher keiner der Workshopteilnehmer je etwas komponiert hat, kann es manchmal notwendig sein, dass der Workshopleiter nach sorgfältiger musikethnologischer Analyse des betreffenden Genres den Workshopteilnehmern zeigt, wie man in diesem Stil komponieren kann oder sogar selber zu Demonstrationszwecken ein christliches Lied im entsprechenden Stil schreibt. Hier zeigt sich, wie sehr in diesem Punkt Christian Keyßer und Heinrich Zahn heutigen Musikethnologen in der Mission ähneln – beide hatten bereits ein christliches Lied mit indigener Melodie geschrieben, bevor die einheimische Kirche damit begann.

Meist führt ein Workshop dieser Art dazu, dass von den Teilnehmern am Ende des Workshops oder später neue christliche Lieder komponiert werden, wobei der Stil sowohl indigen als auch westlich sein kann, eventuell auch eine Mischform. Dass auf jeden Fall indigene Musik entsteht, ist auch kein Ziel des Workshops: Ziel ist, dass christliche Musik im Stil der heart music geschrieben und verwendet wird.

Der Workshopsleiter wird in seiner Rolle von vielen als Auslöser von Prozessen beschrieben, für die er selber nicht benötig wird: „his role is to act as a catalyst" [23], er soll in erster Linie unterstützend tätig sein, sein Expertenwissen nicht verbergen, seinen Willen der einheimische Kirche aber nicht aufdrängen. Vielleicht können durch dieses Rollenverständnis ethnomusicology missionaries der Mission sogar zeigen und daran erinnern, was Mission ungeachtet aller Entgleisungen in erster Linie heißen sollte: dienen, so wie Jesus es forderte und lebte – Gott und den Menschen dienen.

Beispiele auf der beigefügten DVD machen das Ausgeführte hörbar.

---

23 http://www.newwway.org/strategy_network/ethnomusicology.htm (30.5.2006).

Kontextualisierung der Musik in den asiatischen Kirchen

Francisco Feliciano

Die Kontextualisierung des Christentums (in Asien, Anm. d. Übersetzerin) ist dringend erforderlich. OMF International, die ehemalige China Inland Mission, drückt sich im Blick auf Japan sehr deutlich aus:

> „Das Christentum ist in Japan schon seit Langem präsent und es gab Zeiten, in denen die Japaner sehr empfänglich für die frohe Botschaft waren. Dennoch wird das Christentum heute noch, Hunderte von Jahren später, nicht nur als fremd empfunden, sondern darüber hinaus als vorwiegend westlich. Dies liegt vor allem daran, dass viele Kirchen im westlichen Stil errichtet sind und auch die Art der Gottesdienste und die Kirchenlieder, die dort gesungen werden, vorwiegend einen westlichen Ursprung haben. Japan braucht gute japanische Kirchenliedkomponisten, um mehr christliche Lieder zu produzieren. Und es muss eine Art des Gottesdienstes einführen, der sowohl der Bibel entspricht, als auch von den Japanern als Teil ihrer eigenen Kultur und ihres Lebens akzeptiert werden kann. Japan hat im Verlauf der Geschichte das Christentum immer wieder zurückgewiesen, weil es den westlichen Einfluss fürchtete. Wenn auch die christliche Lehre nicht so angepasst werden kann, dass sie dem japanischen Temperament entspricht, so kann doch sehr viel mehr dafür getan werden, die Japaner darin zu unterstützen, den christlichen Glauben für sich in Besitz zu nehmen, indem mehr Traditionen und Feste in ihren Glauben aufgenommen werden und zugelassen wird, dass sie Gott in ihrer eigenen japanischen Weise verehren." [1]

Lassen Sie uns einen näheren Blick auf Asien vor Ankunft des Christentums werfen, um die Problematik besser zu verstehen. Asien als der größte Kontinent auf dem Planeten Erde beherbergt den höchsten Berg, das tiefste Meer und ist Heimat der drei größten Weltreligionen Islam, Hinduismus und Buddhismus sowie Hunderter anderer religiöser Kulte und Glaubensgemeinschaften. Asien hat eine Fülle an fantastischen Tempeln, Götzenbildern und Moscheen und es gibt dort einen Reichtum an Traditionen – Schriften, Feste und Riten –, die auf eine mehr als 4000-jährige Geschichte

---

1 http://www.omf.org/omf/japan/about_japan/christianity_in_japan (27. 7.2010).

zurückblicken. In China werden allein in der Provinz von Yunnan jährlich mehr als 40 Feste gefeiert, unter anderem zu Ehren des Jahreszyklus, des Himmels, der Sonne, des Mondes, der Sterne, der Berge, der Bäume, der Blumen und der Kriegsgötter; es gibt z. B. Feste für die Schutzgötter der Fischer oder zu Ehren der Frauen und zu Ehren des Wassers etc.

Musik, Theater und Tanz begleiten den Alltag der asiatischen Bevölkerung. Die asiatische Musikkultur ist sehr reich und vielfältig. Indien brachte den Buddhismus nach China, Korea, Japan und Südostasien und mit ihm viele andere kulturelle Elemente wie Musikinstrumente, Lieder und verschiedene Musikstile. Darüber hinaus wurde die hinduistische Kultur – Religion, Mythologie und Architektur – von Indien aus in das indonesische Bali gebracht. Zahlreiche von Musik begleitete Theater- und Tanzformen gibt es sowohl in Indien, Indonesien, Japan und auch in China in Fülle, wie die großen Schlagzeug-Orchester in Kerala, Indien, die Gamelan-Orchester auf Java und Bali, große Zeremonien-Orchester oder die Griffbrettzither „Quin" an den Höfen des chinesischen Kaisers. Hinzu kommen einzigartige polyfone Gesangsformen bei den unterschiedlichen Nationalitäten, wie in Yunnan, China, Tibet, bei den Mongolen und auch bei den Ureinwohnern in Südostasien wie Palawan auf den Philippinen oder bei den Hakkas in Taiwan.

Es ist offensichtlich, dass die christlichen Missionare aus Europa diesen Reichtum der asiatischen Kultur nicht zu schätzen wussten. Überall wo eine christliche Kirche steht, findet man Symbole einer fremden Kultur vor.

Um zu verstehen, warum wir in diesem Zusammenhang von Kontextualisierung sprechen, müssen wir zeitlich ein wenig zurückblicken in die Kolonialgeschichte Europas. Zwei Geographen beschreiben die Situation deutlich. Ich zitiere aus dem Buch von David Reck, Musik aus aller Welt: „Die europäische Kultur (und wir sollten die Vereinigten Staaten hier mit einbeziehen) ist bekannt für ihre Aggressivität. Europäer gingen in ferne Länder als Handelsleute, Soldaten und Siedler. Mit ihnen kam die Überzeugung, dass ihre eigenen Kulturmerkmale die „Richtigen" und alle Abweichungen davon falsch, primitiv oder minderwertig seien. Viele Europäer haben sich in Zeiten des missionarischen Eifers verpflichtet gefühlt, die europäische Kultur und ihre „Aufklärung" unter fremden und weniger wohlhabenden Völkern zu verbreiten. Nur selten stellte der Europäer die Überlegenheit seiner eigenen Kultur in Frage."[2]

Schiffe und Boote brachen von europäischen Häfen aus auf, eilten zu kolonialisierten asiatischen Ländern und führten Besatzungssoldaten und Handelsgüter mit sich. Außerdem brachten sie christliche Missionare mit, denn sie hatten das selbstgerechte Bedürfnis, ihre Religion, in diesem Fall das Christentum, bei den scheinbar „primitiven" und „unzivilisierten Ureinwohnern" Asiens zu verbreiten. Genauso wie die Inder, die den Buddhismus nach China, Korea, Japan und Südostasien brachten, so brachten die christlichen Missionare aus Europa auch andere kulturelle Elemente mit, wie die Bibel, Gesangbücher, Musikinstrumente, Lieder und verschiedene Musikgattungen. Auf diese Weise wurden Asien weitere Kulturschichten hinzugefügt, namentlich die der christlichen Religion, der Architektur und der Musik aus Europa und Amerika. Es ist bereits viel über die arrogante Haltung der Europäer und Amerikaner gesagt worden. Diese Haltung hat zur Zerstörung mehrerer indigener Kulturen in Asien geführt. Es muss hier aber auch erwähnt werden, dass dieselben kolonialen Reiche mit ihrer modernen Technologie geholfen haben, traditionelle Musik- und Kunstformen aus Asien zu erhalten, indem sie sie der übrigen Welt zugänglich machten. Bestimmte Technologien wie Audio- und Videoaufnahmen und wissenschaftliche Analysen sind eine wichtige Hilfe bei der Konservierung von Musik.

Lassen Sie mich Ihnen nachfolgend einige Sichtweisen auf das Thema Kolonialismus vorstellen. Bei einer Konferenz in Italien erzählte ein afrikanischer Autor, wie die europäischen Missionare nach Afrika kamen und den Menschen sagten, sie sollten ihre Augen schließen und beten. „Wir schlossen unsere Augen und beteten und als wir sie wieder öffneten, sahen wir uns unserer Länder beraubt."

Genauso erging es uns Filipinos: Von den spanischen Ordensbrüdern wurde uns gesagt, wir sollten in die Kirche gehen und zum katholischen Glauben konvertieren. Und als wir die Kirche wieder verließen, waren wir zu verschuldeten Pächtern geworden. Später kamen die Amerikaner und sagten uns, wir sollten die Schule besuchen, um uns zu bilden. Als wir dies taten und anschließend die Schule wieder verließen, fanden wir heraus, dass wir unsere Seelen verloren hatten.

---

2   David Reck, Music of the Whole Earth, New York, 1977, 40.

Der Ausspruch „Wir haben unsere Seelen verloren" kann als Schlüsselsatz dienen, wenn wir von Kontextualisierung reden. Es klingt ironisch, den Verlust der Seele mit der christlichen Kirche in Verbindung zu bringen. Ist die Rettung der Seele nicht Aufgabe der Religion? Wann leidet ein Volk unter dem Verlust seiner eigenen Seele? Asien hat eine so reiche Musikkultur, doch die christlichen Kirchen haben diese nicht in das liturgische Leben aufgenommen.

Die spanischen Eroberer haben die Philippinen verlassen, doch die Filipinos leiden noch immer unter einer anderen Art des Freiheitsentzuges. Diese liegt in einem kolonialen Denken, in einer kolonialen Mentalität begründet, die bis heute fortbesteht. Während Lateinamerika von „Befreiungstheologie" spricht – eine Form der Befreiung von gesellschaftlicher Ungerechtigkeit und Armut – so müssen sich die Filipinos von der schlimmsten Form der Inbesitznahme, nämlich der des Geistes, befreien.

Der philippinische Nationalheld Jose Rizal kritisierte den moralischen Zustand der Filipinos noch nach dem Abzug der spanischen Eroberer mit sehr starken Worten:

„Dann begann eine neue Zeit für die Filipinos. Nach und nach verloren sie ihre alten Traditionen, die Erinnerung an das Vergangene. Sie vergaßen ihre Schriften, ihre Gedichte und ihre Gesetze und lernten stattdessen fremdes Gedankengut auswendig, das sie nicht verstanden und eine Moral und Ästhetik, die anders waren als das, was die eigene Rasse durch ihr Klima und ihre Gefühlswelten geerbt hatte. Es begann der Niedergang dessen, was dem Volk und der Nation gehörte, während sie alles bewunderten, was fremd und unverständlich war. Der Geist wurde niedergeschlagen und kapitulierte."

Im Gegensatz dazu verfasste der vietnamesische Kommunist Ho-Chi-Minh das folgende Gedicht, vermutlich im Gefängnis.

Wer kann mir dies nehmen?
Meine Arme und Beine sind fest gebunden,
doch kann ich das Singen der Vögel hören
und auch die Wälder betreten,
die gefüllt sind mit dem Duft der Frühlingsblumen.
Wer kann mir dies nehmen?
Dass ich die Freiheit genieße,
die diese lange Reise etwas weniger einsam macht.
Ho Chi Minh

Der philippinische Nationalheld Jose Rizal redet über eine Art spirituellen Gefangenseins seiner Landsleute. Der Vietnamese Ho Chi Minh lässt nicht zu, dass seine physische Gefangennahme zu einer Gefangennahme seines Verstandes führt. Seine Arme und Beine mögen gefesselt sein, doch sein Geist ist so frei, um zu reisen, wohin er will oder frei wie ein Vogel zu fliegen.

Seit den 1960er Jahren bis heute gibt es ein wachsendes Bedürfnis der christlichen Kirchen in Asien, eigene Lieder zu produzieren und eine Form des Gottesdienstes zu entwickeln, der sich sowohl streng an der Bibel orientiert als auch im eigenen Lebensgefühl und der Kultur verwurzelt ist. Dies nennt man heute den Prozess der Kontextualisierung. Papst Johannes II stellte dazu fest: „Ein Evangelium, das eine Kultur nicht völlig durchdrungen hat, bleibt ein Evangelium, das unvollständig verkündet wurde."

Die Kirchen wollen von westlichen Gottesdienstformen befreit werden und ihre eigenen Lieder singen können. Es gab viele unterschiedliche Entwicklungsverläufe in den verschiedenen Ländern Asiens, wobei ich mit meinem Land, den Philippinen, beginnen möchte.

Die Philippinen wurden von Spanien im 16. Jahrhundert kolonialisiert. Bis zum Ende der spanischen Herrschaft im ausgehenden 19. Jahrhundert besuchten die christianisierten Filipinos die Gottesdienste in den Kirchen vorwiegend als unbeteiligte Zuhörer. Die Musik wurde von ausgebildeten Chören ausgeführt, begleitet von der Orgel und ein paar anderen Instrumenten bis hin zu ganzen Orchestern. Nach diesen Gottesdienstfeiern hielten sie zusätzlich ihre eigenen Andachten mit ihren spezifischen heiligen und religiösen Liedern und Tänzen ab. Die Lieder, die dort gesungen wurden, waren in spanischer Sprache und erst nach und nach kamen Lieder in Landessprache hinzu, die dem Geschmack der Menschen mehr entsprachen. Es fand bereits eine Form der Inkulturation statt, wenn auch nur jenseits der offiziellen Liturgie der Kirche. Dies war die Situation, die man in vielen katholischen Kirchen überall auf den Philippinen bis zum Jahr 1965 vorfand, als das II. Vatikanischen Konzils zu einer Inkulturation der Liturgie aufrief: Heute solle sich „jedermann berufen fühlen, eine Messe auf philippinisch zu komponieren."

Die Jesuiten an der *Ateneo de Manila University* sind anderen Gemeinschaften darin voraus, philippinische Kirchenmusik zu schaffen und zu fördern. Die Jesuit Communication Foundation, eine gut funktionierende Maschinerie der Jesuiten, verfügt über alle Komponenten, die ihr zu dieser Art von Führerschaft verholfen hat.

1. Es ist in ihrer Gemeinschaft viel kreatives Potenzial vorhanden, denn es gibt viele jesuitische Priester, die sich intensiv mit der Komposition von Kirchenmusik befassen.
2. Die Ateneo de Manila University in Quezon City, die von der jesuitischen Gemeinschaft auf den Philippinen geleitet wird, hat den ersten erfolgreichen Komponisten in der Person von Bruder Eduardo Hontiveros SJ. hervorgebracht. Er inspirierte weitere jesuitische Priester und Kirchenmänner, unter anderen Manolin Francisco, Charlie Cenzon, Nemy Que, Arnel Aquino, Tim Ofrasia, Fruto Ramirez und Danny Isidro, die alle zur Societas Jesu gehören. Die Aktivitäten dieser Komponisten führten zur Gründung des „Jesuit Music Ministry" (jesuitisches Amt für Musik).

Was verbirgt sich hinter dem Jesuit Music Ministry?

Das Jesuit Music Ministry (JMM) auf den Philippinen ist ein Produktionsstudio und gleichzeitig ein Vertrieb für Musik, die für die Nutzung in den Gottesdiensten der römisch- katholischen Kirche bestimmt ist. Es ist eines der jesuitischen Musikämter innerhalb der Jesuit Music Communications Foundation und betreut unter seinem Dach eine Gruppe von Künstlern und Komponisten, deren Arbeiten in der Liturgie der Heiligen Messe auf den Philippinen weite Verbreitung finden. Zwei davon möchte ich hier besonders hervorheben:

a) Hangad ist eine Gruppe von Studenten und jungen Professionellen in Quezon City auf den Philippinen. „Hangad" ist ein Tagalog-Wort, das für Sehnsucht oder Verlangen steht. Es bedeutet auch nach oben gucken, etwas bewundern oder vorbereiten. Innerhalb der Jesuit Communication Foundation, hat Hangad bereits vier Solo-Alben veröffentlicht: „Hangad" (veröffentlicht als Musikkassette 1998, als CD 2001), „Pasko naming Hangad" (2002) und „Easter Journey" (2005). Hangads Missionsverständnis bringt den Glauben zum Ausdruck, dass Musik ein Medium ist, das christliche Werte effektiv verbreiten und den Lebenswert erhöhen kann.
b) The Bukas Palad Music Ministry (wortwörtlich übersetzt heißt dies „Musikamt der offenen Hand") ist eine römisch-katholische Gemein-

schaft von jungen Leuten, die philippinische Kirchenmusik komponieren, aufnehmen und aufführen.

Bukas Palad komponiert weiterhin neue religiöse Lieder, denn ihre Kernaufgabe sieht die Gruppe darin, den innigsten Gebeten der Menschen eine Stimme zu geben, um so die Wünsche und Hoffnungen, die in den Herzen der Menschen wohnen, in der Musik zum Ausdruck zu bringen.

Bukas Palad halten Musik-Gottesdienste ab, in denen Gesang in die Liturgie integriert wird. Bukas Palad glauben, dass Stimmen, die zu kraftvollem Gesang erhoben werden, den entscheidenden Momenten im Leben Gnade und Leidenschaft verleihen.

Diesen Abschnitt möchte ich nicht beenden, ohne die Arbeit von Bruder Eduardo Hontiveros näher zu beschreiben. Der Jesuitenpriester Bruder Eduardo, genannt „Eddie" Hontiveros (geboren am 20. Dezember 1923 in Illoilo City, gestorben am 15. Januar 2008 im Alter von 84 Jahren in Quezon City) war ein Kind dieser Zeit. Bruder Eddie ist als „Vater der philippinischen Kirchenmusik" bekannt geworden. Er war ein sehr produktiver Komponist, der Hunderte philippinischer Lieder für die Messe geschrieben hat. Seine Arbeit als Komponist inspirierte jüngere jesuitische Musiker dazu, das Jesuit Music Ministry zu gründen. Im Oktober 2000 gewährte Papst Johannes Paul II ihm die „Pro Ecclesia et Pontifice", eine Auszeichnung, die Geistlichen und Laien verliehen wird, die der Kirche in besonderer Weise gedient haben.

Hontiveros' Musik wird in katholischen Kirchen im ganzen Land gesungen und auch in anderen Ländern Asiens, in Europa und Amerika, wo es philippinische Gastarbeiter gibt. Die bekanntesten unter seinen Werken sind: Pananagutan (Verantwortung), Purihi't Pasalamatan (lobpreisen und danken), Luwalhati (Gloria), Ama Namini (Unser Vater), Hesus na Aking Kapatid (Jesus, mein Bruder), Kahangahanga (großartig, wunderbar), Magnificat, Ave Maria und Kordero ng Diyos (Lamm Gottes). „Wenn sein Name auch nicht so bekannt sein mag, seine Musik ist es zweifellos." Der berühmte Anfang von Bruder Hontiveros Pananagutan lässt Millionen katholischer Gläubiger am Sonntag in die Messe strömen, um begeistert in den gemeinsamen Gesang einzustimmen.

Beverly Natividad von der philippinischen Tageszeitung „The Daily Inquirer" schrieb über ihn: „Auch wenn er nicht der Einzige war, der dies erreicht hat, so war er sicherlich der Produktivste und Erfolgreichste, wenn man ihn an der Popularität seiner liturgischen Lieder misst".

Wodurch nimmt die Musik von Bruder Hontiveros einen so herausragenden Platz ein und warum ist sie so beliebt? Eine technische Antwort auf diese letzte Frage ist möglich, denn die musikalischen Muster seiner Lieder sind einfach und unkompliziert, daher haben die meisten Kirchgänger auch einen einfachen Zugang zu ihnen. Doch die Musik anderer Komponisten ist auch einfach und unkompliziert, was mögen die Leute also an der von Hontiveros besonders? Was macht die besondere Magie seiner Musik aus, wenn man so sagen darf? Die Antwort darauf wäre genauso schwer zu erfassen wie die Worte „magisch" und „Geist". Andere Komponisten versuchen, bewusst philippinisch zu klingen und haben keinen Erfolg damit, während die Musik Hontiversos einfach natürlich klingt. Philippinische Melodien und Rhythmen entspringen seiner Feder ohne Anstrengung. Seine musikalische Kost besteht aus philippinischen Volksliedern, den Haranas (Serenaden), die normalerweise von einem männlichen Sänger begleitet von einer Gitarre interpretiert werden und den Kundimans (philippinische Kunstlieder, die vorwiegend von der Liebe handeln). Diese Art der Musik hat er komplett verinnerlicht. Er besitzt die einheimischen Techniken, über die andere Komponisten nicht verfügen. Seine Musik spricht zum Herzen und der Seele eines jedes Kirchgängers. Die Bedeutung von Bruder Hontiveros Musik liegt in deren Fähigkeit, Menschen zu durchdringen und tief zu berühren und damit das Zentrum und die Wurzeln der philippinischen Kultur zu erreichen.

Was ist mit anderen Komponisten und Aktivitäten außerhalb der jesuitischen Gemeinschaft? Als ich mit benediktinischen und dominikanischen Freunden sprach, die ihrerseits Komponisten sind, schienen sie von dem Jesuit Music Ministry nichts hören zu wollen. Ich glaube nicht, dass es sich hier um eine Rivalität zwischen den verschiedenen Ordensgemeinschaften handelt. Ich teile ihre Meinung, dass die Jesuiten mit ihrer Produktion kommerziell geworden sind. Der benediktinische Priester Dom Benildus Maramba hat eine beachtliche Anzahl an liturgischer Musik neben seinen Kompositionen für Orchester, Chor und Opern geschrieben. Er ist ein hoch produktiver und interessanter Komponist. Außerhalb seines benediktinischen Klosters ist er nicht besonders bekannt. Er verfügt nicht über die Infrastruktur der Jesuiten. Ein anderer sehr guter katholischer Komponist ist Monsignore Rudy Villanueva. Fernab des imperialistischen Manila lebt er in der südlich liegenden Stadt Cebu. Ich habe seine Musik kennengelernt, weil der Kantor der Kirche, die ich am Sonntag besuche, die Musik der Jesuiten nicht mag. Er lässt viel von der Musik Monsignore Villanuevas spielen, die ich als sehr erfrischend und auch als tiefsinnig empfinde. Im ökumenischen Umfeld gibt es einen anderen katholischen Komponisten, Francisco Feliciano, mit dessen Arbeit wir uns im Abschnitt über das Asian Institute for Liturgy and Music = AILM (Institut für asiatische Liturgie und Musik) beschäftigen werden.

Jenseits der jesuitischen Gemeinschaft

Philippinen

Außerhalb der katholischen Kirche gibt es auf evangelischer Seite zwei Namen, die hier erwähnt werden müssen – Elena Maquiso von der United Church of Christ in the Philippines, die ihr Leben in der südlichen Stadt Dumaguete verbracht hat. Ihre Forschungsarbeiten über einige Volksstämme im Süden beeinflussten ihre Kreativität. Sie ist vielleicht nicht so raffiniert, sich völlig vom europäischen Stil der Kirchenmusik zu entfernen, aber sie lässt einige Elemente einfließen, die dem einheimischen Stil entsprechen.

Ein bekanntes und beliebtes Talent der populären Musikindustrie ist der junge methodistische Komponist Arnel de Pano. Seine Gruppe von jungen Komponisten produziert – obwohl noch in ihren Anfängen – Musik, die den populären Rhythmus mit traditionellen Kirchenliedern vermischt und darin verankert. Arnel de Pano erzählte mir, dass er sich nicht in Richtung Tribal- oder Ethnic-Music entwickeln will. Er ist davon überzeugt, dass gute Popmusik bei den jungen Leuten in seiner Kirche sehr kontextuell aufgenommen werden kann.

Auf den Philippinen geschieht in dieser Richtung sehr viel, denn 90 % der Bevölkerung sind Christen.

Indonesien

Als Nächstes befassen wir uns mit Indonesien, der bevölkerungsreichsten muslimischen Nation auf der Welt, in der sich Christen in der Minderheit befinden. Doch auf dem Gebiet der Kontextualisierung tut sich hier viel. Zwei wichtige Namen sind in Indonesien zu nennen: Da ist einmal die Institution „Yamuger". Der zweite Name ist der eines holländischen Missionspriesters, P. Harry van Dop, der den indonesischen Namen Pandopo übernommen hat. Wofür steht „Yamuger"? Das Yamuger wurde 1967 in Jakarta, Indonesien gegründet und ist eine Abkürzung für Yayasan Musik Gereja (Asiatisches Institut für Kirchenmusik). Die Aufgabe von Yamuger liegt darin, die Berufung und die Verantwortung von Kirchenmusikern zu fördern. Mit Yamuger arbeiten zahlreiche indonesische Komponisten zusammen, die die Entwicklung indonesischer Musik in den Kirchen vorantreiben möchten. Das bekannteste Produkt von Yamuger ist das Kirchengesangbuch Kidung Jemaat. Harry Pandopo ist ein umtriebiges Mitglied dieses Institutes, das das Werk der unbekanntesten Komponisten fördert. Das AILM führt Kompositions-Workshops in Indonesien durch, sodass ich mit einigen Komponisten von Yamuger zusammenarbeiten und ihre Kompositionen durch P. Pandopo kennenlernen konnte. Pastor Pandopo schätzt die Arbeit von AILM sehr, sodass er sich jedes Mal, wenn wir uns in Indonesien aufhalten, dem AILM-Team anschließt, um die Liturgie mit indonesischen Elementen vorzubereiten. Außerdem war er so liebenswürdig, sich mir als mein Übersetzer in den Kompositions-Workshops anzubieten. Wir haben jedes Mal großen Spaß, wenn ich bemerke, dass seine Übersetzung viel länger ausfällt, als das, was ich gesagt habe. Ich denke, dass er einfach so begeistert ist, dass er zu meinen Äußerungen seine eigenen Erkenntnisse hinzufügt. Sollte eines Tages die Geschichte der indonesischen Mission und Kirchenmusik geschrieben werden, dann bin ich mir sicher, dass man Harry Van Dop's Anstrengungen würdigen wird, dem indonesischen Volk dabei zu helfen, ihre eigene Ausdrucksweise in der Kirchenmusik zu finden. Es gibt einige bedeutende Publikationen in Indonesien mit einer beachtlichen Anzahl an indigenen Liedern. Eine Publikation ist das römisch-katholische Kirchenliederbuch Madah Bakti (1982). Es enthält 600 Lieder und liturgische Stücke, wobei die große Mehrheit aus Kompositionen indonesischen Ursprungs besteht. Das Yamuger veröffentlichte „Kidung Jemaat" 1984 mit 478 Kirchenliedern, 100 davon sind indonesische Kompositionen.

Lassen Sie mich nun zu einer wichtigen und herausragenden Institution in Asien kommen: The Asian Institute for Liturgy and Music (das Asiatische Institut für Liturgie und Musik, AILM).

Das Anliegen des AILM

Das asiatische Institut für Liturgie und Musik wurde 1980 von Francisco Feliciano gegründet, um das Evangelium in Asien heimisch zu machen. Das Ziel von AILM besteht darin, den Asiaten dabei zu helfen, den christlichen Glauben für sich selbst in Besitz zu nehmen; das heißt, Gott in unverwechselbar asiatischer Weise anzubeten, indem heimische Traditionen und Feste in den christlichen Glauben übernommen werden. Seit seiner Gründung hat sich das AILM für den Dialog zwischen Glauben und Kultur auf dem Gebiet der Musik und Liturgie eingesetzt. Aus diesem Grunde lautet das Schlüsselwort für das Institut „Kontextualisierung". Das AILM steht dafür, dass es ohne Kreativität keine Kontextualisierung geben kann.

Kreativität am AILM – die AILM-Sammlung

Während seines mehr als 25-jährigen Bestehens ist das asiatische Institut für Liturgie und Musik mit einer immensen kreativen Kraft gesegnet worden. Die AILM-Sammlung ist das Produkt der Kreativität seiner Künstler, die heute im AILM wohnen, dort gewohnt oder studiert haben und von diesem kreativen Geist angesteckt worden sind. Dieser Fundus an Liedern wird insbesondere den Kirchen in Asien angeboten und darüber hinaus auch der weltweiten Kirche. Die Melodien von Künstlern verschiedener Kulturen, die in dieser AILM-Sammlung zu finden und so vielseitig sind wie die verschieden Gesichter Christi, mögen für viele fremd klingen, die diese Kultur selbst nicht teilen. Es ist AILMs glühender Wunsch, dass diese „fremden" Klänge eines Tages familiär klingen und auch Teil der weltweiten Gottesdienstpraxis werden.

Große Anstrengung wird darauf verwandt, Texte von asiatischen Autoren zu nutzen – wie Rabindranath Tagore, Khalil Gibran, Rumi, Rolando Tinio, Rabi'a, Ho Chi Minh, Rody Vera, Anton Juan und Lillibeth Nacion. Das Gebiet der liturgischen Kirchenliedertexte benötigt mehr Beachtung. Wenn Texte sich jenseits der Doktrin, des Physischen und Äußeren bewegen, finden asiatische Autoren glücklicherweise Resonanz in der Literatur von westlichen Mystikern und Gnostikern, wie Hildegard von Bingen, Mechtild von Magdeburg und in der keltischen und gälischen Tradition. Daraus erschließt sich die Einbeziehung von Texten dieser Autoren und Quellen in die AILM-Sammlung.

Die Musik dieser Sammlung zeichnet ein Bild der Traditionen von Ethnien und Stämmen unterschiedlicher Länder Asiens. Bemerkenswert sind die zahlreichen Kompositionen von Francisco Feliciano auf dem Gebiet der Meditation nach Texten von Rabindranath Tagore. Die repetitive Art der Musik und das Singen in verschiedenen Zeitintervallen haben ihre Wurzeln im buddhistischen Singen.

Das AILM hofft, dass diese Sammlung als Ressource und Quelle der Inspiration für zukünftige Kreativität genutzt werden wird, die dem asiatischen Boden entspringt. Die Studenten des AILM werden direkt einbezogen, um Liedersammlungen für ihre eigenen Kirchen zu entwickeln:

1. Min-min aus Myanmar arbeitet an einer Sammlung über kontextualisierte Lieder für die Anglikanischen Kirchen in Myanmar.
2. Sutarto aus Indonesien hat eine große Anzahl an Liedern und liturgischer Musik zur Nutzung in christlichen Kirchen in Indonesien komponiert.
3. Yu Changan aus Luzhou in Sichuan, China, arbeitet an einem Langzeitprojekt der Sammlung, Adaptation und Komposition von Musik für die Kirchen in China.

Liturgisches Komponieren macht einen großen Teil der Ausbildung am AILM aus. Es gibt noch viel mehr Komponisten und Komponistinnen am AILM. Diese drei habe ich wegen der besonderen Bedeutung ihrer Projekte ausgewählt.

Studienprogramm

Das Institut bietet weiterhin vier reguläre Studienprogramme für Kirchenmusiker an: Das „Worship Associate Program", ein zweijähriges Modul für die Ausbildung zum Kantor; den Bachelor-Studiengang für Kirchenmusik, ein zweijähriges Aufbau-Studium für diejenigen, die das „Worship Associate Program" absolviert haben oder über äquivalente Kenntnisse verfügen. Dieser Studiengang bildet Dirigenten und Musikdirektoren für Kirchen aus; der „Masters in Theology in Liturgy and Music" (Master der Theologie für Liturgie und Musik) ist ein zweijähriger Vollzeitstudiengang für diejenigen, die ihre erste Hochschulreife in Theologie erreicht haben und eine Lehrtätigkeit in Kirchenmusik und Liturgie anstreben. Der Abschluss wird durch eine benotete Diplomarbeit und die Durchführung eines Gottesdienstes erreicht. Das Institut bietet in Zusammenarbeit mit der Trinity University of Asia auch weiterhin den „Bachelor of Arts in Church Music" an. Dies ist ein vierjähriger Studiengang inklusive der Geisteswissenschaften für professionelle Kirchenmusiker mit der Möglichkeit, sich durch ein Aufbaustudium für eine Lehrtätigkeit zu qualifizieren.

Das Institut bietet weiterhin spezielle Samstag-Studienprogramme für Kirchenmusiker an, die kein Vollzeitstudium betreiben können und nicht unbedingt einen Abschluss machen wollen, aber Interesse daran haben, ihre Kenntnisse und Fähigkeiten auf speziellen Gebieten zu erweitern. Hierzu gehören Gesang, Gitarre, Klavier, Geige, Blechblasinstrumente, Holzblasinstrumente und asiatische Instrumente. Auf Nachfrage von Kirchen macht das Institut auch spezielle Studienangebote für bestimmte kirchliche Aufgaben. Damit die Qualität der Kandidaten für das „Degree Program" (Diplom-Studiengang) sichergestellt werden kann, hat das Institut als zusätzliche Anforderung ein betreutes Praktikum für die Studenten des „Worship Associate Program" eingeführt, die mit dem Bachelor im Kirchenmusikstudiengang ihr Studium fortsetzen wollen. Studenten im zweiten Studienjahr werden in das Musikangebot einer Kirche ihrer Wahl einbezogen, wo sie als Kantor oder Solist dienen und, wenn irgend möglich, als Juniordirektor der Kirchenmusik.

AILM-Musikleiter auf dem Pilgerweg des Vertrauens 2010

Mehr als 3000 junge Christen und Muslime aus Asien, Europa, Neuseeland und sogar Nordamerika haben an dem 5. Pilgerweg teilgenommen, der von der Taizé-Gemeinschaft organisiert wurde.[3] Die Veranstaltung fand vom 3.–7. Februar 2010 in Don Bosco, Makati unter dem Titel „Pilgrimage of Trust on Earth" („Pilgerweg des Vertrauens auf Erden") statt. Das Anliegen dieser Veranstaltung war es, jungen Menschen dabei zu helfen, Gott zu finden und sie in ihrem Wunsch zu unterstützen, sich für die Kirche und die Gesellschaft zu engagieren; dies nicht nur durch Treffen und Bekenntnisse, sondern auch durch Gebete. Das letzte Mal hatte sich die Taizé-Gemeinschaft 2006 in Kalkutta (Indien) getroffen. Die Teilnehmer im Alter von 16–35 Jahren wurden in 77 Gemeinden empfangen. An diesem Ereignis waren sowohl katholische als auch nicht-katholische Gemeinden beteiligt.

---

3   Bild: http://www.donboscomakati.edu.ph/what's%20new/feb2010/fralois.html (7.8.2010).

„Pilgerweg des Vertrauens" – Taizé-Treffen in Makati, Februar 2010.

Die Beteiligung des AILM

Die Taizé-Brüder haben das AILM mehrmals besucht, um mit den Studierenden zu beten. Als uns die Einladung zur Teilnahme erreichte, bewarben sich 22 Studierende darum, im Chor zu singen. Doch je näher der Pilgerweg heranrückte, umso mehr nahm das Interesse an dem Unternehmen zu. Die Studierenden sangen zunächst nur im Chor, wurden dann aber dazu angeregt, sich mit ihren Begabungen immer stärker einzubringen. Die Studenten des „Worship Associate Studiengangs" Christian Yanez (von den Philippinen) und Nay Htun (aus Myanmar) waren gern bereit, die Gitarrenbegleitung zu übernehmen. Der Studienabsolvent Vincent Balbido (Philippinen) kam als Violinist dazu. Die Gesangsabsolventin Rizza Esquerra (Philippinen) stellte sich als Solistin für einige Gebete zur Verfügung. Zusammen mit den AILM-Studierenden im Chor führte die Gruppe der Musikstudenten die Teilnehmenden durch die Mittags- und Abendandachten.

AILM bringt sich auf dem Wege der Künste in kritische Diskurse ein.

Wichtige Einflüsse

Es gibt eine Reihe von wichtigen Einflüssen in meinem Leben, die mir eine gute Grundlage für meine Arbeit am AILM gegeben haben. Diese Einflüsse inspirierten mich zu einem Leben, das dem Dienst für die Kirche, ihren Gottesdienst und ihre Musik, gewidmet ist.

1. Frühe religiöse Prägung
   a) Meine Großmutter war eine strenggläubige Katholikin; sie beharrte jeden Abend auf dem Gebet im Schein der Öllampe und eröffnete mir so ein Leben mit regelmäßigen Gebeten. Der Text des Angelus-Gebetes, das die gesamte Familie täglich betete, war nicht landessprachlich. Als ich meine Großmutter eines Tages nach der Bedeutung des Textes fragte, war ihre Antwort: „Die Bedeutung sollst du gar nicht verstehen, denn es handelt sich um magische Worte". Sie stellte ihren Glauben außerhalb der institutionalisierten Religion unter Beweis.
   b) Meine Mutter machte mich mit der formlosen Art des Gottesdienstes bekannt und half mir dabei zu verstehen, dass ich Gott überall finden kann, auch außerhalb der vier Kirchenwände. Wir besuchten die Andachten verschiedener Glaubensgemeinschaften und ich wurde in den Volksglauben eingeführt. Die Theologie meiner Mutter ist nicht konkret oder festgeschrieben, aber sie selbst hat eine enge Beziehung zum jenseitigen Gott.
   c) Mein Vater ist Kirchenorganist und hat mich dafür begeistert, in seine Fußstapfen als Kirchenmusiker zu treten.
2. Lernen durch Arbeit
   Ich nahm die Anstellung als Musikdirektor am St. Andrews Theological Seminary an, ohne über einen soliden Hintergrund in liturgischer und kirchlicher Musik zu verfügen. Die täglichen Gottesdienste konfrontierten mich mit Kirchenliedern und liturgischer Musik, Musikgebiete, die nicht Teil meiner Universitätsausbildung gewesen sind.
3. Lehrer in Sachen Kontextualisierung
   Henry Weman, ein schwedischer Musiker und Missionar in Afrika, hat mir mit seinem Interesse an Bildelementen der afrikanischen Kirchenmusik seine ersten Annäherungen an Kontextualisierung näher gebracht.

Werbeflyer für ein Festival der Asian Christian Art Association

4. Literatur
   a) Das Buch „Water Buffalo Theology" (Die Wasserbüffel-Theologie) des japanischen Theologen Kosuke Koyama ist ein Versuch der Kontextualisierung der Theologie und diente mir als Leitfaden bei meiner Arbeit im AILM. In seinem Buch definiert Koyama Kontextualisierung als einen Prozess in zwei Richtungen: „Erstens Jesus Christus in einer kulturell angemessenen Weise und mit den passenden Worten zur Sprache zu bringen und zweitens eine Kultur zu kritisieren, zu reformieren oder zu entthronen, wenn sie als gegensätzlich zu dem empfunden wird, wofür Jesus Christus steht." [4]
   b) „Weder Pilger noch Tourist" aus dem Buch „50 Meditationen" von Kosuke Koyama [5]: Darin erzählt er wie er die Shwe Dragon Pagode in Rangoon, Burma, besucht, heute bekannt als Yangon, Myanmar.

---
4   Kosuke Koyama, Water Buffalo Theology, Orbis Books, NY 1999, preface to the 25th Anniversary Edition, XIII (Original: SCM Press, London, 1974).
5   Kosuke Koyama, Neither Pilgrim nor Tourist in: 50 Meditations, Maryknoll, NY, Orbis Press, 1979, 1.

Es handelt sich um eine riesige Pagode, die mit Gold und Diamanten verziert ist, ein heiliger Schrein für die buddhistische Welt. Als er das erste Mal hier war, fand Koyama es unbequem, dass ein Schild ihm bedeutete, er solle die Schuhe ausziehen, um den Hügel bis zur Pagode hinaufzulaufen. Er sagt, dass er es wirklich als sehr unangenehm empfand, seine „gut geschützten" Füße dem Schotter und den Steinen auf dem Weg auszusetzen. Der Aufstieg war langsam und steil. Er sagt: „Der Schweiß auf meiner Stirn kam mir vor, als wäre es ‚religiöser Schweiß'." Als er bei der berühmten Pagode ankam, bemerkte er, dass sein barfüßiger Weg seinen Körper und seine Seele auf eine Begegnung vorbereitet hatte, die so nicht stattgefunden hätte, wenn er den Weg zur Pagode mit dem Auto zurückgelegt hätte oder mit einem Hubschrauber dort gelandet wäre. Er sagt: „Gehen gibt das richtige Tempo und die richtige Haltung vor, um auf die Meditation vorzubereiten." Koyama erzählt, wie er ein paar Jahre später wieder zu der berühmten Pagode zurückkehrt und entdeckt, dass es dort inzwischen einen Fahrstuhl gibt. Das Schild forderte noch immer die Besucher dazu auf, die Schuhe auszuziehen, bevor sie den Fahrstuhl betreten. Er sagt: „Wenn ich den Hügel barfuß hinaufgegangen wäre, wäre ich ein Pilger und wenn ich meine Schuhe im Fahrstuhl anbehalten hätte, wäre ich ein Tourist gewesen. Doch nun war ich weder Pilger noch Tourist! Ich hatte das merkwürdige Gefühl eines zeitweiligen Identitätsverlustes."

„Die Wasserbüffel Theologie" und die Meditation über „Weder Pilger noch Tourist" waren für mich ständige Leitfäden und Begleiter, um Programme und Aktivitäten für AILM-Studierende zu entwickeln.

Kontextualisierung als Prozess und Etappe

Es ist schwierig zu definieren, was kontextualisierte Musik ist, denn Kontextualisierung ist ein Prozess. Und wenn durch diesen Prozess eine Phase jenseits der Beschreibung und Definition erreicht wird, wenn Grenzen überschritten werden, dann können wir sagen, dass wir eine Etappe der Kontextualisierung erreicht haben. Kontextualisierung kann nur durch Kreativität erreicht werden, und zwar eine, die dem Boden entspringt, auf der die Kirche steht. Wenn die Art des Gottesdienstes und der Musik nicht der Kultur und dem Leben der Menschen entspringt, dann sind wir der Erfahrung von Ehrfurcht, Demut und Respekt beraubt, die wir benötigen, um das ultimative Mysterium anzuerkennen, das über jeden Namen und jede Form hinausweist. Uns, als Menschen, wird der Sinn für das Göttliche genommen.

Ein Freund, der Maler ist und zu einer Stammesgruppe gehört, die fern und abgelegen im Norden der Philippinen wohnt, sagte mir: „Meine Herkunft als Igorott, als Indigener, sagt mir, dass meine Vorfahren dem Allmächtigen näher sind als ich es als Christ jemals gewesen bin." Was mein Freund mir sagte, erinnerte mich an meine Großmutter, deren Beziehung zu Gott keinem rationalen Denken oder konkreten theologischen Ansatz entspricht. Die Beziehung meines Freundes und die meiner Großmutter zu Gott kommen aus dem Herzen. Besteht nicht die Aufgabe der Religion heutzutage darin, die Herzen zu erwecken? Wenn wir über Kontextualisierung im Gottesdienst sprechen, haben wir das sehr starke Instrument der Musik, denn Religion ist eine Angelegenheit des Herzens und Musik ist folglich eine Sprache des Herzens; sie kommt aus dem Herzen und geht in das Herz. Erst wenn der Gott der Liebe und der Leidenschaft genau in die Mitte unserer Herzen und unseres Geistes gelangt, können wir sagen, wir haben eine Etappe der Kontextualisierung erreicht.

Hinweis: Die DVD enthält einen kurzen Dokumentarfilm über das AILM.

Übersetzung aus dem Englischen: Lilli von der Ohe, Verena Grüter

Lateinamerika

Musikalisches Universum und Erbe der Jesuitenmissionen in Südamerika (17. bis 18. Jahrhundert)

Luis Szarán

„Das Land ohne Übel", die „Republik von Platon", „Ein Paradies in Paraguay", „Der Sieg der Menschheit", „Der musikalische Staat der Jesuiten", „Das Land der ersten Christen", „Die Republik Gottes" sind einige der schriftlichen Anspielungen auf eine der transzendentalsten Episoden in der Geschichte der Menschheit, die definitiven Einfluss auf das kulturelle Profil des größten Teils des amerikanischen Kontinents genommen hat: die Jesuiten-Reduktionen. Jedes Mal, wenn ich mich mit diesem Thema beschäftige, stelle ich mir vor, dass sie uns heute dazu einladen würden, eine neue Gesellschaft auf dem Mond zu schaffen – mit reinen, natürlichen Wesen, die der Außenwelt äußerst sensibel begegnen. Sicherlich gäbe es viele Freiwillige. Heutzutage ist es möglich, sofort zum Mond Kontakt aufzunehmen, aber vor dreihundert Jahren bedeutete der Aufbruch von Europa nach Südamerika normalerweise eine Reise ohne Wiederkehr.

In einem Zeitraum von 150 Jahren schafften es die Jesuiten, mehr als 30 Dörfer mit einer Bevölkerung bestehend aus 150.000 Indios unter einer strengen administrativen Führung und strikten organisatorischen Regeln zu gründen. Jedem Dorf standen nur zwei Priester vor und die Kette der Macht wurde mit den Indigenen selber vervollständigt. Nach 100 Jahren war die Arbeit in den Reduktionen berühmt und weckte in Europa Interesse. Im Laufe der Geschichte erhielten bis heute nur wenige Begebenheiten auf der Welt so viel Aufmerksamkeit. Die Jesuiten machten sich alle Medien zunutze, um die Indigenen zu motivieren; sie bauten Kirchen, architektonisch bedeutsame Werke, Fabriken, setzten sich für die landwirtschaftliche Produktion und Viehzucht ein, sowie für die Kunst mit ihren unterschiedlichsten Ausdrucksformen.

Zu Beginn des 18. Jahrhunderts machten die Informationen, die in Europa eintrafen, die Jesuiten zum obligatorischen Thema der gesellschaftlichen Zusammenkünfte und die Träume der Jugendlichen mit ihren

romantischen Phantasien gingen dahin, dass sie sich dieser mystischen Legion der schwarzen Männer anschließen wollten. Die Provinziate von Paraguay riefen ihrerseits ebenfalls nach Volontären. Landwirtschaftsexperten, Astronomen, Militärstrategen und Künstler waren Teil dieser mächtigen Legion.

Eine außergewöhnliche Gruppe brach 1717 von Sevilla an Bord eines Schiffes auf, das zum Río de la Plata fuhr. In einem Zeitraum von nur 30 Jahren vor diesem genannten Datum waren allein 113 Missionare durch Schiffbruch ums Leben gekommen, ohne all diejenigen, die von den Krankheiten dahin gerafft wurden. Auf diesem Schiff befanden sich die berühmten Architekten Giovanni Batista Primoli und Giovanni Bianchi; Manuel Querine, Esteban Pelozzi zusammen mit anderen unbekannten Zimmerleuten, Schneidern, Astronomen und Experten in militärischen Angelegenheiten. Die Hauptperson dieser bewegenden Nacht, der berühmte Weltbürger Domenico Zipoli, geboren in Prato, schlug den Weg in eine unbekannte Zukunft ein. Zipoli, der nach seinen Lehrjahren in Prato, Florenz, Neapel, Bologna und Rom die höchst dotierteste Stellung als Musiker mit Arcangelo Corelli innehatte, schiffte sich mit seinen Partituren auf dem Rücken auf den Weg nach Córdoba ein. Was seine Teilnahme an der Mission der Jesuiten betraf, so fand ich den kuriosen Hinweis, dass es unter den 114 Italienern, die während der 150 Jahre in den Reduktionen als Priester und Koadjutoren wirkten (im Allgemeinen handelte es sich um Experten auf verschiedenen Gebieten), nur drei Studierende gab. Einer von ihnen war Zipoli, zusammen mit Carlo Fabenensi de Roma (der wie Zipoli ebenfalls in Cordoba stationiert war und bald darauf 1725 aufgrund unbekannter Gründe von den Jesuiten ausgeschlossen wurde) und Giuseppe Lavisaro (ebenfalls aus Rom, dessen Spuren sich 1720 in Buenos Aires verlieren). Zipoli erreichte den Hafen von Buenos Aires im südamerikanischen Winter, im Juli 1717, genau ein Jahr, nachdem er dem Jesuitenorden beigetreten war. Vorher hatte er neun Monate in Sevilla verbracht, um sich auf die Reise vorzubereiten und auf eine Expedition zu warten, damit er an Bord gehen konnte. In dieser Zeit hinterließ er Spuren seines Talentes als Virtuose der Orgel in der Kathedrale von Sevilla.

Zu jener Zeit wurde die Reise von Europa zum Río de la Plata mit drei Schiffen, die vom Hafen in Cádiz starteten, durchgeführt. Die Überfahrt dauerte drei bis vier Monaten. Die Reise war nach Angaben von Zeitzeugen angenehm, bis man die Mündung des Río de la Plata erreichte, wo ein Sturm herrschte, der einem Schiff den Mast abbrach, ein anderes Schiff wurde in

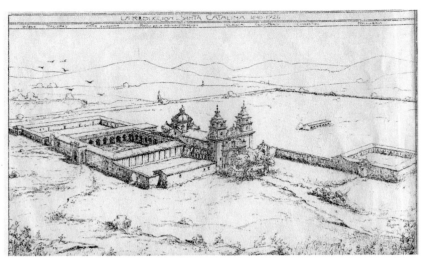

Hazienda Santa Catalina (Cordoba)

den Ozean zurückgetrieben und das dritte Schiff erhielt so eine starke Schlagseite, dass fünf Matrosen über Bord gingen. Dies war der erste Willkommensgruß für den Bruder Domingo Zipoli, wie er sich bereits auf südamerikanischem Boden nannte. Um die Belastungen der Reise vergessen zu lassen und einen anderen Eindruck vom neuen Leben zu vermitteln, hatten die bereits etablierten Missionare für die Neuankömmlinge ein Fest mit Musik organisiert, die hauptsächlich von den talentiertesten Kindern der Indigenen gespielt wurde, und Grüße auf Latein, Guaraní und in den Sprachen der europäischen Herkunftsländer der Missionare organisiert. Nach einem kurzen Aufenthalt in Buenos Aires und einer „angenehmen" Tour mit dem Planwagen, die 30 Tage dauerte und in einer langen Karawane die immensen Territorien durchquerte, die von den nomadischen Indios bevölkert waren, gelangte er an sein Ziel Córdoba.

Parallel zu seinem Theologie- und Philosophiestudium gab er den Indios und Farbigen Musikunterricht. Er organisierte musikalische Aktivitäten in der Stadt und komponierte Stücke für den Gottesdienst in den mehr als 30 Dörfern der Missionen.

Was kam diesem jungen Künstler, der in Rom als einer der größten Musiker seiner Zeit verehrt wurde in den Sinn, sich solch eine harte Mission aufzuerlegen? Abenteuer, die Flucht vor einer persönlichen Situation oder der Traum neuer Bedeutung, eines neuen Status für die Musik? Wie erin-

Córdoba, College

nern daran, dass die musikalischen Darbietungen in den Reduktionen dank der Arbeit der Vorgänger von Zipoli, wie zum Beispiel Rodrigo de Melgarejo aus Spanien, Anton Sepp aus Österreich, Louis Berger aus Frankreich und der Belgier Juan Vasseo Berühmtheit erlangt hatten.

Das außergewöhnliche Niveau der musikalischen Kunst in den Missionen erweckte sogar die Aufmerksamkeit von Papst Benedikt XIV, der in seiner Enzyklika von 1749 darauf hinwies:

> „So weit hat sich der harmonische oder figurierte Gesang verbreitet, dass er sogar in den Missionen von Paraguay Einzug gehalten hat. Dank jener Gläubigen aus Amerika, die eine vorzügliche Wesensart und natürliche Begabung für alles besitzen, was die Kunst der Musik betrifft, und sowohl den Gesang als auch das Spielen der Instrumente leicht erlernen. Die Missionare haben sich diese Begabung zunutze gemacht und barmherzige und fromme Lobgesänge aufgegriffen, um sie allein auf den Glauben an Christus zu beziehen. Glücklicherweise gibt es aktuell keinen Unterschied zwischen den Messen und Vespern unserer Länder und denen, die dort gesungen werden".

Alle historischen Anmerkungen, einige darunter von weit entfernten Völkern, weisen auf das italienische Genie hin, der die Gläubigen in der Kirche von Córdoba bewegt hat, so dass sie seine Partituren für die Gottesdienste der Kirchen in den Dörfern verlangt haben: Musik für die Vespern, die Messen, Stücke für Orgel, Hymnen bis hin zur Musik für spezielle Anlässe mit Tanz und militärischen Paraden unter freiem Himmel. Kopien seiner Kompositionen gelangten an die weitesten entlegenen Orte. Pater Esteban Pelozzi aus Rieti, früherer Reisegefährte von Zipoli und bald darauf 30 Jahre lang Superior in der Region von Chiquitos, dem heutigen Bolivien, war der exklusive Bote für den Versand der Partituren in die Region von Moxos und Chiquitos.

In der Siedlung von Santa Catalina, der größten Siedlung der Jesuiten, verbrachten die Studenten ihre Ferien und Zipoli organisierte jedes Jahr am 25. November das Fest von Santa Catalina de Alejandria. Die Chöre und Orchester der Reduktionen wie auch deren Leiter setzten sich aus den Indigenen selbst zusammen. Die Teilnehmenden gehörten der höheren Schicht mit dem größten Ansehen an. Im Allgemeinen handelte es sich um Söhne

der Kaziken oder der Ratsmitglieder. Es war eine Elite der Privilegierten und sie waren die Einzigen, die gemeinsam mit den Missionaren zu Tisch saßen.

232 Jahre nach der Vertreibung der Jesuiten aus den Territorien von Amerika hat in den letzten drei Jahrzehnten ein Prozess der Restaurierung der Zeitzeugnisse begonnen. In einigen Regionen ist nichts erhalten geblieben, in anderen fand man Anhäufungen von Steinen oder verstreuten Steinmeißelungen, die sich heute in den verschiedenen Museen befinden. Die am weitesten entfernte Region dieser Provinz ist Chiquitos, mit 11 Dörfern. Bis heute ist es eine Region im Süden, wo schüchtern der Amazonas beginnt, mit einer Bevölkerung, die aktuell zu 95 Prozent indigen ist. Bis vor einigen Jahrzehnten lebten sie (unter der Administration der Franziskaner, aber kurioserweise in den Reduktionen der Jesuiten) noch unter dem Schutz der Kirche als einzige zivile, politische und administrative Autorität. Vergessene Dörfer – vielleicht zu ihrem Glück – im gewaltsamen und modernen 20. Jahrhundert. Dank dieser Entfernung hat sich ein Teil der 150jährigen Geschichte erhalten und diese Dörfer sind das eindruckvollste Beispiel für die Utopie der Jesuiten.

Der Architekt Hans Roth aus der Schweiz ging ebenso wie die Missionare an Bord, auf den Spuren nach dem schweizerischen Architekten und Musiker Martin Schmid, dem Erbauer der Kirchen in den Missionen. Er war begeistert von der Schönheit der Umgebung und auf der Suche nach einer Möglichkeit etwas zu retten. Als Freiwilliger begann er damit, das Gebiet zu rekonstruieren. Unter den vielen ausgegrabenen oder dem Urwald wieder abgetrotzten Dingen, die von Generation zu Generation unter den Indigenen weitergegeben wurden, tauchten Kriegswerkzeuge und Waffen auf.

Die Indigenen wollten nur die Musik von Zipoli singen und spielen. Es sind die einzigen Manuskripte, die seine „Handschrift" tragen. Sogar einer seiner Biographen hat kurz nach der Vertreibung der Jesuiten 1767 geschrieben:

> „Wer nur ein einziges Mal die Musik von Zipoli gehört hat, findet keinen Gefallen mehr an etwas anderem: Es ist, als ob derjenige der einmal Honig gekostet hat, sich nun mit einer anderen Süßspeise zufrieden geben soll, was in ihm Unbehagen auslöst".

Zipoli verstarb 1726. In den achteinhalb Jahren seines Lebens in Südamerika schrieb er die wertvollste Sammlung des kolonialen Repertoires, des so genannten lateinamerikanischen Barock. Wo blieben diese Manuskripte?

Trotz der Vertreibung der Jesuiten hatten sich viele Missionen als solche erhalten, einige mit anderen Kongregationen, andere wurden vom Staat verwaltet. Im heutigen Paraguay existierte die letzte Mission als Organisation bis 1848. Die Indigenen erinnern sich noch 200 Jahre später, dass sie die Habseligkeiten der Jesuiten wie ein Staatsgeheimnis aufbewahrten und dass die Musiker der Kapelle im Urwald den Schatz des Meisters „Zipuli" an ihre Kinder weitergaben. Gott hat mir das Geschenk gemacht, dass ich vor 15 Jahren Kontakt zu diesen Meistern der Kapelle ohne Kirche aufnehmen konnte und, obwohl sie weder Noten lesen noch auf den Instrumenten spielen konnten, waren sie stolze Hüter eines verborgenen und magischen Schatzes, der das Wunder vollbrachte, die Klänge in eine perfekte Harmonie zu bringen.

Kurz nach seinem Tod führten viele seiner Schüler seine Arbeit weiter, viele von ihnen waren schwarze Sklaven der Landgüter auf den Haziendas und von Córdoba.

Im Nationalarchiv von Buenos Aires befindet sich das einzige musikalische Dokument einer Originalkomposition von Julian Atirahu, der seinerseits von einem der Schüler von Zipoli ausgebildet wurde.

Mit 37 Jahren spürte Zipoli, dass seine gesundheitlichen Kräfte dahinschwanden. Vergessen wir nicht die Pest, die in diesen Regionen gewütet hat (allein im Jahr seiner Ankunft in Cordoba 1718 sind in einer Region von

insgesamt 120.000 Menschen 20.000 durch die Pest gestorben). Geschwächt durch die Tuberkulose wurde er auf die Hazienda von Santa Catalina gebracht, in den Bergen von Córdoba, einem Ferien- und Erholungsort der Studenten und Priester. Es gibt Zeugnisse und Dokumente seiner letzten Momente an diesem Ort, wo er verstarb …

Die von dem Spanier Pedro Lozano verfasste Todesanzeige, mit dem er sich auf der Hazienda ein Zimmer teilte, lautet:

> „Er verlieh den religiösen Festen eine große Feierlichkeit, sie waren kein geringes Vergnügen weder für die Spanier noch für die Neugetauften. Und das alles hat er vollbracht, ohne seine Studien zu vernachlässigen, in denen er große Fortschritte machte, sowohl in Philosophie als auch in der Theologie. Enorm war die Anzahl der Menschen, die zu unserer Kirche kamen, mit dem Wunsch sein schönes Spiel zu hören."

1770 ging die Hazienda von Santa Catalina an Privatleute über und war Zentrum eines Machtkampfes und von Revolutionen, die sich weitere 150 Jahre hinzogen. Heute befindet sich Santa Catalina im Privatbesitz der Nachfahren der ersten privaten Eigentümer, obwohl die Kirche und der Friedhof kulturelles Gut des argentinischen Volkes sind. Zu Beginn des 20. Jahrhunderts verfiel ein Teil des rechten Turms, stürzte auf den Friedhof

Menuett von Atirahu (Minuet Atirahu)

und begrub die Gedenktafeln der Jesuiten unter sich. Die Eigentümer von damals hatten keine bessere Idee, als die Überreste mit Erde zu bedecken und einen schönen Garten darauf anzulegen. Jahre später erinnerten sich Nachbarn an die heute berühmten Männer der Geschichte. Sie entschieden für Bruder Domingo Zipoli eine Ruhestätte im Urwald zu errichten. Dort hat er den Frieden gefunden – im Urwald – dem er die wertvollsten Jahre seines Lebens geschenkt hat, um zu den Menschen durch musikalische Sprache zu sprechen, gelassen und voll tiefer Emotion, die die Perfektion mit der Utopie verband, ein „Paradies auf Erden" zu suchen.

Übersetzung aus dem Spanischen von Brigitta Kainz, Verena Grüter.

Sonidos de la Tierra – Klänge der Erde

Jesús Montero Tirado

Zwölftausend Jungen und Mädchen, Jugendliche und junge Erwachsene aus 165 Gemeinden des Landesinneren bringen Paraguay zum Klingen.

Es sind Kinder, die täglich das Wehklagen und Weinen unserer leidenden Familien in Paraguay hören; Kinder, die bereits die seltsamen und einschüchternden Geräusche der korrupten Finsternis kennen, die unser Land verdunkeln; aber diese Kinder gehen ganz auf in den Klängen unserer Heimat und aus der Perspektive ihrer „klingenden Einsamkeit", haben sie die versteckte, „stille Musik" entdeckt, die sie in sich tragen.

Der Zusammenklang ihrer fröhlichen, zarten und herausfordernden Persönlichkeiten mit ihren Saiten- und Blasinstrumenten weckt uns alle zu einem neuen Morgenrot. Sie sind die Sonnenstrahlen des frühen Morgens am Horizont eines anderen Paraguay. Die Äußerungen vieler Mitbürger über Paraguay klingen wie ein Trauermarsch. Sie warten darauf, dass ihnen irgendein Messias Hoffnung auf einem Tablett serviert. Diese Jungen und Mädchen aber sind aktiv. Sie setzen sich für die Zukunft ein und sind selber eine Quelle der Hoffnung. Sie zeigen uns, dass ein anderes Paraguay möglich ist: Dass Disziplin ohne Strafe, großzügiger Einsatz im Glauben an sich selbst, Studium, Arbeit, Kreativität und Lernbereitschaft den leblosen Instrumenten Musik entlocken und allen Geräuschen und Klängen der Erde Harmonie und Schönheit.

Diese Kinder zeigen, dass es möglich ist, sich im Zusammenklang zu vereinen trotz der Unterschiede und Distanzen, die sie trennen; dass sie lernen gut zusammenzuspielen und so zeigen, wie unterschiedliche Menschen solidarisch zusammenleben können; dass es möglich ist, anstatt des Rohstoffes ein fertiges Produkt zu exportieren, die Frucht unserer Arbeit und nicht nur unsere Gehirne. Sie beweisen, dass man Botschafter sein kann ohne staatliche Botschaft. Sie sind in der Welt als Paraguayos bewundert und ernten Beifall von Menschen aller Kulturen. Diese Kinder lassen den Traum von der Befreiung aus der Armut wahr werden: Befreiung von der wirtschaftlichen Armut durch professionelle Qualifikation, Befreiung von der sozialen Armut durch Kontakt zum Publikum und zu den Netzwerken der Weltmusik; Befreiung von der intellektuellen Armut durch diszipliniertes Lernen von historischen Meistern und Befreiung von der ästhetischen Armut durch die Kunst.

Ich weiß nicht, ob Luis Szarán mit dem poetischen Namen des Projektes *Sonidos de la Tierra* an den inspirierenden Aufruf „Las voces de la Tierra" von Teilhard de Chardin erinnern wollte, den der Wissenschafter und Mystiker in seinem Lehrbuch über „Le Milieu Divin" (Der göttliche Bereich) verwandte. Aber ich kann sagen, dass Szarán beim Sammeln der heimatlichen Klänge auch die Stimmen, den Schrei und die Hoffnung des Volkes aufgezeichnet hat.

Wenn die Musik die Herzen der Kinder berührt und ihren Händen, ihren Fingern und ihren Mündern entspringt, wird die Erde um sie herum zur Sinfonie und das Volk bildet eine Gemeinschaft. Bei Lehrern wie Luis Szarán und seinen Lehrern, die die Mystik in sich tragen und kreativ sind und darauf brennen, den Kindern etwas beizubringen … empfinden die Kinder Freude. Sie entwickeln sich, nehmen Werte in sich auf und engagieren sich. Durch diese Selbstdisziplin erreichen sie hohe Ziele im Leben, in der Kunst, in der Arbeit, der Wissenschaft und der Ethik.

Sonidos de la Tierra ist mehr als Musik, es ist eine kulturelle und soziale Bewegung mit einem rasanten Rhythmus. Es ist ein Lehrstück für die Nation, wie ein Samenkorn das aufgeht, wächst und blüht, um eine Vielzahl an unvorhersehbaren Früchten zu tragen. Es ist die Ernte einer anderen Art des Sehens und Lehrens, des Vertrauens in das Potential, das in unseren unverstandenen und unterschätzten Kinder schlummert, um sie zu rüsten und ihnen Flügel zu verleihen, damit sie zu den Sternen fliegen können.

Übersetzung aus dem Spanischen: Brigitta Kainz, Verena Grüter

Lateinamerikanische Liturgie im postmodernen Kontext

Sergio Ulloa

Was sind die zerstörerischen Kräfte der Existenz, die sich häufig nicht auf den ersten Blick erkennen lassen, aber das Fundament des Glaubens unterhöhlen, indem sie das Bild Gottes verzerren und Liturgien fördern, die nicht dem Leben dienen?

Nun, es gibt viele Liturgien: Es gibt Liturgien, die die Realität ausblenden, die sie doch abbilden, ohne sie transformieren zu wollen. Dann gibt es importierte Liturgien, die sich nicht auf den eigenen kulturellen und historischen Kontext beziehen, sondern liturgische Formen aus einer anderen Kultur kopieren, die der eigenen Wesensart fremd ist. Außerdem gibt es Konsum-Liturgien, die den Glauben kommerzialisieren und aus ihm ein Produkt von Angebot und Nachfrage machen und eine Religion des Marktes betreiben. Die spektakulären Liturgien verwandeln den Gottesdienst in eine „Show" und ersetzen die Ethik durch die Ästhetik. Es gibt in sich gespaltene Liturgien, die auf der einen Seite rein rational sind und alles Körperliche unterdrücken und auf der anderen Seite rein emotional nur aus ihrem Bauchgefühl heraus agieren. Es gibt individualistische Liturgien, in denen nur die vertikale Beziehung (zu Gott) eine Rolle spielt und die das Leben in der Gemeinde nicht berücksichtigen. Und es gibt rituelle Liturgien, die das liturgische Leben zu einer zeremoniellen Feierlichkeit von einigen wenigen machen, anstatt das Volk aktiv in diese Feier mit einzubeziehen. Man kann sagen, dass all diese Ausdrucksweisen ihre eigenen Interessen und Ideologien in die Anbetung des Gottes des Lebens hineinprojizieren.

Angesichts dieser Problematik stellt sich die Frage, wie wir den Gott des Lebens feiern können, ohne in diese liturgischen Formen zu fallen. Wir müssen uns auch danach fragen, wie wir Gott mit bedeutsamen biblisch-theologischen Grundlagen ehren und dies in unserer Kultur und mit unserer Kunst ausdrücken können. Was sind die pastoralen Kriterien unserer Gottesdienste?

1. Biblische Annäherung

Wir verstehen unter einem liturgischen Akt die bewusste Antwort der Gemeinde auf Gott. Hier drückt sich alles aus, was die Gemeindemitglieder bewegt. Es ist die Antwort auf das Wirken Gottes in unserer Geschichte. Hier werden die Ereignisse gefeiert, die unsere Geschichte verändert haben.

Wie in jeder Beziehung ist es das Zusammenspiel von Geben und Nehmen, was das Leben stärkt und zur menschlichen Entwicklung beiträgt. Im Gottesdienst wird das Bewusstsein vermittelt, dass die größte Zufriedenheit im Leben in der Hingabe liegt. In der Antwort, die wir geben, drückt sich das Heil aus, das wir empfangen. Miguel Angel Darino sagt deshalb zu Recht, dass wir im Gottesdienst Gottes Liebesbezeugungen aus ganzem Herzen antworten. [1]

Der Ort des Gottesdienstes

Der Ort an dem wir feiern, ist wichtig und heilig, nicht aus sich heraus, sondern weil sich hier Gott zeigt. Der Tempel ist Gottes Wohnstätte, weil sich hier seine Nähe und seine Fürsorge zeigen. Es ist eine große Gefahr, die Anbetungsstätte in ein Werkzeug der Macht und des Ausschlusses zu verwandeln. Zu Zeiten Davids geschah dies mit dem Bau des Tempels in Jerusalem. David wollte aus Jerusalem nicht nur eine politisch-militärische sondern auch eine religiöse Plattform machen. Der Tempel wurde zum Sinnbild der Entmenschlichung:

> „Es war im Bereich des Tempels, in dem sich die Gesellschaft bewusst wurde, wie sehr das Miteinander der menschlichen Beziehungen streng nach Bevölkerungsschicht geregelt und unterteilt war. Der äußere Vorhof war für die Heiden bestimmt (Ungläubige, die vom „Volk Gottes" ausgeschlossen waren). Wenn man den inneren Vorhof durchquerte, erblickte man ein großes Schild, das den Heiden in griechischer und lateinischer Schrift den weiteren Zutritt unter Todesstrafe verbot. Durch keine der neun Türen war es den Heiden erlaubt einzutreten, da dies als Entweihung des heiligen Tempels angesehen wurde." [2]

---

1 Miguel Angel Darino: „La adoración: Análisis y Orientación", El Paso 1992, 45–52.
2 Cassese Giacomo „Jesus constructor de comunidad: de la ideología del templo a la praxis del reino de Dios", im Unterricht ausgeteilter Text, Northern Baptist Theological Seminary, Juni 1999.

Es ist eine Herausforderung, den Ort, an dem sich der Gott der Geschichte zeigt, zu einem Ort des Friedens, der Versöhnung, der Einbeziehung und der Hoffnung zu machen, damit allen Armen und Ausgeschlossenen Menschlichkeit zuteil wird.

Wir brauchen Orte, die ein Zeichen für neue Beziehungen setzen und mit jeder Art von Barriere brechen, wie Sexismus, Rassismus oder der Unterteilung der Bevölkerung in verschiedene Schichten infolge sozialen und wirtschaftlichen Unrechts.

Gemeinschaftliche Partizipation ohne protagonistischen Eifer

Man lädt Menschen nicht in erster Linie zum Gottesdienst ein, damit sie ein schönes Schauspiel bestaunen. Der Lobpreis entfaltet sich nicht aufgrund der Schönheit, sondern aus der tiefer gehenden Teilhabe der Gemeinde an Danksagung und Lobgesang. Was dem Lobpreis Schönheit verleiht, sind die Empfindungen von Herz und Seele.

Im Gottesdienst hängt nicht alles an einer einzigen Person. Vielmehr pflegt die Gemeinde ihre Beziehungen untereinander, indem sie sich aktiv beteiligt, lobt und betet.

Deshalb ist der Gottesdienst keine Zeremonie, sondern eine Feier. Dies bedeutet, dass sein Hauptziel nicht die Anbetung der Schönheit, sondern die Feier der Begegnung mit Gott und seinem Volk ist. Im Gottesdienst gibt es keinen individuell Feiernden mit einem protagonistischen Bestreben, sondern die Gemeinschaft feiert und jeder beteiligt sich im Sinne der Gemeinschaft, je nach seinen Fähigkeiten und Aufgaben.

Der Gottesdienst ist ein Fest, an dem sich alle beteiligen, weil sich ein Fest ohne Partizipation im Ästhetischen verliert und nichts weiter ist als eine tote Zeremonie. Aber Partizipation ohne feierliche Ausrichtung auf Gott macht den Geist krank und entgleist in Emotionalität.

Der Gottesdienst als Fest und nicht als Orgie der Oberflächlichkeit und der Frivolität

Von Kind an hat man uns gelehrt, Gott zu fürchten, nicht aber, uns an Gott zu erfreuen. Liturgien müssen zeigen, was es bedeutet, fröhlich im

Herrn zu sein. Somit dient der Gottesdienst dazu, sich am Ort der Verehrung zu erfreuen und Lobgesänge anzustimmen und den Segen und die Präsenz des Herrn zu spüren. Im Gottesdienst zeigen sich die Freude des Geistes und das befreiende Echo der Offenbarung, denn die Erfahrung der Präsenz Gottes ist die freudigste Erfahrung, die man machen kann.

Der Sinn des Festes wird jedoch in eine Orgie der Oberflächlichkeit pervertiert, wenn die Menschen sich der Feier hingeben, um Schmerz und Unterdrückung zu vergessen. Harvey Cox hat es so ausgedrückt:

„Das wahrhaftige Fest ist mehr als eine Flucht vor der Ungerechtigkeit und dem Bösen. Es erreicht dort die höchste Authentizität, wo die Wirklichkeit anerkannt wird und man sich mit ihr auseinandersetzt, anstatt vor ihr zu fliehen." [3]

Der Gottesdienst als kritischer Ausdruck Gottes

Wir leben heute in einer Zeit, in der es immer mehr gezähmte Gemeinden gibt, die nicht ihre Stimme erheben, um die soziale, wirtschaftliche und politische Realität zu kritisieren ... Deshalb bedeutet eine gründliche Diagnose der Missstände bereits eine Befreiung. Und der Ort der Kritik (Gottes) ist der Gottesdienst. Wenn hier Missstände und Götzendienst kritisiert werden, wird der Gottesdienst ein Fest voller Lebensfreude, das das Leben bejaht. Dort, wo man lobpreist und Fürbitte tut, werden auch die Waffen des Bösen enthüllt und man entdeckt, was sich hinter Gewalt und Lüge, hinter Machtausübung und der dominierenden Kultur verbirgt. Je radikaler ein Missstand ist, um so wichtiger ist es, dass ein Ort der Anklage vorhanden ist. Man muss die Glaubensgemeinschaft wach rütteln, damit sie die Realität des Bösen wahrnimmt. Das schlimmste Übel ist das Wegsehen.

Das messianische Fest: Ort der Fantasie und der Träume

Der Gottesdienst als messianisches Fest kultiviert eine Vision der ersehnten Hoffnung die bewirkt, dass man die Verheißungen Gottes erlebt und diese

---

[3] Harvey Cox, Las fiestas de locos (Para una teología feliz), Madrid 1972, 41 (Original: The Feast of Fools: A Theological Essay on Festivity and Fantasy, Harvard 1969).

sich offenbaren. Man feiert dies vorwegnehmend, um zu sagen, dass die Realität nicht das letzte Wort hat.

Der Fatalismus der Geschichte wird durchbrochen und die Macht des Bösen wird neutralisiert. Der Gottesdienst ist eine Alternative, die festlich begangen wird und dem fremd bestimmten und der Freiheit beraubten Leben ein Zeichen des nahenden Sieges gibt. Es ist das Versprechen einer spirituellen Erneuerung. Dort wird der militärischen und politischen, der wirtschaftlichen und ideologischen Macht abgeschworen, um sich für Gott zu öffnen.

Solidarität im Schmerz

Der Gottesdienst ist in Lateinamerika der Ort, an dem sich Schmerz und Entmutigung, Entbehrungen des Lebens und erlittenes Unrecht ausdrücken. Hier ertönen die Klagen der Menschen und der Schrei aus dem Abgrund des Lebens. Die Gemeinde ruft für diejenigen, die dies nicht können. Sie preist für diejenigen, die in Gefangenschaft sind. Sie weint für diejenigen, die nicht mehr weinen können. Sie äußert ihre Klagen für diejenigen, denen niemand zuhört. Sie identifiziert sich mit dem stummen, gefangenen und leidenden Volk. Niemand kann die Qual, die er fühlt oder erahnt zum Schweigen bringen. Die Stimme im Gottesdienst bedeutet Solidarität und Trost.

Wir weichen den zerbrochenen oder kranken Herzen, den Besiegten oder den Unglücklichen, den Sterbenden oder denjenigen, die am Ende ihrer Kräfte sind, nicht aus. Gott ist wahrhaftig mit uns in unserem Schmerz.

Ethische Folgen der Anbetung

Wir müssen in unserem Kontext die ethischen Folgen der Anbetung des Herrn benennen. Dabei geht es sowohl um Individual- als auch um Sozialethik. Als Beispiel einer Äußerung, die auf einer persönlichen Ethik basiert, nennen wir Psalm 15, der mit einer Frage beginnt: *„Herr, wer darf weilen in deinem Zelt? Wer darf wohnen auf deinem heiligen Berg?"* Darauf kommt die Antwort, die wir in zehn Punkte untergliedern können, die sich alle auf dem Gebiet der Ethik bewegen. Es wird davon gesprochen integer zu sein und Gerechtigkeit walten zu lassen, die Wahrheit zu sprechen und keine

Verleumdung zu äußern, dem Nächsten nicht zu schaden und sich für ihn einzusetzen. Der Psalm nennt ein Kriterium, wie Menschen richtig zu behandeln sind: Den Niederträchtigen gering zu schätzen und denjenigen zu ehren, der Gott fürchtet. Er ermahnt dazu, Wort zu halten und seine Aufgaben zu erfüllen, Geld für Wohltaten zu nutzen und nicht, um die Schwächsten zu unterdrücken. Er warnt davor, sich nicht dafür herzugeben, Unschuldige zu verletzen. [4]

Deshalb muss man aus dem Ort der Anbetung einen Ort der Menschlichkeit machen und die Mauern des Ausschlusses durchbrechen. Die Beziehungen untereinander müssen erweitert werden, damit man zum Teil einer größeren als der leiblichen Familie wird. Man muss am Leben der anderen teilhaben, vor allem an ihrem Leid und ihrem Schmerz. Man muss die „prophetische Stimme" erheben, um die Kritik Gottes an einer Realität zu äußern, die den Menschen beherrscht und unterwirft. Im Feiern nehmen wir eine andere Wirklichkeit vorweg und fordern damit die Realität heraus, die das letzte Wort haben will.

Der wahrhaftige Gott und die Götzen

Der Götzendienst hat im Alten Testament zwei verschiedene Bedeutungen: Einmal innerhalb des Gottesdienst in Bezug auf Gott und andererseits in Bezug auf andere Götter. Im ersten Fall hat Gott erklärt „mache dir kein Bild", zweiten Fall: „Habe keinen anderen Gott außer mir". (Exodus 20). Es ist eine Sache andere Götter zu verehren, aber eine andere Sache ist, aus dem Gott des Lebens ein Idol zu machen.

Das Verbot des Götzendienstes gründet in Gottes befreiendem Wesen (Exodus 32). Wer aus der Sklaverei befreit ist, kann keine Götzen verehren. Und Gott hat sein Volk aus der Sklaverei befreit, damit es in Freiheit lebt und ihn lobpreist, ohne daraus einen Götzendienst zu machen.

Das Problem liegt darin, dass Menschen die Freiheit zurückweisen, die Gott schenkt. Stattdessen entsteht ein Gottesdienst im Namen eines Gottes, der nur billigen Trost spendet und sich mit der Versklavung der Menschen abfindet. Deshalb muss sich die Kirche fragen: Wen verehren wir? Den Gott, dessen Bildnis wir uns gemacht haben? Oder verehren wir den Gott, der uns aus der Sklaverei befreit hat? Er ist der Gott, der mit seiner

---

4 Vgl. Joel Sierra, „Adoración y Contexto". Monterrey 1996, 3.

Gegenwart dazu einlädt, nicht in Unterwerfung unter den Göttern dieser Epoche zu leben.

Gott anzubeten heißt, sein befreiendes und veränderndes, rettendes und heilendes Wesen anzubeten. Den Gott unserer Vorstellung zu verehren bedeutet, dem Götzendienst zu verfallen. Deshalb ist es verboten, dass wir uns vom wahrhaften Gott ein Bildnis machen, denn es wird zur Karikatur.

Den wahrhaften Gott anzubeten erfordert einen Lebensstil, der dem Götzendienst abschwört. Die wahrhafte Anbetung bedeutet, ein Leben auf den Knien vor Gott zu führen (in einer Haltung der ehrerbietigen Hingabe) und mit beiden Beinen den Götzen dieser Erde entgegenzutreten (mit mutiger Herausforderung). Die Anbetung ist in erster Linie eine Lebenseinstellung (Römer 12:1). Deshalb hat der Lobpreis in allererster Weise ethischen Charakter; d. h. er hat mit unserem Lebensstil zu tun. [5]

Im Geist und in der Wahrheit

Die Anbetung im „Geist und in der Wahrheit" (Joh. 4) hat zwei Realitäten: Gläubig zu sein im „Geiste Jesu Christi" – und zugleich „ in der Wahrheit", das bezieht sich auf die Lebensrealität. Deshalb verweist Jesus die Samariterin, die ihn um das Wasser bittet, auf ihre Situation: „Ruf deinen Mann". Somit glauben wir, dass es nicht möglich ist, das lebendige Wasser von Jesus Christus zu erhalten, ohne die tragische und verletzbare Realität des Lebens einzubeziehen. Es ist unabdingbar, mit beiden Beinen auf der Erde zu stehen, um sich mit dem wahrhaften Gott zu verbinden.

Anbetung muss auf der einen Seite das wahrhafte Antlitz Gottes und seinen befreienden Charakter widerspiegeln und auf der anderen Seite die geschichtliche Realität der lokalen Gemeinde. Die Glaubensgemeinschaft spiegelt das Antlitz Gottes wider: seinen Plan für die Menschheit, seinen befreienden Charakter. Bezogen auf die geschichtliche Realität jeder Glaubensgemeinschaft kann man sagen, dass man im „Geist und in der Wahrheit" lobpreist.

„Lobpreis im „Geist und in der Wahrheit" bedeutet, der Welt mit ihren marktorientierten und gewalttätigen Werten die Stirn zu bieten ... Besser ist Aufrichtigkeit, Reinheit des Geistes und des Herzens, schmerzhafte Veränderung, Frieden und Gerechtigkeit, d. h. alles was in der Welt Ablehnung

---
5   Joel Sierra, a. a. O., 11

und Verfolgung um Christi willen weckt; d. h. was uns erlaubt an der Welt teilzuhaben, Christus selbst (Matthäus 5:1–12).[6]

2. Theologische Annäherung

Auf dem Weg zu einer liturgischen Theologie

Man muss den Glauben feiern, die Hoffnung und die Liebe – und zwar in Verbindung mit der Erinnerung, mit förderlichen Lebensperspektiven und in liebevollem Umgang miteinander. Historische Erinnerung ist eine Dimension des Glaubens. Nicht Nostalgie, noch ein Erinnern losgelöst vom historischen Kontext. Hoffnung ist die Gestaltung der Zukunft aus der Perspektive des Reiches Gottes. Daher werden Gottes Verheißungen vorwegnehmend gefeiert. In der Liebe nimmt Gottes Volk im Leben der anderen Gestalt an.

Feier des Glaubens

Ohne Feier ist der Glauben tot. Der Glaube wird angenommen, er wird in Gegenwart (anderer) verkündet und gefeiert. Wenn Glaube nicht gefeiert wird, wird er zur Doktrin. Und da Glaube sich aus dem Erinnern gestaltet, wird er als ein subversives Erinnern gefeiert. Juan José Tamayo erläutert:

> „Die Zerstörung der Erinnerung ist eine typische Maßnahme der absoluten Herrschaft, die es darauf anlegt alle Spuren der Vergangenheit zu beseitigen, damit die kulturelle Identität der unterworfenen Völker ausgelöscht und deren Streben nach Freiheit im Keim erstickt wird, das allen menschlichen Gemeinschaften der Geschichte innewohnt. Wenn man dem Menschen seine Erinnerungen nimmt, beginnt man ihn zu versklaven."[7]

Aber was ist die Erinnerung? Es bedeutet das Andenken wieder lebendig und die befreienden Werke Gottes in der Menschheitsgeschichte gegenwärtig zu machen.

---

6 A. a. O., 13
7 Juan José Tamayo-Acosta, Hacia la comunidad, Madrid 1995, 1523, im Abschnitt: „Los sacramentos, liturgia del prójimo".

An etwas zu erinnern, schlägt eine Brücke zwischen der Vergangenheit und der Gegenwart. Etwas erinnern bedeutet, die Vergangenheit lebendig zu machen und dazu aufzurufen, im hier und jetzt zu handeln. Etwas zu erinnern ist kein Akt der Idealisierung der Vergangenheit. Erinnerung mobilisiert vielmehr die schlummernden Kräfte der Vergangenheit, um sie für das hier und jetzt zu aktivieren, damit sie eine Befreiung erwirken. Es reicht nicht aus, zu erinnern was damals geschah. Vielmehr muss die im Verborgenen liegende befreiende Kraft der menschlichen Geschichte hervorgeholt werden.

Wenn wir uns an die Befreiung erinnern, wird unser Glaube erneuert. Dann ist das Wort des Herrn ein konstantes Andenken, das sich in der Gegenwart erneuert. So erinnern wir uns an die Wunder, die Gott vollbracht hat und sind voller Zuversicht: „So wie wir das rote Meer überquert haben, werden wir alle Meere überqueren, die sich uns in den Weg stellen".

Feier der Hoffnung

Die schreckliche Realität, die uns bedroht, der mangelnde Fortschritt darin, die nötigsten Probleme zu lösen, und die Ungewissheit der Zukunft machen aus uns Männer und Frauen ohne Ziele und Orientierung. Wir sind passive Beobachter der Geschichte, die auf der Suche nach ihrer eigenen Sicherheit sind, individualistisch und unsolidarisch, Menschen, in deren Antlitz sich die Verzweiflung widerspiegelt.

Heute müssen wir uns mehr denn je daran erinnern, dass die Kirche Jesus Christi inmitten der Geschichte *die Verantwortung für die Hoffnung* trägt. Unsere erste Aufgabe ist, Hoffnung zu wecken. Dies geschieht, indem wir feiern, um uns in unserer Hoffnung und unserem Engagement gegenüber dem Reich Gottes zu stärken. Das Gedenken an das rettende Ereignis erneuert sich und richtet sich auf die Zukunft. Man muss vorwärts schreiten. Die Hoffnung zu feiern, die wir in Jesus Christus haben, bedeutet, sich für eine hoffnungsvolle Zukunft für unser Leben und das Leben der anderen einzusetzen. Deshalb müssen wir Anbetungsgottesdienste mit befreiendem Charakter feiern, die den Kreislauf der Hoffnungslosigkeit durchbrechen, um durch das Fest des Lebens die Zukunft zu gestalten.

Wir können den Weg des Lebens hin zu einem „Gott der Hoffnung" nicht aufhalten. Wir können der Zukunft nicht den Rücken drehen. Wir können uns nicht völlig erschöpfen in der Gegenwart. Das heißt, jede Liturgie muss zur Hoffnung ermutigen; es muss eine dynamische Liturgie sein, die nicht starr ist, sondern in Bewegung, die nicht in Routine verfällt, die beharrlich ist und nicht fatalistisch, denn es geht darum, Horizonte für die Zukunft zu eröffnen.

Feier der Liebe

Die Liebe ist das Bindeglied zwischen Andenken und Zukunft. Die Zukunft, die dem Andenken entspringt, wird zu einem liebevollen und engagierten Vorhaben. Und dieses Engagement ist genau das, was Leben in der Gemeinschaft, in der Welt und in der Familie hervorbringt.

Angesichts des Identitätsverlustes feiern wir die Verteidigung der Persönlichkeit. Gott lehrt sein Volk, den Menschen vor allen anderen Dingen am höchsten zu achten. Er wird nicht durch Maschinen oder andere Objekte ersetzt. Der Mensch wird weder als einer von vielen, noch als abstraktes Wesen betrachtet. In der Gesellschaft sagt man: „Niemand ist unersetzlich" und entlässt den Menschen, als ob er irgendein Werkzeug wäre. Im christlichen Gottesdienst bekräftigt man die Einzigartigkeit jedes einzelnen Menschen und somit seine Unersetzbarkeit und Unwiederbringlichkeit.

Angesichts des Individualismus feiern wir die Solidarität. Heutzutage wird leicht dahin gesagt: „Wenn es mir gut geht, interessiert mich nicht, ob alles andere schlecht läuft." Die Nächstenliebe ist die Quelle der Rechtfertigung des Glaubens und der Hoffnung (1. Korinther 13). Dort wo es Solidarität gibt, entsteht eine in sich gefestigte Gemeinschaft.

Angesichts der Gefühllosigkeit feiern wir die Zärtlichkeit. Heutzutage sagt man: „Man soll nicht an das Leid der Opfer denken". In der christlichen Gemeinschaft findet man Zärtlichkeit, jede Person erfährt Wärme und aufrichtige Zuneigung.

Angesichts der Gewalt feiern wir den Dialog, die Vergebung und die Versöhnung. In der Glaubensgemeinschaft verpflichten wir uns vor dem Herrn des Lebens, dass die Familien kein Ort der Gewalt, sondern wahrhaft „Schulen des Dialogs" sein wollen. Freiräume, in denen sich Freude am Leben entfaltet und sich Leben entwickelt und gestärkt wird. Wir setzen uns für die Versöhnung und das Vergeben ein.

Feier des Glaubens, der Hoffnung und der Liebe

In der Feier werden die Wunder, die Gott in der Vergangenheit vollbracht hat durch Worte, symbolische Gesten und Gebete, dramaturgische Elemente und Gesänge wieder hervorgerufen. Sie zeigen ihre Kraft in der Gegenwart (Aktualisierung der Liebe Gottes) und lassen die Hoffnung auf die Errettung durch Gott in der Zukunft wieder erleben. Die Feier ist kein einfaches Erinnern (Anrufung), sondern Aktualisierung (Provokation) und auch Prophezeiung, Projektion in die Zukunft (Berufung). Jede liturgische Feier enthält eine Spannung in der das Andenken, die Aktualisierung und das Versprechen dynamisch miteinander interagieren. Somit verwandelt sich die Theologie des Gottesdienstes in ein historisches Element (Andenken), ein jubelndes Element (liebevolle und freudige Feier), ein hoffnungsvolles Element (Hoffnung wider alle Hoffnung).

3. Pastorale Annäherung

Die Anbetung in der Gemeinschaft ist eine einmalige Erfahrung, die keine andere gesellschaftliche Gruppe kennt. Im gemeinschaftlichen Leben ist der Anbetungsgottesdienst das höchste Mittel für die Entwicklung und die Vollkommenheit der Menschen. Unglücklicherweise hat die gemeinschaftliche Anbetung für viele Kirchen relativ wenig Bedeutung. Anstatt eine erneuernde Erfahrung zu sein, wird sie als mechanische Routine erlebt, als individualistische oder monotone Erfahrung, die dem Menschen keine Vollkommenheit mehr verleiht.

Die Erfahrung der Anbetung in der Gemeinschaft

Die Anbetung in der Gemeinschaft muss eine Erfahrung sein, für die der Mensch eine Offenheit entwickelt. Wir wissen, dass der Mensch ein Wesen ist, das in Beziehung zu Gott und zu seinem Nächsten steht. Was die Welt jetzt braucht ist ein „wir". Die Bildung dieses „wir" gibt es nicht nur im Leben der Bruder- und Schwesternschaften und der Glaubensgemeinschaft, sondern vor allem in der Feier des Glaubens. Wenn jemand seine Gotteserfahrung mit anderen teilt und die Dankbarkeit anderer erfährt, wächst er in der Solidarität der Fürsprache. Dann öffnet sich dieses „ich" für die

Menschheit. Gott wird am deutlichsten spürbar durch die konkreten und persönlichen Erfahrungen im Leben der Gemeinschaft. Lobpreisen bedeutet, sich auf eine Beziehung einzulassen. Es bedeutet, Gott in einer persönlichen Begegnung zu erfahren. Ross Snyder glaubt, dass in einem Gottesdienst folgendes passiert:

„Ich bin zusammen mit anderen Menschen, deren Leben mein eigenes Leben interpretieren. In diesem lebendigen Netz der Beziehungen gibt es wahrhafte Anbetung. Auf dieselbe Weise als Anbetender „betrete ich in die Gegenwart Gottes", ich verbinde mich ehrerbietig mit den Leben der Menschen, die mit der größten Leidenschaft und Integrität gelebt haben. In der gemeinschaftlichen Anbetung ... liegt Bedeutung und Verstärkung." [8]

Diese Vorstellung von Snyder wird von dem Konzept, das Reuel L. Howe vom Gebet hat, vervollständigt. Das Gebet wird als Erfahrung von Beziehungen angesehen:

„Im Gebet des *Lobpreises* gibt man sich Gott und den anderen in Liebe und in ehrlicher Bewunderung hin. Im *Bekenntnis* werden unsere Worte und unser Handeln anerkannt. In der *Fürbitte* zeigt sich die Anerkennung unserer gegenseitigen Fürsorge. In der *Fürsprache* drückt sich unsere Verantwortung für das Leben der anderen und für die Hilfe für die andere aus. Und in der *Danksagung* drückt sich unsere Dankbarkeit für alle erhaltenen Segnungen aus, einschließlich der Liebe zum Nächsten." [9]

4. Kontextuelle Annäherung: Lobpreis in postmodernen Zeiten

Angesichts der globalen Kultur stehen wir gegenwärtig vor einem komplexen Phänomen, das uns verpflichtet, unsere Pastoralarbeit für diese Zeiten neu auszurichten.

Rolando Pérez schreibt im Artikel „Die Kultur der Medien in der evangelischen Ritualhandlung" [10], dass der Prozess der Verstädterung in Lateinamerika eine Zunahme der Entstehung religiöser Gruppen hervorgerufen hat, weshalb es bemerkenswert ist, dass die Kirchen im Alltag der Menschen einen wichtigen Platz einnehmen.

---

8   Howard J. Clinebell, Jr., The Mental Health Ministry of the Local Church, Nashville TN 1972, 57.
9   A.a.O., 58.
10 Rolando Pérez, Signos de Vida, CLAI, November 1998.

Wir wissen sehr wohl um die Bedeutung der Massenmedien in unserer Kultur. Schon in den religiösen Darbietungen erkennt man ihren Einfluss. Wir sehen, wie sich die Massenmedien des religiösen Ritus und der gemeinschaftlichen Erfahrung des Gottesdienstes bemächtigen, wo sie ein Geschehen dominieren, das mit dem Heiligen nichts mehr gemein hat.

> „Die Liturgie ist viel spektakulärer. Elemente der Fernsehwelt, einschließlich großer Hallen, Dekoration, elektronisches Zubehör, Tontechniker und Tonträger, die Hymnen und elektronische Musikinstrumente ersetzen. All dies sind Entlehnungen der Medientechnik und die Zeichen der audiovisuellen Industrie. Die Lebhaftigkeit des Pastors oder Kirchenleiters, der den Gottesdienst hält, spricht für eine Inszenierung. Ein neues Ritual modifiziert die traditionelle Zeremonie des evangelischen Gottesdienstes. Die feierlichen Prediger werden durch den regieführenden Pastor, durch das grelle Wort, durch Applaus und intonierte Gesänge mit Rhythmen ersetzt, die unserer Wesensart fremd sind. Der musikalische Diskurs ist ebenfalls ein Schlüsselelement. Die Erneuerung des Lobpreises hat spanischsprachige Komponisten und Sänger hervorgebracht, die sich ihren eigenen kommerziellen Zirkel geschaffen haben. Sänger wie Marcos Witt und Juan Carlos Alvarado produzieren seit Jahren Lieder, die heute in fast allen evangelischen Kongregationen gesungen werden. Die jüngsten Erfolge (Hits) zu singen bedeutet, mit dem musikalischen Ranking der protestantischen Welt überein zustimmen. Diese Musik ist durch sehr einfache Melodien und Strophen gekennzeichnet, die immer wieder dasselbe Thema ohne großen theologischen Anspruch wiederholen. Die am häufigsten auftretenden Bilder sind Gott König, Gott der Mächtige, der starke Gott Israels, d. h. Bilder der Macht." [11]

Sicherlich leben wir nicht nur in einer Zeit des Wandels, sondern wir erleben auch einen Wandel der Epoche. Und dieser Epochenwandel, der von vielen Postmodernität genannt wird, gibt sich durch mindestens fünf Tendenzen zu erkennen, die uns dazu verpflichten, unsere heutige Liturgie neu zu überdenken und ihren Standort neu zu bestimmen:

Globalisierung

Die Globalisierung hat den „Markt" zu einem Gott erhoben, der alles regelt. Angesichts einer globalisierten Realität, in der der neue Götze der Markt ist, besteht die große Versuchung die Erfahrung von Gott als Handel zu verstehen, mit Gott als höchstem Händler, als oberstem Weisen im An-

---

11 Unveröffentlichter Vortrag von Elisabeth González auf dem ersten Treffen von CETELA für Professoren der Liturgie. Juli 1999 in Medellín, Kolumbien.

und Verkauf. Aus dem Glauben eine Religion des Konsums und des Marktes zu machen, ein Objekt der Kommerzialisierung und ein Produkt, das sich nach den Regeln des Angebots und der Nachfrage richtet, heißt das Erleben des Evangeliums zu einer Quelle der Habgier zu machen:

> „Es gibt Christen, die nach Geld trachten und das Evangelium hierfür benutzen. Die Kirche wird auf diese Weise zu einer Art Markt, in dem Prediger und Pfarrer, Reformierte und Traditionelle durch die Botschaft ihren Vorteil suchen." [12]

Multikulturalität

Dieses neue Phänomen weist darauf hin, dass die regionalen Kulturen verschwinden. Die alten Vorstellungen vermischen sich mit den modernen. Alle Kulturen entwickeln sich weiter. Es entsteht eine neue Realität, die *Mischkulturen*. Die große Versuchung in der Erneuerung unserer Liturgien ist, jeglichen kulturellen und kontextuellen Bezug zu den lokalen Kirchen wegzulassen. Damit erhält die Erfahrung von Gott eine einheitliche Dimension und somit eine Hybridisierung des Glaubens.

Kultur des Ruhmes

Heute sind es die Berühmtheiten, die uns sagen, wie wir uns anziehen und schminken müssen. Sie sind die Stimme des freien Marktes. Der Ruhm ist das Idol der berühmten Persönlichkeiten. Er ist wie eine Droge. Er rückt die berühmten Persönlichkeiten in das Zentrum des Universums und begünstigt so ihren krankhaften Narzissmus. Die Kultur des Ruhmes möchte sich Zugang verschaffen zum Glauben und zur gottesdienstlichen Erfahrung.

Eine befreiende Liturgie muss den Menschen dazu verhelfen, sich nicht länger im Zentrum des Universums zu sehen und der Last der Selbstanbetung zu widerstreben. Denn den Gott des Lebens anzubeten, das Zeugnis des Glaubens der anderen zu vernehmen und gemeinsam mit anderen zu beten, hilft uns, dass wir uns nicht mehr in den Mittelpunkt stellen und uns selber vergöttern.

---

12 Xabier Pikaza, Antropología Bíblica, Madrid 1993, 333.

Dietrich Bonhoeffer sagt, „Die Gemeine braucht keine glänzenden Persönlichkeiten, sondern treue Diener Jesu und der Brüder."[13] Heutzutage leiden die Anbetungsgottesdienste daran, dass ihre Leiter protagonistischen Eifer an den Tag legen. Sie werden somit zu einer Show. Diese Kultur hat sich des Bewusstseins der Leiter ermächtigt. Die krankhaften Persönlichkeiten werden vergöttert. Ihr Narzismus wird über die liturgische Erfahrung gestellt. Deshalb ist es heutzutage mehr denn je wichtig eine Liturgie zu ermöglichen, die nicht die Kultur des Ruhmes, sondern eine Kultur der gemeinschaftlichen Feier fördert.

Die Hyper-Realität

Eine andere Charakteristik dieser Epoche zeigt sich in der Kraft des Bildes, das vorgibt realer zu sein als die Wirklichkeit. Heutzutage hat der rituelle Raum Bilder hervorgebracht, die realer erscheinen als die Wirklichkeit. Der Schein ersetzt die Realität auf eine Art und Weise, dass wir die Sensibilität dafür verloren haben, zwischen dem Realen und dem Phantastischen zu unterscheiden. Auch die Grenze zwischen Fiktion und Realität lässt sich nicht leicht erkennen.

Deshalb ist heute das Bild wichtiger als das Wort. Das Sehen kommt vor dem Hören. Die Menschen heutzutage sind für den Glauben offen, wenn sie das, woran sie glauben, besitzen können. Das Bild gibt Sicherheit, weil es etwas zeigt, man kann es sehen und auf diese Weise besitzen. Im Gegensatz dazu wirft das Wort Fragen auf und ergreift von uns Besitz. Deshalb zieht man es heute auf dem Gebiet der Liturgie vor, etwas anzubeten, was sichtbar ist. Man geht mit Gott eine Beziehung durch das Bild und die Vision ein und nicht durch das Wort. Die Menschen wollen Wunder und Spektakel erleben. Zu Recht sagt Régis Debray:

> „Ein Foto ist glaubhafter als eine Figur – und ein Video überzeugender als eine Predigt. Visualisieren bedeutet erklären. In der Umgangssprache hat das ‚ich sehe' den Begriff ‚ich verstehe' abgelöst. ‚Es ist offensichtlich' bedeutet, dass dem nichts mehr hinzuzufügen ist. Es lohnt sich nicht, eine Predigt einem Bild entgegenzuset-

---

13 Dietrich Bonhoeffer, Gemeinsames Leben, München 1964[11], 94.

zen. Eine Sichtbarkeit lässt sich nicht mit Argumenten widerlegen. Sie wird durch eine andere ersetzt." [14]

Die große Versuchung für unsere Liturgien heute besteht darin, religiöse Trugbilder zu schaffen. Es gibt religiöse Leiter, die Trugbilder sind, aber als real erscheinen. Wie kann man zwischen einem Trugbild und der Realität unterscheiden, wenn das Bild vergöttert wird? Man muss lernen etwas zu verehren, das nicht sichtbar ist, ohne es deshalb weniger zu lieben. Dass „glückselig diejenigen sind, die nicht sahen und glaubten" ist eine Wahrheit, die wir in unserer heutigen Zeit wieder ins Bewusstsein bringen müssen.

Die unpersönlichen Orte, Räume der Anonymität

Es sind die Einkaufszentren, der Identitätsverlust in der Welt. Hier liegt die Versuchung, aus der Kirche einen unpersönlichen Ort zu machen. Die Mega-Kirchen sind die neuen „Malls", die Einkaufszentren, die Kaufhäuser des Glaubens. Es gibt eine große Bandbreite an Gottesdiensten. Sogar mit der unternehmerischen Mentalität der „absoluten Qualität" behandelt man die Gemeinde wie Kundschaft.

Heute müssen wir die Gemeinschaft bekräftigen. In der religiösen „Mall" gibt es Show und mehr Vielfalt, aber man sorgt sich nicht aus menschlichen sondern aus kommerziellen Beweggründen um die Gemeinde. Die Gefahr für den Aufbau einer Glaubensgemeinschaft im Angesicht des Reiches Gottes und seiner Gerechtigkeit liegt in der Behandlung des Glaubens als Gegenstand und in der Anonymität.

Eine Herausforderung aus unserer Realität und ein dringender Appell

Wir sind uns der Situation bewusst, in der sich einige unserer Kirchen und Konvente befinden, für die Konflikte um die Anbetung Ursache bedauerns-

---

14 Régis Debray, Vida y Muerte de la Imagen, Barcelona 1994, 300 (Original: Vie et mort de l'image. Une histoire du regard en Occident, Paris 1992; dt.: Jenseits der Bilder. Eine Geschichte der Bildbetrachtung im Abendland, Rodenbach 1999).

werter Spaltungen war. Wir lateinamerikanischen Baptisten, Erben einer reichen liturgischen Tradition, stehen vor dem Anbruch einer neuen Zeit, die von verschiedenen Formen der Religiosität und der Ausdrucksweisen der Spiritualität und des Gottesdienstes geprägt ist. In diesem neuen kulturellen und religiösen Kontext fragen wir uns aufrichtig vor dem Herrn, was es bedeutet ihn „im Geist und in der Wahrheit" zu lobpreisen. Andererseits sind wir tief besorgt über die moralische Dekadenz, den Werteverlust und die soziale und politische Krise auf unserem Kontinent. Angesichts der wachsenden Armut unserer Völker und der schrecklichen Beispiele von Ungerechtigkeit, Gewalt und Marginalisierung fragen wir uns auch nach der Beziehung zwischen der Anbetung Gottes und der Sorge um die Gesellschaft; zwischen der Anbetung des Schöpfers und dem Dienst an seinen Geschöpfen, die er nach seinem Ebenbild geschaffen hat; zwischen der Anbetung und dem vollkommenen Engagement für sein Reich des Friedens und der Gerechtigkeit.

Angesichts dieser Wirklichkeit ist die Frage dringend, welche Anforderungen dieses neue Jahrhundert an unsere Liturgie stellt. Unser eigener Kontext ist der Raum, in dem sich Gottes Anwesenheit zeigt. Das heißt, wir müssen uns als Söhne und Töchter unserer Völker begreifen und uns aus den kulturellen Wurzeln unserer Vorfahren nähren. So können wir eine universelle Vision entwickeln und im andauernden ökumenischen Gespräch zu einem besseren Verständnis der Einheit in der vielfältigen Schöpfung Gottes beitragen.

Wir leben heute in einer globalen Welt, wo die Informatik, die Technologie, die Massenmedien und der Markt ihre eigenen Codes und Regeln aufstellen. Leider werden all diese Quellen nicht von den Mächtigen der Erde genutzt, um die Welt menschlicher zu gestalten, sondern um ihr das Menschliche zu nehmen: nicht um Brücken zu bauen für diejenigen, die des Schutzes bedürfen, sondern um sie dem System zu opfern und sie zu marginalisieren. Darum brauchen wir eine liturgische Erneuerung aus einer Spiritualität heraus, die inkarniert ist im Einsatz für die Schwächsten, denn die Menschlichkeit steht auf dem Spiel. Eine liturgische Erneuerung, die menschlicher und solidarischer ist. Angesichts dieser (herrschenden) Systeme müssen wir eine Kultur der Liebe und des Lebens entwickeln. Wenn wir danach streben dem Menschen seine Würde zurück zu geben, dann können wir dies auch tun, indem wir die regionale Musik wieder beleben und sie befreien aus der Sklaverei einer traurigen Kultur, die den Menschen durch Alkoholismus und Gewalt, Apathie und Sinnlosigkeit in Abhängigkeit hält und ihn fatalistisch macht.

Übersetzung aus dem Spanischen: Brigitta Kainz, Vererna Grüter

Nordamerika

"There's a better day a coming"

Afroamerikanische Musik als Inkulturation – eine historisch-missiologische Spurensuche

Friedemann Walldorf

Spirituals, Blues, Jazz und Gospel sind beliebte Musikstile überall auf der Welt – auch in Deutschland. Sie stehen für Authentizität, Lebendigkeit und Integration. Im Kontrast dazu steht die gesellschaftlich eher negative Wahrnehmung der Rolle christlicher Mission im Entstehungsprozess der afroamerikanischen Musik im 18. und 19. Jahrhundert. So schreiben die Verfasser des *Handbuch für populäre Musik*: „Eine große Rolle spielten dabei die *militanten* Missionierungsversuche an den afrikanischen Sklaven durch Puritaner, Anglikaner, Methodisten, Baptisten …, die … den Afrikanern auch das ganz anders geartete europäische Musiksystem *aufzuzwingen* trachteten."[1]

Diese Sicht der Dinge ist ebenso weit verbreitet wie verständlich, da die christliche Mission untrennbar mit dem europäisch-amerikanischen System der Sklaverei zusammenzuhängen scheint. Und oft genug wurde sie zur Legitimation des Sklavenhandels herbeigezogen, der dann sogar als „act of mercy" bezeichnet wurde, „because only through slavery could large numbers be brought to Christ".[2] Die enge Verquickung zwischen Sklaverei und christlicher Mission scheint letztere mit Recht als positiven Faktor in der Akkulturationsgeschichte afroamerikanischer Musik in Nordamerika zu diskreditieren. Liegt es auch daran, dass einige der bekannten missionsgeschichtlichen Überblickswerke dieses Thema aussparen oder nur mit einem

---

1 Peter Wicke / Kai-Erik und Wieland Ziegenrücker, „Afroamerikanische Musik", Handbuch der populären Musik, Mainz 1997, 16–19, hier 17 (Kursiv FW).
2 So dem Inhalt nach in der Bulle von Papst Nikolaus V. vom 8. Januar 1455 betreffs portugiesischer Eroberungen im afrikanischen Guinea. Zit. in: Marcus W. Jernegan, „Slavery and Conversion in the American Colonies", American Historical Review 21 (April 1916), 504–527, hier: 505.

kurzen Satz behandeln?[3] Andererseits ist im bisherigen Diskurs auch der positive Beitrag der Mission nicht unbeachtet geblieben. 1962 hat Theo Lehmann in seiner grundlegenden Dissertation *Negro Spirituals: Geschichte und Theologie* auch die emanzipatorische Rolle der Bibel und des christlichen Glaubens in der afroamerikanischen Geschichte aufgezeigt.[4] Auch neuere Veröffentlichungen nehmen die Rolle der christlichen Mission differenziert wahr.[5]

Der folgende Beitrag versucht auf diesem Hintergrund noch einmal neu nach dem Beitrag der christlichen Mission in der Entstehungsgeschichte der afroamerikanischen Musik im 18. und 19. Jahrhundert (und in einem Ausblick bis ins 20. Jahrhundert) zu fragen. Dabei soll die Entstehung der *Spirituals*, des *Gospel-Blues* und des *Gospel* als (Missions-)Geschichte einer authentischen Inkulturation erzählt und als Fallbeispiel der komplexen und kreativen Spannung zwischen *missio Dei* und den *missiones ecclesiorum* missionstheologisch interpretiert werden.

---

3   Vgl. S. Neill, Geschichte der christlichen Missionen, Erlangen 1990², H. Flachsmeier, Geschichte der evangelischen Weltmission, Gießen 1963; R. Tucker/ K. Rennstich, Bis an die Enden der Erde. Missionsgeschichte in Biographien, Metzingen 1996; H.-W. Gensichen, Missionsgeschichte der Neueren Zeit, Göttingen, 1961; Dagegen ausführlich K. Latourette, History of the Expansion of Christianity, Vol. 1–8, Grand Rapids 1976 [1937–45]. Ein ebenso gewichtiger Grund liegt allerdings wohl darin, dass die Entstehungsgeschichte der Black Churches inzwischen ihren festen Platz in der Kirchengeschichte der USA gefunden hat, vgl. M. Noll, History of Christianity in the United States and Canada, Grand Rapids 1992; Paul E. Pierson, „United States", Evangelical Dictionary of World Mission (EDWM), Grand Rapids, 2000, 985–87.

4   Theo Lehmann, „Die Rolle der Bibel im Freiheitskampf der Neger", Negro Spirituals. Geschichte und Theologie, Neuhausen: Hänssler, 1996 [Diss. Univ. Halle, 1962], 39–42. (Der Begriff „Neger" galt in den 60er Jahren nicht als diskriminierend, vgl. auch seine Verwendung bei J. E. Berendt, Das Jazzbuch, Frankfurt / Hamburg, 1968). Zur Bedeutung der Spirituals vgl. auch die klassische Schrift von James Cone: The Spirituals and the Blues. An Interpretation, New York 1972 (dt.: Ich bin der Blues und mein Leben ist ein Spiritual. Eine Interpretation schwarzer Lieder, München 1973).

5   Zum Beispiel: B. Hoffmann, „Sacred Singing", Musik in Geschichte und Gegenwart, Hg. v. Ludwig Finscher, Kassel 1998², 793–830 (Lit.), der auch die Bedeutung schwarzer Prediger für die Entwicklung bestimmter Stilfiguren im Jazz deutlich macht. Ebd. 827. G. Fermor, Ekstasis. Das religiöse Erbe in der Popmusik als Herausforderung an die Kirche, Stuttgart 1999; A. DeCurtis (Hg.), The Rolling Stone Illustrated History of Rock'n Roll.: The Definitive History of the Most Important Artists and Their Music, London 1992; S. Turner, Hungry for Heaven: Roch'n Roll and the Search for Redemption, Downers Grove 1995.

Die Psalmen in der Invisible Institution

Die Siedler

In den neuenglischen Kolonien des 17. Jahrhunderts befanden sich die afrikanischen Sklaven am äußersten Rand der Wahrnehmung der europäischen Siedler. Die Kontakte zu ihnen waren noch seltener als die zu den Indianern. Viele Siedler hatten keinerlei Interesse am Seelenheil ihrer Sklaven und betrachteten die Frage der Mission rein vom Standpunkt des Profits: jede Stunde, die mit Predigt, Unterweisung, Gottesdienst und Gesang verbracht wurde, war aus ihrer Sicht eine verschwendete Stunde. Ein Zeitgenosse berichtet 1705:

> „Talk to a Planter of the Soul of a Negro, and he'll be apt to tell ye (or at least his Actions speak it loudly) that the Body of one of them may be worth twenty Pounds; but the Souls of an hundred of them would not yield him one Farthing." [6]

Andere stellten überhaupt in Frage, ob Afrikaner eine Seele hätten. Außerdem meinten viele Siedler, die Mission suggeriere, dass die Schwarzen den Weißen gleich seien, und somit Unzufriedenheit und Aufstände schüre. Dass dies durchaus geschah, zeigt etwa der von dem schwarzen Baptistenprediger Nat Turner angeführte Aufstand in Virigina 1831, bei dem 52 Weiße, 120 Schwarze und Turner selbst starben. [7] Christliche Mission stellte also keineswegs eine Selbstverständlichkeit dar und war dort, wo sie geschah – bei aller noch darzustellenden Ambivalenz – bereits ein erster Schritt in Richtung auf eine Wahrnehmung der afrikanischen Sklaven als gleichwertiger Menschen.

Die Afrikaner

Die meisten Sklaven in den nordamerikanischen protestantisch geprägten Kolonien kamen aus unterschiedlichen Bevölkerungsgruppen Westafrikas (z. B. Yoruba, Fon, Ewe). Ethnische und Sprachgruppen, Sippen und Familien wurden jedoch wahllos und auch bewusst auseinandergerissen, so dass gemeinsame sprachliche, religiöse und kulturelle Traditionen kaum bewahrt

---

6 Jernegan, Slavery and Conversion, 516.
7 Lehmann, Spirituals, 36.

werden konnten.⁸ Die Entwicklung in den katholisch geprägten Gebieten spanischer, portugiesischer und französischer Kolonialherrschaft (Karibik, Südamerika, Teile von Lousiana) verlief anders. Hier wurden die Stammesverbände weniger stark aufgesprengt. Unter dem Deckmantel oder in Verbindung mit katholischer Religiosität konnten sich hier Kulte wie *Candomblé* (Brasilien), *Voudou* (Haiti) oder *Santería* (Kuba, Puerto Rico, Dominikanische Republik) entwickeln, „die die autochthonen afrikanischen Traditionen erhalten, weitergeführt und in verschiedenem Grad mit Elementen des Christentums, des Spiritismus, indigener amerikanischer Traditionen und anderen Religionen zu neuen religiösen Bewegungen geformt haben".⁹ Dennoch blieben auch in den nordamerikanischen Kolonien kulturell-religiöse Grundstrukturen aus Westafrika wie naturheilkundliche Kenntnisse, der Glaube an die Welt der Geister und Ahnen, Phänomene der Ekstase und Besessenheit in Fragmenten erhalten.¹⁰ Sie wurden jedoch unter dem Druck der Verschleppung, dem willkürlichen Auseinanderreißen und Zusammenführen von Menschen weitaus stärker in die allgemeinen Erfahrungen einer *black community* verschmolzen ¹¹, von wo aus sich dann die Synthese mit protestantischen Glaubensformen und –inhalten vollzog. Sowohl die so entstandenen black churches als auch die neuafrikanischen Kulte besaßen eine „starke kulturelle Eigenidentität", jedoch mit jeweils deutlich unterschiedlicher inhaltlicher Ausrichtung.¹² Zusammenfassend lässt sich sagen: „The enslaved Africans in the New World apparently sifted through the cultural and psychological wreckage of enslavement to recover common West African religious properties and folk beliefs, and they mixed them with their New World slave experience to forge a seperate Afro-American culture".¹³

Zentraler Teil dieser Kultur war die Musik. Die *black community* war eine singende Gemeinschaft. Schon auf den Sklavenschiffen und später bei der Arbeit in den Plantagen gab der Gesang den Menschen Kraft zum Überleben. Die ursprüngliche Musik der afrikanischen Sklaven lässt sich nicht

---

8   Vgl. S. Sandner, „Sklaverei: Arbeit, Leben und Musik der Sklaven in Lousiana", That's Jazz: Der Sound des 20. Jahrhunderts, Frankfurt 1997, 23.
9   Hans Gerald Hödl, „Afroamerikanische Religionen", in: Lexikon neureligiöser Gruppen, Szenen und Weltanschauungen, Hg. v. H. Baer et al, Freiburg 2005, 22–28.
10 Vgl. Laurie Maffly-Kipp, African American Religion, Pt. I: To the Civil War, National Humanities Center, www.nhc.rtp.nc.us (25.8.06).
11 Vgl. Sandner, Sklaverei, 23.
12 Hoffmann, Sacred Singing, 795.
13 Randall Miller, „Slave Religion", Theology Today 36 (2/19799), www.theologytoday.ptsem.edu (25.8.06).

rekonstruieren, da wir nur die Ergebnisse einer langen musikalischen Akkulturationsgeschichte kennen, in der sich vielfältige afrikanische und europäische Musiktraditionen gegenseitig beeinflussten. Die Merkmale heutiger ethnischer afrikanischer Musik (Polyrhythmik, Synkopik, call-and-response, Improvisation, Pentatonik und die große Rolle der Gemeinschaft) [14] können zwar zurückprojiziert werden, lassen sich aber kaum scharf von anderen volksmusikalischen Traditionen (z. B. irische Volksmusik) trennen, die ebenfalls einen Einfluss auf die Herausbildung typischer afroamerikanischer Musikformen hatten und ihrerseits von diesen geprägt wurden (z. B. Country Music).

Als früheste musikalische Formen auf den Plantagen werden genannt: *moans* (Klagegesänge), *field hollers*, „eine Art gerufenes ‚Hallo', das der Verständigung über größere Entfernungen ... diente" [15], *shouts*, kurze rhythmische musikalische Rufe und die *ring shouts*, ein Rundtanz, bei dem ein Vorsänger kurze Phrasen (shouts) vorgibt, die von den Tänzern, bzw. der Gemeinde, beantwortet werden. [16] Alle diese Formen konnten sowohl mit geistlichen als auch mit alltäglichen Inhalten verbunden werden und wurden so – je nach Situation und Person – zu *worksongs*, *spirituals* oder zu beidem zugleich.

Die Missionare

Die Bedingungen für christliche Mission unter den Sklaven waren schwierig und ihre Anfänge äußerst ambivalent. Der Weg dazu musste am Ende des 17. Jahrhunderts erst durch Gesetze geebnet werden, die die bis dahin bestehende Verknüpfung zwischen Taufe und Bürgerrechten aufhoben. [17] Erst nachdem das die Sklaverei rechtfertigende Merkmal der angeblichen Inferiorität der Afrikaner nicht mehr das Heidentum, sondern die Hautfarbe sein sollte, wurden der Mission rechtlich die Türen geöffnet: nun konnten die

---

14 A. Wilson-Dickson, Geistliche Musik: Ihre großen Traditionen – vom Psalmengesang zum Gospel, Gießen: Brunnen, 1994, 171. Vgl. Fermor, Ekstasis, 31; Lehmann, Spirituals, 142ff.
15 Wicke/Ziegenrücker, Afrikanische Musik 170.
16 Hoffmann, 819; R. Palmer, „Rock Begins", in A. DeCurtis, (Hg.), The Rolling Stone Illustrated History of Rock'n Roll.: The Definitve History of the Most Important Artists and Their Music, London 1992, 3.
17 Vgl. Lehmann, Spirituals, 20.

Afrikaner Sklaven und Christen zugleich sein.[18] Auf Seiten der Mission bedeutete dies faktisch die Anerkennung des Systems der Sklaverei und damit das Paradox, dass Mission nur möglich war unter Leugnung zentraler ethischer Inhalte ihrer neutestamentlichen Botschaft. Für die meisten Missionare als Kinder ihrer Zeit stellte das jedoch zunächst kein größeres Problem dar.

Der wesentliche Anteil der frühen missionarischen Bemühungen unter den Sklaven entfällt auf die 1701 durch Thomas Bray gegründete anglikanische *Society of the Propagation of the Gospel in Foreign Parts* (SPG). Sie sah ihre Aufgabe darin, die Ungläubigen unter den Siedlern, sowie die heidnischen Indianer und Sklaven[19] zum christlichen Glauben zu führen und – wenn möglich – zu Gliedern der anglikanischen Kirche zu machen. Einer der ersten Missionare war Francis Le Jau. Um 1709 versuchte er in South Carolina, wo es zu dieser Zeit weit mehr Schwarze als Weiße gab, die Sklavenbesitzer zu überzeugen, dass die Sklaven durch die Mission bessere Arbeiter würden. Le Jau taufte bald eine Reihe von schwarzen Christen, die er jedoch zuvor versichern ließ, ihren neuen Christenstand nicht als Vorwand zum Erlangen der Freiheit zu missbrauchen.[20]

Das ambivalente Wesen vieler dieser ersten Missionsbemühungen bringt Mark Noll im Anschluss an Paulus (Phil, 1,18) treffend mit „pretense and truth" (Vorwand und Wahrheit) auf den Punkt.[21] Während die individuellen Missionare wie Le Jau durchaus ein wahres geistliches Anliegen für die Sklaven gehabt haben mochten, so lagen die Motive der Sklavenhalter sicher eher im Bereich des Vorwands.

Eine völlig andere Art von missionarischem Engagement zeigten in diesem Zusammenhang die Quäker und mennonitischen Immigranten von Germantown bei Pennsylvania, die bereits 1688 gegen die Sklaverei als „violation of God's intentions for humanity" eintraten[22] und damit den Anfang der weithin vom Evangelium inspirierten Bewegung der „Abolitionists" bil-

---

18 Jernegan, Slavery and Conversion, 504–527.
19 C. E. Pierre,"The Work of the Society for the Propagation of the Gospel in Foreign Parts among the Negroes in the Colonies", Journal of Negro History 1 (October 1916), 349–60.
20 Noll, History, 78f.
21 Noll, History, 79.
22 Noll, History, 77.

deten.[23] Bereits hier wird deutlich, dass christliche Mission kein monolithisches Unterfangen, sondern eine komplexe Wirklichkeit war.

Eine eigene Dynamik: die *Invisible Institution*

Wie wir sahen, stellte die Mehrheit der Missionare zwar nicht das System der Sklaverei in Frage, sah aber in den Sklaven Menschen, die es wert waren, mit dem Evangelium erreicht und gut behandelt zu werden. Darüber hinaus löste die Missionsarbeit eine unerwartete Rezeptions-Dynamik aus. Denn die afrikanischen Sklaven hörten in der Verkündigung der europäischen Missionare nicht nur das, was diese zu predigen intendierten, sondern oft viel mehr. Dieses „mehr" in der Rezeption der Afrikaner wurde für sie zu einer Quelle der Hoffnung, wenn sie beispielsweise entdeckten, dass die Bibel mehr zu Freiheit, Hoffnung, Liebe und Bruderschaft als zum Gehorsam gegenüber Sklavenhaltern zu sagen hatte.[24]

Die von den Missionaren der SPG angestoßene Dynamik setzte sich durch die Sklaven selbst fort und wurde zu ihrer eigenen Mission. Dies geschah in geheimen Versammlungen an versteckten Orten, sogenannten *bush harbours*.[25] In den Weiten der großen Plantagen vollzogen sich inkulturative Prozesse jenseits der Reichweite der Missionare. Es waren vor allem die gebildeten Haussklaven, die Christen geworden waren, die als *exhorters* das Evangelium weitertrugen und eigene Gottesdienste hielten.[26] In dieser *invisible institution*[27], unsichtbar für die Weißen, wuchs die *black church*. Hier kam es auch zu ersten musikalischen Inkulturationen. Denn so, wie die missionarische Botschaft der Europäer, löste auch ihre Musik eine ebenso unterwartete wie eigenständige Dynamik aus.

---

23 Ralph R. Covell, „Abolitionist Movement", EDWM, 27. Vgl. W. Glatz, „Sklaverei", ELThG, 1847.
24 Noll, History, 79.
25 Vgl. T. Doering, Gospel: Musik der Guten Nachricht und Musik der Hoffnung, Neukirchen-Vluyn 1999, 17.
26 Noll, History, 137 und 200.
27 Ausführlich: A. Raboteau, Slave Religion: The „Invisible Institution" in the Antebellum South, New York 1978; Vgl. Noll, History, 79–81.

Unsichtbare Psalmen

Die koloniale Phase war kirchenmusikalisch vom calvinistischen Psalmengesang geprägt. Ob französische Hugenotten in Florida oder englische und holländische Puritaner in Neuengland: für sie alle war das Psalmensingen das Herzstück des musikalischen Ausdrucks ihres Glaubens. Wie wichtig dieser musikalische Ausdruck für die Siedler war, wird daran deutlich, dass das erste Buch, das in den neuenglischen Kolonien veröffentlicht wurde, das *Bay Psalm Book* (Boston, 1640) war.[28] Es enthielt keine Noten[29], die sowieso nur wenige der Gottesdienstgänger hätten lesen können. So kam es zu der Praxis des *lining out*:[30] Jeweils eine Zeile des Psalms wurde von einem Vorsänger gelesen, bzw. gesungen und dann von der ganzen Gemeinde langsam und mit improvisierten Verzierungen nachgesungen.

Dieses Konzept entsprach der afrikanischen Praxis des *call and response*[31], bot Freiräume zur Improvisation[32] und wurde in den verborgenen Schutzräumen der *Invisible Institution* ausgestaltet. In einem Brief, den John Wesley in seinem Tagebuch wiedergibt, schreibt ein Zeitzeuge: „Manchmal, wenn ich um zwei oder drei Uhr morgens aufwachte, drang ein reißender Strom von Psalmengesang in meine Kammer. Einige von ihnen brachten die ganze Nacht damit zu. ... Sie finden im Psalmsingen eine Art ekstatischen Entzückens".[33]

Es wird deutlich, dass bereits in dieser ersten Phase die christliche Mission eine eigene Rezeptionsgeschichte unter den Sklaven auslöste. Sowohl die biblischen Inhalte der Verkündigung als auch der europäische Psalmengesang wurde von den Sklaven auf ihre ganz eigene Weise im Zusammenhang von *moans* und *shouts* interpretiert.

---

28 Wilson-Dickson, Geistliche Musik, 183–184.
29 Er verwies auf frühere englische Psalmenvertonungen. Die erste vollständige Psalmenvertonung war der sog. Genfer Psalter von Louis Bourgeois, der 1562 erschien. Bereits 1563 gaben in England Sternhold und Hopkins eine vollständige Psalmenvertonung heraus, der noch viele weitere folgten. Vgl. Wilson-Dickson, Geistliche Musik, 66–71.
30 Lehmann, Spirituals, 133.
31 Vgl. Wicke/Ziegenrücker, „Call and Response", Handbuch der populären Musik, 96.
32 Vgl. Paul F. Berliner, Thinking in Jazz: The Infinite Art of Improvisation, Chicago Studies in Ethnomusicology, Chicago / London 1994.
33 Zit. bei Lehmann, Spirituals, 148.

Spiritual Songs in der Großen Erweckung (ab 1734)

Die Große Erweckung (Great Awakening) leitet eine neue Phase der Missionsgeschichte unter den Sklaven ein. Die Erweckungsversammlungen um den amerikanischen Puritaner Jonathan Edwards (1703–1758) und die englischen Evangelisten George Whitefield (1714–1770) und John und Charles Wesley waren magnetische missionarische Ereignisse, die durch ihre Botschaft, ihren Stil, ihren Ort, ihre Zuhörerschaft und ihre Musik halfen, die Kluft zwischen Schwarzen und Weißen zu überbrücken.

Evangelistische Improvisationen

Als George Whitefield 1740 predigend von Georgia bis Maine reiste [34], sprach er nicht in Kirchen, sondern an der freien Luft. Er wollte alle erreichen, auch die Randsiedler, Sklaven und Indianer. Er predigte in einem neuen Stil, sprach einfach und emotional. Seine Predigten waren meist spontane Improvisationen, geboren aus der Kraft seiner Botschaft und dem Charisma seiner Persönlichkeit. [35] Auch manche der Sklaven hörten ihn und nahmen seine Botschaft auf. Die erste schwarze Dichterin, deren Werke in Nordamerika veröffentlicht wurden, Phillis Wheatley (gest.1784), lässt Whitefield in einem ihrer ersten Gedichte sprechen: „Take him, ye Africans, he longs for you/ *Impartial* Saviour is his title due/ Washed in the fountain of redeeming blood/ You shall be *sons* and *kings*, and *Priests* to God." [36] Auch wenn gerade die Tatsache, dass diese Gedichte (von einer weißen Gesellschaft) veröffentlicht wurden, ihre Authentizität in Frage stellen könnte, wird in diesen Worten – bei aller *dogmatic correctness* – deutlich, in welcher Weise die Botschaft der Erweckung für die versklavten Afrikaner zu einer Quelle der Hoffnung und des Selbstwerts werden konnte. „Die Erweckungsbotschaft von der persönlichen Erfahrung mit Gott war eine Botschaft, die nicht nur die Erfahrungen der Sklaven, sondern auch Aspekte der afrikanischen Religionen wiederspiegelte ... Die Sklaven hörten, dass allein die Gnade Gottes zählt. Sozialer Stand, Besitz, Macht oder Abhängigkeit – all diese Dinge waren unbedeutend, gemessen an der Vergebung der Sünden." [37]

---

34 Noll, History, 94.
35 Noll, History, 91ff.
36 Noll, History, 109 (kursiv FW).
37 Noll, History, 107.

Die Erweckung führte schließlich auch zu einem stärkeren Interesse an der Mission unter den Sklaven. Führend war der presbyterianische Prediger Samuel Davis (1723–61) in Virginia. Im Gegensatz zu vielen Weißen war es ihm ein Anliegen, die Sklaven auch am Abendmahlstisch der Gemeinde zu begrüßen. 1757 schrieb er: „I had the pleasure of seeing the table *graced* with 60 black faces." [38]

Spiritual Songs: persönliche Spiritualität

Es ist nicht verwunderlich, dass diese Zusammenhänge auch Auswirkungen auf die musikalische Akkulturation hatten. Denn neben einer innovativen Art der Verkündigung führten Edwards, Whitefield und Wesley auch neue Lieder aus England und Deutschland ein, die nicht nur biblische Psalmentexte wiederholten, sondern persönliche geistliche Erfahrungen in Worte fassten – wie zum Beispiel „When I survey the wondrous cross" von Isaac Watts (1674–1748), der 1707 seine *Hymns and Spiritual Songs* herausgegeben hatte. [39] Auch John und Charles Wesley schrieben eigene Lieder mit volkstümlichen, lebendigen Melodien und autobiographischen geistlichen Erfahrungen. [40] Diese neuen *Spiritual Songs*, die nicht nur auf den Versammlungen, sondern auch auf Feldern, Straßen und Fährbooten gesungen wurden [41], waren in den Jahren vor der amerikanischen Revolution der musikalische Ausdruck einer neuen Spiritualität, die nicht nur die weißen Siedler, sondern auch die afroamerikanischen Sklaven erfasste.

Nicht erfasst von der Erweckung allerdings wurde das System der Sklaverei selbst. Es blieb weiterhin unhinterfragt. Es scheint wie ein Zynismus der Missionsgeschichte, dass Whitefield, der das Evangelium von der Freiheit predigte, sich 1751 dafür einsetzte, dass auch Georgia die Einfuhr von Sklaven erlaubte. [42] Whitefield besaß selber Sklaven und eine Plantage, mit deren Erträgen er sein Waisenhaus Bethesda finanzierte. [43] Gleichzeitig setzte er sich für die religiöse Unterweisung und eine gute Behandlung der

---

38 Noll, History, 107.
39 James Sallee, A History of Evangelistic Hymnody, Grand Rapids 1978, 12.
40 Zum Beispiel Hymns on the Great Festivals and Other Occasions, 1746, vgl. Sallee, Hymnody, 14.
41 Sallee, Hymnody, 23.
42 Jernegan, Slavery, 514.
43 Lehmann, Spirituals, 81.

Sklaven ein. Im Gegensatz dazu lehnte John Wesley die Sklaverei ab und setzte sich ab den 1770er Jahren in England für deren Abschaffung ein.[44] Mission blieb ambivalent.

Unabhängige *black churches* ab 1770

Die Engländer waren es auch, unter deren Schutz im Rahmen des Unabhängigkeitskriegs (1775–1783) die ersten unabhängigen schwarzen Kirchen entstehen konnten[45]. Ein Beispiel: David George (1742–1810), Sklave auf einer Plantage in Silver Bluff am Savannah River in South Carolina, kam durch einen Mitsklaven zum christliche Glauben und begann in Silver Bluff eine christliche Baptistengemeinde unter Sklaven aufzubauen. Als die Briten 1778 die über die Grenze gelegene Stadt Savannah in Georgia besetzen, floh der Plantagenbesitzer. George und seine schwarze Gemeinde kamen in die besetzte Stadt, wo sie unter dem Schutz des britischen Militärs die Gemeindearbeit ausweiten konnten. Als die Briten drei Jahre später Savannah wieder aufgeben mussten, folgte ihnen George nach Nova Scotia in Kanada, wo er weitere Gemeinden gründete und schließlich 1793 von dort aus nach Afrika emigrierte und half, den Staat Sierra Leone (Freetown) als Zuflucht für befreite Sklaven aufzubauen.[46] Die schwarze Gemeinde in Savannah entwickelte sich als *Ethiopian Church of Jesus Christ* weiter.[47]

Neben den Freiräumen, die sich zwischen den Fronten des Unabhängigkeitskriegs ergaben, war es vor allem die Diskriminierung der schwarzen Christen in den bestehenden Kirchen, die zur Entstehung der unabhängigen schwarzen Kirchen führte. Die unabhängigen *black churches* wurden so zum sichtbaren Teil der verborgenen und auch noch weiterhin existierenden *invisible institution.* Doch auch sie waren dem unmittelbaren Einblick der Weißen entzogen. Einer der bekanntesten Gründer und Leiter der ersten Zeit war der schwarze Prediger Richard Allen. 1793 gründete er in Philadelphia die *Bethel Church for Negro Methodists,* aus der sich die erste unabhän-

---

44 Ab 1773 galt, dass Sklaverei mit den Gesetzen Englands unvereinbar sei und „deshalb jeder Sklave, der seinen Fuß auf englischen Boden setze, automatisch frei sei". S. Neill, „Sklaverei", Lexikon für Weltmission, Wuppertal 1975, 498.
45 Wilson-Dickson, Geistliche Musik, 193; Noll, History, 108.
46 Vgl. Noll, History, 136; A. Hastings, The Church in Africa 1450–1950, Oxford 1996, 176; Elizabeth Isichei, A History of Christianity in Africa. From Antiquity to the Present, Grand Rapids 1995, 162f.
47 Noll, History, 138.

gige afrikanisch-amerikanische *Denomination*, die *African Methodist Episcopal Church* (1814), entwickelte.[48] Bereits 1801 hatte Allen das erste Gesangbuch eigens für schwarze Gemeinden herausgegeben, die *Collection of Spiritual Songs and Hymns*, die Lieder von Watts, Wesley und anderen enthielt.[49] Dieses Liederbuch steht zwar symbolisch für die sich verstärkende Eigenständigkeit schwarzer Gemeinden und die Tatsache, dass die Lieder von Watts und Wesley auch zu den Liedern der Afroamerikaner geworden waren. Die bis dahin erfolgte eigenständige Synthese afroamerikanischer Musik schlägt sich hier jedoch noch nicht nieder, sondern vollzieht sich weiterhin jenseits gedruckter Liederbücher.

Ekstatische Lieder in der Zweiten Erweckung (um 1800)

Camp-Meetings

Eine wichtige neue Entwicklung brachten die Camp-Meetings, die sich im Rahmen der zweiten großen Erweckung um 1800 von Kentucky und Ohio aus verbreiteten. Camp-Meetings waren Erweckungsveranstaltungen auf dem freien Feld und in den Wäldern, die sich über mehrere Tage hinzogen und von ekstatischer Frömmigkeit verbunden mit Singen und Tanzen geprägt waren.[50] Am bekanntesten wurde das Camp-Meeting von Cane Ridge, Kentucky, an dem zweihunderttausend Menschen teilnahmen.[51] Weiße und schwarze Prediger predigten gleichzeitig an verschiedenen Stellen. Ein Augenzeuge berichtet:

> „When the campfires blazed in a mighty circle around the vast audience of pioneers …. The volume of song burst all bonds of guidance and control, and broke again and again from the throats of the people while over all at intervals, there rang out the shout of ecstasy, the sob and groan. Men and women shouted aloud during the sermon, and shook hands all around at the close of what was termed the singing ecstasy".[52]

---

48 Noll, History, 203.
49 Wilson-Dickson, Geistliche Musik, 193.
50 Noll, History, 167.
51 Lehmann, Spirituals, 136. Dort auch Augenzeugenberichte.
52 Zit. bei Lehmann, Spirituals, 136f; Vgl. Wilson-Dickson, Musik, 193.

Die tagelangen Camp-Meetings endeten in einer Schlussveranstaltung, in der Schwarze und Weiße gemeinsam predigten, sangen, tanzten und feierten. Lehmann sieht in diesen Veranstaltungen die „erste nennenswerte Integration des Negers in die amerikanische Gesellschaft ..., da bis dahin Schwarze und Weiße nebeneinander herlebten, während nun die Masse der Neger zu gleichberechtigter Teilnahme an einem wesentlichen Punkte des öffentlichen Lebens gelangte. Diese Teilnahme vollzog sich nicht nur in der Form der Anwesenheit von Negern, sondern auch in der Form der Mitgestaltung ... auch dadurch, dass schwarze Prediger gemeinsam mit weißen Predigern das Evangelium verkündigten." [53]

Die *Spiritual Songs* von Watts und Wesely erfahren unter diesen Bedingungen eine ekstatische Transformation. Denn „für die oft vieltausendköpfige Menge kamen nur Lieder in Frage, sie sich leicht lernen ließen ... und durch ihre Einfachheit jedem das Mitsingen ermöglichten ... Je einfacher der Text, umso besser; wesentlich war vor allem, dass die Lieder eine zündende, schwungvolle Melodie hatten". [54] Kennzeichnend war das Aufkommen von *Refrains*, die entweder nach jeder Strophe oder sogar nach jedem Reimpaar eingefügt wurden. Ein Vorsänger oder Chor sang z. B. Wesleys Hymne „He comes, he comes, the Judge severe" und die versammelte Gemeinde sang zwischen jede Zeile als Refrain ‚Roll, Jordan, Roll'. [55] Die Refrains und Reimpaare konnten sich auch als sogenannte *chorusses* oder „wandernde Reimpaare" verselbständigen und dann an andere Lieder angehängt werden. [56] Viele solcher „wandernder Reimpaare" finden sich auch in den später gedruckten afroamerikanischen Spirituals wieder. [57] Es entstanden jedoch auch ganz neue Lieder im Stil der einfachen und fröhlichen *folk hymns*, die den Bedingungen der Massenveranstaltung, in der viele weder lesen noch komplexe Texte auswendig lernen konnten, besser angepasst waren. [58]

Die zweite Erweckungsbewegung führte zu einem starken Anwachsen der Zahl unabhängiger schwarzer Gemeinden, vor allem im Bereich der Baptisten, die den einzelnen Gemeinden viel Autonomie gewährten und

---

53 Lehmann, Spirituals, 147
54 Lehmann, Spirituals, 138.
55 Lehmann, Spirituals, 138.
56 Sallee, Hymnody, 32f.
57 Vgl. die Untersuchungen von G. P. Jackson bei Lehmann, Spirituals, 138.
58 Diese Lieder wurden zunächst nur mündlich weitergegeben und erst ab 1816 z. B. im Liederbuch Kentucky Harmony (Virginia) gedruckt. Vgl. Sallee, Hymnody, 39.

deren Frömmigkeitsstil den schwarzen Amerikanern entgegen kam. Während die Erweckung eine egalitäre Wahrnehmung der schwarzen Bevölkerung und eine eigenständige kirchliche Entwicklung verstärkte, vertieften sich zugleich die politischen und kulturellen Spannungen zwischen den nördlichen und südlichen Staaten. Im Norden war um 1804 die Sklaverei weitgehend abgeschafft und im von Charles Finney (1792–1875) gegründeten Oberlin-College in Ohio war es möglich, dass Schwarze und Weiße gemeinsam studieren konnten. Im Süden hingegen ging die Sklaverei unvermindert weiter. Ein Ergebnis dieser Situation war die Entwicklung der *underground railway*.

Die Underground-Railway

Die *underground railway* war ein System der Fluchthilfe für Sklaven aus dem Süden in den Norden, das im Wesentlichen von den Quäkern getragen wurde, einer christlichen Gruppierung, die die Sklaverei ablehnte.[59] Eine Reihe von Spirituals hat hier ihren *Sitz im Leben*, greift die *railway*-Metapher auf und verbindet dabei die Konzepte der geistlichen und irdischen Befreiung. „The Gospel train is coming / I hear it just at hand / I hear the car wheels moving / And rumbling thru the land. / Get on board, children /Get on board / There's room for many more."[60]

Harriet Tubman, eine Sklavin, die vielen anderen zur Flucht verholfen hatte, erzählte, dass sie am Abend ihrer eigenen Flucht gesungen habe: „When that old chariot comes / I'm gwine to leave you / I'm bound for the Promised Land." Als das die anderen Sklaven hörten, wussten sie, dass Tubman mit dem „Promised Land" nicht den Himmel meinte, sondern den Norden, nach dem sie fliehen wollte"[61]. Die Spannung zwischen Nord und Süd entlud sich schließlich im Sezessionskrieg (1861–65).

---

59 Vgl. Lehmann, Spirituals, 42–46.
60 J.B. Marsh, The Story of the Jubilee Singers with Their Songs, London 1875², 151. Vgl. die neue Darstellung: Andrew Ward, Dark Midnight When I Rise. The Story of the Fisk Jubilee Singers Who Introduced the World to the Music of Black America, New York 2001.
61 Lehmann, Spirituals 44.

Das Auftauchen der Spirituals nach dem Bürgerkrieg (1865)

Die Fisk Jubilee Singers (1871ff)

Bereits vor dem Bürgerkrieg war 1846 in New York die *American Missionary Association* (AMA)[62] gegründet worden, die sich als Teil der Anti-Sklaverei-Bewegung verstand. Auch hier kommt die ambivalente Haltung christlicher Mission zur Sklavenfrage zum Ausdruck. Denn die Gründung war letztlich durch die Weigerung des seit 1810 etablierten *American Board* (ABCFM) veranlasst, sich eindeutig gegen die Sklaverei festzulegen.

Mit dem Beginn des Bürgerkriegs konzentrierte sich die AMA auf die Fürsorge für befreite Sklaven aus dem Süden (Freedmen). 1865 gründete die AMA in Nashville, Tennessee, die *Fisk University* speziell für die höhere Ausbildung von emanzipierten Sklaven. Ausgelöst durch einen finanziellen Engpass der Universität gründete und leitete George White, der weiße Finanzdirektor der Schule und musikalischer Autodidakt, eine Gesangsgruppe mit schwarzen Studentinnen und Studenten, die *Fisk Jubilee Singers*. Zu ihrem Repertoire gehörten vor allem dem weißen Publikum bis dahin unbekannte afroamerikanische geistliche Lieder aus den Plantagen des Südens, die man nun als *„spirituals"* bezeichnete.[63] Obwohl White die Lieder nach weißem Musikgeschmack zu arrangieren suchte, behielten sie offensichtlich so viel von ihrer Originalität bei, dass sie in den Städten des Nordens als bisher ungehörte Neuigkeit gefeiert wurden.

Ihren Durchbruch erlebt die Gruppe 1871 in Brooklyn, New York, wo der bekannte kongregationalistische Prediger Henry Ward Beecher ein Konzert für sie organisierte. 1874 reiste die Gruppe nach England, wo sie ins Spurgeons Tabernacle auftraten und einen tiefen Eindruck hinterließen. Sie sollten im Abendgottesdienst erneut singen und Spurgeon führte sie mit folgenden Worten ein:

> „Ich habe die Sänger schon heute morgen gehört. Tränen traten mir in die Augen; und den Diakonen geschah das Gleiche. Ihr Lied hat mir den Text und die Inspiration für meine Predigt gegeben. Und nun bitte ich sie, es zu singen, als Teil meiner Predigt, denn sie predigen wenn sie singen. Und möge der Geist Gottes heute das Wort Gottes in die Herzen sinken lassen – wenn sie die Predigt auch vergessen, so werden sie sich an das Singen erinnern." [64]

---

62 Ralph R. Covell, „Abolitionist Movement", EDWM, 27.
63 Zum Beispiel von H. Ward Beecher so gebraucht. Zit. in Marsh, Story, 32.
64 Marsh, Story, 64.

1878 führte ihre Tournee die Jubilee Singers auch nach Deutschland und in die Schweiz, wo ihre Lieder vor allem von pietistischen Kreisen weiterverbreitet wurden, im „nationalistisch-imperialistischen Umfeld des Deutschen Reiches" aber auch „großer Kritik ausgesetzt waren".[65]

Die Spirituals der Jubilee Singers wurden von T.F. Seward in Notenform gebracht und zusammen mit der Geschichte der Gruppe und der einzelnen Sänger als *Story of the Jubilee Singers With Their Songs* (London, 1875²) veröffentlicht. Neben den 1867 gedruckten *Slave Songs of the United States* lagen somit erstmals afroamerikanische Spirituals als fassbare historische Dokumente vor.

Weiße Förderer und ihre Überlegenheitsgefühle

Auch in dieser wichtigen Entwicklung spielte also die christliche Mission eine bedeutsame Rolle. Doch auch hier bleibt sie ambivalent. Denn die Förderung der schwarzen Sänger und ihrer Musik war verbunden mit ethnischen Überlegenheitsgefühlen. So traut man seinen Augen kaum, wenn man die „werbenden" Worte Henry Ward Beechers für die Jubilee Singers liest: „They will charm any audience, sure; they make their mark by giving the ‚spirituals' and plantation hymns as only they can sing them who know how to keep time to a masters whip".[66] Auch der Bericht der *New York Tribune* über das erste Konzert in Brooklyn 1871 macht deutlich, mit welcher Mischung aus überheblicher Verwunderung sowie romantischer Idealisierung des angeblich Ursprünglichen, Exotischen die geistlichen Lieder der Afroamerikaner aufgenommen wurden:

> „I never saw a cultivated Brooklyn assemblage so moved and melted under the magnetism of music before. The wild melodies of the emancipated slaves touched the fount of tears. Allow me to bespeak a universal welcome through the North for these living representatives of the only true native school of American music. We long enough had its coarse caricatures in corked faces; our people can now listen to

---

65 Vgl. S. Holthaus, Heil-Heilung-Heiligung, Gießen / Basel 2005, 532–33. Der Methodistenprediger und Liederdichter der Heiligungsbewegung in Deutschland, Ernst Gebhardt (1832–99), veröffentlichte 1878 eine Sammlung ihrer Lieder in deutscher Umdichtung. Bis 1912 wurden davon immerhin 70.000 Exemplare verkauft. Vgl. Holthaus, Heil, 533.
66 Zit. in Marsh, Story, 32.

the genuine soul-music of the slave cabins, before the Lord led His children ‚out of the land of Egypt, out of the house of bondage'". [67]

Der Journalist spielt an auf die sogenannten „Minstrel Shows", in denen seit Anfang des 19. Jahrhunderts weiße Schauspieler sich mit angebranntem Kork das Gesicht schwarz färbten („corked faces") und die angeblich hoffnungslosen Versuche der Schwarzen, sich als feine Herren zu geben, lächerlich machten. [68] Die Fisk Sänger konfrontierten die Zuhörer mit einer völlig anderen Realität – und doch war die europäisierende Präsentation der Gruppe immer noch Ausdruck des Überlegenheitsgefühls ihrer weißen musikalischen Leiter, die in ihren Schützlingen kulturlose, „wholly untutored minds" [69] sahen, denen sie erst die kultivierte europäische Musikalität beizubringen hatten. Doch der *Spiritual* war nicht an die Gunst weißer Förderer gebunden, sondern konnte sich in den schwarzen Kirchen, die immer weiter zugenommen hatten, frei entfalten. 1797 hatte es um die 65.000 Christen unter den Sklaven gegeben. 1890 waren es zweieinhalb Millionen in 24.000 schwarzen Kirchen. [70] Für viele von ihnen war der *Spiritual* schon lange bevor die weiße Kultur ihn entdeckte und schätzen lernte, ein authentischer Ausdruck eigenständiger afroamerikanischer Identität und Spiritualität geworden.

Ausblick: Vom Ragtime bis zum Rap

Die Spirituals waren die erste Form afroamerikanischer Musik, die in der Öffentlichkeit wahrgenommen wurde. Auch die erste Ausgabe afroamerikanischer Lieder *Slave Songs* (1865) enthielt nur geistliche Lieder. [71] Doch es dauerte nicht lange, bis auch Lieder mit „weltlichen" Themen und eine zunehmende stilistische Vielfalt den Weg in die Öffentlichkeit fanden. Um 1900 veröffentliche der schwarze Pianist Scott Joplin seine *Ragtime*-Kompositionen. Im Vergnügungsviertel Storyville in New Orleans und ab 1917 in Chicago fand der frühe *Jazz* seine wichtigsten Zentren. 1912 wurde eine der

---

67 Zit. in Marsh, Story, 32.
68 Wicke/Ziegenrücker, „Minstrel Show", 323–328.
69 So T. F. Seward, der Notator der Musik, in der Einleitung zum Notenteil in Marsh, Story, 121.
70 Zahlenangaben von Latourette zit. bei Lehmann, Spirituals, 94–95.
71 Wicke/Ziegenrücker, 72.

ersten *Blues*-Kompositionen eines schwarzen Musikers, der „Memphis Blues" von W. C. Handy, veröffentlicht. In den 1920er Jahren wurden die ersten Schallplattenaufnahmen der vom Jazz beeinflussten *Vaudeville-Blues* Sängerinnen Ma Rainey und Bessie Smith als „Race Records" herausgebracht. Kurz darauf folgten die ersten *Country Blues*-Gitarristen und -Sänger, in deren solistischen Vorträgen sich *moans* und *shouts* mit rhythmischen *licks* auf der Gitarre und Themen der Alltagsbewältigung verbanden. Einer von ihnen war Blind Willy Johnson (1902–1949), der seinen *Gospel Blues* als überzeugter Christ sang und deswegen auch als *Guitar Evangelist* bezeichnet wurde.[72]

Gerade diese musikalischen Entwicklungen, die vorwiegend (aber nicht nur) im weltlichen Bereich stattfanden, brachten die ursprüngliche emotionale Lebendigkeit und Authentizität der afroamerikanischen Musik zum Ausdruck. Von hier aus wurden auch die geistliche Musik und ihre Mission neu beeinflusst. Blind Willy Johnson brachte den Blues in Verbindung mit dem Evangelium (Gospel) und zurück in die Kirchen.[73] Der schwarze Jazz- und Bluespianist Tommy A. Dorsey, Begleiter von Bluesgrößen wie Ma Rainy, Tampa Red, Big Bill Broonzy, bekehrte sich zum christlichen Glauben und schrieb geistliche Lieder im swingenden und jumpenden Jazz-Stil für die Chöre der schwarzen Gemeinden. Lehmann beschreibt die typische zeitliche Verzögerung, mit der der neue weltliche Stil in den Kirchen akzeptiert wurde:

> „Während die älteren Chöre sich mit seinem intensiven, vom Jazz geprägten Rhythmus nicht anfreunden konnten, übernahmen die jüngeren Chöre den neuen Stil mit Begeisterung. Dabei handelte es sich bei Dorseys Musik keineswegs um etwas grundsätzlich Neues. Er tat nur das gleiche, was hundert Jahre vorher schon geschehen war ... Dorsey führte die gleiche Ekstase nur mit anderen musikalischen Mitteln herbei, indem er den ostinaten Bass des Boogie Woogie, den Blues, zeitgenössische Schlagerformen und den Swing des Jazzrhythmus in die Kirchenmusik einführte und dadurch eine neue Art von Kirchenmusik schuf: die Gospel Songs."[74]

---

72 Vgl. Doering, Gospel, 56–91. Ausführlich bei S. Charters, Der Country-Blues, Andrä-Wördern A 1994.

73 Mit inzwischen weltweiter Ausstrahlung wie durch die Verfilmung seiner Biographie und Musik durch Wim Wenders in The Soul of a Man, USA/Germany: Reverse Angle/Vulcan Productions, 2003 (DVD).

74 T. Lehmann, Der Sound der Guten Nachricht: Mahalia Jackson, Neukirchen-Vluyn 1997, 46. Vgl. Doering, Gospel, 141.

Und so geht die Geschichte weiter. In den fünfziger Jahren entsteht der *Rock'n'Roll* auf dem Gospel-getränkten Boden der Südstaaten, indem ein junger Weißer versucht zu singen wie die schwarzen Blues- und Gospel-Sänger (Elvis Presley).[75] Im Rahmen der „Jesus-People"-Bewegung in den 60er und 70er Jahren kehrt der Rock'n' Roll als *„Jesus Rock"* (Larry Norman, Love Song) zurück in die (wieder zögerlichen) Kirchen und wird zur heute etablierten *Contemporary Christian Music*.[76]

„There's a better day a comin'" – Abschließende Gedanken

Wir haben einen weiten Bogen geschlagen vom frühen 18. Jahrhundert bis ins 20. Jahrhundert und dabei nach der Bedeutung christlicher Mission für die Akkulturationsgeschichte afroamerikanischer Musik gefragt. Dabei sind sowohl (1) die Ambivalenz christlicher Mission als auch (2) die Dynamik spontaner missionarischer Inkulturation sowie (3) die religionsübergreifende und integrative Wandlungsfähigkeit musikalischer kultureller Ausdrucksformen als Ergebnisse hervorgetreten.

Die Ambivalenz christlicher Mission

Es ist deutlich geworden, dass die Rolle der christlichen Mission in der ungleichen Akkulturationsgeschichte zwischen afrikanischer und europäischer Kultur in Nordamerika eine komplexe und ambivalente war. Es kann nicht generell von einer militanten und zwangausübenden Haltung der Mission gesprochen werden. Der Zwang lag im gesamtgesellschaftlichen System und konkret auf Seiten der profitgierigen Sklavenhalter, die die christliche Mission weithin als subversive Gefahr oder Zeitverschwendung ablehnten oder als Mittel zum Zweck benutzen wollten. Die christliche Mission war darüber hinaus keine monolithische, sondern eine vielfältige und manchmal widersprüchliche Erscheinung. Zu ihr gehört einerseits die biblisch inspirierte Anti-Sklaverei- und Befreiungs-Bewegung der Quäker, Mennoniten und später auch der Methodisten, die die *Underground Railway*

---

75 S. Turner, Hungry for Heaven: Rock'n Roll and the Search for Redemption, Downers Grove 1995.
76 Ausführlich zur weiteren Entwicklung: Peter Bubmann, Sound zwischen Himmel und Erde. Populäre christliche Musik, Stuttgart 1990.

schufen, 1807 in England das Verbot des Sklavenhandels bewirkten und an der Befreiung der Sklaven Amerikas 1865 einen entscheidenden Anteil hatten. Andererseits ließ sich die Mehrheit der Kirchen und Missionare auf einen fragwürdigen Kompromiss ein: sie akzeptierten das Sklavensystem und versuchten innerhalb dessen den Sklaven als Menschen zu begegnen, ihnen das Evangelium und weitere Hilfe zuteil werden zu lassen. Dass sie damit auch ein unmenschliches System stabilisieren halfen, kann nicht geleugnet werden. Dennoch bleibt auch ihr Beitrag im Rahmen der *missio Dei* zu würdigen, denn sie nahmen die Sklaven als Menschen wahr, versuchten (innerhalb des Systems) zu helfen, wo sie konnten und vermittelten das Evangelium von Jesus Christus.

Diese Dialektik der Missionsgeschichte hat Hans Werner Gensichen treffend ausgedrückt: „Auch auf den größten Zeiten ..., auch dort, wo sich die Fülle des Lichts ergießt, ruhen tiefe Schatten, und auch in der Dunkelheit des Niedergangs fehlt nirgends das Licht der Verheißung."[77] Diese Verheißung kommt auch in der Dynamik einer spontanen und authentischen Inkulturation zum Ausdruck: die Sklaven hörten mehr als die Missionare sagten.

Inkulturation und Synkretismus

Es wurde eine Rezeptionsgeschichte ausgelöst, die von den Missionaren nicht mehr kontrolliert werden konnte. Viele ungenannte schwarze Missionare in der *Invisible Institution* und in den *black churches* übersetzten das Evangelium in die ihnen verbliebenen Reste ihrer afrikanischen Kulturen, vor allem aber in die Gefühle und das Denken einer *black community*, die in den gemeinsamen Erfahrungen der Verschleppung und des willkürlichen Auseinanderreißens und Zusammenführens von Menschen in den Plantagen entstanden war. So trug das von den Sklaven auf ihre Weise rezipierte Evangelium zur Herausbildung einer eigenen afroamerikanischen Identität und Gemeinschaft bei. Missionstheologisch ausgedrückt: die *missio Dei* war nicht identisch mit den kulturell geprägten Perspektiven der weißen Kirchen und Missionsgesellschaften. Während man in den (meisten) Kirchen der Weißen noch die Sklaverei theologisch rechtfertigte, sangen die Sklaven in ihren

---

77 H. W. Gensichen, „Last und Lehren der Geschichte", in: Karl Müller, Missionstheologie. Eine Einführung, Berlin 1985, 146.

Spirituals schon von der Befreiung – und das nicht nur im geistlichen Sinn: „There's a better day a comin'".[78]

Wie wir gesehen haben, führte die afroamerikanische Akkulturationsgeschichte in den spanisch-portugiesisch-französisch-katholisch und den englisch-protestantisch geprägten Kolonien Amerikas zu je unterschiedlichen Ergebnissen: den neoafrikanischen Kulten einerseits und den *black churches* und ihren *Spirituals* und *Gospels* andererseits. Religionsanalytisch könnte man in beiden Fällen in neutraler Weise von Synkretismus sprechen: von „mehr oder weniger bewusste[n] Antwort[en] auf Begegnungen zwischen einander fremden Sinnsystemen ..., die in eine neue Verhältnisbestimmung zwischen diesen Systemen mündet".[79] Missionstheologisch jedoch sollte unterschieden werden zwischen Synkretismus und Inkulturation.[80] Auch wenn die Unterschiede hier fließend sein können, bleibt doch die Frage, „ob die Identität des Evangeliums" im Rahmen religiöser Akkulturationsprozesse „gewahrt bleibt" (Inkulturation) oder „ob die Identität des Evangeliums darin Schaden nimmt oder unkenntlich wird" (Synkretismus), ein wichtiger Maßstab.[81] Aus diesem Blickwinkel wären die neoafrikanischen Kulte wie *Voudou*, *Santería* oder *Candomblé* in den katholischen Kolonien aus christlicher Sicht[82] eher dem Bereich des *Synkretismus* zuzuordnen, da im Zentrum der religiösen Synthesen jeweils der mediale Kontakt mit Geistwesen (*orixa*, *voudou*, *loa*) afrikanischer Herkunft steht, um deren Kraft (*axe*) für das eigene Leben nutzbar zu machen. Die Assoziation bestimmter *orixas* mit Jesus, Maria oder katholischen Heiligen (Hl. Anna, Hl. Barabara) wird dabei stärker von der medialen Funktion der *orixas* als

---

78 Aus einem Spiritual aus den 1830er Jahren. Noll, History, 191.
79 C. Bochinger, „Synkretismus", Lexikon neureligiöser Gruppen, Szenen und Weltanschauungen, Hg. v. H. Baer et al, Freiburg 2005, Sp. 1254–1261, hier: 1259.
80 Zur Diskussion des Synkretismus- und Inkulturationsbegriffs vgl. T. Sundermeier, „Synkretismus – ein religionswissenschaftlich und theologisch umstrittener Begriff", in: T. Schirrmacher, (Hg.), Kein anderer Name: Die Einzigartigkeit Jesu Christi und das Gespräch mit den nichtchristlichen Religionen. FS zum 70. Geburtstag Peter Beyerhaus, Nürnberg 1999, 273–282; V. Küster, „VII. Religion als Thema der Missionswissenschaft", RGG4, Bd. 7, Hg. v. H. D. Betz et al, Tübingen 2004, 299–302; A. Shorter, Toward a Theology of Inculturation, Maryknoll 1995.
81 H. Wrogemann, „Theologie und Wissenschaft der Mission" in: Leitfaden Ökumenische Missionstheologie, Gütersloh 2003, 17–31, hier 25.
82 Die missionstheologische Verwendung des Synkretismus-Begriffs ist immer selbstreferentiell, da „Verhältnisbestimmungen zwischen Religionen jeweils aus der subjektiven Perspektive einer bestimmten Religionsgemeinschaft oder Person" erfolgen. A. Feldtkeller, Identitätssuche im syrischen Urchristentum. Mission, Inkulturation, Pluralität im ältesten Heidenchristentum, Göttingen, 1993, 9.

von biblischen Inhalten bestimmt.[83] Im Gegensatz dazu kann im Blick auf *Spiritual* und *Gospel* eher von authentischer *Inkulturation* gesprochen werden, da hier stärker die biblischen Inhalte die Synthese geleitet haben[84], wie die Analyse der Texte der Spirituals zeigt.[85]

Es ist deutlich geworden, dass die *missio Dei* nicht an bestimmte Personen, Organisationen, Ethnien und Kulturen gebunden ist. Die Mission Gottes gehört nicht einer bestimmten Gruppe. Ihr Zentrum ist das biblische Evangelium, das für alle zugänglich ist, sich von keiner Kultur „domestizieren" lässt und im Inkulturationsprozess sowohl kritisch als auch schöpferisch wirkt: „a principle that animates, directs and unifies the culture, transforming it and remaking it so as to bring about a ‚new creation'".[86]

Akkulturation statt Religionisierung

Die dargestellten musikalisch-religiösen Entwicklungen machen nicht nur die integrierende Kraft des Evangeliums, sondern auch die Wandlungs- und Integrationsfähigkeit von Kultur und Religion im Bereich der Musik deutlich. Die heutige stilistische Vielfalt in der Popmusik (von Folk bis Rap), die aus der beschriebenen Entwicklung hervorgegangen ist, lässt sich weder bestimmten Ethnien oder Kulturen noch bestimmten Glaubensrichtungen zuordnen, sondern stellt eine Momentaufnahme einer sich ständig wandelnden Akkulturationsgeschichte dar, in der alle Beteiligten (bewusst oder unbewusst) voneinander lernen und sich gegenseitig beeinflussen. Allein aus diesem Grund scheint mir auch eine statische „Religionisierung" afroamerikanischer Musikformen und ihrer Weiterentwicklungen aus konservativ-apologetischen (bedrohliche Einflusse durch afrikanische Religiosität)[87]

---

83 Hödl, „Afroamerikanische Religionen", Lexikon neureligiöser Gruppen, 24–25.
84 Gegen G. Fermor, der im Blick auf die Spirituals von „afrochristlichem Synkretismus" spricht und damit m. E. die inhaltliche Bedeutung der traditionellen afrikanischen Religionen in der geistlichen afroamerikanischen Musik überbewertet, vgl. Fermor, Ekstasis. Das religiöse Erbe in der Popmusik als Herausforderung an die Kirche, Stuttgart 1999, z. B. 139.
85 Eine solche Analyse würde hier den Rahmen sprengen. Vgl. dazu ausführlich Lehmann, „Die wesentlichen Glaubensaussagen der Negro Spirituals", Spirituals, 171ff.
86 P. Arrupe zit. bei Shorter, Inculturation, 11.
87 Zum Beispiel H. Neumann, „Popmusik als neue Religion. Die religiöse Subkultur der jugendlichen Musikszene und ihre Unvereinbarkeit mit dem Bekenntnis zu dem Herrn Jesus Christus", Diakrisis 8 (3/Sept. 1987), 51–61.

oder aus liberal-progressiven Gründen (befreiende Einflüsse durch archaische afrikanische Religionserlebnisse)[88] nicht angemessen. Weder die christliche Kirche noch andere religiöse Traditionen (wie z. B. die traditionellen afrikanischen Religionen) haben ein Monopol auf bestimmte musikalische und kulturelle Formen. Oder anders gesagt: keine Musikform ist unlösbar mit bestimmten religiösen Bedeutungen verbunden. Musik ist immer Teil eines komplexen und fortschreitenden Akkulturationsprozesses und – missionstheologisch gesprochen – der größeren, in der Schöpfungstheologie begründeten, *missio Dei*, deren erneuernde Kraft auch die Kirche immer neu benötigt. Die Einzigartigkeit der Gemeinde Jesu Christi liegt nicht in einer bestimmten Musikform oder bestimmten zeitgebundenen Inkulturationen, sondern in der biblisch bezeugten Einzigartigkeit Jesu Christi und seines Evangeliums. Darum kann die Mission der Kirche nur profitieren, wenn sie sich umgekehrt auch der *Mission* neuer kultureller und musikalischer Herausforderungen, wie sie sich historisch im Blues oder Jazz stellten, nicht verschließt.[89]

---

88 Zum Beispiel G. Fermor, „Das religiöse Erbe in der Popmusik – musik- und religionswissenschaftliche Perspektiven", in: Popularmusik, Jugendkultur und Kirche, Hg. v. W. Kabus, Friedensauer Schriftenreihe, Reihe C: Musik-Kirche-Kultur, Bd. 2, Frankfurt a. M. 2000, 33–52.
89 Vgl. N. Corbitt, The Sound of The Harvest: Music's Mission in Church and Culture, Grand Rapids 1998. F. Walldorf, „Evangelisation und Kunst. Missiologische Perspektiven einer spannungsreichen und kreativen Beziehung", Evangelikale Missiologie 17 (4/2001), 122–133.

Einsichten aus der Praxis

„Blest be the tie that binds"

Damit das fremde Wort leichter vertraut wird – Lieder in der Mission

Benedict Schubert

Amadodana Ase Wesile ist einer der bekanntesten Gospelchöre Südafrikas. Jedenfalls gehört dieser in der Methodistenkirche beheimatete Männerchor zu den Chören, die über ihre Kirche und Region hinaus Bekanntheit erlangt haben. Ihr Markenzeichen sind die Uniformen und die Tatsache, dass sie die Bibel als Rhythmusinstrument verwenden. Mit der flachen Hand klatscht einer von ihnen auf die Heilige Schrift, wie wenn sie damit anzeigen wollten: was wir singen, ist in diesen Texten verankert, von ihnen lassen wir uns Richtung und Tempo, unseren Takt geben. Auf einer ihrer CDs singen sie Psalm 23, es ist ein langsamer Gesang, ein Rhythmus wie tiefer Wellengang:

> Ke na le modisa ke tla be ke hlokang? / Ke ya ipitsang Jehova molimo o phelang. Ich gehöre dem Hirten; wonach soll ich verlangen? / Er heisst Jehova, Gott der Lebendige. [1]

Was sich zunächst nach „authentisch südafrikanischem Gospel" anhört, ist Ergebnis eines vielfältigen Überlieferungsprozesses, den ich kurz skizziere.

Ein Schweizer Musikpädagoge, ein amerikanischer Musikreformer und ein englischer Baptistenprediger: zur Entstehungsgeschichte des Lieds

Die Witwe von Hans Georg Nägeli in Zürich hätte sich kaum vorstellen können, dass eines der Notenblätter, das sie dem Besucher aus Amerika ein

---

[1] CD Amadodana Ase Wesile, Ke Na Le Modisa, Johannesburg 2006. Ich danke Pfr. Dr. Stefan Fischer (Bettingen bei Basel) für Erkennung und Übersetzung des Textes.

knappes Jahr nach dem Tod ihres Mannes am 2. August 1837 verkaufte, in dieser Weise rezipiert würde.[2]

Hans Georg Nägeli (1773–1836)[3] wuchs in einem Pfarrhaus im Kanton Zürich auf. Sein Interesse an Musik führte ihn zum einen ins Musikgeschäft: er druckte und verlegte Noten – unter anderem von Bach, Händel, aber auch von Beethoven oder, zum Leidwesen späterer Klavierschüler, Muzio Clementi. Im Geschäftlichen eher ungeschickt machte er sich dafür als Musikpädagoge und Komponist einen Namen: heute noch verleiht die Stadt Zürich jährlich eine Hans-Georg-Nägeli-Medaille für besondere Verdienste in der Kulturvermittlung. Erfüllt von den Erziehungsidealen Heinrich Pestalozzis entwarf Nägeli Methoden, wie eine musikalische Grundausbildung geleistet werden könnte. Und er komponierte, vornehmlich Lieder für Einzelstimmen oder für Chöre. Sein Stil lässt sich an einer seiner bekanntesten Melodien ablesen, jener zum Volkslied „Freut euch des Lebens".

Offenbar war weder Nägeli noch seinem Kreis bewusst, wie weit sich seine musikpädagogischen Konzepte, aber auch manche seiner Melodien verbreitet hatten. Nägelis Haus und musikalisches Erbe waren für den amerikanischen Musikreformer, den „Vater der amerikanischen Kirchenmusik", Lowell Mason Anlass, im Jahr 1837 nach Europa zu reisen. In seinem Reisetagebuch beschreibt Mason die Kutschenfahrt vom 1. August 1837 von Sankt Gallen nach Zürich. Ein Mitreisender gibt sich als ehemaliger Freund Nägelis zu erkennen; Mason versucht ihm zu vermitteln, wie bekannt dieser in seiner Heimat sei: „After some difficulty I made him understand that the songs of Nägeli were sung by children of America – where he exclaimed ‚glorious, glorious'."[4]

Lowell Mason (1792–1872)[5] war eine der bestimmenden Figuren einer Bewegung, die von Anhängern und Gegnern gleichermassen – aber in unterschiedlichem Tonfall – „better music movement" genannt wurde. Ihr

---

2   Michael Broyles (Hg.), A Yankee Musician in Europe. The 1837 diaries of Lowell Mason, Ann Arbor 1990, 96.

3   Vgl. den Eintrag zu Hans Georg Nägeli im „New Grove Dictionary of Music and Musicians" (Grove Music Online, Artikel „Nägeli, Hans Georg") oder das kurze Porträt auf der Webseite zum Nägeli-Archiv in der Zentralbibliothek der Universität Zürich: http://www.zb.unizh.ch/index.html?http://www.zb.unizh.ch/sondersa/musik/naegelihansg/naegelihansg.htm / 16.9.08.

4   Broyles, Yankee Musician, 94.

5   Vgl. den Eintrag zu Lowell Mason im „New Grove Dictionary of Music and Musicians" (Grove Music Online, Artikel „Mason: [1] Lowell Mason [i]").

Ziel war es, den in ihren Augen qualitativ unbefriedigenden Schatz an volkstümlichen geistlichen Liedern zu ersetzen durch „gute Musik". [6] Gut war Musik in ihren Augen, wenn sie Anleihen an der klassischen Musik aus Europa nahm, ihren Regeln und Massstäben folgte. Mason tat sich dadurch hervor, dass er nicht bloss selbst komponierte, sondern auch Melodien von Haydn, Mozart oder eben Nägeli so arrangierte, dass sie als Kirchenlieder gesungen werden konnten.

So entstand das Lied „Blest be the Tie That Binds", das Mason 1845 in das von ihm zusammen mit Webb herausgegebene Gesangbuch „The Psaltery" aufnahm. Vermutlich hatte Mason den Text in einer der Sammlungen von geistlichen Gedichten von John Fawcett (1740–1817) gefunden. Er hatte ihn wohl für geeignet gehalten und mit einer der Melodien unterlegt, die er der Witwe Nägeli abgekauft hatte:

Blest be the tie that binds / Our hearts in Christian love;
The fellowship of kindred minds / Is like to that above.
Before our Father's throne / We pour our ardent prayers;
Our fears, our hopes, our aims are one / Our comforts and our cares.
We share each other's woes, / Our mutual burdens bear;
And often for each other flows / The sympathizing tear.
When we asunder part, / It gives us inward pain;
But we shall still be joined in heart, / And hope to meet again.
This glorious hope revives / Our courage by the way;
While each in expectation lives, / And longs to see the day.
From sorrow, toil and pain, / And sin, we shall be free,
And perfect love and friendship reign / Through all eternity.

---

[6] Stephen A. Marini, Sacred Song in America. Religion, Music, and Public Culture, Urbana 2003, 81. Das Lexikon äussert zurückhaltend Kritik: „Mason's influence on American music is generally regarded as a mixed blessing. Although he established music as an integral part of public school education, he replaced the indigenous fuging tunes and anthems of 18th-century America with hymn tunes and anthems arranged from European music or imitations based on ‚scientific' principles producing ‚correct' harmonies." (Grove Music Online) Schärfer ist der Ton, wo Mason und seine Schule als „better music boys" denunziert werden: „Not in the more than twelve hundred hymns with which Mason denatured our acts of communal praise nor in the pious secular inanities he pumped into our public-school music books is there a trace of our antecedent musical history or our native musical vitality. His hymns are so dully correct in harmony, so feeble in melody, and so uniform in their watery characterlessness that they constitute a monument to Christian antimusicality." (Aus dem Begleittext der „Recorded Anthology of American Music", http://www.amaranthpublishing.com/LowellMason.htm / 21.9.08).

Die Umstände, unter denen solche „Gelegenheitsdichtungen" entstanden, werden wie in vielen anderen Fällen auch in diesem als erbauliches Zeugnis überliefert. [7] „Blest be the Tie" habe der Baptistenprediger Fawcett gedichtet, nachdem er einem Ruf nach London nicht gefolgt war. Fawcett sollte 1772 von seiner armen Gemeinde in Nordengland nach London versetzt werden; bei seinem Abschied ergriff seine Frau und ihn ein so grosser Jammer über die Herde ohne Hirten, dass sie ihre Habe wieder vom Wagen laden liessen und in Wainsgate blieben – wo Fawcett 54 Jahre später dann als hochgeachteter Prediger starb. [8]

Ein Schweizer Musikpädagoge, ein amerikanischer Musikreformer und ein englischer Baptistenprediger schufen so das Lied, das bis heute in vielen angelsächsischen Gesangbüchern zu finden ist. [9]

„Blest be the tie" wird in Umlauf gebracht ...

Masons Kombination von Fawcetts Text und Nägelis Melodie erwies sich als äusserst gelungen. Die Melodie schickt sich gleichsam an, in einer sehnsuchtsvoll kreisenden Bewegung aufzubrechen und auszuziehen, doch kehrt sie am Ende wieder still zum Ausgangspunkt zurück. Sie scheint damit der Lebensbewegung des Dichters zu entsprechen und jedenfalls gut zu diesem Lied zu passen, in dem die „Bande der Liebe" besungen werden: eine innige Gemeinschaft des Lebens, das bestimmt ist von „Ängsten, Nöten, Lasten, Tränen, Sorgen, Mühen und Schmerzen – und Sünde", gleichzeitig aber erfüllt von der sehnsuchtsvollen Hoffnung auf eine Zukunft, in der „wir frei sind, wo in Ewigkeit vollkommene Liebe und Freundschaft herrschen".

Das Lied gehört zum Korpus jener Lieder aus dem angelsächsischen Raum, die um die Welt gingen. Es sind Lieder, die inhaltlich geprägt sind von den „Revivals"; sie spiegeln eine Frömmigkeit wider, wie sie in den Evangelisationsversammlungen aufbrechen und dann in den „erweckten" und „erwecklichen" Gemeinden sich entwickeln konnte. Angesichts der

---

7   Vgl. beispielsweise Kenneth Osbeck, 101 Hymn Stories. The Inspiring True Stories Behind 101 Favorite Hymns, Grand Rapids 1982; Kenneth Osbeck / Cliff Barrows, 101 More Hymn Stories. The Inspiring True Stories Behind 101 Favorite Hymns, Grand Rapids 1985.
8   Lindsay Terry, „Blest Be the Tie That Binds", Christianity Today International 46/2008, No. 2, 11, http://www.christianitytoday.com/tc/2008/002/12.11.html / 21.9.08.
9   Peter Horrobin / Greg Leaves [Hg.], Mission Praise, London 1990, Nr. 60.

60 Blest be the tie that binds

DENNIS SM

Words: John Fawcett(1740–1817) altd.
Music: J G Nägeli (1768–1836)
arranged Phil Burt

Umstände, in denen viele lebten, die diese Lieder sangen, ist verständlich, dass sie die Welt als bedrückend, als Jammertal besangen und beseelt waren von der Hoffnung auf ein helles Jenseits „on the far side banks of Jordan", am anderen Ufer des Jordan. Die Gemeinde erscheint wie in unserem Lied als in inniger Liebe untereinander verbundene Geschwisterschar; dann wieder als Truppe, die sich von ihrem „Royal Master" gegen die Feinde ins Feld geführt weiss.

Solche Lieder waren denjenigen lieb und vertraut, die in der Missionsbewegung im 19. und in der ersten Hälfte des 20. Jahrhunderts vom Westen aus aufbrachen. „Blest be the Tie" zählt zu den Liedern, die als „signature hymns", als charakteristisch und prägend für den amerikanischen Protestantismus bezeichnet wurden. [10] Wegen der Missionsbewegung hat ein Kernbestand dieses Kernbestands an Liedern über den amerikanischen Protestantismus hinaus Menschen als Angehörige einer Glaubensgemeinschaft geprägt und erkennbar gemacht.

Wenn Menschen aus Europa oder Nordamerika in den Missionsdienst aufbrachen, packten sie Lieder aus denselben Gründen ein wie Lampenschirme, hochgeschlossene Kleider mit Spitzenkragen bzw. Gehröcke und Taschenuhren, Geschirr, Bücher, landwirtschaftliche Geräte und gerahmte Familienfotos. Alles sollte dem Dienst dienen, indem es die Missionarinnen und Missionare dabei stärkte, die grosse Aufgabe anzugehen, Menschen einzubinden in diese vom „gesegneten Band" umschlossene Gemeinschaft.

Es muss nicht vorausgesetzt sein, dass diejenigen, die „Blest be the Tie" auf die Goldküste oder nach Südindien exportierten, die Entstehungsgeschichte des Textes kannten. Es ist unmittelbar einleuchtend, dass sie eigene Erfahrung damit verknüpfen und gleichzeitig verarbeiten konnten, wenn sie sangen: *„When we asunder part, / It gives us inward pain ..."* Über ihr Eigeninteresse beim Transfer solcher Lieder in den Kontext des „Missionsfelds" gaben sich die Missionarinnen und Missionare nur ausnahmsweise Rechenschaft; Berufung und Dienst, Auftrag und Sendung waren die Schlüsselbegriffe, unter denen die Motivation für einen so risikoreichen Aufbruch und die Existenz im fremden Umfeld verhandelt wurden. Lieder können einen konstitutiven Beitrag leisten zur Bildung und Sicherung der Identität einer Person oder Gruppe. Das lässt sich schon dort ablesen, wo eine, einer sich vergegenwärtigt, bei welcher Musik, bei welchen Liedern sich ihr selbst – angenehm oder irritierend – das Gefühl von Heimat und Herkunft bemerkbar macht.

Missionare und Missionarinnen brauchten die vertrauten Lieder fürs eigene Überleben in der oft bedrohlich erlebten, mancherorts ja objektiv lebensgefährlichen Fremde. Sie übersetzten sie aber vor allem auch aus missionarischen Gründen in die Sprache derer, unter denen sie wirkten. Das taten sie zunächst einfach deshalb, weil sie sich christlichen Glauben schlicht nicht ohne Lieder vorstellen konnten: „Christianity is a singing and musical

---

10 Marini, Sacred Song, 207.

faith", formuliert J. Nathan Corbitt lapidar.[11] Vielfältige Spuren davon finden sich im Neuen Testament – und dies wiederum ist sinnvolle und naheliegende Weiterführung dessen, wovon das Erste Testament Zeugnis gibt: der Glaube wird in Liedern gefeiert und weitergegeben.[12]

Mit dem Verweis auf die These von Brian Wren, dass Lieder Wichtiges leisten, wozu die gesprochene Rede nicht in der Lage ist[13], stelle ich folgende Beobachtungen an zu ihrer Bedeutung im Gottesdienst, in der Katechese und in der Evangelisation:

Lieder bewahren den Glauben davor, auf das kognitive Festhalten an und für wahr Halten von Sätzen reduziert zu werden. Lieder lassen Worte körperlich werden, sie ermöglichen es, Emotionen von der Verzweiflung bis zur Begeisterung zum Ausdruck zu bringen. Lieder erlauben, dass die verschiedenen Stimmen der gottesdienstlichen Gemeinde sich zu einem Klang vereinen. Dabei lassen sie ein hohes Mass an individueller Freiheit zu. Gewiss können Lieder eine Bewegung auslösen, in die jemand hineingezogen wird und sich ihr dann auch in einer Weise überlässt, wie er oder sie das allein nicht getan hätte und vielleicht nicht hätte tun wollen. Doch ganz wird auch bei starkem Sog die Freiheit nicht genommen zu schweigen, lauter oder leiser zu singen, am eigenen Ton festzuhalten.

Der memotechnische Wert von Liedern war schon Paulus bekannt. Melodien setzen sich anders als visuelle Eindrücke so im Hirn fest, dass sie einen sehr hohen Wiederekennungswert haben; gewisse Melodien „laufen einem nach", „Ohrwürmer" können absichtlich komponiert werden. Wenn also Texte mit Melodien verknüpft werden, können sie sich leichter und beständiger einprägen. Der Hirnforscher Oliver Sacks beschreibt in seiner „Musicophilia", wie er durch einfaches daran Denken Lieder „aktivieren"

---

11 J. Nathan Corbitt, The Sound of the Harvest. Music's Mission in Church and Culture, Grand Rapids Mi. 1998, 18.
12 Der Benediktiner Luke Dysinger macht darauf aufmerksam, dass im Gegensatz dazu der gottesdienstliche Gebrauch von Musik von vorchristlichen griechischen Philosophen mit Misstrauen betrachtet worden sei. Plato und später Philodemos von Gadara hätten Musik als unwürdiges Vergnügen betrachtet; Porphyrius habe es als lange philosophische Tradition angesehen, dass Musik höchstens in der Verehrung niedrigerer Gottheiten Verwendung finden dürfe. (Luke Dysinger OSB, Psalmody and Prayer in the Writings of Evagrius Ponticus, Oxford 2005, 90f).
13 „Congregational song does important things that speech alone cannot do – Lieder leisten Wichtiges, was gesprochene Rede allein nicht zu leisten vermag." (Brian Wren, Praying Twice. The Music and Words of Congregational Song, Louisville / London 2000, 54).

kann, die er vor mehr als sechzig Jahren als Kind einübte.[14] In verschiedenen Sprachregionen wird das jeweilige ABC mit einer Melodie eingeübt – das Gleiche lässt sich mit katechetischem Grundwissen tun. Das klassische Missionslied – davon wird noch ausführlich die Rede sein – erfüllte seine Funktion vor allem in den Missionare aussendenden Kirchen; für das „Missionsfeld" wurden Lieder übersetzt, durch die jenen, die neu zum christlichen Glauben kamen, eingängig werden sollte, was denn Inhalt dieses Glaubens ist.

Und schliesslich noch dies: im letzten Drittel des 19. Jahrhunderts „erfanden" – um es so zu sagen – der Prediger Dwight L. Moody und der Sänger, Dichter und Komponist Ira Sankey jene Form der Evangelisationsveranstaltung, die bis heute gepflegt wird. Hier dient Musik, dienen Lieder dazu, gleichsam den Boden vorzubereiten, die Erde aufzubrechen, um sie durch den sanften Regen der Musik so aufzuweichen, dass dann der Same der zum Glauben rufenden Verkündigung umso wirksamer gestreut werden kann.[15] Weshalb sollte das in Afrika oder Asien nicht ebenfalls möglich sein? Tatsächlich beschreibt auch der dem Missionsunternehmen so kritisch gegenüber stehende Autor Chinua Achebe eindrücklich, wie die von Missionaren angestimmten Evangelisationslieder die Macht hatten, an den „stillen und staubigen Saiten des Herzens eines Ibo-Mannes zu zupfen."[16]

... „Blest be the tie" kommt an

Die Missionstätigkeit war in unterschiedlichem Mass erfolgreich. Wo der christliche Glaube angenommen und übernommen wurde, geschah dies in der Regel nicht aus einem „reinen" Motiv. Unterschiedliche Faktoren und

---

14 Vgl. dazu Oliver Sacks, Musicophilia. Tales of Music and the Brain, London 2007, besonders das Kapitel „Brainworms, sticky Music, and Catchy Tunes", (41–48) (dt.: Der einarmige Pianist. Über Musik und das Gehirn, Reinbeck b. Hamburg 2008) Die Erinnerung an „Had Gadya" findet sich 43f. Sacks erwähnt auch den Komponisten Nicolas Slominksi, der schon in den 1920er Jahren absichtlich musikalische Muster entwarf, die sich im Hirn leicht festsetzen.

15 Siehe den Bericht von Sankey über seine Europareise in der New York Times vom 27.7.1879 (http://query.nytimes.com/mem/archive-free/pdf?_r=1&res=940DE2DC1F3F E63BBC4F51DFB1668382669FDE&oref=slogin / 30.4.08), oder Wren, Praying Twice, 5–7.

16 Chinua Achebe, *Things Fall Apart,* New York: Anchor Books, 1994, 148.

Interessen führten dazu, dass eine Person oder ein Kollektiv sich der Glaubensgemeinschaft anschloss, die missionierend auf sie zukam.

Die Missionsbewegung wurde zutreffend als Übersetzungsbewegung beschrieben. Namentlich protestantische Mission zeichnete sich in der Tat dadurch aus, dass sie den Inhalt ihrer Mission, das Evangelium, in die Sprache derer übersetzte, zu denen sie sich gesandt wusste. Auch wenn die Missionierenden gegebenenfalls Vorkehrungen trafen, es zu verhindern, brachte die Übersetzung für sie unausweichlich einen Verlust an Macht und Kontrolle: die als handhabbares Instrument gedachte übersetzte Bibel verselbständigte sich. Wohl kannten die Missionierenden teilweise die Zielsprache sehr gut, hatten an ihrer Erforschung, der Verschriftlichung und der Fixierung ihrer Grammatik wesentlichen Anteil. Dennoch blieb diese Sprache ein fremdes Haus, in dem sie sich als Gäste bewegten; ein Haus, das eine Reihe von Geheimnissen birgt, die nur diejenigen kennen, die darin aufgewachsen sind. Mancherorts zeigte sich – zum Beispiel in den späteren politischen Unabhängigkeitsbewegungen – dass die in ihre Sprache übersetzte Bibel für die neu entstehenden Gemeinden ein Potenzial barg, von denen die Übersetzenden keine Ahnung hatten.

An Liedern lässt sich dieser Prozess einer allmählichen Emanzipation verfolgen und ablesen. Gewiss wurden die jungen Gemeinden im Allgemeinen zunächst genötigt, sich fremde Melodien und Rhythmen anzueignen. Der Film „Flammen im Paradies" des Schweizer Regisseurs Markus Imhoof[17] verwendet die Institution der so genannten „Missionsbräute" für ein Stück großes Gefühlskino. Im Film erzählt er die Geschichte einer frustrierten jungen Fabrikantengattin, die auf der Überfahrt nach Indien Plätze tauscht mit einer erschreckten jungen Frau, die von der Basler Mission ausgesendet wurde, um einen verwitweten Missionar zu heiraten. Als dann die vermeintliche Missionsbraut auf der Basler Missionsstation in Südindien eintrifft, erwartet sie dort der Sonntagsschulchor mit einem frommen Lied. Dieser Chor singt ursprünglich deutsche Kirchenlieder in einer Weise, die alles und alle – die Singenden und das Gesungene – verfremdet und entfremdet. Die Darstellung Imhoofs ist gewiss pointiert, aber nicht nur verzerrende Karikatur.

Doch auch aus diesen fremden und entfremdenden Liedern entstand schließlich etwas Neues, Eigenes. Viele aus der westlichen Mission entstandene Kirchen in Afrika, Asien und Lateinamerika haben Gesangbücher, die

---

17   http://www.markus-imhoof.ch/filme/flammen/flammen.html / 1.10.08

voll sind von importierten Liedern. Ich vermute aber, dass ich die Erfahrung aus den afrikanischen Kirchen, die ich kenne, jedenfalls für diesen Kontinent verallgemeinern darf: die meisten Lieder in diesen Büchern sind nicht mehr als eine Erinnerung, eine Reverenz gegenüber dem Evangelium in dem Gewand an Formen und Gebräuchen, in dem es von Missionarinnen und Missionaren gebrachten worden war. Im Sonntagsgottesdienst werden nur noch eine Handvoll dieser Lieder regelmässig gesungen, nämlich diejenigen, die sich aus nicht genauer zu benennenden Gründen im „Aktiv-Liederschatz" haben halten können. [18]

Auch die Lieder, bei denen die Bemühung zu hören ist, sie möglichst genau so zu singen, wie sie seinerzeit gelehrt wurden, haben sich verändert: Wenn „Blest be the Tie" von einer Gemeinde der Igreja Presbiteriana in Maputo gesungen wird, klingt das anders, als wenn es angolanische Kongregationalisten in Huambo singen. Nicht nur der Umstand, dass diese es in Umbundo, jene in Xangane singen, macht den Unterschied aus – es sind andere Modulationen, ein anderes Tempo – ein anderes Lied, das dennoch als dasselbe erkannt werden kann.

Der Prozess der Aneignung kann einen Schritt weitergehen, indem ein Text nicht mehr übersetzt, sondern ersetzt wird. Ich kann hier nur verweisen auf die hymnologische Fragestellung, welche Melodien, welche Texte überhaupt „tragen". [19] Wer in unserem Fall entschieden hat, dass die ursprüngliche Nägeli-Melodie nicht dazu verwendet werden sollte, in Sesotho von Abschied, Verbundenheit und Sehnsucht, sondern den Vertrauenspsalm 23 zu singen, konnte ich nicht in Erfahrung bringen. Sicher ist, dass nicht alle Missionierenden beim Transfer von Liedern eine glückliche Hand hatten. Probleme ergaben sich beispielsweise, wo europäische Lieder in tonale Sprachen wie das Chinesische übersetzt wurden, wo also die europäische Melodie unvermeidlich den Sinn der Worte entstellte. Wenn die

---

18 Es wird hier gelten, was Andreas Marti im Blick auf die Paul-Gerhardt-Rezeption anmerkt. Er spricht dort von einer Art „… Zirkelmechanismus, der in Rezeptionsvorgängen bis hin zu Bestsellerlisten und zur aktuellen Popularmusik immer wieder zu beobachten ist: Was bekannt ist, wird gesungen, gelesen, gehört; dadurch wird es bekannter, folglich noch breiter rezipiert und dadurch nochmals bekannter – und so weiter, bis ein Autor eine Reputation erlangt hat, die ihn aus der großen Zahl heraushebt, mit mehr oder weniger sachlicher Berechtigung." (Andreas Marti, Warum Paul Gerhardts gedenken? In: Arbeitsstelle Gottesdienst. Zeitschrift der Gemeinsamen Arbeitsstelle für gottesdienstliche Fragen der Evangelischen Kirche in Deutschland 02/2006, 6–10, hier 7).

19 Vgl Markus Jenny – Artikel „Kirchenlied" TRE.

Gemeinden dort europäische Melodien beibehalten wollten, mussten sie sie mit Texten verbinden, die auch sinnvoll gesungen werden konnten.

Als anekdotische Zwischenbemerkung kann ich auch noch dies einflechten: zu den Liedern, die deutsche Missionare in Ghana einführten, gehörte auch eines, bei dem sie einen frommen nigerianischen Text mit der eher unfrommen Melodie der „so genannten schwäbischen Nationalhymne" sangen – ein im Übrigen anderswo ja durchaus bekanntes Vorgehen – was bei einem ghanaischen Gast zu Irritation führte, als er das deutsche Original hörte, als dieses in eher „gehobener Stimmung" gesungen wurde. [20]

Eine Reihe von ursprünglich westlichen Liedern haben sich nicht-westliche Kirchen so angeeignet, dass sie Teil ihrer christlichen Identität wurden, während sie dort, wo sie herkamen, in Vergessenheit gerieten. Im Rahmen der weltweiten ökumenischen Bewegung kommen manche Lieder als neue Lieder dorthin zurück, wo sie ursprünglich herkamen. Die Kommunität Iona spielt eine namhafte Rolle in der Vermittlung internationaler christlicher Lieder. In einem ihrer Liederhefte findet sich mit der Angabe „aus Zimbabwe" das Lied: „If you believe and I believe and we together pray, the Holy Spirit must come down and set God's people free!" [21] Den flehenden Kehrvers „… and set God's people free!" haben wir an einer Konferenz der Université Protestante in Kinshasa gesungen als „… et l'Afrique sera sauvée!", während meine schottische Tante, ihrerseits Tochter eines Missionars wusste, dass das Lied ursprünglich lautete:

> „He did not come to judge the world, He did not come to blame. / He did not only come to seek, it was to save He came.
> And when we call Him Savour, and when we call Him Savour, / and when we call Him Savour, then we call Him by His name!"

Zunehmend empfanden die aus der Mission entstandenen Kirchen das Bedürfnis, eigene Lieder zu singen, zunehmend setzten sich Melodien, Rhythmen und Instrumente durch, die von den Missionierenden bei ihrer Ankunft vielleicht noch als Teufelszeug verbannt und verbrannt worden waren, die die christlichen Gemeinden jedoch mit wachsender Eigenstän-

---

20 Persönliche Mitteilung von Dr. Jörg Schnellbach vom 18.11.05; das in der Schweiz bekannte Volkslied „E Buurebiebli mag i nit" wurde in vergleichbarer Weise zum Lied „I Want to Walk With Jesus Christ" (Nr 302 in: Horrobin / Leaves [Hg.], Mission Praise).
21 John Bell/Graham Maule, God Never Sleeps. Songs From the Iona Community, Glasgow 1991.

digkeit als Mittel liebten, in einer ihnen von Alters her vertrauten Form auszudrücken, dass der christliche Glaube in der Tat ein Glaube ist, der singt und musiziert.

In manchen Kirchen musste im Zug dieser kulturellen Selbstfindung ein radikaler Bruch vollzogen werden und nun umgekehrt Lieder und Instrumente der Missionarinnen und Missionare verbannt werden, weil diese Gemeinden keine andere Möglichkeit sahen, als sich durch einen so scharfen Schnitt den Zugang frei zu schlagen zu einer eigenen inkulturierten christlichen Identität – eine Art von „kulturellem Partikularismus", der sich übrigens auch hier regelmässig äussert, wenn eine Gesangbuchkommission arbeitet oder auch nur ein ökumenischer Gemeindegottesdienst vorbereitet wird. Und der, das sei angefügt, um Missverständnissen vorzubeugen, in gewissen Situationen durchaus angebracht ist.

Wurzeln schlagen und ins Fremde aufbrechen

Andrew Walls sieht in der Missionsbewegung zwei gegensätzliche, einander aber dennoch ergänzende Kräfte am Werk. Er nennt sie das „indigenizing" und das „pilgrim"-Prinzip.[22] Die eine Dynamik zielt darauf ab, den christlichen Glauben so im Boden Wurzeln schlagen und heimisch werden zu lassen, dass daraus eine Kirche entsteht, in der die Gläubigen sich daheim fühlen, weil sie ihnen genügend vertraut ist, eine Kirche, die davon zeugt, dass Gott selbst mitten unter uns wohnt. Die andere Dynamik dagegen mutet den Gläubigen zu, das Vertraute, Heimische zu verlassen, aufzubrechen ins Ungewohnte, aufs Neue hin, fremd zu sein und andere zu befremden durch ein Verhalten, das vom radikal Neuen des Gottesreichs zeugt.

Ich meine: in den Liedern in der Mission lassen sich beide Bewegungen hören. Im Transfer von Liedern, der übrigens nicht erst eine Erscheinung der neuzeitlichen Missionsbewegung ist,[23] beobachten wir die ausgesprochen

---

22 Andrew F. Walls, Culture and Conversion in Christian History, in: Ders., The Missionary Movement in Christian History. Studies in the Transmission of Faith, Maryknoll 1997, 43–54, 53f.

23 C. Michael Hawn führt als sehr schönes Beispiel die Rezeptionsgeschichte des Hymnus „Corde natus ex parentis" an, den der spanische Mönch Marcus Aurelius Clemens Prudentius im frühen 5. Jahrhundert dichtet; als Melodie dafür findet sich die mit divinum ministerium bezeichnete Melodie in italienischen und deutschen Manuskripten vom 12.–15. Jahrhundert; 1851 übersetzt John Mason Neale den Text in englische Verse als

spannenden Verschiebungen, in denen Fremdes vertraut und Vertrautes fremd wird. Oder wir haben direkt an ihnen Teil an dieser Bewegung und den Verschiebungen, die sie mit sich bringt, wenn wir selbst singen.

Zum Glück sind es nicht mehr nur die westlichen Lieder, die um die Welt gegangen sind und uns hier und dort singend die Christenheit als eine weltweite Gemeinschaft erleben lassen. Lieder aus anderen Kontexten sind ebenfalls anderswo angekommen. Nun sind es nicht mehr nur „Blest be the Tie" und ähnliche Melodien, die uns lehren, die Weisung aus dem Epheserbrief (4,3) ernst zu nehmen und uns zu bemühen, durch Hören und Singen „die Einheit des Geistes durch das Band des Friedens zu wahren!"

„Of the Father's Love Begotten", die Melodie wird in spätromantischer Weise harmonisiert. Das Lied gelangt nach Argentinien, wo es der argentinische Methodistenbischof Federico Pagura 1962 aufnimmt, dabei aber zurückgreift auf das lateinische Original und dieses ins moderne Spanisch übersetzt: „Fruto del amor divino". (Gather into One. Praying and Singing Globally, Grand Rapids Mi. / Cambridge 2003, 11–13).

Das klassische Missionslied und die Schwierigkeit es heute zu singen

Einige Aspekte aus hymnologischer Perspektive

Esther Handschin

Einleitung

Musik und Mission – was ist dazu aus hymnologischer Perspektive zu sagen? Hymnologie als die Wissenschaft vom Kirchenlied ist eine Disziplin, die der Praktischen Theologie zugeordnet wird, die aber stets im Dialog mit anderen Disziplinen steht. Vom theologischen Gesichtspunkt aus spielen dabei systematische, kirchengeschichtliche und liturgiewissenschaftliche Aspekte eine Rolle. Zugleich ist die Hymnologie aber auch auf Erkenntnisse aus dem Bereich der Musik- und Literaturwissenschaft oder der Buchwissenschaft angewiesen.

Was sagt eine mit hymnologischen Fragen beschäftigte Pastorin zum Missionslied? Zur Herangehensweise zeige ich erst einige Blickwinkel auf, die sich aus meiner Tätigkeit und meiner Herkunft ergeben. Ich bin derzeit Pastorin der Evangelisch-methodistischen Kirche. Diese Kirche umschreibt in ihrer Kirchenordnung Art. 120 den Dienst und Auftrag aller Christen und Christinnen wie folgt: „Die Kirche hat den Auftrag, Menschen zu Jüngern und Jüngerinnen Jesu Christi zu machen." [1] Seit der letzten Generalkonferenz, die im April 2008 tagte, ist dieser Grundauftrag ergänzt durch den Halbsatz: „um die Welt zu verändern." Die Evangelisch-methodistische Kirche, weltweit United Methodist Church genannt, versteht also Mission und Sendung als Grundauftrag jedes Christen, jeder Christin und damit als ein Grundverständnis des Kircheseins an sich.

Ich stamme aus einer methodistischen Pastorenfamilie, wo der Vater – bedingt durch die Situation des Zweiten Weltkrieges – zwei Jahre seiner

---

[1] Kirchenordnung der Evangelisch-methodistischen Kirche, herausgegeben im Auftrag der Zentralkonferenz für Mittel- und Südeuropa, Zürich 2007.

theologischen Ausbildung am Seminar des Basler Missionshauses durchlief. Diese Prägung spielte auch in späteren Jahren eine Rolle, schöpfte er doch viele seiner Predigtbeispiele aus dem Fundus von Missionsgeschichten und -erzählungen. Er hat mit meiner Mutter eine Frau geheiratet, die selbst sieben Jahre im Dienst der methodistischen Missionsbehörde tätig war und vier Jahre davon im Belgischen Kongo / Zaire als Lehrerin unterrichtete. Später war sie für viele Jahre in der kirchlichen Kommission für Äußere Mission tätig und redigierte während fünfzehn Jahren das monatliche Missionsblatt der Evangelisch-methodistischen Kirche in der Schweiz. Ich kann mich erinnern, dass in meiner Kindheit Gäste aus Afrika, Südamerika, Asien und dem Pazifik an unserem Familientisch saßen. Später habe ich geholfen das Missionsblatt Korrektur zu lesen. Durch meine Großmutter – die ich selbst nicht mehr erlebt habe – wurde das Interesse für die Mission bei meiner Mutter geweckt. Diese Großmutter hat in der ersten Hälfte des 20. Jahrhunderts in ihrem Dorf das Missionsblatt von Haus zu Haus getragen und die monatlichen Beiträge für die Mission eingesammelt. Sie wird uns noch als Beispiel dafür begegnen, wie der Lebenshorizont von Menschen ausgesehen hat, die Missionslieder gesungen haben.

Als Pastorin der Evangelisch-methodistischen Kirche bin ich derzeit in Salzburg tätig. Als ich vor drei Jahren in diese Gemeinde kam, waren ca. ⅓ der Gottesdienstbesucher Flüchtlinge und Migrantinnen und Migranten aus Afrika oder dem Nahen und Fernen Osten. Inzwischen sind einige von diesen weiter gezogen. Dennoch gehört es zur Identität der Gemeinde, dass Elemente afrikanischer Musik im Gottesdienst erklingen. Dieser Umstand hat mein Nachdenken über die Schwierigkeit, heute noch sogenannt klassische Missionslieder zu singen, wesentlich geprägt.

Schließlich bin ich mit der Tradition des evangelischen und erwecklichen Liedgutes aufgewachsen, befasse ich mich seit meinem Studienbeginn mit dem Fachgebiet der Hymnologie und habe den Entstehungsprozess des Reformierten Gesangbuches (RG, erschienen 1998) der Schweiz aus der Nähe begleitet und an der Entstehung des methodistischen Gesangbuches für das deutschsprachige Europa (EM, erschienen 2002) aktiv mitgewirkt.

Der erste Teil des nun Folgenden wird der Frage nachgehen, was ein klassisches Missionslied ist und an einem konkreten Beispiel nachvollziehen, welche Merkmale ein solches Lied aufweist. Der zweite Teil befasst sich mit der Frage, in wie weit diese Merkmale für die heutige Zeit noch stimmig sind und wie ein Missionslied von heute aussehen müsste.

Was ist ein Missionslied?

Nun also zur Sache: Was ist ein klassisches Missionslied? Welche Merkmale gehören dazu? Wo sind solche Lieder zu finden? Wann und wie wurden und werden sie gesungen?

Der Begriff „Missionslied"[2] provoziert leicht Missverständnisse. Sind das Lieder, um andere Menschen zu missionieren? Oder handeln sie von der Mission? Um es kurz zu machen: Das klassische Missionslied stammt aus dem 19. Jahrhundert und es soll dazu motivieren, sich für die Mission zu interessieren und für die Ausbreitung des Evangeliums in aller Welt zu beten. Der inzwischen verstorbene Hymnologe Markus Jenny drückt das in seinem Artikel „Kirchenlied" in der Theologischen Realenzyklopädie folgendermaßen aus: „Das 19. Jh. ist das Jahrhundert der Entstehung und Hauptwirksamkeit der großen Missionsgesellschaften. Die in diesem Zusammenhang entstandenen Kirchenlieder geben in erster Linie dem Missionseifer der aussendenden Heimatgemeinde Ausdruck oder suchen diese zu missionarischem Handeln zu motivieren."[3] Jenny grenzt dabei das Missionslied vom Erweckungslied ab, indem er dem Erweckungs- und Evangelisationslied mehr die Funktion der Mission im eigenen Land zuweist. Obwohl die Gattungen des Erweckungs- und des Missionsliedes in eine ähnliche Richtung zielen und sie sich inhaltlich und von der Absicht her vielfach überschneiden, ist die musikalische Gestalt dieser Lieder deutlich zu unterscheiden. Das Missionslied verwendet meist bestehende Kirchenliedmelodien, während die Erweckungs- und Evangelisationslieder „stark von angelsächsischen Anleihen und Anlehnungen geprägt sind. Ihre Sprache ist weitgehend klischeehaft und ihre Musik simpelster Abklatsch der Romantik. Diese Lieder wollen wohl Glauben bezeugen und Glauben pflanzen, aber sie wollen in erster Linie jene Stimmung herbeiführen, in der dann die evangelistische Verkündigung um so eher ihre Wirkung zu tun vermag."[4] Mit dieser Wertung wird deutlich, wo die musikalischen Präferenzen von Markus Jenny liegen.

Ähnlich beschreibt Ulrich Wüstenberg die Funktion des Missionsliedes: „Durch die großen Missionsgesellschaften wurden weitere Liedtypen etab-

---

2 Grundlage dieser Untersuchung bilden Missionslieder aus dem evangelischen und methodistischen Bereich.
3 Markus Jenny, Art. Kirchenlied. I. Historisch, Theologische Realenzyklopädie, Band 18, Berlin – New York 1989, 602–629, hier: 617.
4 Jenny, Art. Kirchenlied, 618.

liert, so das Vereinslied sowie das Missions- oder Erweckungslied, das die Aufgabe hatte, die Tätigkeit der ausgesandten Missionare betend zu begleiten und die Gemeinden zum Missionseifer zu motivieren."[5] Wüstenberg stellt das Missionslied in den Kontext des hymnologischen Schaffens des 19. Jahrhunderts. Als spezielle Liedgattungen dieser Zeit finden wir in den Gesangbüchern des evangelischen Bereichs bis heute noch (oder wieder) geistliche Volkslieder wie „So nimm denn meine Hände" (Evangelisches Gesangbuch, EG 376) und Kinderlieder wie „Müde bin ich, geh zur Ruh" (EG 484) oder „Weißt du wie viel Sternlein stehen?" (EG 511). Das weiter erwähnte National- und Soldatenlied hatte in den Gesangbüchern eine verhältnismäßig kurze Lebensdauer und ist heute verschwunden.

Grundsätzlich ist zu sagen, dass sich die hymnologische Forschung erst in den letzten beiden Jahrzehnten dem Liedgut des 19. Jahrhunderts zuwendet. Bis in die siebziger Jahre des 20. Jahrhunderts stand die Erforschung des reformatorischen Liedgutes und der Lieder des 17. Jahrhunderts im Zentrum. Die Singbewegung zu Beginn des 20. Jahrhunderts hatte einen starken Impetus dahin, zurück zu den Quellen zu gehen. Im musikalischen Bereich hieß das, zurück zu den Sätzen der alten Meister wie Schütz, Praetorius und Bach. Parallel dazu ist das Bemühen zu sehen, das deutsche Kirchenlied, mit Martin Luther und Paul Gerhardt an der Spitze, auf den Missionsfeldern zu etablieren. Die Anliegen der Singbewegung schlugen sich in der Erarbeitung des Evangelischen Kirchengesangbuches (EKG, erschienen 1953) und in den nachfolgenden Kommentarwerken nieder. Erst mit den Arbeiten zum Evangelischen Gesangbuch, das ab 1993 erschien, konnte man sich dank des zeitlichen und ideologischen Abstandes zur Singbewegung und ihrer Vertreter, vermehrt dem 19. Jahrhundert zuwenden.[6]

---

5 Ulrich Wüstenberg, Das 19. Jahrhundert, in: Christian Möller (Hrsg.), Kirchenlied und Gesangbuch. Quellen zu ihrer Geschichte, Tübingen 2000, 214–266, hier: 255.
6 In diesem Zusammenhang ist auch der einzige neuere Aufsatz entstanden, den ich zu diesem Thema gefunden habe: Martin Rößler, Hier stehen wir von nah und fern. Basel, die Theologen aus Württemberg und das Missionslied zwischen 1815 und 1840, in: Martin Rößler, Geistliches Lied und kirchliches Gesangbuch, München 2006, 383–415. Dieser Vortrag wurde anlässlich der 3. Regionaltagung der Internationalen Arbeitsgemeinschaft für Hymnologie unter dem Thema „Der Kirchengesang in der 1. Hälfte des 19. Jahrhunderts" Ende September 1990 in Schloss Hünigen / Kanton Bern gehalten.
  Außerdem fand im Jahr 1987 die Tagung der Internationalen Arbeitsgemeinschaft für Hymnologie (IAH) zum Thema „Proclamatio Evangelii et hymnodia" statt. Im Bulletin der IAH, Band 16, Groningen 1988 sind die dort gehaltenen Referate gesammelt.

Merkmale eines klassischen Missionsliedes

Anhand eines Beispiels mit einigen Quervergleichen zu weiteren Liedern werde ich einige Merkmale des klassischen Missionsliedes herausarbeiten. Dadurch wird deutlich, wo einerseits die Besonderheiten dieser Liedgattung liegen. Wir werden aber andererseits schnell erkennen, was die spezifischen Schwierigkeiten ausmachen, diese Lieder heute noch zu singen.

Als Beispiel dient das Lied „Der du in Todesnächten" von Christian Gottlob Barth (1799–1862). Christian Gottlob Barth, nach seinem Theologiestudium in Tübingen 1824 Pfarrer von Möttlingen geworden, war einer der produktivsten Dichter, was Missionslieder betrifft.[7] Geprägt vom Biblizismus des württembergischen Pietismus enthalten seine Lieder viele biblische Anklänge und Bilder. Schon während seines Studiums gründete er 1819 einen Studentenmissionsverein. Ab 1821 – es war das erste öffentliche Jahresfest – nahm er regelmäßig am Basler Missionsfest teil, wobei er gerne zum Jahresfest ein neu gedichtetes Lied mitbrachte.[8] Selbst für die Mission begeistert, wurde er jedoch nicht Missionar, sondern betätigte sich auf publizistischem Gebiet und als Redner bei Missionsfesten. Es wird behauptet, seine Mutter habe ihn vor einer Tätigkeit auf dem Missionsfeld zurückgehalten.[9] Auch das Angebot, Missionsinspektor in Basel zu werden, lehnte er mehrfach ab.[10] Da seine publizistische Tätigkeit ein immer größeres Ausmaß annahm, gab er 1838 sein Pfarramt auf und widmete sich bis zu seinem Lebensende 1862 ganz dem von ihm 1836 gegründeten Calwer Verlag.[11]

---

[7] Im Missionsliederbuch der Basler Mission machen seine Lieder fast ein Drittel des Bestandes aus.

[8] Dazu auch Wilhelm Schlatter, Geschichte der Basler Mission 1815–1915. Mit Berücksichtigung der ungedruckten Quellen. Band I: Die Heimatgeschichte der Basler Mission, Basel 1916, 134: „Auf mehr als 40 Missionsfesten ließ er [Christian Gottlob Barth] in Basel seine mächtige Stimme erschallen, immer als Mahnruf zu Taten, zur Vorwärtsbewegung; er war auch der Sänger, der zu den Festen Missionslieder lieferte. Von ihm stammt zum Beispiel das wuchtige: ‚Der du in Todesnächten'."

[9] Winrich und Beate Scheffbuch, Den Kummer sich vom Herzen singen. So entstanden bekannte Lieder, Holzgerlingen ⁵1999, 67.

[10] Rößler, Hier stehen wir von nah und fern, 392.

[11] Wolfgang Herbst (Hrsg.), Wer ist wer im Gesangbuch?, Göttingen 2001, 31 und 32.

Der Liedtext

1. Der du in Todesnächten / Erkämpft das Heil der Welt / Und dich als den Gerechten / Zum Bürgen dargestellt, / Der du den Feind bezwungen, / Den Himmel aufgetan: / Dir stimmen unsre Zungen / Ein Hallelujah an!

2. Im Himmel und auf Erden / Ist alle Macht nun dein, / Bis alle Völker werden / Zu deinen Füßen sein, / Bis die von Süd und Norden, / Bis die von Ost und West / Sind deine Gäste worden / Bei deinem Hochzeitsfest.

3. Noch werden sie geladen, / Noch gehn die Boten aus, / Um mit dem Ruf der Gnaden / Zu füllen dir dein Haus. / Es ist kein Preis zu teuer, / Es ist kein Weg zu schwer, / Hinauszustreu'n dein Feuer / Ins weite Völkermeer.

4. Dann werden die Gebeine / Im Knochenfeld erweckt, / Und von dem lichten Scheine / Ihr Leuchter angesteckt. / Die Strahlen überdunkeln / Des Halbmonds Schimmerlicht; / Der Minarette Funkeln / Entschwindet dem Gesicht.

5. Dann wird's dem Parsen helle, / Wann ihm dies Feuer flammt, / Das einer lichtern Quelle, / Als seine Sonn', entstammt. / Auch Abrams Söhne tauchen / Auf aus der Blindheit Nacht, / Weil hier nicht Berge rauchen, / Weil hier kein Donner kracht.

6. Und dieses Feu'r verzehre / Des Hindu stolz Gewand! / Das Volk im stillen Meere / Werf' Götzen in den Brand! / Die finstre Nacht der Mohren, / Sie weiche diesem Licht! / So hat dein Mund geschworen, / Und siehe, es geschicht!

7. Und wo in Todesschatten / Der Satan König ist, / Durch segensvolle Matten / Das Menschenblut ihm fließt, / Fällt jetzt die heil'ge Flamme / Dem Opf'rer in den Schoß; / Der Mörder wird zum Lamme, / Das Opfer sein Genoss.

8. Fern an der Knechtschaft Strande / Erwacht ein Durst nach Licht, / Und aus dem engen Bande / Manch tiefer Seufzer bricht. / Da fahren tausend Funken / In schwarzer Sklaven Herz; / Wer von dem Licht getrunken, / Wird frei vom Todesschmerz.

9. Und hoch am starren Norden, / Wo ew'ger Schnee noch ruht, / Da ist es warm geworden / Durch dieses Feuers Glut; / Die Herzen sind zerflossen, / Das Eis ist aufgetaut, / In knospenreichen Sprossen / Sich mild der Sommer baut.

10. So ziehen deine Flammen / Wie Sonnen um die Welt; / Getrenntes fließt zusammen, / Das Dunkle wird erhellt, / Und wo dein Name schallet, / Du König Jesus Christ, / Ein selig Häuflein wallet / Dahin, wo Friede ist.

11. So sammle deine Herden / Dir aus der Völker Zahl, / Dass viele selig werden / Und zieh'n zum Abendmahl! / Schließ' auf die hohen Pforten! / Es strömt dein Volk heran; / Wo noch nicht Tag geworden, / Da zünd' dein Feuer an! [12]

Zur Verbreitung des Liedes „Der du in Todesnächten"

Der Text des Liedes ist 1826 entstanden und lag zunächst einem Brief von Christian Gottlob Barth an Christian Gottlieb Blumhardt (1779–1838) bei, mit der Bemerkung, ob er noch weitere Lieder liefern dürfe. Erstmals 1827 gedruckt, wurde es zu *dem* Missionslied und fand schon 1828 Eingang in den Entwurf zum Schleswig-Holsteinischen Gesangbuch. [13] Von den elf originalen Strophen finden sich im EG 257 noch deren vier. Die Strophen vier bis zehn wurden weggelassen. Dieselben Strophen finden sich auch schon im EKG 222, allerdings ist dort in gewissen Ausgaben auch noch die zehnte

---

[12] Aus: Missionsliederbuch. Für die Missionsgemeinde und die Arbeiter auf dem Missionsfelde, gesammelt und herausgegeben von J. Josenhans, Missionsinspektor in Basel, zweite, neu bearbeitete und vermehrte Ausgabe, Basel 1879, Nr. 159, angegebene Melodie: „Valet will ich dir geben". Die Schreibweise ist der neuen Rechtschreibung angepasst.

[13] Heinrich Gelzer, Man singt mit Freuden vom Sieg. Das evangelische Missionslied, Stuttgart und Basel 1937, 41.

Strophe zu finden. Geht man noch eine Gesangbuchgeneration weiter zurück, z. B. zum Württembergischen Gesangbuch von 1912, so fehlen nur die Strophen vier bis sieben, also diejenigen Strophen, die sich direkt auf Angehörige anderer Religionen beziehen.

Auch in der Schweiz fand dieses Lied über die Basler Mission seine Verbreitung, während es im norddeutschen Raum eher unbekannt blieb. Im schließlich in acht Kantonalkirchen der Schweiz verwendeten so genannten „Achtörtigen Gesangbuch" von 1891 ist es mit fünf Strophen (Nr. 166) überliefert und im Deutschschweizerischen Reformierten Kirchengesangbuch (RKG) von 1952 mit derselben Strophenzahl (Nr. 362). Im RG ist es nicht mehr zu finden.

Auch wenn die Kürzung vor allem der Mittelstrophen heute gut verständlich ist, führt die Weglassung der originalen zehnten Strophe zum Problem, dass die in der ersten Strophe aufgebaute Ellipse, wer nun eigentlich der ist, der in den Todesnächten das Heil der Welt erkämpft hat, nicht aufgelöst wird. Über zehn Strophen hinweg erfahren wir nicht den Namen der betreffenden Person oder Gestalt, die den Völkern Licht und Wärme bringt. Erst in der zweiten Hälfte der zweitletzten Strophe heißt es dann: „Du König Jesus Christ". Entfällt diese Strophe, so bleibt das Rätsel bestehen und das Lied kann eigentlich nur verstanden werden, wenn es in einem christlichen Kontext gesungen wird.

Die Melodie

Wie viele der im 19. Jahrhundert entstandenen Kirchenlieder, so greifen auch die Missionslieder auf den bekannten Melodienschatz der evangelischen Choräle zurück. So wird das Lied „Der du in Todesnächten" nach der Melodie „Valet will ich dir geben" von Melchior Teschner 1614 gesungen. Dieser aus praktischen Gründen gewählte Rückgriff ermöglicht das unproblematische Singen eines neuen Textes auf eine bekannte Melodie, sodass ein neuer Text rasche Verbreitung findet. Durch die Verwendung einer bekannten Melodie kann ein weiterer Effekt erzeugt werden: Bei denen, die die Kirchenlieder kennen, wird dadurch eine Verbindung zum Originaltext erzeugt, sodass beim Singen des Liedes ein weiterer Subtext mitgehört wird.

Ein Beispiel: Die Melodie „Wachet auf, ruft uns die Stimme" von Philipp Nicolai 1597/98 weist ein sehr eigenständiges Versschema auf (8.9.8 8.9.8 6.6.4 4.4.8). Sie wurde gerne als Melodie für Missionslieder (vgl. EG 256

„Einer ist's, an dem wir hangen") verwendet, da der Weckruf am Anfang des Liedes und die eschatologische Gestimmtheit des ganzen Textes als dem Thema entsprechend empfunden wurde.

Allerdings ist damit zu rechnen, dass im 19. Jahrhundert der Effekt mit dem mitzuhörenden Subtext nur noch bedingt eine Rolle spielte, da durch die vielfache Verwendung derselben Melodie für unterschiedliche Texte die Bindung an den ursprünglichen Text verloren ging. Dies trifft sicher im Fall der Melodie „Valet will ich dir geben" für das Lied „Der du in Todesnächten" zu. Es lässt sich keine sinnvolle Verbindung herstellen zwischen der Melodie eines Sterbeliedes und dem Text eines Missionsliedes. Dieses geringe Maß an Originalität im Bereich der Melodien mindert verständlicherweise das Interesse der hymnologischen Zunft am Missionslied.

Metaphern und biblische Anklänge

Wie bei vielen Kirchenlieddichtern vergangener Jahrhunderte, so sind auch die Lieder von Christian Gottlob Barth stark geprägt von biblischen Bildern und Metaphern. Die bibelkundigen RezipientInnen vergangener Jahrzehnte waren durchaus fähig diese Bilder aufzulösen und einzuordnen. Ob dies heutigen Sängerinnen und Sängern noch gelingt, wage ich mehr und mehr zu bezweifeln.

Ein wesentliches Bild für das Lied „Der du in Todesnächten" ist die schon im Alten Testament anklingende eschatologische Völkerwallfahrt (zum Zion) aus Lk 13,29: „Es werden kommen von Osten und von Westen, von Norden und von Süden, die zu Tisch sitzen werden im Reich Gottes." Die Erwähnung der vier Himmelsrichtungen lädt dazu ein, die Völker möglichst vieler Weltgegenden in den Blick zu nehmen (Strophen 4 bis 9).

Nachdem in Strophe zwei die Einladung zur Hochzeit ausgesprochen wird und damit das Gleichnis von der königlichen Hochzeit aus Mt 22,1–14 anklingt, wird zu Beginn der dritten Strophe durch die Wiederholung des „noch" mit dem Stilmittel der Anapher die Dringlichkeit spürbar, diese Einladung anzunehmen. Wenn die im Lied eingeladenen Völker der Erde als die späteren Gäste von den Hecken und Zäunen zu deuten sind, dann ist implizit die dringliche Einladung auch an die Völker der alten, christlichen Welt gerichtet. Zum Ende des Liedes wird in der letzten Strophe das Bild vom Mahl noch einmal aufgegriffen, jetzt jedoch in der Gestalt des Abendmahls, vgl. Lk 14,15–24. Das legt eine Deutung nahe, dass die Sammlung der Völker dann vollendet sein wird, wenn sie den christlichen Glauben angenommen haben und das Mahl mitfeiern.

Bildet das Bild vom Hochzeitsmahl und der dabei versammelten Völker den Rahmen, so zieht sich in den mittleren Strophen das Bild vom Feuer durch, das Licht in das Dunkel der Völker bringt. Hier klingen Jesaja 9,1 und 60,2 an: „Das Volk, das im Finstern wandelt, sieht ein großes Licht, und über denen, die da wohnen im finstern Lande, scheint es hell." Und: „Denn siehe, Finsternis bedeckt das Erdreich und Dunkel die Völker; aber über dir geht auf der Herr und seine Herrlichkeit erscheint über dir." Mit der Licht / Feuer-Metapher wird variiert und gespielt. Die Muslime des Nahen Ostens (Str. 4) und in Persien sowie die Juden (Str. 5) brauchen Erleuchtung. Sie haben zwar schon eine Ahnung von Gott („des Halbmonds Schimmerlicht"), aber es braucht die „lichtre Quelle" des christlichen Glaubens, um aus der „Blindheit Nacht" aufzutauchen. Anders die Situation der Hindu, die im Feuerbrand ihre Götzen verbrennen sollen oder der „Mohren", deren Hautfarbe ja schon ein Zeichen ihrer Verdunkelung ist (Str. 6).

Strophe sieben wendet die Feuermetapher auf das (Menschen-)Opfer an und lässt über das Bild vom Lamm wieder ein biblisches Bild anklingen, wobei an die Stelle des Wolfes der Mörder tritt (Jes 11,6; 65,25). In dieser Strophe ist keine Weltgegend konkret genannt. Allerdings ist zu vermuten, dass informierte Personen aus Missionskreisen durchaus wussten, wo Menschenopfer erbracht werden, zirkulierten doch in diesen Kreisen entsprechende Geschichten.

Nachdem das Bild vom Feuer schon so gut eingeführt ist, bleibt Barth dabei, auch wenn in der achten Strophe das Sprachbild nicht stimmig erscheint: „erwacht ein Durst nach Licht". Von der Weltgegend her dürften wir uns jetzt im pazifischen oder karibischen Raum bewegen. Um auch den hohen Norden mit Grönland nicht zu vergessen, wird in der neunten Strophe die Feuermetapher um die Wärme erweitert. Das Eis taut auf und der Sommer kann einziehen.

Licht und Dunkel sind typische Bilder für das Missionslied. In anderen Liedern werden Bilder ausgeführt, die hier nur kurz anklingen. So spielt der in Strophe eins angedeutete Kampf oft eine Rolle. C. G. Barth kann dichten:

> Zieht fröhlich hinaus / Zum heiligen Krieg
> Durch Nacht und durch Graus / Erglänzet der Sieg. [14]

---
14 Missionsliederbuch, Nr. 252, Str. 1.

Oder:

> Immer tiefer, immer weiter / In das feindliche Gebiet
> Dringt das Häuflein deiner Streiter, / Dem voran dein Banner zieht. [15]

Weitere wichtige Bilder sind das Sammeln der Herde (Str. 11) unter einem Hirten (vgl. „Eine Herde und ein Hirt" von Friedrich Adolf Krummacher 1821, EKG 220; RKG 385), die Vision aus Ezechiel 37, wo tote Knochen wieder zum Leben erweckt werden (Str. 4) oder Bilder des Säens und Erntens oder Bauens.

Schließlich ist bei Kirchenliedern des 19. Jahrhunderts nicht nur damit zu rechnen, dass sie eine Menge biblischer Bilder und Metaphern aufweisen und somit aus einem gemeinsamen Sprachschatz gespeist werden. Die Dichterinnen und Dichter dieser Lieder und diejenigen, die die Lieder rezipierten, zehren auch vom Schatz der ihnen gemeinsam bekannten Kirchenlieder. Wenn am Schluss von „Der du in Todesnächten" die Bitte erklingt: „Wo noch nicht Tag geworden, da zünd dein Feuer an!" so klingt für viele eine andere Bitte an: „O dass doch bald dein Feuer brennte" aus dem Lied von Georg Friedrich Fickert 1812 (EG 255,1). Dieser Liedanfang ist wiederum ein Anklingen an Strophe 2 aus dem Lied „Wach auf, du Geist der ersten Zeugen" von Karl Heinrich von Bogatzky 1750: „O dass dein Feuer bald entbrennte, o möcht es doch in alle Lande gehn!" (EG 241) Beide erwähnten Lieder sind Missionslieder der älteren Generation.

Was für uns wie ein bemühendes Wiederholen bekannter Bilder und Sprache wirkt, das war wohl für die damaligen Sängerinnen und Sänger ein Wiedererkennen eines gemeinsamen Sprachschatzes, wo immer wieder neu assoziiert und mitgehört werden konnte, nicht zuletzt auch zur Selbstbestätigung, dass man selbst zu den Wissenden und Eingeweihten gehört.

Kolonialismus und Exotik

Was hier mit „Kolonialismus und Exotik" bezeichnet wird, wurde schon im vorherigen Abschnitt gestreift unter dem Gesichtspunkt, wie das Feuer und Licht das Dunkel der Völker erhellt. Es ist deutlich geworden, dass von einer Überlegenheit des christlichen Glaubens gegenüber anderen Religionen ausgegangen wird. Schaut man dieselben Strophen noch einmal unter

---

15 Missionsliederbuch, Nr. 210 „Hüter, ist die Nacht verschwunden", Str. 4, erste Hälfte.

dem Aspekt an, wie das Christentum den Völkern und ihren Religionen begegnet, so wird dabei ein deutliches Gefälle erkennbar. Das Licht des Evangeliums, das Licht Christi scheint auf das Dunkel der Völker. Es ist keine Begegnung auf gleicher Ebene, kein dialogisches Prinzip, kein Wahrnehmen und Wertschätzen vorhandener Kulturen.

Mit dem Begriff „Exotik" kommt noch ein anderer Aspekt in den Blick. Stellen wir uns den Lebenshorizont einer Frau wie meiner Großmutter vor. Nach acht Schuljahren musste sie arbeiten gehen und konnte, trotz Empfehlung der Lehrer, keine weiterführende Schule besuchen. Sie kam Zeit ihres Lebens nicht über den näheren Umkreis ihres Geburtsortes hinaus. Berichte aus den Gebieten der Mission sind so eine willkommene Abwechslung, etwas über andere Länder und andere Sitten zu erfahren. Ein Mensch mit diesem Lebenshorizont nimmt über die Erzählungen und Lieder teil an der großen weiten Welt. Je nach Formulierung geht dann und wann ein leiser Schauer über den Rücken, wie fremd und – in wertender Sprache – wie armselig doch die Lebensweisen dieser Völker sein müssen. Da ist von Götzenbildern und Menschenopfern die Rede, von Minaretten und Sklaven. Es ist ein Trost, dass man solchen Gegebenheiten nicht ausgesetzt ist. Mit diesen Liedern lässt sich auf Reisen gehen, auch wenn man nie aus dem eigenen Ort fort kommt.

Eine ähnliche Exotik bietet das von Christian Gottlob Barth aus dem Englischen übersetzte Lied von Reginald Heber (1783–1826):

> Von Grönlands eis'gen Zinken, / Chinas Korallenstrand,
> wo Ophirs Quellen blinken, / fortströmend goldnen Sand;
> von manchem alten Ufer, / von manchem Palmenland
> erschallt das Fleh'n der Rufer: / „Löst unsrer Blindheit Band!"[16]

Wenn wir das uns vorliegende Lied betrachten, so ist es ebenfalls eine Reise um die Welt: die arabische Welt, Persien, das heilige Land, Indien und Afrika, unbestimmte Gegenden, wo es Menschenopfer gibt, Inseln im Pazifik oder in der Karibik und im kalten Norden Grönland. Bemerkenswert ist, dass auf dieser Weltreise die neue Welt ausgespart bleibt. Es gibt keine Anklänge an Süd- oder Nordamerika. Die Lebenswelt von Indianern wird nicht erwähnt. Mag das damit zusammenhängen, dass die Schwerpunkte der Basler Mission, mit der Christian Gottlob Barth verbunden war, außerhalb der neuen Welt lagen? Jedenfalls wissen wir aus einem seiner Briefe,

---

16 Missionsliederbuch, Nr. 12, Titel des Originals: „From Greenland's icy mountains".

dass er in seinen Gebetszeiten nach einer geographischen Ordnung vorging: Beginnend im eigenen Haus, in der Gemeinde und im Vaterland ging es über Ägypten, Indien, Polen und Batavia wieder zurück nach Deutschland.[17]

Dichtung als Kompensation und Delegation

Möglicherweise war für einige der Dichterinnen und Dichter das Verfassen von Missionsliedern ein Ersatz dafür, dass sie selbst keine Tätigkeit auf einem der Missionsfelder übernehmen konnten. Wenn wir der Überlieferung zu Christian Gottlob Barth trauen können, so war das, wie ich schon erwähnt habe, bei ihm der Fall. Ähnliches ist bei Sophie Herwig (1810–1836), der Autorin des Liedes „Wasserströme will ich gießen" zur Israelmission, zu vermuten. Sie starb schon mit 26 Jahren nach einer Zeit langer Krankheit und Schmerzen. Wer aus gesundheitlichen Gründen nicht für den Missionsdienst in Frage kam, konnte – bei entsprechender Begabung – den Missionseifer durch seine Gedichte unterstützen und damit den eigenen Mangel kompensieren.

Gleichzeitig gaben diese Lieder die Möglichkeit, an die Missionare auf dem Feld zu delegieren, was man selbst nicht tun konnte. So dichtete Christian Gottlob Barth im Lied „Jesu, bittend kommen wir" eine Strophe, die noch heute gesungen wird, da sie ins Lied „Sonne der Gerechtigkeit" (EG 263,5) übernommen wurde:

Gib den Boten Kraft und Mut,	Gib den Boten Kraft und Mut,
Glaubenshoffnung, Liebesglut;	Glauben, Hoffnung, Liebesglut,
Lass viel Früchte deiner Gnad	und lass reiche Frucht aufgehn,
Folgen ihrer Tränensaat!	Wo sie unter Tränen sä'n. (EG 262,5)

Gelegentlich – und besonders gerne bei Missionsliedern in Sonntagsschulliederbüchern – wurde in den Liedern auch der pädagogische Zeigefinger erhoben, um den Kindern beizubringen, wie gut sie es doch haben. Missionslieder waren immer auch ein Mittel, um die Missionsgemeinde zu Hause zu Gebeten und Spenden zu motivieren. Als Beispiel diene ein Kinderlied von Christian Gottlob Barth aus dem Jahr 1850:

---

17 Vgl. Rößler, Hier stehen wir von nah und fern, 415, zitiert nach einem Brief vom 10. November 1827.

Warum bin ich kein Neger / Und kein Palankinträger / Kein Hindu und kein Mohr?
    Warum stand meine Wiege, / Mein Bett, worin ich liege, / So nahe an dem Kirchentor?
    Ich könnt als Sklave weinen, / Beraubet all der Meinen, / Verjagt von Hof und Haus:
    Und der im Himmel wohnet, / Hat gnädig mich verschonet, / Führt mich in Frieden ein und aus.
    Was soll ich daraus merken? / O Gott, du wollst mich stärken, / Dass ich dir dankbar sei,
    Und meinen schwarzen Brüdern / Die Liebe mög erweisen, / Die Du mir täglich zeigst aufs Neu. [18]

Sitz im Leben

Einen gewissen Aufschluss über die Eigenart und die Verwendung von Missionsliedern gibt auch die Zuordnung eines Liedes zu einer bestehenden oder neu zu schaffenden Rubrik innerhalb eines Gesangbuches.

In den untersuchten methodistischen Gesangbüchern, den evangelischen Gesangbüchern aus Württemberg sowie den reformierten Gesangbüchern aus der Schweiz fehlt das Wort „Mission" in den Inhaltsverzeichnissen und Überschriften der Gesangbücher bis in die Mitte des 19. Jahrhunderts. Allerdings findet man später diesem Themenbereich zugeordnete Lieder unter „Die Kirche", „Wort Gottes" oder „Ausbreitung des Evangeliums".

Nach ca. 1880 taucht das Stichwort „Mission" auf. Zunächst als Unterrubrik unter „Ausbreitung des Evangeliums" oder in den methodistischen Gesangbüchern schon als eigene Rubrik „Mission". Das EKG von 1953 ordnet die Lieder unter „Die Kirche" ein, während das RKG von 1952 die Lieder dieser Rubrik unterteilt in „Gemeinde des Herrn", „Kirche in Kampf und Leiden" und „Mission".

In der jüngsten Gesangbuchgeneration führt das EG (1993) die Lieder zum Thema „Mission" unter der Rubrik „Sammlung und Sendung", die wiederum unter dem größeren Thema „Gottesdienst" steht. Im RG (1998) lautet die große Überschrift „Gottesdienst in der Welt" und die Unterabteilung „Kirche in weltweiter Gemeinschaft". Im EM (2002) stehen diese Lieder in der Rubrik „Berufung und Sendung", die zum größeren Abschnitt

---

18   C.G. Barths's Missionslieder, Hg. von dem Calwer Verlags-Verein, Calw-Stuttgart 1864, Nr. 129, unter der Rubrik IV. „Kinderlieder".

„Das Leben der Kirche" gehört. Fazit: „Mission" als eigener Titel einer Rubrik kommt in den Gesangbüchern erst im 20. Jahrhundert vor und ist aus den aktuellen Gesangbüchern schon wieder verschwunden.

Obwohl die Missio, die Sendung ein Grundzug der Kirche ist, wird dieses Anliegen in der Regel nur ein- bis zweimal im Jahr thematisch in einem Gottesdienst aufgegriffen: Am Sonntag der Weltkirche, im Rahmen einer Fastenaktion, am Sonntag, wo „Brot für die Welt", „Brot für alle" oder eine Partnergemeinde im Mittelpunkt stehen.

Das war früher nicht anders. Die Missionslieder wurden weniger im Gemeindegottesdienst als vielmehr in den Gruppenstunden, im Missionsverein, in Bibelstunden und bei Missionsfesten gesungen. Es genügte, wenn einige der wichtigsten Missionslieder im Gesangbuch standen. Die übrigen Lieder konnten durch Spezialsammlungen wie dem „Missionsliederbuch" der Basler Mission oder der „Zionsharfe" von Friedrich Adolf Krummacher erschlossen werden.

Wie sieht das Missionslied von heute aus?

Als erstes möchte ich eine Erfahrung teilen, die mich in meiner Beschäftigung mit dem Missionslied geprägt hat. Ich war ein knappes halbes Jahr als Pastorin in Salzburg tätig, als das sogenannte Missionsfest, gestaltet durch den Frauendienst, die Frauengruppe der Gemeinde, auf dem Programm stand. Das Missionsfest wird in den österreichischen methodistischen Gemeinden in der Regel an einem Sonntag gefeiert. Die Frauen bereiten einen Gottesdienst vor und weisen dabei auf Projekte hin, die von allen Frauengruppen in Österreich unterstützt werden. Den Höhepunkt eines solchen Missionsfestes bildet die Kollekte, wo während des Gottesdienstes einerseits die üblichen Geldspenden und andererseits auch die Missionsbüchsen – also der Inhalt von Sammelbüchsen, in die Frauen während des Jahres etwas vom Haushaltsgeld beiseite legen – in feierlicher Weise eingesammelt werden.

Ich saß am betreffenden Sonntag neben einer Asylwerberin aus Ghana. Sie prägt die Gottesdienste durch ihre Art des freien Betens. Meist ist es ein gesungenes Lied und daran anschließend ein zu Herzen gehendes und für viele Gemeindeglieder tröstendes Gebet in englischer Sprache. Diese Frau erlebe ich dadurch als eine wesentliche geistliche Stütze der Gemeinde. Ich saß also neben dieser Frau, die von Afrika wegen einer Beschneidung nach

Europa geflohen ist, hier um Asyl angesucht hat und mit monatlich 290,– Euro auskommen muss. Sie flüstert mir zu, dass sie die Missionsbüchse, die ihr von anderen Frauen gegeben wurde, nicht füllen konnte. Gleichzeitig werden wir in diesem Gottesdienst über ein Gesundheitsprojekt in Afrika informiert, in dem eine Schweizer Ärztin für längere Zeit tätig war.

Die Situation forderte zur Frage heraus: Welcher Transfer findet hier statt? Geld und materielle Unterstützung fließen von Europa nach Afrika. Umgekehrt wird der Glaube der Flüchtlinge und Migrantinnen und Migranten aus Afrika und ihre Treue zur Kirchengemeinde als Herausforderung an die entkirchlichten Europäer erlebt. Sie fragen nach, warum dieser oder jene an den letzten Sonntagen nicht am Gottesdienst teilgenommen hat. Auf diese Weise wird erfahrbar, dass Mission nicht mehr nur vom Norden in Richtung Süden geht. Vielmehr gilt Europa für afrikanische Christinnen und Christen als Missionsland. Von da her ist neu zu fragen: Wie könnte oder müsste ein Missionslied von heute aussehen?

Sitz im Leben

Eine Rubrik „Mission" gibt es in den heutigen Gesangbüchern nicht mehr. Verstehen wir Mission als ein Austausch und Voneinander lernen zwischen Partnerkirchen, so müssten die neuen Missionslieder wohl unter Rubriken wie „Kirche" oder „Weltweite Kirche" oder „Ökumene" zu finden sein. Wird jedoch mehr der Aspekt vom Einsatz für mehr Gerechtigkeit für andere Menschen betont, so wird deutlich, dass die Rubriken zur Bewahrung der Schöpfung, zu Gerechtigkeit und Frieden in der jüngsten Gesangbuchgeneration erst geschaffen werden mussten. Nach wie vor entstehen zu diesem Themenkreis neue Lieder, besonders im angelsächsischen Sprachraum.

Eigene Kompetenz zum Dialog statt Delegation

Durch Globalisierung und Migrationsbewegungen hat sich unser Weltbild verändert. Diejenigen, die früher in der Ferne waren, sind unsere Nachbarn geworden. Einige von ihnen teilen mit uns den christlichen Glauben, besuchen unsere Gottesdienste oder bilden eigene Migrationsgemeinden. Andere gehören einer anderen Religion an. Ihre Kinder gehen mit unseren Kindern zur Schule. Wir erleben, wie umstritten der Bau von Moscheen und Minaretten in unserer Gesellschaft ist. Xenophobie und Rassismus greifen um sich. Plakative Parolen so mancher Parteien zeigen, wie viele Menschen gar nicht fähig sind zum Dialog, weder im Hören auf die anderen noch im Artikulieren der eigenen Ansichten, Meinungen oder des eigenen Glaubens.

Entstanden die klassischen Missionslieder des 19. Jahrhunderts in einem geschlossenen christlichen Raum, wo der Dialog (oder vielleicht war es eher ein belehrender Monolog) mit Menschen aus anderen Religionen und Kulturen an Spezialisten delegiert werden konnte, so sind Menschen von heute selbst gefordert, ihren Glauben zu vertreten und zu artikulieren. Der Dialog ist aus der Ferne in die Nähe gerückt. Doch wie fördern wir die Kompetenz über den eigenen Glauben zu reden? Durch den jahrhundertelang geschlossenen christlichen Raum musste zumindest in Europa diese Kompetenz nicht in der Weise entwickelt werden wie zum Beispiel von Christinnen und Christen im Nahen Osten. Ist das neue Missionslied ein Lied, das befähigt über den eigenen Glauben zu sprechen? Oder ist das neue Missionslied ein Lied, das dazu ermutigt, sich den eigenen xenophoben Gedanken zu stellen und aus Fremden Freunde werden zu lassen? Vgl. dazu das Lied von Rolf Schweizer 1982 „Damit aus Fremden Freunde werden". (EG Österreich 644, EM 567)

Sind Exotik und Kolonialismus noch angesagt?

Meine Großmutter mag vielleicht über die von ihr gesungenen Missionslieder etwas von ihrem Fernweh kompensiert haben. Meine Nichte ist mit ihren 22 Jahren inzwischen in die meisten Länder gefahren, die ihre Urgroßmutter nur vom Singen und aus Missionsberichten kannte. Sie hat dort ihre eigenen Erfahrungen gemacht. Sie hat selbst gesehen, wie es in Indien und Afrika zu und her geht. Exotik brauchen wir also nicht mehr im neuen Missionslied, wir fahren selbst an den Korallenstrand. Oder vielleicht drückt sich die Exotik in anderer Weise aus, weniger im Sprachlichen als vielmehr im Musikalischen. Nach wie vor lassen die polyrhythmischen Fähigkeiten afrikanischer Glaubengeschwister uns Europäer staunen. Es ist besser, sie hörend genießen als sie erbärmlich bemüht nachahmen zu wollen.

Allerdings gibt es auch in zeitgenössischen Liedtexten eine Art von Kolonialismus, wie wir ihn in den mittleren Strophen des untersuchten Liedes entdeckt haben. Diese Landnahme ist nun nicht mehr auf bestimmte

Länder und Kontinente begrenzt und es werden ähnliche Licht- und Feuermetaphern verwendet, wie wir sie schon kennen gelernt haben:

> Jesus, dein Licht füll dies Land mit des Vaters Ehre!
> Komm, Heilger Geist, setz die Herzen in Brand!
> Fließ, Gnadenstrom, überflute dies Land mit Liebe!
> Sende dein Wort, Herr, dein Licht strahle auf! [19]

Sprachgestalt

Zur evangelischen Liedtradition des 19. Jahrhunderts gehört es, aus einem gemeinsamen Sprachschatz der Bibel und des bisherigen Liedgutes zu schöpfen. Diese gemeinsame Sprachtradition geht mit meiner Generation verloren. Ich erlebe mich dabei selbst als ein Relikt, das noch passiv an diesem Sprachschatz teilhaben kann, bemerke aber um mich herum, dass dieser gemeinsame Schatz nicht mehr gehoben werden kann.

Statt diesem Verlust nachzutrauern, möchte ich nach wie vor fragen: Wie sieht ein Missionslied von heute aus? Wie motiviert es uns, den Glaubensschatz, den wir entdeckt haben, weiter zu geben? Wie befähigen uns Lieder, Menschen zu Jüngerinnen und Jüngern Jesu Christi zu machen, um die Welt zu verändern?

Mission durch Musik

Die kleiner werdende Welt führt dazu, dass wir uns mehr und mehr in verschiedenen Kulturen bewegen, kulinarisch, sprachlich, auf Reisen oder eben auch musikalisch. Katholische Kirchenchöre versuchen sich an der Misa Criolla. Gospelchöre boomen und haben keinen Mangel an Tenören. Trommelkurse unter Anleitung afrikanischer Migranten sind überbelegt. Tanz wird mehr und mehr als Ausdrucksform christlichen Glaubens gepflegt, was zu Lebzeiten meiner Großmutter undenkbar gewesen wäre. Priester aus

---

[19] Gesangbuch der Evangelisch-methodistischen Kirche, Stuttgart 2002, Nr. 549 Refrain, Text: Graham Kendrick 1987 („Shine, Jesus, shine"); deutsche Übersetzung: Manfred Schmidt 1988. Neuerdings auch in: Singt von Hoffnung. Neue Lieder für die Gemeinde, Hg. von der Evangelisch-lutherischen Landeskirche Sachsens, Leipzig 2008, Nr. 023.

Afrika, Polen oder Vietnam stopfen – zumindest in der katholischen Schwesterkirche – die Lücken, die der Zölibat mit sich bringt.

Hat diese Lebenswelt der vielen Kulturen in unseren Kirchgemeinden schon Einzug gehalten? Welche Musik wird in unseren Gottesdiensten gepflegt? Prägt die Multikulturalität schon die Liedauswahl in unseren Gemeinden? Zeigt sich Mission auf diesem Weg? Ein Blick in die Gesangbücher zeigt, dass erst ein Hauch davon zu vernehmen ist. Kirchengebäude und ihre Akustik setzen den Trommeln bald einmal eine akustische Grenze. Dennoch: Welchen Stellenwert hat die Pflege anderer Musikstile und musikalischer Traditionen in der Ausbildung von Kirchenmusikern und Kirchenmusikerinnen? Das ist eine Frage, die kritisch an die hymnologische Zunft zu richten ist. Gleichzeitig ist aber in Richtung der theologischen und kirchlichen Ausbildung zu fragen: Wird heute Musik – welcher Stilrichtung auch immer – als ein wesentliches Instrument verstanden, mit dem Menschen zu christlichen Glaubensinhalten hingeführt werden können?

Schluss

An den Schluss stelle ich ein Lied aus dem methodistischen Gesangbuch, das gerne zum Ausgang des Gottesdienstes gesungen wird. In musikalischer Hinsicht trägt es noch ganz die alte Gestalt. Die Melodie ist dem Genfer Psalter entnommen. Der Dichter und Übersetzer Stefan Weller (*1964) hat eine Sprache gefunden, die nahe bei der Alltagssprache liegt, obwohl sie auch biblische Bilder enthält. Das Lied macht Mut, den Glauben im Alltag zu leben und den Dialog mit den Menschen in der Welt zu suchen. Es tritt nicht kolonialistisch auf und weiß dennoch klar zu sagen, was zu tun ist.

> Geht Gottes Weg, bringt Frieden in die Welt!
> Habt guten Mut, weil Gott sich zu euch stellt.
> Seine Gedanken werden eure sein.
> Ihr werdet wachsen in sein Reich hinein.
> Geht Gottes Weg, bringt Frieden in die Welt!
>
> Geht Gottes Weg, bringt Liebe in die Welt,
> Liebe, die tröstet, wo Verzweiflung quält,
> die Menschen nachgeht, die verloren sind,
> und noch im Fernsten sieht das Gotteskind.
> Geht Gottes Weg, bringt Liebe in die Welt!

Geht Gottes Weg, bringt Stärke in die Welt,
Stärke, bei der ein neuer Maßstab zählt:
die überzeugt, nicht unterdrücken will
und sich doch durchsetzt – nachhaltig und still.
Geht Gottes Weg, bringt Stärke in die Welt!

Geht Gottes Weg, bringt Freude in die Welt,
Freude, die auch das Alltagsgrau erhellt,
die über jede Gabe staunen kann
und dankt für das, was Gott an uns getan.
Geht Gottes Weg, bringt Freude in die Welt! [20]

---

[20] Gesangbuch der Evangelisch-methodistischen Kirche, Stuttgart 2002, Nr. 554, Text: John Raphael Peacey vor 1971 („Go forth for God, go to the world in peace"), deutsche Übersetzung: Stefan Weller 2000.

Wie die Mission auf sechs Kontinenten klingt – das Liedgut der Oikumene

Simei Monteiro

Eine alte Auseinandersetzung

Schon sehr früh in ihrer Geschichte musste die Kirche mit den Schwierigkeiten umgehen, die sich aus dem Verhältnis zwischen Kultur und der christlichen Religion ergaben. Diese unterschied sich und wollte sich absetzen von der sie umgebenden so genannten „heidnischen Kultur". Aus dem jüdisch-christlichen Erbe hatten sich unauflösliche Verbindungen zwischen dem jüdischen liturgischen Erbe und den neu entstehenden Formen christlicher Liturgie ergeben. Davon zeugt der Psalmengesang, der sich in der Liturgie erhielt, hier aber christianisiert wurde; um den jüdischen Psalm beizubehalten, wurde beispielsweise jeder Psalm mit der trinitarischen Doxologie beschlossen.

In Bezug auf die Musik, die im spezifischeren Sinn Ausdruck des christlichen Glaubens sollte sein können, setzte die Kirche ihre Macht und Autorität ein, um zu entscheiden, was für den liturgischen Gebrauch geeignet sei, und was nicht. Der Psalmengesang und die Elemente jüdischer Musik und jüdischen Gesangs, die in den Psalmen Erwähnung finden, fanden in der Liturgie einen bevorzugten Platz. Wir dürfen dabei die spiritualisierten Auslegungen nicht vergessen, die Kirchenväter wie Origenes, Eusebios oder Basilius von Caesarea von der in den Psalmen beschriebenen Musik machen. Die Allegorie war die einzige legitime Methode der Psalmenauslegung. Nichts war genau das, was geschrieben da stand; entsprechend wurden auch die in den Psalmen aufgezählten Musikinstrumente allegorisch gedeutet.

Nun konnte sich die Kirche aber dem heidnischen Einfluss griechischer Formen und Weisen nicht entziehen; diese wurden vor allem aufgenommen, wenn Lieder gedichtet und komponiert wurden, die dem Kampf gegen die Häresien der Zeit wie zum Beispiel gegen den Arianismus dienen sollten. Gregor von Nazianz (+389) in Konstantinopel und Hilarius von Poitiers (+368) schrieben viele solcher Lieder. Ambrosius von Mailand (+397) spielte bei ihrer Verbreitung im Westen eine große Rolle. Er nahm volkstümliche Melodien seiner Zeit auf.

Dies alles zeigt, dass immer eine starke Spannung bestand zwischen dem, was die Kirche – aus Gründen, die aufzudecken wichtig wäre – als „geistliche Musik" etablierte im Gegensatz zu dem, was als „weltliche Musik" galt. Zu erforschen wären die tatsächlichen Gründe, die zur Festlegung von Kriterien führten, nach denen ein sich bildendes Repertoire beurteilt wurde. Viele Autorinnen und Autoren sind der Meinung, der Hauptgrund sei gewesen, die aus der „heiligen" Tradition der jüdischen Religion ererbte Musik nicht zu vermischen mit „modernen" musikalischen Sprachen und Ausdrucksformen, die wegen ihrer Bezüge zur heidnischen Welt als unwürdig beurteilt wurden. Dahinter stand die Ausübung kirchlicher Autorität; jemand hatte die Macht zu sagen, was annehmbar war und was nicht mit den Interessen der kirchlichen Hierarchie in Einklang zu bringen war.

Auch wenn wir wissen, dass es eines der Argumente oder Kriterien war, eine Strategie im Kampf gegen die Häresien zu entwickeln, haben wir den Eindruck, dass es auch politische Interessen einer Hegemonie gab; die kirchlichen oder „christlichen Kulturen" sollten gestärkt werden. Im Hinblick darauf wurden musikalische Stile und Instrumente „getauft" und also akzeptiert.

Ich sah einmal in einem Buch über die Geschichte der Musik eine schöne Darstellung, eine mittelalterliche Buchmalerei. Sie zeigte Gregor den Grossen an einem Schreibpult, wie er Kirchengesänge schreibt, an seinem Ohr auf der Schulter steht die Taube des Heiligen Geistes, die ihm die Musik gleichsam diktiert. Diese „Validierung" durch den Heiligen Geist war notwendig, damit die griechische Musik in der westlichen Kirche ebenfalls als geistliche Musik akzeptiert werden konnte.

Die Sorge um die Einheit – ich würde sogar sagen die Uniformität – der christlichen Liturgie spiegelte sich im einstimmigen Gemeindegesang wieder. Das Konzept der *koinonia*, das von den Aposteln und der Urgemeinde selbst so betont worden war, wurde von den Kirchenvätern ausgesprochen hoch geschätzt. Clemens von Alexandrien behauptete, die Gemeinde werde durch den einstimmigen Gesang zu einem Gleichnis für die Einheit und Harmonie unter den Gläubigen. Dabei waren Unterschiede ja durchaus schon festzustellen. Origenes ermahnte in seinem *Contra Celsum* die Christen, in ihren privaten Zusammenkünften und beim gemeinsamen Essen Psalmen zu singen, denn der Gesang stärke den Geist der *koinonia*.

> ... Die Griechen verwenden griechische Namen, die Römer lateinische, und so betet ein jeder in seiner eigenen Mundart zu Gott und preist ihn, wie er kann. Und der Herr aller Mundarten hört die in jeder Mundart Betenden, indem er sozusagen nur eine Sprache in den Wortzeichen hört, die sich aus den verschiedenartigen Mundarten deutlich ergibt. Denn der über allen waltende Gott ist nicht einer von denen, die irgendeine „barbarische oder griechische Mundart" zugeteilt bekommen haben und die übrigen nicht weiter verstehen, oder die in andern Mundarten Redenden nicht weiter beachten [wollen]. [1]

Die Diskussion über den Ursprung der liturgischen Gesänge – ob dieser mehr oder weniger göttlich sei – ist sehr alt. Manche Aspekte antiker Musik wurden vollständig abgelehnt, zum Beispiel die Idee, dass Musik zum reinen Vergnügen gepflegt werden könnte, oder dass musikalische Ausbildung Teil allgemeiner Bildung sei. Zurückgewiesen wurde vor allem jegliche Musik, die mit Großveranstaltungen in Zusammenhang gebracht wurde wie Festspielen, Theaterwettbewerben und ähnlichem. [2] Mit der Zeit wurden jedoch die Auseinandersetzungen weniger heftig, die Positionen weniger ausschließlich.

Später stärkten Entscheide wie jene des Konzils von Agde im Languedoc (506) die Verbreitung von „Gesängen menschlicher Komposition"; täglicher Gesang am Morgen und am Abend wurde festgelegt. Das Konzil von Tours (567) empfahl nicht nur den ambrosianischen Gesang, sondern billigte auch den Gesang von *„Gesängen, die des Singens würdig, und deren Autoren beständig im Glauben sind."* So traf also die Kirche verbindliche Entscheidungen über den liturgischen Gesang und schrieb jene Formen und Stile vor, die sie für am besten geeignet hielt.

Singen und die Mission

Während der „Missionsära" prägte die Sicht einer scharfen Dychotomie zwischen Christentum und Heidentum auch die Kriterien, nach denen jene Lieder ausgewählt wurden, die für den christlichen Gottesdienst brauchbar seien. Die Missionierenden gingen davon aus und vermittelten dies dann auch den neu Bekehrten, dass die Formen und Stile einheimischer Musik in ästhetischer, ja sogar technischer Hinsicht für den christlichen Gottesdienst

---
1 Contra Celsum VIII, 37 (http://www.unifr.ch/bkv/kapitel145-36.htm/20.2.09).
2 Vgl. dazu Simei de Barros Monteiro, Análisis de conceitos fundamentais expressos nos cânticos das Igrejas evangélicas do Brasil, São Bernardo do Campo: ASTE, 1991.

nicht in Frage kämen. Viele der besten Beispiele indigener Musik wurden mit nicht-christlichen religiösen Praktiken in Beziehung gebracht, weil die Religion ein Raum des kulturellen Widerstands gegen die akkulturierende Dynamik der westlichen Kolonisation war.

Wir sehen also, dass die Geschichte sich wiederholt, wo es um Prozesse kultureller Beherrschung geht, manchmal expliziter kultureller Gewaltausübung. Das war jedenfalls gegenüber den indigenen Völkern Lateinamerikas so, deren Instrumente und Rhythmen von den Missionierenden als satanisch verurteilt wurden. Ihr Gebrauch wurde aufgegeben, damit auch die Lieder, die von ihnen begleitet wurden. Die Reaktion auf die ersten Versuche einer Inkulturation der liturgischen Musik war deshalb Widerstand, denn solch ein Prozess rührte an kulturelle Vernarbungen, an ein Trauma, das man vergessen wollte.

Der Prozess der Inkulturation des christlichen Gesangs war langsam und willkürlich; er beschränkte sich auf manche Gegenden und Konfessionen. Davon zeugt beispielsweise die Herausgabe des ersten überkonfessionellen Gesangbuchs in Brasilien, des „Hinário Evangélico". Die Debatten im Vorfeld waren beinahe unendlich, und als schließlich einige „weniger würdige" Gesänge aufgenommen wurden, bat die herausgebende Kommission im Vorwort quasi um Entschuldigung dafür, dass sie diese Ausnahme zugelassen habe.[3]

Der Kontext des Ökumenischen Rats der Kirchen

Die ökumenische Bewegung im 20. Jahrhundert übernahm nicht nur Lieder in anderen Sprachen, sondern führte auch unterschiedliche „Musiksprachen" aus den verschiedenen Weltgegenden ein. Die Liedersammlungen, die für die verschiedenen ökumenischen Versammlungen herausgebracht wurden – wie beispielsweise für den Lutherischen Weltbund LWF oder für den Weltbund christlicher Studierender WCSF – hatten für die Entwicklung des ökumenischen Liedguts grosse Bedeutung. An den verschiedenen Ausgaben des Gesangbuchs *Laudamus* des lutherischen Weltbunds lässt sich diese Entwicklung gut beobachten.[4] Möglicherweise lässt sich hier auch

---

3 Vgl. die Einführung (apresentação) zum *Hinário Evangélico,* Rio de Janeiro 1962.
4 LAUDAMUS. Gesangbuch für den Lutherischen Weltbund, Hannover 1952; Minneapolis 1957; Helsinki 1963; Evian 1970; Budapest 1984.

eine Wechselwirkung beobachten: nach dem II. Vatikanischen Konzil, das einen riesigen Schritt auf eine besser inkulturierte Musik hin machte, finden sich in den Ausgaben des *Laudamus* immer mehr Lieder aus unterschiedlichen Gegenden und in unterschiedlichen Sprachen.

Im römisch-katholischen Kontext gab es schon vor dem II. Vatikanum Bemühungen um die Inkulturation der Liturgie und ihrer Musik. Hier sei die berühmte kongolesische *Missa Luba* angeführt, die 1958 noch auf den lateinischen Text komponiert wurde. Weniger bekannt ist die *Missa Baba Yetu* (Vaterunser-Messe), die 1959 komponiert wurde und die Ausdrucksweisen traditioneller Musik aus der Gegend des Malawisees verwendete. Nach dem II. Vatikanum entstanden viele andere Messen wie die *Missa Qamata* in Südafrika, die *Misa Criolla* in Argentinien, die *Misa Campesina Nicaraguense,* die *Missa da Terra sem Males* (Messe einer Erde ohne Übel) aus Brasilien und Paraguay.

Im protestantischen Milieu kommen in den 1960er bis 1980er Jahren Gruppen von einheimischen Komponistinnen und Komponisten auf, die Gemeindelieder in volkstümlichem und lokalem Stil schaffen; so entstehen Liederbücher wie zum Beispiel der *Cancionero Abierto*[5], na Argentina; *A Nova Canção*[6] und *O Novo Canto da Terra*[7] in Brasilien. Sie alle machten in ihren Vorworten deutlich, dass sie, wenn auch erst skizzenhaft, einen Entwurf für inkulturierten Gemeindegesang vorlegten.

Der Ökumenische Rat der Kirchen ergriff, aufgrund der Vision von mancher seiner führenden Gestalten, wichtige Initiativen in dieser Richtung. Daniel Thambyrajah Niles aus Sri Lanka war einer der ersten, der zur Verwendung indigener Gesänge in den Gemeinden ermutigte. Niles war eine international bekannte Figur in der ökumenischen Bewegung; er diente ihr als Präsident der East Asian Christian Conference EACC, als Präsident der Methodistenkonferenz des damaligen Ceylon, als Sekretär für die Evangelisation des Weltbundes christlicher junger Menschen YMCA, mit Sitz in Genf, wo er sich dann auch beim ÖRK engagierte. Niles war überzeugt, wenn jemand Lieder in seiner eigenen Sprache und dem eigenen Stil singe, bringe dies zum Ausdruck, dass das Evangelium im „Boden des Volkes verwurzelt" sei. Dies sei eine Weise, die Inkarnation Christi zu erfahren. Um

---

5 Cancionero Abierto, Buenos Aires 1993[4].
6 Nova Canção. Coletânea de Hinos e Cânticos Brasileiros, Campinas-São Bernardo do Campo SP 1987[2].
7 O Novo Cânto da Terra, São Paulo 1987.

den Gesang asiatischer Lieder zu fördern, gab Niles 1963 das Liederbuch der EACC heraus.[8]

Ein anderer wichtiger Entwurf war das Liederbuch des ÖRK *Cantate Domino*[9], das schon Lieder aus verschiedenen Weltgegenden und unterschiedlichen christlichen Traditionen enthielt. Die vom ÖRK verantwortete 5. Ausgabe, die so genannte „Neuausgabe" von 1974 brachte gegenüber den ersten vier von der WCSF publizierten Ausgaben wichtige Fortschritte. Sie enthielt 202 Lieder in 13 Sprachen, darunter auch Lieder aus der römisch-katholischen Kirche, sowie zum ersten Mal orthodoxe Gesänge.

Leider gab es noch eine Ausgabe des *Cantate Domino*[10], die die Lieder für ein westliches Publikum zugänglicher machen sollte. Viele Lieder, die eine einfache Melodie hatten, wurden harmonisiert, damit sie wie „Hymnen" wirken sollten, oder es wurden ihnen Begleitsätze unterlegt, die viele dieser Originallieder entstellten. Diese Tendenz einer unsensiblen Anpassung lässt sich bis heute beobachten, vor allem dort, wo die Herausgebenden nicht über eine angemessene musikalische Ausbildung verfügen, aber trotzdem den Anspruch haben, die Lieder zu „verbessern", indem sie sie neu arrangieren und dabei oft Melodie und Rhythmus verfälschen.

Später kamen weitere vom ÖRK veranlasste Publikationen, die deutlich authentischer waren und neue Themen aufnahmen, die von den Kulturen des Südens eingebracht wurden. Als Beispiele seien die *African Songs of Worship* von 1986 und die *Brazilian Songs of Worship* von 1989 angeführt.

Die vielfarbige Verschiedenheit der ökumenischen Lieder während der 6. Vollversammlung des ÖRK in Vancouver 1983 wirkte dynamisierend. Weil sich im damaligen Leiter der Einheit II des ÖRK, Toshi Arai, jemand fand, der die Förderung des ökumenischen Liedguts zu seinem persönlichen Anliegen machte, konnte das Center for Liturgical Resources gegründet werden. Tatsächlich handelt es sich dabei um eine Stelle, die liturgisches Material sammelt, das entweder zugesandt oder erworben wird – Material aus verschiedenen Regionen, Traditionen und Konfessionen, ebenfalls Material, das die Bemühungen einzelner um einen in jeder Hinsicht inklusiven Gesang wiedergibt. Im Hinblick auf das Liedgut hat der ÖRK auch angefangen, die verschiedenen Versionen von Liedern samt weitgehenden Adaptationen oder Transskriptionen zu dokumentieren.

---

8   John Milton Kelly / Daniel T. Niles (Hg.), EACC Hymnal, Kyoto, 1963.
9   WCC (Hg.), Cantate Domino, Kassel 1974.
10 WCC (Hg.), Cantate Domino, Oxford 1980.

Die Bedeutung der Vollversammlungen des ÖRK lässt sich auch am Einfluss ablesen, die sie auf die Erarbeitung und Ausrichtung konfessioneller Gesangbücher hatten. Diese regten nun nicht mehr nur zum Singen dessen an, was ohnehin bekannt und vertraut war, sondern wagten es, Lieder aus anderen Kulturräumen vorzuschlagen. Dies ist Ausdruck einer schönen ökumenischen Gastfreundschaft, birgt indessen auch ein Risiko, wo Versuche angestellt werden, die Lieder im Blick darauf zu „verbessern", dass sie mit unseren – wir müssen es ja zugeben – begrenzten Fähigkeiten leichter gesungen werden können, Rhythmen und Melodien zu übernehmen, die in unserer musikalischen Bildung nicht vorkommen.

Es war jedoch klar, dass die Einheit, die die ökumenische Bewegung anstrebte, nicht Einheitlichkeit, sondern Einheit in Verschiedenheit bedeuten sollte. Das Konzept der „ökumenischen Gastfreundschaft" trug auch dazu bei, dass es gelang interkonfessionelle, eben „ökumenisch" genannte Gottesdienste zu feiern, in denen die Musik Ausdruck dafür war, dass wir einander gegenseitig annehmen (Röm 15,7). Die Erkenntnis setzte sich durch, dass Elemente unterschiedlicher Herkunft die Einheit und Gemeinschaft des Gottesdienstes nicht zerstörten.

Große Wirkung hatte auch das Liederbuch *Thuma Mina,* das 1995 von der Basler Mission und vom Evangelischen Missionswerk in Deutschland (Hamburg) gemeinsam herausgegeben wurde; von vielen wird es für ein Liederbuch gehalten, das ebenfalls vom ÖRK publiziert wurde. Viele der im *Thuma Mina* enthaltenen Lieder waren schon bei internationalen Konferenzen und in Ökumenischen Feiern gesungen worden; sie wurden aufgrund von persönlichen Kontakten aber auch von ganz unterschiedlichen Kirchen und Instanzen beigesteuert. Bischöfin Maria Jepsen, die Vorstandsvorsitzende des EMW, schreibt im Vorwort, dass Lieder die ökumenischen Erfahrungen des Schmerzes, des Leidens, der Freude, des Vertrauens, der Hoffnung direkter und ausdrucksstärker wiedergeben könnten als Vorträge und Predigten, und sie fügt an: „Töne und Melodien nehmen leichter mit hinein in die Spiritualität andere Lebenswelten und öffnen in unaufdringlicher Weise Türen in unbekannte Räume anderer Traditionen und Kulturen."[11] Diese Erfahrung wird dann besonders tief und prägend, wenn Lieder in Gottesdiensten oder Versammlungen von Menschen eingeführt und ange-

---

11 Basler Mission / EMW (Hg.), Thuma Mina. Singen mit den Partnerkirchen, Basel / München-Berlin 1995, 3.

leitet werden, die aus jenem Kulturraum kommen, aus dem auch das entsprechende Lied stammt.

Gesang und Liturgie

Die Sprache von Liedern ist gesungene Poesie; sie hat die Fähigkeit ein thematisches und semantisches Universum zu erfassen, das die liturgische Sprache sprengt. Liturgische Gesänge wurden schon mit Ikonen verglichen. Das mag übertrieben scheinen, wo doch der Gesang immer der Liturgie dienen soll. Aber verlieren wir nicht etwas, wenn wir den Inhalt der Liturgie auf ihren Text reduzieren, der oft nicht in der Lage ist, all das auszusagen, was wir ausdrücken wollen, namentlich im Bereich der Emotionen? Vielleicht wäre es zutreffender zu sagen, dass das Lied dem gesprochenen Wort etwas beifügt. Mit der Poesie können die Schranken des in jeder Konfession beschränkten theologischen Diskurses innerhalb des festgefügten Ritus zerbrochen werden, gebrochen wird auch die enge Optik, die von einer Welt spricht, die schon nicht mehr existiert.

Lieder tragen Inhalte, Sichtweisen, Konzepte, die aus Kontexten stammen, in denen es Menschen gibt, Personen aus Fleisch und Blut, die oft in Schmerz und Leid leben. Es sind diese neue Inhalte, die die liturgische Sprache und die lokale Kultur „wiederbeleben". Beispiele dafür sind die Lieder christlicher Tradition, die Lieder monastischer Gemeinschaften, der Reformation, kirchlicher Bewegungen; aber auch der lateinamerikanische Gesang, wenn er uns ein ganzheitlicheres Verständnis von Himmel und Erde vermittelt; das pfingstliche Liedgut, das das „Gebet zum Heiligen Geist" wiedergewinnt, das in vielen Liturgien in Vergessenheit geraten ist; die Lieder des gesellschaftlichen Engagements, die die praktische Theologie erneuern.

Vergleichbares lässt sich übrigens auch im Bereich des Säkularen beobachten. Ein interessantes Beispiel ist ein „säkular-religiöser" Song des brasilianischen Sängers Chico Buarque de Holanda. Er schrieb seinen Song *Cálice* (Kelch), indem er ein Wort von Jesus aufnahm: „*Pai, afasta de mim este cálice!* (Vater, lass diesen Kelch an mir vorübergehen!)" Was er singt, hört sich aber so an: „*Pai, afasta de mim este: cale-se!* (Vater, lass dieses ‚Schweig!' an mir vorübergehen!)" [12] – und wir alle, die wir unter der Militärdiktatur lebten,

---

12 http://www.youtube.com/watch?v=wV4vAtPn5-Q&feature=related.

verstanden, was er meinte. Sein Song wurde zu einer Meta-Sprache, zu einem Symbol, zu einer Ikone.

In anderen Beispielen funktioniert ein Lied in der umgekehrten Richtung, indem es in den liturgischen Moment ein Geheimnis einträgt und ihn auf diese Weise belebt. In ökumenischen Gottesdiensten beten wir das Unser Vater als Symbol der Einheit in Verschiedenheit; alle, die an einer solche Feier teilnehmen, wissen, dass das Gebet in sich Symbol für das ökumenische Gebet von Jesus selbst ist: „... damit sie alle eins sind." Wir wiederholen es immer wieder, jede und jede in ihrer Muttersprache. Während der letzten Vollversammlung des ÖRK 2006 in Porto Alegre sangen wir das Unser Vater beispielsweise auf Aramäisch; dies lud den Augenblick mit einer Bedeutung auf, die über das hinausging, was wir schon kannten und erwarteten. Wir fühlten uns in besonderer Weise untereinander verbunden, weil wir uns alle bemühten, den Text in der Sprache zu singen, von der wir wussten, dass er selbst sie sprach, der darum betete, wir sollten untereinander, mit ihm und mit Gott eins sein.

Die missionarische Dimension des Ökumenischen Liedguts

Wir entdecken unsere eigene Authentizität durch das Zeugnis der anderen. Das ökumenische Lied ist im dem Maß „missionarisch", in dem es das Teilen fördert, gleichzeitig das Evangelium verkündigt und das Gegenüber verändert, und sich selbst nicht als Eigentümer der einen und unveränderlichen Wahrheit versteht. Es ist ein die Kulturen belebendes Element, das die Veränderung der Kirchen voranbringt: sie verharren nicht mehr in einer Verteidigungsposition gegenüber anderen Kulturen, singend laden sie zur Integration ein, lassen sich von Fremdem beeinflussen und befruchten. Wir leben in einer Welt, in der das vitale Zentrum der Christenheit sich verschoben hat. Heute lebt im „Süden" die Mehrheit der Mitglieder christlicher Kirchen; von hier geht die missionarische Dynamik heute aus. Die Integration ökumenischer Lieder lädt uns ein, gemeinsam das Reich Gottes und seine Gerechtigkeit zu suchen.

Was bedeutet es, das Lied des anderen, der anderen zu singen? Lieder von anderen Kontinenten zu singen? Es bedeutet, den anderen, die Fremde zu spüren, in ihren Schuhen zu gehen: *Indigenas,* Arme, Reiche, Junge, Erwachsene, Alte, Menschen mit einer Behinderung. Es bedeutet, nicht gleichgültig zu bleiben, bloß weil „hier alles in Ordnung ist." Es ist ein Prozess der Empathie, der bei den Gefühlen anfängt. Wir fühlen uns durch das Andere angezogen oder irritiert, durch das Neue – aber wir möchten es kennenlernen.

Wir sollten das Lied der anderen aus dem Gefühl heraus singen, wir erhielten Besuch, aus dem Bewusstsein unserer missionarischen Existenz. Es sollte eine Bewegung der Kommunikation der Herzen sein, von Herzen, die von der Liebe Christi erfüllt sind, zu Herzen, die ihn ebenso kennen, die seine Liebe nötig haben, aber auch weitergeben können. Wir müssen eine Sprache nicht sofort verstehen; der erste Schritt besteht tatsächlich darin, dass wir unser Herz öffnen. Es ist nicht einfach, die Sprache der anderen zu sprechen, in ihr zu singen, aber wenn wir es nicht tun, ernten wir kein Lächeln. Denn auch wir lächeln, wenn andere unsere Sprache zu sprechen versuchen. Wir freuen uns daran, wir finden es vergnüglich. Es ist, wie ein Geschenk zu bekommen; den einzigen Fehler, den wir dabei machen können, ist, es nicht zu versuchen.

Aus der Erfahrung lernen

Die Gründung des Zentrums für Liturgie und Gottesdienst war ein wichtiger Schritt in Richtung auf den Aufbau eines ökumenischen Archivs für christliches Liedgut. Im Verlauf der Arbeit tauchten indessen eine Reihe von Fragen auf, von denen ich einige hier anführe:

- Die Tendenz, nicht-christliche Quellen zu „taufen", ist nicht immer ein korrektes Vorgehen. Aus den Heiligen Schriften der Veden beispielsweise stammt diese berühmte Bitte um Frieden: *„Asato maa sad gamaya ... shanti, shanti,"*[13] die im Buch mit Gottesdienstmaterialien der 6. Vollversammlung des ÖRK in Vancouver veröffentlicht wurde. Kürzlich las ich eine Kritik, die beanstandete, der ÖRK habe nicht das Recht, diesen Text in ein christliches Gebet einzufügen und dadurch zu verändern. Ähnliches geschah und geschieht bis heute in der Geschichte von Kirchenlied und Liturgie.
- Die Tendenz, Übersetzungen und Übertragungen der Originalversion vorzuziehen, sodass die ursprüngliche Sprache beinahe verloren geht.

---

13 Übersetzt: *Führe mich durch Suche zum Ziel. In dunkler Nacht lass Licht mich sehen. Vom Tod führ mich in das Land des Lebens.*

Wir arbeiten darauf hin, dass Originalsprache und -schrift in den Partituren beibehalten werden, auch wenn sie nicht gesungen werden. Die frustrierende Erfahrung von Menschen, die ihre eigene Sprache in der Umschrift nicht erkennen konnten, brachte uns dazu, unsere Partituren zu verbessern. Ich erinnere mich gut an die Probleme, die eine Gruppe von Mitarbeitenden hatte, die Arabisch sprachen, singen und schreiben konnte, aber nicht in der Lage waren, das „Arabisch" in der Umschrift des „Unser Vater" *(Abana ladhi fi sama)* zu entziffern, das in einem ökumenischen Gottesdienst gesungen werden sollte.

- Die Unmöglichkeit, die Aus- und Weiterbildungsseminare weiterzuführen, die nach der Vollversammlung in Vancouver angeregt wurden. Glücklicherweise entstanden andere Projekte wie „Global Praise" der Methodistenkirche oder einzelne vergleichbare Projekte in Europa und anderen Weltgegenden.
- Die Herausforderung, in den Liedern für die Kirchen eine inklusive Sprache zu verwenden. Manchmal verhindern die Autoren-, Autorinnenrechte eine entsprechende Änderung von Texten.
- Die mangelnde ökumenische Akzeptanz zeitgenössischer Musikstile, vor allem traditionelle Volksmusik oder moderne Formen populärer Musik, die durch neue Generationen von Komponistinnen und Komponisten verwendet werden. Immer wieder sind Kommentare zu hören wie: „Der ökumenische Gottesdienst war schön, aber mir fehlten halt doch *richtige Lieder.*" Wir nennen deshalb alles, was in einem Gottesdienst gesungen wird, einfach „Lied".

Aus der Erfahrung im ÖRK wissen wir, dass es (noch?) nicht möglich ist, wirklich ganz ökumenisch und inklusiv zu sein, wenn wir „interkonfessionell" singen, wie wir das heute nennen. Wir suchen in der Regel das, was uns am ehesten vertraut ist. Lokale Gemeinden schätzen Neuerungen eher selten. Es gibt allerdings eine Gruppe, die diese Art von Herausforderungen gerne annimmt: Künstlerinnen und Künstler suchen das Ungewöhnliche, das Ungewohnte, sind fasziniert von Originalität.

Die Rolle der Promotorin, des Promotors ökumenischen Liedguts ist sehr wichtig. Wenn sie oder er, als Künstlerin oder Kommunikator (beides hervorragende Eigenschaften für eine Liturgin), sich ihrer Verantwortung und Mission bewusst ist, ist schon ein wichtiger Anfang gemacht.

Wichtig ist es auch, Sensibilität für die Auswahl des Repertoires zu haben (oder zu entwickeln), das international und ökumenisch verwendet werden kann. Das Geheimnis von Vancouver bestand darin: Einfachheit und Abwechslungsreichtum. Es müssen Lieder ausgewählt werden, die von verschiedenen Schichten und Gruppen gesungen werden können, in unterschiedlichen Sprachen, immer aber auch in der Originalsprache.

Mit Schwierigkeiten umgehen

Weil Schwierigkeiten auftauchten beim Schaffen, Verbreiten und Darbieten der Materialien, die wir im Zentrum für Liturgie und Gottesdienst gesammelt hatten, beschoss der ÖRK, sich mit der Frage der Urheberrechte auseinanderzusetzen. Es sollte eine Lösung gefunden werden, die diese Rechte ernst nimmt, gleichzeitig aber das wesentlich ökumenische Ziel nicht aus dem Blick verliert, in der Gemeinschaft zu teilen, was die einzelnen haben. So publizierte der ÖRK die Schrift „In Liebe teilen" [14], aus der ich im Folgenden einige Auszüge zitiere.

> ... Wir freuen uns darüber, dass wir in den letzten 25 Jahren insbesondere innerhalb des Ökumenischen Rates der Kirchen mit einer Vielfalt an unterschiedlichen Ressourcen aus allen Teilen der Welt singen, beten und Gottesdienste halten durften. Wir feiern den Reichtum der unterschiedlichen Gaben und sind uns gleichzeitig bewusst, wie wichtig es ist, die Unversehrtheit jeder Kultur zu respektieren ...

Die folgenden Richtlinien sind an all diejenigen gerichtet, die weltweit Musik veröffentlichen:

1. Wenn möglich, sollte der originalsprachige Text in voller Länge mit eingeschlossen werden.
2. Der Name dieser Originalsprache ist zu erwähnen.
3. Musik sollte in der Originalversion veröffentlicht werden. Handelt es sich um eine Übertragung, ist diese so nah wie möglich am Original zu halten.
4. Erklärende Kommentare helfen, bei einer Aufführung den Originalton so exakt wie möglich reproduzieren zu können.

---

14 WCC (Hg.), Love to share – Intellectual Property Rights, Copyright, and Christian Churches, Genf 2007; der Text ist im Internet zugänglich, eine deutsche Übersetzung ist in Bearbeitung; der hier präsentierte Text entstammt dem Entwurf für eine Übersetzung des ÖRK.

5. Anpassungen dürfen nur nach Absprache und mit Erlaubnis des Originalautors oder der Originalautorin oder der Gemeinschaft, aus der das Werk stammt, vorgenommen werden …

… So fördern Sie eine Kultur des Teilens

1. Wenn Sie Autor/in oder Kunstschaffende/r sind, ziehen Sie in Betracht, Copyleft- oder Creative Commons-Lizenzen zu verwenden.
2. Erwähnen Sie jedes Mal den Namen des Autors oder der Autorin, wenn Sie das Material anderer Personen verwenden. Wenn Sie selbst Autor/in oder Kunstschaffende/r sind, stellen Sie sicher, dass Ihr Name auf Ihren Werken klar erscheint.
3. Wenn Sie Verleger/in sind, versehen Sie in traditionellen Gemeinschaften gesammeltes Material, bei dem die Verfasser/innen nicht genannt werden, nicht mit einem Copyright.
4. Respektieren Sie die Integrität eines Werkes und verändern Sie es nicht ohne Erlaubnis des Autors oder der Autorin.
5. Richten Sie öffentlich zugängliche Bibliotheken oder Internet-Datenbanken ein und rufen Sie die Menschen dazu auf, Ihre Werke beizusteuern (Lieder, Texte, Gebete, Predigten, Zeichnungen etc.).
6. Fördern Sie die Suche nach lokalem und universellem christlichen Erbe (Symbole, Rituale, Lieder und andere Ausdrucksweisen).
7. Ermutigen Sie pastorale und theologische Diskussionen über diese Fragen. Arbeiten Sie an öffentlichen Internet-Datenbanken mit liturgischem Inhalt wie OSRR/Feautor (www.feautor.org/de), Selah (eine Website auf Spanisch; www.selah.com.ar) und Cyber Hymnal (www.cyberhymnal.org) mit …

… Grundsatzerklärung

— Wir bekräftigen die moralischen Rechte und die Unversehrtheit kreativer Ausdrucksweisen.
— Wir fördern – wenn immer möglich – die freie Verbreitung von Gottesdienstmaterialien, einschließlich Lieder und Hymnen zu nicht-kommerziellen Zwecken.
— Wir setzen uns dafür ein, einen Raum für den kreativen Austausch unter Liturgen/innen und Liedermachern/innen auf der ganzen Welt zu schaffen (mit besonderer Unterstützung der Menschen im Süden).

- Wir bekräftigen, dass das Zur-Ware-machen von Wissen unbiblisch und theologisch nicht angebracht ist. Dies ist eine prophetische Bekräftigung. Wir erkennen, dass die Vergötterung des Marktes die kreativen Ausdrucksweisen des Menschen zur Ware macht. Diese Entwicklung verstärkt soziale Ausgrenzung, Zersplitterung und Polarisierung. Wir sehen mit Sorge, dass der Markt zum einzigen Grund für die Schaffung neuer Werke geworden ist.
- Wir bekräftigen, dass es sich hier um eine komplexe Reihe von Herausforderungen handelt, die ein Engagement und Reaktionen zahlreicher Akteure erfordern.
- Wir wollen eine Welt schaffen, in der Künstler/innen aus verschiedenen Kulturen und Traditionen gleichen Zugang zu kreativen Ausdrucksweisen haben und dafür auch gleichen Schutz genießen.
- Wir wollen einer romantischen Vorstellung entgegentreten, die sich den zahlreichen Realitäten der menschlichen Ausdrucksweisen verschließt.
- Wir wollen die Unterschiede, die Vielgestaltigkeit und die Besonderheiten bekräftigen, gleichzeitig aber die verschiedenen kulturellen Ausdrucksweisen respektieren, schützen und fördern.
- Wir bekräftigen die gegenseitige Rechenschaftspflicht und das Streben nach fairen Beziehungen.
- Wir bekräftigen, dass Gott der wesentliche Ursprung jeder kreativen Ausdrucksweise ist und dass die menschliche Kreativität aus diesem Grund eine Gabe unseres Schöpfers für die gesamte menschliche Familie darstellt.

Die Lieder der Ökumene sind Lieder, die dem weiten Erbe der christlichen Tradition entstammen. Es sind Lieder des Glaubens und des Engagements, Lieder, die allen Gemeinschaften, Kirchen und Bewegungen zugänglich sein sollen, untereinander ausgetauscht und frei von ihnen aufgenommen als Kulturgut und als geistliches Gut, das Gottes Willen und Weisung ausdrückt und das Leben in Christus zum Klingen bringt.

Übersetzung aus dem brasilianischen Portugiesisch: Benedict Schubert

Sich durch Musik Gehör verschaffen – Beobachtungen in ghanaischen Migrationsgemeinden [1]

Erika Eichholzer

Einführung

Westafrikanische Gesellschaften weisen seit alters her eine hohe Mobilität auf. Das gilt auch für die ghanaische Gesellschaft, wo Migration, speziell Arbeitsmigration, eine lange Tradition hat. Nachdem Ghana bis Ende der 1960er Jahre ein wichtiges Empfängerland [2] für Arbeitsmigranten aus der westafrikanischen Subregion war, zählt es heute zu den größten Entsendeländern im subsaharischen Afrika überhaupt. Schätzungsweise leben rund zwei bis drei Millionen Ghanaer und Ghanaerinnen, also zwischen 10 und 15 % [3] der Gesamtbevölkerung, im Ausland, wobei ein Großteil davon auf den afrikanischen Kontinent selber entfällt, in wirtschaftliche Metropolen im westlichen Afrika wie Abidjan und Lagos [4], wobei seit dem Ende der

---

1 Das Thema dieses Beitrags entstammt dem Forschungsprojekt „Processes of Musical Transformation and Identity Construction in Migrational Settings: The Music of Ghanaian Migrants in Germany and its Transcultural/Transnational Connections", in welchem ich von 2003 bis 2007 mitforschte. Es handelte sich um ein auf dreieinhalb Jahre angelegtes Kooperationsprojekt zwischen deutschen und ghanaischen Musikwissenschaftlern, das an der Hochschule für Musik und Theater in Hannover angegliedert war. Das Projekt stand unter der Leitung von Prof. Raimund Vogels in Hannover und Prof. William Anku sowie Prof. John Collins von der University of Ghana in Legon. Ich war zuständig für den Bereich „Christliche Popularmusik", vereinfacht „Gospel", in Norddeutschland (Hamburg-Hannover), der sich, wie unsere ersten Feldforschungen ergaben, als der größte Bereich ghanaischen Musikschaffens im Migrationsland Deutschland erwies.
2 Vgl. Steve Tonah, Ghanaians Abroad and Their Ties Home: Cultural and Religious Dimensions of Transnational Migration, COMCAD Working Paper No. 25, 2007, 3.
3 Da es kein zentrales Register über die ins Ausland migrierten Ghanaer/innen geführt wird, variieren die Schätzungen diesbezüglich erheblich (vgl. Tonah, Ghanaians, ibid.).
4 John Anarfi, Stephen Kwankye, Ofuso-Mensah Ababio & Richmond Tiemoko, Migration From and To Ghana – a Background Paper, COMCAD Working Paper, December

Apartheid in Südafrika auch Länder des südlichen Afrikas zu begehrten Migrationszielen zählen. Der kleinere Teil der Migranten und Migrantinnen lebt überwiegend in Großbritannien, USA, Kanada, Niederlande, Deutschland, Spanien und Italien.

In Deutschland hielten sich schon in den 1950er und 1960er Jahren Ghanaer auf, und zwar überwiegend Bildungsmigranten, die zum Zwecke des Studiums nach Deutschland kamen. Die meisten kehrten danach wieder nach Ghana zurück, denn bis etwa 1967 wurde die ökonomische Situation als stabil eingeschätzt. In den Folgejahren verschlechterten sich die ökonomischen Bedingungen zusehends, und ab Mitte der 1970er Jahre kamen je länger je mehr Arbeitsmigranten aus Ghana nach Deutschland, obwohl Länder Afrikas südlich der Sahara nie – wie beispielsweise Marokko – zu den Rekrutierungsländern der deutschen Industrie gehörten. Ghanaer versuchten damals vor allem mittels Asylantrag einen Aufenthalt zu erlangen, was lediglich bis ins Jahr 1993 möglich war, denn da wurde Ghana zu einem so genannten „sicheren Herkunftsland" erklärt.

Ghanaer und Ghanaerinnen in Hamburg

In ganz Deutschland leben, nach Angaben der Bundesstatistik zumindest, rund 20 000 Menschen aus Ghana, nach inoffiziellen weit mehr, vielleicht zwei- bis drei Mal so viele, die sich für kürzere oder längere Zeit im Bundesgebiet aufhalten.[5] Einen besonderen Anziehungspunkt bildet dabei nach wie vor Hamburg, diese Hansestadt beherbergt die drittgrößte[6] Ghanaian Community Europas. Im Jahre 2007 wurden rund 5700 Menschen aus Ghana gezählt, womit dieses westafrikanische Land als das zehntwichtigste Herkunftsland von Migranten in Hamburg gilt.[7]

2003, 8.

5   Das Auswärtige Amt geht davon aus, dass 50 000 Ghanaer in Deutschland leben [http://www.auswaertiges-amt.de/diplo/en/Laenderinformationen/01-Laender/Ghana.html (2.4.2009)].

6   Die größte Ghanaian Community befindet sich aus historischen Gründen in Großbritannien, ist überwiegend in Greater London angesiedelt und umfasst nach Schätzungen rund 50 000 Menschen, während sich die zweitgrößte Community, etwa 8 000 Menschen umfassend, in Amsterdam befindet [www.uneca.org/aknf/aknf2001/aknf2201.htm (30.3.2009)].

7   Nach 1. der Türkei, 2. Polen, 3. Serbien-Montenegro, 4. Afghanistan, 5. Portugal, 6. Iran, 7. Russische Föderation, 8. Griechenland, 9. Italien. Diese Angaben sind alle

Was die Attraktivität Hamburgs für Ghanaer und Ghanaerinnen ausmacht, lässt sich nicht klar beziffern. Obwohl der nahe gelegene Meerhafen bestimmt eine Rolle spielt, ist die Größe der ghanaischen Community eher durch Kettenmigration zu erklären: Familienmitglieder oder Bekannte, die bereits in Hamburg etabliert sind, ziehen weitere nach. Dass aber Hamburg ein wichtiges Migrationsziel ist, zeigt sich selbst in der Akansprache, der Herkunftssprache der meisten ghanaischen Migranten: Das Akanwort *booga* ist von *(Ham)burger* abgeleitet und bedeutet „Migrant" schlechthin, und zwar unabhängig davon, ob jemand nach Italien oder in die USA migriert ist: Er wird von den Zuhausegebliebenen als *booga* bezeichnet. Dieser Begriff ist eher negativ besetzt, er bezeichnet jemanden, der einige Zeit in Europa oder den USA verbracht hat und der sich dann, zurück in Ghana, wie ein Weißer benimmt: durch affektierte Sprechweise, auffallende Kleidung, eine andere Gangart und anderes mehr.

Ghanaische Migrationsgemeinden in Hamburg

Gegenwärtig gibt es in Hamburg zwischen 50 und 60 afrikanische Kirchgemeinden, die zumeist von Ghanaern gegründet wurden. Ein ganzes Spektrum von Glaubensbekenntnissen ist darunter vertreten: die sog. Mainstreamkirchen wie die Presbyterianische, Katholische und Methodistische Kirchen, daneben aber gibt es Dutzende von kleineren und größeren Gemeinden pentekostalisch-charismatischer Art. Von diesen haben viele bedeutungsschwere biblische Namen mit dem Zusatz „Ministry" oder „International", wie etwa

- Christ Is The Answer Ministry
- Christ Miracle Gospel Ministries International
- Gospel Light Church International
- Jesus Christ Healing Ministry
- Pentecostal Revival Ministry
- Resurrection Power and Living Bread International
- Sword of the Spirit Ministry

---

dem „Statistischen Bericht" des Statistikamtes Nord entnommen [http://www.statistik-nord.de/uploads/tx_standocuments/A_I_4_j07_H.pdf (1.4.2009)].

- Temple of Praise Ministry
- usw.[8]

Gemäß Pastor Alex Afram, Leiter der Afrikaner-Seelsorge in Hamburg, hat die Mehrheit der afrikanischen Gemeinden und Kirchen in Hamburg als kleine Hausgemeinden in Privathäusern sowie als Bibelstudiengruppen in verschiedenen Teilen Hamburgs begonnen. In ihrer kirchlichen Tradition legten sie großen Wert auf profunde Bibelkenntnisse und auf gemeinsame Gebetstreffen, sog. All-Night-Prayers und ähnliches. Diese geben den Mitgliedern die Gelegenheit, in ihrer eigenen Muttersprache zusammenzukommen und ihre eigenen Gaben zu entfalten, ohne sich eingeschüchtert zu fühlen.[9]

Zwei Beispiele für Kirchen in Hamburg, die als Bibelgruppen oder Hausgemeinden begonnen haben, sind:

1. The Church of Pentecost e.V.
2. Christian Church Outreach Mission (CCOM)

Erstere entstand in Hamburg und wurde in späteren Jahren der Pfingstkirche „Church of Pentecost International" eingegliedert bzw. existiert weiter unter ihrem Dach, ihre Gottesdienste werden nicht nur in Englisch und Akan abgehalten, sondern mancherorts auch auf Deutsch oder Französisch. Sie ist eine der größten Migrationskirchen ghanaischen Ursprungs in Deutschland überhaupt; in den meisten größeren deutschen Städten hat sie mittlerweile mindestens eine Tochtergemeinde hat. Die CCOM wurde ihrerseits bereits im Jahre 1982 in Hamburg gegründet und hat von dort aus ein transnationales Kirchennetzwerk etabliert.[10]

Seit Mitte der 1990er Jahre ist eine beträchtliche Vermehrung von afrikanischen Kirchen in der Stadt Hamburg zu verzeichnen, und zwar vor allem im pentekostal-charismatischen Bereich. Diese Vermehrung ist aus der Sicht von Pastor Afram sowohl erfreulich als auch besorgniserregend.

---

8   Kirchgemeinden afrikanischen Ursprungs in Hamburg (aus einer unveröffentlichten Liste des African Christian Council Hamburg e.V.). Vgl. [http://www.beddy.de/ChurchesMinistries.html (02.04.2009)].
9   Persönliche Mitteilung.
10 Regina Jach, Migration, Religion und Raum: ghanaische Kirchen in Accra, Kumasi und Hamburg in Prozessen von Kontinuität und Kulturwandel, Berlin u. a. 2005, 264 f.

Erfreulich daran sei, dass mehr und mehr Afrikaner und Afrikanerinnen das Bedürfnis hätten, sich einer Kirche anzuschließen. Der weniger erfreuliche Aspekt sei allerdings, dass die Vermehrung von Kirchen ihren Ursprung vor allem in unbewältigten Konflikten und daraus resultierender Abspaltung hätte.

Für die betroffenen Migranten sieht die Situation so aus: Auf der einen Seite haben sie erfahren, dass sich ihr Migrationsprojekt (etwa der Bau eines Hauses, das Erarbeiten von Geschäftskapital u. a. m.) in der ursprünglich angestrebten Verweildauer nicht hat realisieren lassen. Andere wiederum schieben ihre geplante Rückkehr deswegen Jahr um Jahr hinaus, weil sie zwischenzeitlich eine Familie gegründet haben. Viele erliegen also einer Art Rückkehrmythos und beginnen zu akzeptieren, dass ihr Lebensmittelpunkt nun Deutschland heißt, und engagieren sich im Migrationsort für den Aufbau einer Kirchgemeinde.

Auf der anderen Seite sind die Lebensumstände von afrikanischen – nicht nur ghanaischen – Migranten und Migrantinnen nach wie vor prekär: Problem Nr. 1 ist, in den Besitz von gültigen Aufenthaltspapieren zu gelangen, Problem Nr. 2, eine menschenwürdige Arbeit, und Problem Nr. 3, eine Wohnung zu finden. Die Arbeitslosigkeit trifft gerade Ghanaer und Ghanaerinnen in besonderem Maße, denn der größte Teil, Männer wie Frauen, sind im Niedriglohnsektor beschäftigt, im Reinigungssektor und im Gastgewerbe, gehören also zu den wenig qualifizierten Migranten. Es sind primär einmal sprachliche Hürden, unzureichende Deutschkenntnisse, welche den Weg zu einer besseren Arbeitsstelle oder Weiterqualifikation versperren. Und dies, obwohl viele Ghanaer von Hause aus zwei- oder mehrsprachig sind, Akan oder (eine) andere ghanaische Sprache/n plus Englisch sprechen.

Diese existentiellen Probleme tragen dazu bei, dass ghanaische Migranten vermehrt Kirchen aufsuchen, denn die meisten stehen unter enormem Druck, den finanziellen Erwartungen der Herkunftsfamilie in Ghana, den eigenen Zielen und den Anforderungen der deutschen Behörden zu entsprechen. Viele suchen in ihrer sozioökonomisch schwierigen Lage Zuflucht beim Gebet. Afrikanische Migrationsgemeinden bieten weit mehr als nur einen Ort der religiösen Begegnung, sie sind eine Art soziale Plattform für Aktivitäten aller Art, Kontaktbörse für Arbeits- und Wohnungssuchende usw.

Musik in Migrationsgemeinden

Musik, Gesang und Tanz mit einbegriffen, spielen eine zentrale Rolle in all diesen Gemeinden. Viele dieser Migrationsgemeinden verfügen über einen eigenen Chor, zumindest aber über ein „Praise and Worship Team". Nicht weniger wichtig für das Prestige und Renommée einer Gemeinde ist eine technisch hochstehenden Musikanlage, bestehend aus Schlagzeug, Lautsprecheranlage und, sofern möglich, Videoübertragung. Dies können sich natürlich nur größere Gemeinden leisten.

Es sind nicht die christlichen Kirchenlieder, die einst von den Missionaren der Basler Mission etwa vom Deutschen ins Akan übertragen wurden, die am populärsten sind. Am populärsten ist die ghanaisch-christliche Popularmusik, die zwar von Ghanaern selber *Gospel*, auf Akan *Nyame nnwom* (= Gotteslieder), genannt wird. Dieses Genre steht nicht in der Spiritual- und Gospeltradition der Südstaaten der USA. Die gängigsten Spirituals und Gospels werden in den ghanaischen Gottesdiensten zwar ebenfalls interpretiert, bei *Nyame nnwom* handelt es sich indessen um eine christliche Pop(ular)musik, die Anleihen bei ganz unterschiedlichen Musikstilrichtungen nimmt: traditionellen ghanaischen Musikstilen[11], westafrikanischem Highlife, Hiplife[12], Reggae, aber auch von der internationalen, westlichen Popmusik usw. Die Liedtexte, die Lyrics, sind zumeist in der heimatlichen Sprache Akan[13] verfasst und in geringerem Masse auf Englisch. Damit wird auch klar, dass sich die Botschaft der Texte nicht an ein deutsches Publikum richtet, sondern an die ghanaische Community selber.

Der von Veit Arlt erwähnte Gospelboom, der in Ghana bereits schon in den 1980er Jahren begann und der überwiegend durch das phänomenale Wachstum der charismatischen Bewegung, aber auch politisch motiviert war, d. h. durch Präsident Rawlings' Besteuerungssystem, nach dem lediglich Musik in den Kirchen nicht besteuert wurde, hat etwa seit dem Jahr 2000 seine Rückwirkungen auch aufs Migrationsland Deutschland: Alle ein bis zwei Monate wird in einer ghanaischen Migrationsgemeinde in Hamburg ein sogenanntes Gospel-CD-Launching abgehalten, an welchem ein Gospelproduzierender der ghanaischen Community seine neueste CD vor-

---

11 Abamfo Ofori Atiemo, „Singing with Understanding": the Story of Gospel Music in Ghana, in: Studies in World Christianity, 12.2. (2006): 142–163, hier 143.
12 Die ghanaische Variante des Hiphop heisst „Hiplife" und wurde in Anlehnung an „Highlife" so genannt.
13 Atiemo, Singing, 144.

stellt. Gerade die oben erwähnte Church of Pentecost e.V. weist in ihren Reihen aktive und erfolgreiche Gospelsänger und -sängerinnen auf, von denen einige bereits schon mindestens eine Musik-CD [14] produziert haben.

Gospelproduzierende

Von den befragten fünfzehn Gospelproduzierenden, Sängern und Sängerinnen, hatten mit Ausnahme von zweien, die schon erhebliche Musikpraxis in Ghana erworben hatten, alle ihr Talent – ähnlich wie die Pastoren ihren „Ruf", ihre Berufung zum Predigeramt – zum Gospelsingen in der Migration entdeckt. Praktisch niemand hat in Ghana oder auch im Zielland Deutschland eine musikalische Ausbildung absolviert, niemand hat in Stimmbildung investiert oder beherrschte etwa das Notenlesen.

Die meisten sind Mitglied bei einer ghanaischen Migrationsgemeinde pentekostal-charismatischer Ausrichtung, wo sie häufig zum jeweiligen „Worship- & Praise-Team" gehören und von ihrer Gemeinde ermuntert werden, auf ihrem Wege weiterzufahren. Der Frauenanteil unter den Gospelproduzierenden ist beachtlich (sieben Frauen versus acht Männer), nahezu ausgeglichen, was bereits schon in Ghana der Fall ist. Denn christliche Lieder zu interpretieren wird als eine Betätigung angesehen, die für Frauen schicklich ist, im Gegensatz zu der eher „anrüchigen" Interpretation von „weltlicher Musik", wie einst *Highlife* oder in neuerer Zeit *Hiplife*, welches, von wenigen Ausnahmen abgesehen, eine Domäne von jungen Männern ist.

Musik-CD-Produktion

Der Wunsch, eine eigene Musik-CD zu produzieren, ist in den letzten Jahren durch die Verbilligung von Technik aufgrund der fortschreitenden Digitalisierung realisierbar geworden. Es ist für viele dieser Musikschaffenden möglich, auch ohne finanzielle Unterstützung einer Kirchgemeinde eine

---

14 Zum Beispiel Florence Asamoah mit „Mewo ogyefoo bi (= Ich habe einen Erlöser)" (2001) und „Ko so ara di wo hene (= Fahre fort, dein Reich so zu regieren)" (2004), Elder Tony Boakye mit „Mepaa na me ni (= So bin ich nun einmal)" (2003) und „Onipa ka na Onyame nkae (Der Mensch spricht, aber Gott hat noch nicht gesprochen)" (2005) und Elder Ato Eduah & Eunice Eduah mit „Praise & Worship".

eigene Musik-CD zu produzieren. Ein Tonstudio[15] in Hamburg nutzt die „Marktlücke", die sich durch die Gospel produzierenden Ghanaer und Ghanaerinnen aufgetan hat, und bietet für rund 2300 Euro ein umfassendes Leistungspaket an, welches eine Auflage von 1000 CDs und den Vertrieb bei einem Onlinedienstleister beinhaltet.

Alle paar Monate findet in einer der ghanaischen Migrantengemeinden in Hamburg, der der oder die Gospelsängerin angehört, ein „Gospel-CD-Launching" statt. Eine solche Veranstaltung ist die am meisten angewandte Promotionsstrategie, zu der dann innerhalb der ghanaischen Community eingeladen wird: bunte Einladungskarten, Flyer und Poster werden gedruckt und in den Kirchen und Afroshops verteilt. Persönlich angeschrieben werden die wichtigsten Exponenten der ghanaischen Community, die diesen Anlass in ihrer Eigenschaft als „Chairman", „Vice Chairman", „Special Guest" und „Supporter" finanziell unterstützen sollten.

Das Programm ist jeweils so aufgebaut, dass vor dem eigentlichen Auftritt des Gospelsängers mehrere Vorgruppen auftreten, bevor dann jener seine CD vorstellt. Gegen Schluss der Veranstaltung, als Höhepunkt des Anlasses, wird die erste CD auktionsartig dem Meistbietenden übergeben. Bis zu 1 500 Euro wurden für eine solche erste CD schon geboten. Danach werden – bei bis auf 10 Euro sinkenden Preisen – weitere Willige gesucht, die bereit sind, zur Deckung der Produktionskosten einen höheren Preis zu bezahlen.

Nach solchen CD-Launchings gehen die Gospelproduzierenden zumeist innerhalb Hamburgs auf „Tournee", wo sie mit Auftritten in Gottesdiensten anderer Gemeinden für weiteren Absatz sorgen. Darüber hinaus geben die Gospelschaffenden ihre CDs den verschiedenen Afroshops in Kommission. Weil der lokale Markt in Norddeutschland aber sehr beschränkt ist, gelingt es nur wenigen, mehr als ein paar Hundert Stück abzusetzen. Nach Aussagen einiger Musikschaffender ließen sich durch das CD-Launching und zusätzliche Auftritte die Produktionskosten in der Regel decken, reich werde man allerdings nicht.

Die Hoffnung, eine internationale Karriere einzuschlagen oder sich zumindest auch in Ghana einen Namen zu machen, ist bei den meisten mehr oder weniger explizit vorhanden, wie sich den durchgeführten Interviews entnehmen lässt. Einige Gospelsänger, die über mehr finanziellen Rückhalt verfügen, veranstalten ein zweites Launching ihrer CD in Ghana,

---

15 Das Full Service Tonstudio in Hamburg (http://www.tonstudio-fs.de, 30.3.2009).

wo sie allerdings auf wesentlich größere Konkurrenz treffen, denn jährlich werden in Ghana durchschnittlich 200 Gospelalben produziert.[16]

Gospellieder: Was wird gesungen?

Von hundert ausgewerteten Gospelliedern waren rund 80 % auf Akan und der Rest auf Englisch; von diesen waren zwei in Pidgin Englisch, eines enthielt eine Strophe in Gã, einer anderen ghanaischen Sprache. Die meisten der Gospelproduzierenden hatten angegeben, die (Akan-)Bibel als Hauptinspirationsquelle zur Liederkreation zu benutzen.

Die wichtigsten fünf Texttypen der Gospellieder sind:

– Lobpreis und Dank
– Hinwendung zu Gott in Not
– Selbstbestärkung
– Reue und Umkehr
– Aufruf zur Bekehrung

Diese fünf Themen bilden auch in den Spirituals und Gospels der amerikanischen Südstaatentradition wichtige Topoi, Unterschiede werden aber in den benutzten Metaphern bezüglich der Gottesvorstellungen deutlich: So bekommt Jesus neben seinen universellen Attributen als *Agyenkwa*[17] (Akan für „Heiland, Retter, Erlöser"), *Kristo, Nyame ba* („Gottes Sohn"), *Awurade* („Herr"), wie etwa in den ersten beiden Strophen des Gospelliedes *Ewo Calvary bepow no so* („Auf dem Hügel Golgatha")[18] ersichtlich ist:

---

16 „Gospel Music in Review" [http://www.modernghana.com/music/606/3/gospel-music-in-review.html (30.3.2009).
17 Das Akanwort *agyenkwa* ist eine Zusammensetzung *gye* „bekommen" und *nkwa* „Leben". Es sieht aus wie eine Lehnübersetzung für „Heiland, Retter, Erlöser", ist aber tatsächlich ein viel älteres Konzept, welches als Beiname für (Kriegs-)Helden verwendet wurde. Als sich im 19. Jahrhundert das Christentum in Südghana auszubreiten begann und zum Zwecke der Bibelübersetzung eine christliche Terminologie in der Akansprache geschaffen werden musste, wurden viele traditionelle Konzepte für Gottesbezeichnungen direkt aus der Akanreligion und -tradition übernommen, jedoch neu definiert.
18 Aus dem Album „Praise and Worship" von Ato&U (Elder Ato & Eunice Eduah), Hamburg, aus dem Jahre 2003/4. Die Transkription all dieser Akanliedtexte verdanke ich alle Nana Kwakye aus Sunyani (Brong Ahafo).

Ewo Calvary bepow no so, Wokuu Kristo Nyame ba no. Eye Yesu m'agyenkwa no (4x). Me were remfiri Yesu amanehunu. Efiri Gethsemane kosi Calvary, Ne do aforee a oboo maa me (10x) Na oama mase ne wu. Yesu na oama mase ne wu, Awurade ee	Auf dem Hügel Golgatha hat man Christus, den Sohn Gottes, getötet. Es ist Jesus, mein Heiland (4x). Ich werde das Leiden Jesu nicht vergessen. Von Gethsemane bis Golgatha, Hat er sich aus Liebe zu mir geopfert (13x) Und er machte, dass ich seines Todes würdig bin. Es ist Jesus, der mich seines Todes würdig machte, oh Herr!
Na mahu wo wusore ne w'amanehunu na oama mase ne wu. Yesu, mahu wo wusore ne w'amanehunu, na oama mase ne wu (3x)	Ich habe deine Auferstehung und dein Leiden gesehen, und er machte mich seines Todes würdig. Jesus, ich habe deine Auferstehung und dein Leiden gesehen, und er machte mich seines Todes würdig. (3x)

Weitere Beinamen, die nicht der christlichen, sondern der Akantradition entstammen, finden sich zum Beispiel im folgenden Gospellied *Osabarima* („Kriegsheld"). [19] Das Globalthema dieses Liedes ist die Sturmstillung durch Jesus, gemäss dem Markusevangelium (Kapitel 4: 35–41).

In Zeile 4 wird Jesus als *Ohene* (Akankönig) konzeptualisiert, der mit dem Titel *Osabarima* versehen wird. Schon Pashington Obeng beschreibt in seinem Buch *Asante Catholicism* [20], dass *Osabarima*, eine der Gründungsmetaphern der Asante, von katholischen Christen etwa als Beiname für Jesus Christus gebraucht wird, mit den Eigenschaften eines unbesiegbaren Kriegshelden, der seine Leute vor dem Feind in Sicherheit bringt.

1. Ehuru a ebedwo, kikikiki yi o, Ne nyinaa beba fam, ewo Yesu din mu (2x).	Wenn es stürmt, wird es wieder ruhig, kikikiki (onomatopoetisch), alles wird auf den Boden kommen (= sich beruhigen), im Namen Jesu (2x).
2. Se eyere so pae so a, Yesu beba mu obekasa ama ne na aye dinn (2x).	Wenn es immer schwieriger wird, wird Jesus hinzukommen, er wird sprechen, und alles wird still (2x).

---

19 Aus dem Album „Sakyera w'adwen" (= Bekehre dich) von John Nana Addo, Hamburg, veröffentlicht im Jahre 2004.
20 J. Pashington Obeng, Asante Catholicism: Religious and Cultural Reproduction Among the Akan of Ghana, 1996, 206: „The Asante foundational metaphors *osagyefo*o und *osabarima* refer to the invincible warlord who delivers his people from the ennemy. In reapplying this title to Christ, the Christians knew they were battling *bayie* (= witchcraft), *mpatuwuo* (= premature death), *awomawuo* (= infant mortality), and unsuccessful trade or farming and natural disasters."

3. Ehuru a ebedwo, kikikiki yi o a, obonsam nsa begyene wo Yesu din mu.
4. Osabarima ne Yesu, ono na okasa. Epo asorokye ye dinn.
5. Emu nneema nso ye komm, nea obonsam apagya yi, nea oama so yi, Adofo, nea oakukuru yi, ebeba fam,
6. Enti kura wo gyedie no mu wo mpaebo mu, Yesu ka wo ho yi, wosene nkonimdifoo.
7. Se eyere so pae so a, Yesu beba mu obekasa ama ne na aye dinn (2x)
8. Yehye Yesu mu, Yesu hye Nyankopon mu, Nyame honhom Kronkron nso te yen mu.
9. Nea biribi nni ho no oye biribi Oboadee Nyankopon no ne, ne din, Okasapreko, tu ahene ne ahene, Osoro ne asaaseyefoo, oka wo ho oo.
10. Ehuru a ebedwo, kikikiki yi o a, obonsam nsa begyene wo Yesu din mu oo (2x).
11. Se eyere so pae so a, Yesu beba mu obekasa ama no aye dinn (2x).
12. Asorokye no beye dinn. Yesu beba mu, obekasa ama ne nyinaa aye dinn.
13. Se eyere so pae so abrabo yi mu, Yesu beba mu, obekasa ama ne nyinaa aye dinn. Amen.

Wenn es stürmt, wird es wieder ruhig, kikikiki (onomatopoetisch) der Teufel wird im Namen Jesu zu Schanden kommen.
Jesus ist der Kriegsheld, er ist es, der spricht, und die Wogen des Meeres glätten sich.
Und auch das, was drin ist, kommt zur Ruhe, was der Teufel angehoben hat, was er erhoben hat, Geliebte [= Brüder und Schwestern], was er in die Höhe gehoben hat, das wird auf den Boden kommen.
Also halte an deinem Glauben fest, im Gebet, Jesus ist bei dir, du bist mehr als ein Sieger.
Wenn es immer schwieriger wird, wird Jesus hinzukommen, er wird sprechen, und alles wird still (2x),
Wir halten uns an Jesus fest, Jesus an Gott, und auch der Heilige Geist wohnt bei uns.
Er ist der Schöpfergott, sein Name ist „Sein Wort gilt", er entmachtet die Könige der Könige, er ist Schöpfer von Himmel und Erde, er ist doch bei dir.
Wenn es stürmt, wird es wieder ruhig, kikikiki (onomatopoetisch), der Teufel wird im Namen Jesu zu Schanden kommen (2x).
Wenn es immer schwieriger wird, wird Jesus hinzukommen, er wird sprechen, und er (der Teufel) wird schweigen (2x).
Die Wogen glätten sich. Jesus wird hinzukommen, er wird sprechen und alles wird schweigen.
Wenn dieses Leben immer schwieriger wird, wird Jesus hinzukommen, er wird sprechen und alles schweigt. Amen.

In Zeile 9 (siehe oben) kommt eine Gottesvorstellung zum Tragen, die ebenfalls von der Akantradition beeinflusst ist, nämlich durch die Bezeichnung *Okasapreko*. Wörtlich übersetzt bedeutet dies: „derjenige, der einmal spricht". Gemäss Kwesi Yankah[21] ist dies ein Titel, der Akankönigen gegeben wurde, der König spricht einmal, und zwar zuletzt, und was er sagt, gilt. Abamfo Atiemo sieht darin, d. h. in der Verwendung von Metaphern, die auf die Akantradition zurückgehen, deutliche Hinweise einer tiefen Inkulturation des Christentums in Ghana:

> Christians across the social spectrum – the educated elite such as pastors and teachers as well as the ordinary, sometimes illiterate Christians, including children – had grasped the Christian faith in such depths that their faith freely flowed in songs composed by themselves in their indigenous idiom.[22]

Weitere Einflüsse, die im Akangospel auszumachen sind, entstammen neuzeitlichen Strömungen des Christentums in Ghana, nämlich dem so genannten „Prosperity Gospel", der nicht nur in Ghana große Popularität genießt. In seinem Buch über das „neue Christentum" in Ghana beschreibt Paul Gifford, dass „Erfolg" für viele dieser Kirchen ein zentrales Thema darstellt, was sich schon in den Namen der Kirchen zeigt („Winners' Chapel"), dazu in Slogans von Evangelisationskampagnen („Winning Ways") oder Aufklebern in und auf Fahrzeugen und anderswo.[23]

Da, wie weiter oben erwähnt, die meisten der befragten ghanaischen Gospelproduzierenden in Hamburg Mitglied einer Migrationsgemeinde aus dem pentekostalisch-charismatischen Sektor sind, von denen etliche das „Wohlstandsevangelium" propagieren, ist das Thema Erfolg auch in den Gospelliedern auszumachen:

Der Themenbereich „Siegen und Gewinnen" (*di nkonim* „gewinnen, siegen", *nkonimdifoo* „Gewinner/-in") und sein Gegenstück „Fall und Niederlage" (*di nkoguo* „verlieren, Niederlage erleiden") sind auch im Akangospel zu finden. Es geht grundsätzlich um den Kampf zwischen dem Guten und dem Bösen, Jesus und Satan, wobei ersterer gewinnen und letzterer schließ-

---

21 Kwesi Yankah, Power and the Circuit of Formal Talk, in: Graham Furniss, Elizabeth Gunner & Liz Gunner, Power, Marginality and African Oral Literature, Cambridge, 1995, 211–224, hier: 212.
22 Abamfo Ofori Atiemo, „Singing with Understanding": the Story of Gospel Music in Ghana, in: Studies in World Christianity, 12.2. (2006), 142–163, hier 147.
23 Paul Gifford, Ghana's New Christianity: Pentecostalism in a Globalising African Economy, C. Hurst & Co. Publishers, 2004, 44 f.

lich unterliegen wird. Ein Beispiel dazu liefert die ersten beiden Strophen des Gospelliedes „Jesus is the winner man" [24] (Englisch im Original):

> It is fun to see, it is fun to see Satan lose (2x)
> Oh Lord, mana mana mana mana,
> Jesus is the winner man, the winner man, the winner man (2x)
> I am on the winning side, the winning side, the winning side
> I am on the winning side, the winning side, all the time
> Jesus is the winner man, the winner man, the winner man (2x)
> Listen in Matthew Chapter 2, Satan lose,
> When Jesus was born in a manger,
> And in the wilderness, Satan lose again,
> Defeated at the mountain transfiguration.
>
> It is fun to see, it is fun to see Satan lose (2x)
> Jesus is the winner man, the winner man, the winner man (2x)
> Jesus is the winner man, the winner man, all the time
> I am on the winning side, the winning side, the winning side (2x)
> I am on the winning side, the winning side, all the time
> At the crucifixion, Satan lose,
> When Jesus rose triumphantly from the grave and the ascension
> Satan lose once more, I was born again

Ein Christ soll sich, wie hier von George Kobby besungen, als jemanden sehen, der sich durch das Opfer von Jesus Christus stets auf der „winning side of life" wähnen kann.

Ein anderes Beispiel stammt aus dem Lied *Osabarima* (siehe oben):

6. Enti kura wo gyedie no mu, wo mpaebo mu, Yesu ka wo ho yi, wosene **nkonimdifoo**.	Also halte an deinem Glauben fest, im Gebet, Jesus ist bei dir, du bist mehr als ein **Sieger**.

Nach Gifford spielt in diesen neuen Kirchen Ghanas die Beschäftigung mit dem Bösen, mit Satan und dem Hexenglauben eine wichtige Rolle. [25] Im Akangospel wird für das Böse häufig der Begriff otamfoo („Feind", plural atamfoo) verwendet, was sowohl den *obonsam* „Satan" wie *abayie* „Hexerei" umfassen kann.

---

24 Aus dem Album „Jesus Connection" von George Kobby & the Winners, veröffentlicht im Jahre 2003.
25 Gifford, Ghana's New Christianity, 85, 112.

Das folgende Lied „Odwen se oreye me"[26] ist insofern ein interessantes Beispiel dafür, dass das Böse, der Satan, direkt angesprochen wird, indem ihm nämlich der Sänger versichert, er werde seine teuflischen Wege nicht mehr verfolgen, und zwar ab sofort.

1. Gyama odwen se oreye me oreye n'ara ankasa, (2x)
2. Menye wo dee bio (2x)
3. Satan, menye wo dee bio, mese menye wo dee,
4. Satan, menye wo dee, woate!? Mese menye wo dee nne koraa,
5. Anigye aboro me so, Agya n'adom nti,
6. M'anim angu ase, anigye ahye me ma,
7. Agya n'adom nti a m'anim angu ase
8. Anigye ahye me ma, Agya n'adom nti a m'anim angu ase
9. Gyama odwen se oreye me oreye n'ara ankasa, (2x)
10. Nyame ama m'atamfo nyinaa asi won tiri ase, (6x)
11. Gyama odwen se oreye me oreye n'ara ankasa, (2x)
12. Menye wo dee oo, menye wo dee a Satan
13. Menye wo dee bio, mese menye wo dee,
14. Nyame ama m'atamfo nyinaa asi won tiri ase,
15. Gyama odwen se oreye me oreye n'ara ankasa, (2x)

Vielleicht denkt er, er tut mir etwas an, er selbst tut mir etwas an, (2x)
Ich werde das, was du tust, nie mehr tun [das Böse] (2x)
Satan, ich werde das, was du tust, nie mehr tun, ich sage, ich werde es nie mehr tun,
Satan, ich werde das, was du tust, nie mehr tun, hast du gehört?! Ich sage, ich werde es von heute an nicht mehr tun,
Freude überkommt mich, durch die Gnade des Vaters,
Ich bin nicht zu Schanden gekommen, Freude erfüllt mich,
Durch die Gnade des Vaters bin ich nicht zu Schanden gekommen,
Freude erfüllt mich, durch die Gnade des Vaters bin ich nicht zu Schanden gekommen,
Vielleicht denkt er, er tut mir etwas an, er selbst tut mir etwas an, (2x)
Gott hat die Köpfe von allen meinen Feinden vor Scham sinken lassen, (6x)
Vielleicht denkt er, er tut mir etwas an, er selbst tut mir etwas an, (2x)
Ich werde das, was du, Satan, tust, nie mehr tun [das Böse] (2x),
Ich werde das, was du tust, nie mehr tun, ich sage, ich werde es nie wieder tun,
Gott hat die Köpfe von allen meinen Feinden vor Scham sinken lassen,
Vielleicht denkt er, er tut mir etwas an, er selbst tut mir etwas an, (2x)

In Zeile 10 bzw. 14 wird zum Ausdruck gebracht, Gott habe alle Feinde besiegt, sodass sie ihre Köpfe vor Scham nicht mehr zu heben wagten. Das Böse ist also fürs Erste gebannt, und der Singende steht auf der siegreichen

---

26 Aus dem Album „Nyame bi a manya no" von Vida Baidoo, Hamburg, 2003.

Seite, denn er hat dem Teufel getrotzt und sich an den (christlichen) Gott gehalten.

Eng mit dem Konzept von Niederlage ist auch das in Zeilen 6–8 aufgenommene Motiv der Scham oder Schande verknüpft, in Akan *animguasee* genannt, was an das Akansprichwort erinnert: *Animguasee mfata okanni ba* „Schande passt (oder gehört sich) nicht für einen Akan". Siegreich zu sein oder eine Niederlage zu erleiden erscheinen demgemäß nicht lediglich aus der Domäne des Prosperity Gospel zu stammen, sondern bereits schon Thema in der Akankultur und -tradition zu sein.

Zusammenfassung

Die Gospelmusik, die in Ghana schon seit Anfang der 1980er Jahre einen anhaltenden Boom zu verzeichnen hat, ist etwa seit dem Jahr 2000 auch in der ghanaischen Community in Hamburg, die als eine der größten in Europa gilt, äußerst populär geworden. Pro Jahr erscheinen mittlerweile zwischen fünf und zehn Gospelalben mit Liedern, die hauptsächlich in Akan und Englisch, den in Ghana am weitesten verbreiteten Sprachen, gesungen werden. Die Gospelproduzierenden entstammen vor allem den Reihen der pentekostal-charismatischen Migrationskirchen, von denen sie finanzielle und/oder geistliche Unterstützung erhalten. Die meisten davon haben ihr Talent bzw. „ihren Ruf" erst am Migrationsort entdeckt und verfügen zumeist über keinerlei musikalische Vorbildung. Das Musikschaffen von manchem kann als eine Art Bewältigungsstrategie gesehen werden, den Alltag in der deutschen Gesellschaft zu meistern, denn die allermeisten Migranten und Migrantinnen aus Ghana finden mangels ausreichender Deutschkenntnisse lediglich Arbeit im Niedriglohnsektor. Durch das Interpretieren von Gospelmusik erfahren etliche von ihnen eine Statusaufwertung aus ihrem marginalisierten Dasein.

Migranten bringen aber aus der alten Heimat nicht nur ihre Musikstile mit, sondern auch ihre Sprachen, damit ihre Konzepte, Ideen, ihre Weltsicht. Auf diese Weise bekommt die Gospelmusik neue Impulse, was ihrer Weiterentwicklung führt. An Hand von einigen Akangospelliedern wurde gezeigt, dass einerseits Einflüsse aus der Akantradition vorhanden sind, die auf Inkulturation des Christentums hinweisen, dass aber andrerseits auch Einflüsse des so genannten Prosperity Gospel nachzuweisen sind, welches heutzutage in Ghana weit verbreitet ist.

Musik und Mission in der United Methodist Church dargestellt am Beispiel der Global Praise Working Group

Hartmut Handt

Es ist gesagt worden, dass die Methodistinnen und Methodisten „ihre Theologie singen". Das gilt in gewissem Sinne natürlich für alle christlichen Denominationen, insofern aber für den Methodismus im Besonderen, als es dort keine kodifizierten Bekenntnisschriften oder Dogmen gibt. In ihm galten vielmehr von Anfang an neben den 53 Lehrpredigten von John Wesley die veröffentlichten Lieder von Charles Wesley als speziell methodistische Bekenntnisgrundlage – und zwar primär im Vollzug des (gemeinsamen) Singens.[1]

Wenn das so ist, nimmt es nicht Wunder, dass das Singen bis heute auch in der Mission dieser Kirchenfamilie eine große Rolle spielt. Weithin sichtbaren Ausdruck fand dies in der jüngeren Vergangenheit durch die Gründung der so genannten Global Praise Working Group.

Auf Initiative des damaligen Associate General Secretary for Mission Evangelism im Board of Global Ministries der United Methodist Church (im deutschsprachigen Bereich: Evangelisch-methodistische Kirche) Dr. ST Kimbrough Jr. (Prof. für altsemitische Sprachen zuvor an der Uni-

---

[1] John Wesley (1703–91), mit seinem Bruder Charles (1707–1788) Begründer der methodistischen Bewegung, hat nicht nur gemeinsam mit ihm 63 Liederbücher herausgegeben, er hat in „Select Hymns with Tunes Annext Designed Chiefly for the Use of the People Called Methodists"[1], London 1761, erstmalig „Directions for Singing" veröffentlicht (in späteren Auflagen veränderte er sie unwesentlich). Darin heißt es in der dritten von sechs ganz praktischen Anweisungen: „Sing *all*. See that you join with the congregation as frequently as you can. Let not a slight degree of weakness or weariness hinder you. If it is a cross to you, take it up and you will find a blessing …" und dann in der siebten und letzten: „Above all sing *spiritually*. Have an eye to God in every word you sing. Aim at pleasing *him* more than yourself, or any other creature. In order to do this attend strictly to the sense of what you sing, and see that your *heart* is not carried away with the sound, but offered God continually …" Zitiert in: Hartmut Handt (Hg.): „… im Lied geboren." Beiträge zur Hymnologie im deutschsprachigen Methodismus[1], BGEmK 54, Frankfurt am Main 2010, 274.

versität Bonn und weltbekannter Opern-Bariton) wurde sie 1993 gebildet. Im Folgenden möchte ich einige Aspekte dieser Arbeit darstellen – nicht nur, aber besonders im Hinblick auf ihre Auswirkungen auf die Musik in der Evangelisch-methodistischen Kirche in Deutschland. Dieser Beitrag ist also primär praxisorientiert.

Zusammensetzung

Von Beginn an gehörten zu dieser Arbeitsgruppe Vertreterinnen und Vertreter folgender Länder: USA (darunter eine Afro-American, eine Hispanic-American, eine Native-American und mehrere Anglo-Saxons), Karibik, Brasilien, Argentinien, Zimbabwe, China, Taiwan, Schweden, England, Schottland, Deutschland, Russland. Später kamen noch Vertreterinnen und Vertreter aus der Elfenbeinküste, Korea, Estland, der Schweiz und Frankreich hinzu. Die ca. 20 Mitglieder sind sämtlich ausübende und publizierende (Kirchen-) MusikerInnen, KomponistInnen, LiedermacherInnen, MusikwissenschaftlerInnen, MusikethnologInnen, TextautorInnen, HerausgeberInnen von Gesang- und Liederbüchern, die meisten außerdem TheologInnen, zu einem großen Teil mit Erfahrungen in internationaler Arbeit. Darunter sind der presbyterianische Musik-Ethnologe I-to Loh aus Taiwan, der Initiator der Trommeln in afrikanischen Gottesdiensten (nach ihrer Verfemung durch die abendländischen Missionare) Patrick Matsikenyiri aus Zimbabwe, der lutherische Theologe und Liedermacher Per Harling aus Schweden, der Theologe und Kirchenmusiker Pablo Sosa aus Argentinien und seine Kollegin Simei Monteiro aus Brasilien – um nur einige der bekanntesten Mitglieder zu nennen. Bis 2004 traf sich diese Gruppe zu alljährlichen mehrtägigen Arbeitstagungen, meist in den USA, aber auch in Groß Britannien, Deutschland und der Schweiz. Typisch für die „ökumenische Gesinnung" im Methodismus[2] ist bei der Zusammensetzung dieser Gruppe, dass ihr eben nicht nur Personen aus der United Methodist Church

---

2   Dieses Merkmal ist für alle Methodistinnen und Methodisten typisch – oder sollte es zumindest sein. Der Ausdruck ist die gebräuchliche Übersetzung des Terminus „catholic spirit", den John Wesley in einer Predigt mit diesem Titel verwendet. Abgedruckt in: Outler, Albert (Hg.), The Works of John Wesley Vol. 2, Nashville TN, 1985, 81–95; deutsch in: John Wesley, Die 53 Lehrpredigten, Stuttgart 1990, 749–763.

und anderen methodistischen Kirchen angehören, sondern auch aus anderen (protestantischen) Kirchen.

Zur Zeit ist diese Arbeit in einer Umstrukturierung begriffen: Die regelmäßigen Arbeitstreffen der Working Group finden augenblicklich nicht mehr statt. Es wurde aber eine „Advisory Group" gebildet, der neben einigen Mitgliedern des „Staff" im General Board of Global Ministries jeweils eine Vertreterin oder und ein Vertreter eines Erdteils angehören. Diese Gruppe entwickelt langfristige und mittelfristige Pläne für die Global Praise Arbeit, setzt darin Schwerpunkte und empfiehlt entsprechende finanzielle und personelle Ausstattung und Unterstützung. Dass diese Änderungen einen Nachteil für den praktischen Transfer darstellen, ist ersichtlich. Auch wenn nach wie vor Kontakt und Austausch zwischen einzelnen Mitgliedern der Working Group besteht, so kann dies die alljährlichen Arbeitstagungen doch in keiner Weise ersetzen.

Zielsetzung

Die Gruppe verfolgt ganz allgemein die Ziele:

1. sich gegenseitig über das kirchliche Singen im eigenen Land, in der eigenen Kultur zu informieren,
2. das in den andere Ländern, Sprachen und Kulturen bekannt zu machen,
3. den Transfer in diesem Sinne zu befördern,
4. die indigenen Kulturen zu stärken,

denn „songs provide one of the most effective avenues of authentic faith expression, since songs come from the soil and toil of a people. Songs that emerge from the culture of a people express the puls, rhythm, and heart cries of their lives individually and corporately."[3] Dies erscheint heute besonders wichtig angesichts ein die ganze Erde, alle Länder und Kulturen überschwemmende Praise Music-Welle, die nicht nur, kommerziell orientiert, auf höchsten Touren läuft, sondern die indigenen Musik-Kulturen – vor allem außerhalb der „westlichen Welt" – gerade im Bereich der christlichen Kirchen zu ersticken droht. Diese Kulturen sind ja zu einem großen

---

3   Steven T. Kimbrough Jr. in: Music & Mission. Toward a Theology and Practice of Global Song¹, New York NY 2006, VI.

Teil immer noch erst zarte Pflänzchen, weil sie über Jahrhunderte hinweg von den Missionaren aus Europa und Nordamerika sanktioniert waren und so eine wirkliche Inkulturation des Evangeliums dort verhinderten. Die Kehrseite ist, dass – vor allem in Südostasien – das Christentum als Bestandteil einer westlichen fremden Kultur identifiziert wurde und weitgehend noch wird. Dies erschwert bis heute die Mission in diesem Teil der Erde.

Ein schönes Beispiel für „Mission und Musik" erzählt Steven T. Kimbrough aus der Mongolei:[4] „GBGM took additional steps toward opening mission in Mongolia in 2001 by sponsoring a Youth Mission Chorale of twenty-three college students who spent a week in Mongolia in July 2001 in music evangelism ministry. They sang songs from around the world and shared their faith publicly and privately with children, youth, and adults. They performed with an indigenous orchestra known as the Murin Huur (Horse Violin Orchestra). Christian songs and Wesley hymns were played for the first time on the indigenious instruments of Mongolia."[5] Diese Musik war nach dem Bericht des Verfassers der Türöffner für den weiter gehenden Kontakt mit der mongolischen Bevölkerung und die Etablierung der missionarischen Arbeit in diesem Land.

5. die Inkulturation des Evangeliums in allen Teilen der Erde zu fördern.

Dazu hier ein schönes Beispiel:[6] In Global Praise 1[7] ist unter Nr. 8 das trinitarische Segnungslied „God of creation" von Thomas Thangaraj mit folgendem Text abgedruckt: „God of creation, send us with your love. Child of salvation, send us with your grace. Spirit of communion, send us with your peace." Dies veranlasste den schwedischen Theologen und Liedermacher Per Harling zu folgendem Kommentar:[8] „Ich selbst bin noch nie zuvor einer solchen trinitarischen Formulierung begegnet, in der man sich – wenn sich der Gedanke in der zweiten Zeile dem Sohn Gottes zuwendet – in Wirklichkeit dem <u>Kind</u> Jesus zuwendet und nicht dem erwachsenen Jesus,

---

[4] Steven T. Kimbrough Jr.: We Offer Them Christ. Stories of New Missions with Witnesses in Their Own Words¹, New York NY 2004, 143.
[5] Dieses Projekt ist durch einen Film dokumentiert worden.
[6] Siehe dazu: Carlton R. Young / Hartmut Handt: Die Zukunft der Methodistinnen und Methodisten als singendes Gottesvolk in: Hartmut Handt (Hg.): „… im Lied geboren." Beiträge zur Hymnologie im deutschsprachigen Methodismus¹, Frankfurt am Main 2010, 246f. Das Lied ist dort mit Noten abgedruckt.
[7] Siehe Anmerkung 10.
[8] A. a. O. 246.

auch nicht dem auferstandenen Christus. Wahrscheinlich verdankt sich das der Tatsache, dass das Lied aus Indien mit seinen vielen Religionen kommt, wo viele ‚hinduistische Götter' als Kinder abgebildet werden, wie z. B. Krishna. Indem sie sich dem <u>Kind</u> Jesus zuwendet, weist die christliche Kirche – in ihrem ‚stark hinduistischen Umfeld' – hin auf den <u>wahren</u> Kind-Gott." Das kommentierte Th. Thangaraj seinerseits so: [9] „Harlings Kommentar zu meinem Lied ist völlig richtig. ... Bitte sagen Sie ‚Hindu-Götter', statt ‚hinduistische Götter' ... Während sich die Wendung ‚Kind der Erlösung' auf das Hindu-Umfeld bezieht, war es mir gleichzeitig wichtig, Kinder, die eine der am meisten vernachlässigten Gruppen von Menschen in der Welt sind, in das Göttliche einzubeziehen und ein geschlechtsspezifisches Wort wie ‚Sohn' zu vermeiden."

Mittel und Wege

Den oben genannten Zielen dienen verschiedene Materialien und Mittel, die inzwischen durch die Arbeit der Global Praise Working Group in reichem Maße zur Verfügung stehen:

1. Zunächst das Bekanntmachen von Liedern aus der eigenen Kultur für die anderen. Dem dient bei den Arbeitstagungen der Gruppe ein großer Zeitraum, in dem Lieder vorgestellt und gemeinsam gesungen werden – immer auch in den Originalsprachen.
2. Inzwischen drei Liederbücher mit insgesamt 375 Liedern aus aller Welt mit singbaren Übersetzungen in viele Sprachen. [10]
3. Weitere Liederbücher von bestimmten Autoren, zu unterschiedlichen Themen oder Sammlungen aus verschiedenen Regionen. [11]

---

9   a.a.O. 247
10 Steven T. Kimbrough Jr. / Carlton R. Young (Hg): Global Praise 1[1], New York NY 1996; dies.: Global Praise 2[1], New York NY 2000; dies.: Global Praise 3[1], New York NY 2004.
11 Hier eine Auswahl: Patrick Matsikenyiri / Steven T. Kimbrough Jr., / Carlton R. Young (Hg): Africa Praise Songbook[1], New York, NY 1998; Jorge A. Lockward (Hg): Tenemos Esperanza[1], New York NY 2002; ders.: Singing the Sacred. Musical Gifts from Native American Communities[1], New York NY 2008; Jorge A. Lockward / Christopher Heckert (Hg): For Everyone Born. Global Songs for an Emerging Church 1, New York NY 2008; Steven T. Kimbrough Jr. u. a. (Hg.): Put Your Arms Around the World. Global Songs and Activities for Children[1], New York NY 2009.

4. CDs zu fast allen hier genannten Liederbüchern und darüber hinaus. [12]
5. Arbeitsmaterialien zu den Liederbüchern („Werkbücher") und andere Literatur. [13]
6. Arrangements für Chöre und Instrumente aus den Liederbüchern. [14]
7. Förderung und Ermöglichung der Herausgabe von Gesangbüchern verschidener Teilkirchen der United Methodist Church in aller Welt, gerade unter dem Aspekt „Stärkung der jeweils eigenen (indigenen) Kultur". [15]
8. Durchführung von Fachtagungen, Seminaren und Singtagen zum Thema „Global Praise" oder „Global Song" nach dem Grundsatz: „Think locally, sing globally!"

---

12 Zu allen in Anm. 10 und 11 genannten Liederheften und weiteren hier nicht aufgeführten sind auch CDs erschienen.

13 Steven T. Kimbrough Jr. (Hg.): Global Praise 1. Program and Resource Book[1], New York NY, 1997; ders.: Companion to Songbooks Global Praise 1 and Global 2[1], New York NY, 2005; Steven T. Kimbrough Jr. (Hg.): Music & Mission. Toward a Theology and Practice of Global Song[1], New York NY 2006 – ein Sammelband mit Beiträgen der meisten Mitglieder der Global Praise Working Group.
Zur Praxis der Vermittlung von Liedern aus anderen Kulturen siehe Hartmut Handt: Lieder aus anderen Ländern und Kulturen, in: ders. (Hg.): Werkbuch zum Gesangbuch der Evangelisch-methodistischen Kirche, Stuttgart – Frankfurt am Main 2002ff, 4.37–4.42, sowie Global Praise Working Group, Techniques of Teaching Global Song in: Steven T. Kimbrough Jr. (Hg.) a. a. O. 163ff.

14 Die dafür geschaffene Reihe „Global Praise Choral Series" enthält inzwischen über dreißig Ausgaben mit Musik und Texten aus aller Welt.

15 *Kambodscha:* General Board of Global Ministries in Cooperation with The Cambodian Christian Methodist Association (Hg.): Christian Hymn and Worship Book of the Cambodia Christian Methodist Association 2001 (erstes kambodschanisches Gesangbuch mit einem Anteil authentisch kambodschanischer Lieder).
Russland: Russia United Methodist Church (Hg.): Mir Vam (Friede sei mit dir), Gesangbuch der United Methodist Church Russland, 2002.
Frankreich/Elfenbeinküste/französisch-sprechende United Methodist Church: General Board of Global Ministries (Hg.): Mille voix … pour Te chanter (Mein Mund singe Dir tausendfach) 2006.
Litauen: Litauische United Methodist Church (Hg.): Lietuvos Juntin – ês Meroditu Baznycios Giesmynas 2005.
Lettland: Eine Gesangbuch für die lettische United Methodist Church wird zur Zeit von Steven T. KImbrough Jr. und Carlton R. Young im Auftrag des General Board of Global Ministries, New York NY, in Kooperation mit der lettischen Kirche erarbeitet.

Auswirkungen in Deutschland

Dass Mission schon lange keine Einbahnstraße aus der „westlichen Zivilisation" in die anderen Teile der Erde ist, zeigt sich nicht nur auf der Bewusstseinsebene, sondern seit geraumer Zeit auch in der Praxis. Im Bereich der Musik kann diese Erfahrung auch schon seit längerer Zeit gemacht werden. Die neueren deutschsprachigen Gesangbücher – wenn ich mich nicht täusche: aller Denominationen – zeigen eine zunehmende Anzahl von Liedern aus der internationalen Ökumene. Allerdings beschränkt sich das weitgehend auf Europa – und dort primär auf Frankreich (Taizé!), die Niederlande und Skandinavien. Das Gesangbuch der Evangelisch-methodistischen Kirche für Deutschland, Österreich und die Schweiz [16] setzt hier einen deutlich anderen Akzent, indem neben Titeln aus Europa auch Texte, Melodien und Tonsätze aus Afrika, Lateinamerika, Nordamerika, Neu Seeland und Asien aufgenommen wurden. Dafür gibt es mehrere Gründe:

1. Die augenblickliche Weltsituation macht – wie gesagt wird – unsere Erde zu einem globalen Dorf. Das Bewusstsein dafür, dass wir mit allen Menschen auf dieser Kugel verbunden sind – und in besonderem Maße mit den Christinnen und Christen – ist heute viel stärker ausgeprägt als in früheren Zeiten.
2. Die Evangelisch-methodistische Kirche versteht sich nicht als Regional- und Nationalkirche, sondern als in einer weltweiten „connexio" lebend und mit den anderen methodistischen Kirchen eng verbunden. Das erfahren im deutschsprachigen Europa so gut wie alle Kirchenglieder auch ganz praktisch durch internationale Kooperation, Begegnungen, Tagungen, Aktionen usw.
3. Die Erarbeitung des neuen Gesangbuches der Evangelisch-methodistischen Kirche von 2002 lief fast parallel zur Arbeit der Global Praise Working Group. Sie war 1993 gegründet worden, die Gesangbucharbeit begann mit einem „Forum Gesangbuch" im Januar 1995 in Braunfeld/Lahn. Ich war von Anfang an Mitglied der Global Praise Gruppe und dann auch einer der Vorsitzenden des internationalen Ausschusses für das neue Gesangbuch. Dadurch war der Weg für einen Transfer sehr kurz. Hinzu kamen mindestens zwei günstige Faktoren: 1. Im Sommer

---

16 Gesangbuch der Evangelisch-methodistischen Kirche, Stuttgart – Zürich – Wien 2002.

2000 kam es in Stuttgart zu einer zeitweilig gemeinsamen Sitzung dieser beiden Gremien. 2. Der Christliche Sängerbund, dem die meisten Kirchenchöre der Evangelisch-methodistischen Kirche angehören, hatte in den neunziger Jahren des vergangenen Jahrhunderts immer wieder Liedgut aus der Global Praise Arbeit veröffentlicht. Dadurch konnten manche Titel ohne Schwierigkeiten als Gemeindelieder in das Gesangbuch aufgenommen werden. Sie waren ja bereits bekannt – und zum Teil schon sehr beliebt.

Der Gesangbuchausschuss machte sich damit auch die Sicht zu Eigen, die Per Harling so formuliert hatte: [17]

„Als ich 1948 geboren und getauft wurde, wurde ich Glied einer Weltkirche, in der 65–70 % aller Christen im Norden lebten. Heute ist das Bild genau umgekehrt. Mehr als 65 % aller Christen leben auf der südlichen Halbkugel. Das christliche Gesicht hat sich von einem weißen, wohlhabenden Gesicht in ein dunkles, armes Gesicht verwandelt – und dies an Orten und in Kulturen, die weit weg von der wohl situierten Kultur der Mittelklasse in Europa und Nordamerika sind. Wir im nördlichen Teil der Welt fangen an zu lernen, Empfänger solcher Erfahrungen in Theologie, bildender Kunst, Liturgie und Musik zu werden."

Ich füge hinzu: Wir können für den Reichtum, den wir dadurch empfangen, nicht dankbar genug sein.

---

[17] Aus dem unveröffentlichten Vortrag „Recent Trends in Global Song", der von Per Harling in der gemeinsamen Sitzung von Global Praise Working Group und internationalem Gesangbuchausschuss für das Gesangbuch der Evangelisch-methodistischen Kirche am 30. Oktober 2000 in Stuttgart gehalten wurde. Zitiert mit freundlicher Erlaubnis des Verfassers.

Literaturverzeichnis

Abkürzungen:

JPR	Journal of Religious Psychology
BZAW	Beihefte zur Zeitschrift für alttestamentliche Wissenschaft
OBO	Orbis biblicus et orientalis
COMCAD	Center für Migration, Citizenship and Development, Bielefeld
ZPT	Zeitschrift für Pädagogik und Theologie

2. Vatikanisches Konzil, Konstitution über die Heilige Liturgie, http://stjosef.at/konzil/SC.htm(15.06.2010)

Albrecht, Christoph: Die gottesdienstliche Musik, in: Hans-Christoph Schmidt-Lauber und Karl-Friedrich Bieritz (Hg.), Handbuch der Liturgik – Liturgiewissenschaft in Theologie und Praxis der Kirche, Leipzig 1995, 516

–: Einführung in die Hymnologie, Göttingen 1995

Ampene, Kwasi: Female Song Tradition and the Akan of Ghana, The Creative Process in Nnwonkoro, Aldershot Burlington, 2005

Anderson, Allan: African Reformation, African Initiated Christiantiy in the 20th Century, Trenton N.J. and Asmara, Eritrea, Africa World Press, 2001

Arlt, Veit: „Der Tanz der Christen. Zu den Anfängen der populären Musik an der Goldküste, ca. 1860–1930", in: Jahrbuch für Europäische Überseegeschichte 4, 2004, 139–178

–: The Union Trade Company and its Recordings. An Unintentional Documentation of Ghanaian Popular Music, in: History in Africa, 31/4 (2004), 393–405

Atiemo, Abamfo Ofori: „Singing with Understanding": the Story of Gospel Music in Ghana, in: Studies in World Christianity, 12.2. (2006), 142–163

Baltes, Guido: „Worship Songs": exklusiv – uniform – international? Beobachtungen eines Tatbeteiligten, in: IAH-Bulletin 33 (2005), 63–96

Balz, Heinrich: Where The Faith Has To Live – Studies in Bakossi Society and Religion, Part I: Living Together, Basel, 1984; Part II: The Living, The Dead and God, Berlin, 1995)

Bangert, Mark P.: The Role of Music in the Burial Liturgy, in: Currents in Theology and Mission, 13.1, February 1986, 30–37

Barrett, David B.: Schism and Renewal in Africa, Nairobi, Addis Abeba, Llusaka, Oxford Press, 1987

Bell, John L.: The Singing Thing. A Case for Congregational Song, Glasgow: Wild Goose Publications, 2000

–: The Singing Thing Too. Enabling Congregations to Sing, Glasgow: Wild Goose Publications, 2007

Berendt, Joachim-Ernst: Nada Brahma. Die Welt ist Klang, Reinbek 1985

Berliner, Paul F.: Thinking in Jazz: The Infinite Art of Improvisation, Chicago Studies in Ethnomusicology, Chicago / London 1994

Bertsch, Ludwig (Hg.): Der neue Meßritus im Zaire. Ein Beispiel kontextueller Liturgie, Freiburg 1993

Block, Johannes: Verstehen durch Musik. Das gesungene Wort in der Theologie. Ein hermeneutischer Beitrag zur Hymnologie am Beispiel Martin Luthers, Tübingen: Francke, 2002

Boahen, Adu: Ghana. Evolution and Change in the Nineteenth and Twentieth Century, Accra 2000

Bobb, Donald: African Church Music, in: J. Heaton (Ed.), Journey of Struggle, Journey in Hope: People and their Pilgrimage in Central Africa, New York 1983.

Bokwe, John Knox: „Ntsikana and his Hymn", als Serie publiziert im *Christian Express*, 1878/9 (später neu herausgegeben als: Ntsikana, the Story of an African Hymn, Lovedale [undated, c. 1904])

–: Ntsikana, the Story of an African Convert, Alice 1914[2]

Bönig, Wilfried: Musik im Raum der Kirche. Fragen und Perspektiven, Mainz 2007

Broyles, Michael (Hg.): A Yankee Musician in Europe. The 1837 diaries of Lowell Mason, Ann Arbor 1990

Bruppacher, Theophil: Was töricht ist vor der Welt … 48 Gemeinschaftslieder erläutert, Bern: Blaukreuzverlag, 1953

Britten, Bruce: We Don't Want Your White Religion, Manzini, Swaziland, 1984

Broyles, Michael (Hg.): A Yankee Musician in Europe. The 1837 diaries of Lowell Mason, Ann Arbor 1990 [kk VI 8579]

Brunner, P.: Liturgical Adaptation of Indigenous Music, China Missionary Bulletin, 9, 1957, 668–669

Bubmann, Peter: Urklang der Zukunft. New Age und Musik, Stuttgart 1988, 175–246 („Musik und christlicher Glaube")

–: Sound zwischen Himmel und Erde: Populäre christliche Musik, Stuttgart 1990

Cantate Domino. An Ecumenical Hymnbook. New Edition, Kassel u. a.: Bärenreiter, 1974

Carstens, Benjamin: Christliche Mission und indigene Musik. Aspekte des musikalischen Kulturwandels anhand ausgewählter Beispiele, unveröffentl. Diplomarbeit im Studiengang „Kulturwissenschaften und ästhetische Praxis", Hildesheim 2006

Chenoweth, Vida / Bee, Darlene: „On Ethnic Music", in: Pratical Anthropology 15/1968, 205–212

Cole, Catherine M.: This is Actually a Good Interpretation of Modern Civilisation. Popular Theatre and the Social Imaginary in Ghana 1946–66, in: Africa 67/3 (1997), 362–388

Collins, John: Highlife Time. The Story of the Ghanaian Concert Party, West African Highlife and Related Popular Music Styles, Accra 1994

–: Ghanaian Christianity and Popular Entertainment. Full Circle, in: History in Africa, 31/4 (2004), 407–423

Cone, James: The Spirituals and the Blues. An Interpretation, New York 1972 (dt.: Ich bin der Blues und mein Leben ist ein Spiritual. Eine Interpretation schwarzer Lieder, München 1973)

Coplan, David B.: In Township Tonight! South Africa's Black City Music & Theatre, 2nd edition, Chicago/London, 2007

Corbitt, J. Nathan: The Sound of the Harvest. Music's Mission in Church and Culture, Grand Rapids Mi.: Baker Books, 1998

Curwen, John: Standard Course of Lessons on the Tonic Sol-fa Method of Teaching to Sing, London, 1858

Daneel, Inus: Quest for Belonging, Harare, Mambo Press, 1987

Daniélou, Alain: Einführung in die indische Musik. Aus dem Französischen von Wilfried Szepan. Erweiterte Neuausgabe, 2. stark erweiterte Auflage. Heinrichshofen 1982

Dargie, David: The Music of Ntsikana, in: South African Journal of Musicology 2 (1982), 7–28

–: Xhosa Music. Its techniques and instruments, with a collection of songs, Cape Town 1988

–: Xhosa Church Music, Concilium, 1989, 133–139

–: Christian Music among Africans, in: Richard Elphick / Rodney Davenport (Hg.), Christianity in South Africa. A Political, Social & Cultural History. Kapstadt 1997, 319–326

–: Hidden words of the Prophet: Texts appearing in traditional versions of the songs of Ntsikana, in: Missionalia 26/3 (1998)

–: Ntsikana Music Collection, handbook and CD, München / Fort Hare 2000

Darkwa, Asante: „New Horizons in Music and Worship in Ghana" in: African Urban Studies 8/1980, 63–70

Dawia, Alexander: Indigenizing Christian Worship, in: Point. Forum for Melanesian Affairs 9/1980, 13–60

DeCurtis, A. (Hg.): The Rolling Stone Illustrated History of Rock'n Roll.: The Definitive History of the Most Important Artists and Their Music, London 1992

van Dijk, Rijk: Contesting Silence. The Ban on Drumming and the Musical Politics of Pentecostalism in Ghana, in: Ghana Studies 4 (2001), 31–64

Doering, Teddy: Gospel. Musik der Guten Nachricht und Musik der Hoffnung, Neukirchen-Vluyn 1999

Eggebrecht, Hans Heinrich (Hg.): Riemanns Musiklexikon, Mainz 1967¹²

Ekwueme, L.M.: African Music in Christian Liturgy: The Igbo Experiment, African Music Society Journal, 5, 1973, 12–33

Eller, Walter: Aus dem Hören leben. Hymnologische und liturgische Vollzüge als Ästhetik des Wahrnehmens, Leipzig 2003

EMW (Hg.): Missio Dei heute. Zur Aktualität eines missionstheologischen Schlüsselbegriffs. Studienheft Weltmission heute, Bd. 52, Hamburg 2003

Erlmann, Veit: Die Macht des Wortes. Preismusik und Berufsmusiker bei den Fulbe des Diamaré (Nordkamerun), Notenteil, Hohenschäftlarn 1980

Faber, Richard (Hg.): Säkularisierung und Resakralisierung. Zur Geschichte des Kirchenlieds und seiner Rezeption, Würzburg 2001

Farhadian, Charles E.: Christian Worship Worldwide. Expanding Horizons, Deepening Practices (Institute of Christian Worship Liturgical Series), Grand Rapids Mi. / Cambridge 2007

Felde, Marcus: Local theologies. License to Sing, in: The Hymn, 40, 1989, 15–20

Fermor, Gotthard: Ekstasis. Das religiöse Erbe in der Popmusik als Herausforderung an die Kirche, Stuttgart u. a. 1999

–: Das religiöse Erbe in der Popmusik – musik- und religionswissenschaftliche Perspektiven, in: *Popularmusik, Jugendkultur und Kirche*, Hg. v. W. Kabus Frankfurt/M 2000, 33–52

–: Der Sound des Lernens. Systematisch- und praktisch-theologische Überlegungen zur Gemeindekulturpädagogik am Beispiel der Musik, in: ZPT 59 (2007), 120–135

Fermor, Gotthard / Gutmann, Hans-Martin / Schroeter, Harald (Hg.), Theophonie. Grenzgänge zwischen Musik und Theologie, Rheinbach 2000

Fermor, Gotthard / Schroeter-Wittke, Harald (Hg.): Kirchenmusik als religiöse Praxis. Praktisch-theologisches Handbuch zur Kirchenmusik, Leipzig 2005

Frenz, Albrecht (Hg.), Freiheit hat Gesicht. Anandapur – eine Begegnung zwischen Kodagu und Baden-Württemberg. Stuttgart 2003

Gelzer, Heinrich: Man singt mit Freuden vom Sieg. Das evangelische Missionslied, Stuttgart / Basel 1937

Gifford, Paul: Ghana's New Christianity. Pentecostalism in a Globalising African Economy, C. Hurst & Co. Publishers, 2004

Gilling, Bryan D.: Almost Persuaded Now to Believe. Gospel Songs in New Zealand Evangelical Theology and Practice, JRH 19/1 (1995), 92–110

Gräb, Wilhelm: Sinnfragen. Transformationen des Religiösen in der modernen Kultur, Gütersloh 2006

de Gruchy, S.: Singing the Kairos, in: M. Worsnip / D. van der Water (Hg.), We shall overcome, Pietermaritzburg 1991, 5–31.

Gutmann, Hans-Martin / Schroeter-Wittke, Harald: Art. Musik und Religion; in: Eicher, Peter (Hg.): Handbuch theologischer Grundbegriffe, München 2005

Hamm, Charles, Music in the New World, New York/London 1983

Handt, Hartmut: Lieder aus anderen Ländern und Kulturen, in: Ders. (Hg.): Werkbuch zum Gesangbuch der Evangelisch-methodistischen Kirche, Stuttgart – Frankfurt am Main 2002ff, 4.37–4.42

Handt, Hartmut (Hg.): „… im Lied geboren." Beiträge zur Hymnologie im deutschsprachigen Methodismus[1], BGEmK 54, Frankfurt am Main 2010

Hawn, C. Michael: One Bread, One Body. Exploring Cultural Diversity in Worship, Herndon VA 2003

–: Gather into One. Praying and Singing Globally, Grand Rapids MI / Cambridge 2003

Hellinger, Werner: Christlicher Glaube und indische Musik, Erlangen 1961

Henkys, Jürgen: Gott loben mit einem Mund? Zur Nachdichtung fremdsprachlicher Kirchenlieder, in: JbLitHym 37/1998, 179–195

Herbert, Trevor / Sarkissian, Margaret: Victorian Bands and their Dissemination in the Colonies, in: Popular Music, 16/2 (1997), 165–179

Herbst, Wolfgang (Hg.): Wer ist wer im Gesangbuch?, Göttingen 2001

Hodgson, Janet: Ntsikana: History and Symbol: Studies in a process of religious change among Xhosa-speaking people, unpublished Ph.D. thesis, University of Cape Town, 1985

Hocke, Rolf: Songs and Music in Ferdinand Kittel's life and work, in: Reinhard Wendt (Hg.), An Indian to the Indians? On the Initial Failure and the Posthumous Success of the Missionary Ferdinand Kittel (1832–1903), Wiesbaden: Harrassowitz, 2006, 265–299

Hödl, Hans Gerald: „Afroamerikanische Religionen", Lexikon neureligiöser Gruppen, Szenen und Weltanschauungen, Hg. v. H. Baer et al, Freiburg: Herder, 2005, 22–28

Hoffmann, B.: „Sacred Singing", in: L.Finisher (Hg.), Musik in Geschichte und Gegenwart, 2. Ausgabe, Kassel 1998, 793–830

Hörisch, Jochen: Eine Geschichte der Medien. Von der Oblate zum Internet, Frankfurt a. M. 2004

Horrobin, Peter / Leaves, Greg (Hg.): Mission Praise, London 1990

Hunt, Timothy W.: Music in Missions. Discipling Through Music, Eugene OR 1987

IAH-Bulletin 16 (1988) – Berichtsband zur Tagung „Proclamatio Evangelii et Hymnodia. Die missionarische Dimension des Singens" in Lund, August 1987

Isichei, Elizabeth: A History of Christianity in Africa. From Antiquity to the Present, Grand Rapids 1995

Iyer, S. Venkitasubramonia: Swati Tirunal and his Music, Trivandrum 1975

Jach, Regina: Migration, Religion und Raum. Ghanaische Kirchen in Accra, Kumasi und Hamburg in Prozessen von Kontinuität und Kulturwandel, Berlin u. a. 2005

Jahnel, Claudia: Vernakulare Ökumene in transkultureller Einheit. Ökumenische Theologie nach dem Cultural Turn, in: Interkulturelle Theologie. Zeitschrift für Missionswissenschaft 1/2008, 10 – 33

Jenny, Markus: Art. Kirchenlied. I. Historisch, Theologische Realenzyklopädie, Band 18, Berlin – New York 1989, 602–629

De Jong, Mary G.: „I Want to Be Like Jesus". The Self-Defining Power of Evangelical Hymnody, in: Journal of the American Academy of Religion, Vol. 54, Nr. 3, (Herbst 1986), 461–493

Keyßer, Christian: Eine Papuagemeinde, Kassel 1929

Kimbrough Jr., Steven T.: We Offer Them Christ. Stories of New Missions with Witnessses in Their Own Words[1], New York NY, 2004

–: Music & Mission. Toward a Theology and Practice of Global Song[1], New York NY 2006

Kimbrough Jr., Steven T. /Young, Carlton R. (Hg.): Global Praise 1[1], New York NY 1996

–: Global Praise 2[1], New York NY, 2000

–: Global Praise 3[1], New York NY 2004

Kimbrough Jr., Steven T. u. a. (Hg.): Put Your Arms Around the World. Global Songs and Activities for Children[1], New York NY 2009

King, Roberta: A Time to Sing. A Manual for the African Church, Nairobi 1999

––, zusammen mit Jean Ngoya Kidula / James R. Krabill / Thomas Oduro (Hg.), Music in the Life of the African Church, Waco Texas: Baylor University Press 2008

Kisliuk, Michelle: (Un)doing Fieldwork. Sharing Songs, Sharing Lives, in: Gregory F. Barz, Timothy J. Cooley (Hg.), Shadows in the Field. New Perspectives for Fieldwork in Ethnomusicology, New York 1997, 229ff

Kornder, Wolfgang: Die Entwicklung der Kirchenmusik in den ehemals deutschen Missionsgebieten Tanzanias, Erlangen: Verlag der evangelisch-lutherischen Mission, 1990

Koyama, Kosuke: Neither Pilgrim nor Tourist, in: 50 Meditations, Maryknoll NY 1979

–: Water Buffalo Theology, Orbis Books, NY 1999 (Original: London 1974)

Krabill, James R.: The Hymnody of the Harrist Church among the Dida of South-Central Ivory Coast (1913–1949), Frankfurt 1995

Krabill, James R. (Hg.): What Western Christians Can Learn from African-Initiated Churches, Mission Insight series, no. 10, Elkhart IND 2000

Krieg, Gustav Adolf: Grundprobleme theologischer Musikbetrachtung, in: PTH 77 [1988], 240–253

Kubik, Gerhard: Zum Verstehen Afrikanischer Musik. Aufsätze, Leipzig 1988

Kurzschenkel, Winfried: Die theologische Bestimmung der Musik. Neuere Beiträge zur Deutung und Wertung des Musizierens im christlichen Leben, Trier 1971

Küster, Volker: Interkulturelle Theologie, in: Peter Schreiner / Ursula Sieg / Volker Elsenbast (Hg.), Handbuch Interreligiöses Lernen, Gütersloh 2005, 179–191

Lehmann, Theo: Die Rolle der Bibel im Freiheitskampf der Neger. Negro Spirituals. Geschichte und Theologie, Neuhausen: Hänssler, 1996 [Diss. Univ. Halle, 1962]

–: Der Sound der Guten Nachricht: Mahalia Jackson, Neukirchen-Vluyn 1997

Lockward, Jorge A. (Hg.): Tenemos Esperanza, New York NY 2002

–: Singing the Sacred. Musical Gifts from Native American Communities, New York NY 2008

Loh, I-to: Sound the Bamboo. The CCA Hymnal. A survey of its Texts and Musical Styles, The Asia Journal of Theology, 11, Bangalore 1997, 293–307.

–: Toward Contextualization of Church Music in Asia, Asia Journal of Theology, 4.2., April 1990, 293–315.

Lotrecchiano, Gaetano R.: Ethnomusicology and the Study of Musical Change. An Introduction and Departure for Ethnoliturgiology, Liturgical ministry, 6, 3, 1997, 108–119

MacArthur, Terry: Singing the Lord's Song – Evangelism and Music, in: International Review of Mission, Vol 96, Nos 382/383, July/October 2007, 293 – 295

Malm, William: Music Cultures of the Pacific, the Near East and Asia, Englewood Cliffs, New Jersey 1967

Maniyattu, P.: Music in the Hindu Traditions of Worship and Its Influence on Christian Liturgical Music in India, StLi 1998, 46–76

Margull, Hans Jochen (Hg.): Zur Sendung der Kirche, München 1963

Marini, Stephen A.: Sacred Song in America. Religion, Music, and Public Culture, Urbana IL 2003

Marsh, J.B.: The Story of the Jubilee Singers with Their Songs, London 1875²

Marti, Andreas: Singen – Feiern – Glauben: Hymnologisches, Liturgisches und Theologisches zum Gesangbuch der Evangelisch-reformierten Kirchen der deutschsprachigen Schweiz, Basel 2001

Masa, Bongaye Senza: The Future of African Music, in: Kenneth Best (Hg.), The African Challenge, Nairobi 1975, 146–159

Matsikenyiri, Patrick / Kimbrough Jr., Steven T. / Young, Carlton R. (Hg.): Africa Praise Songbook, New York, NY 1998

McGuire, Charles Edward: Music and Victorian Philanthropy. The Tonic Sol-fa Movement, Cambridge, 2009

Meyer, Ivo: ‚Zu Liedern sind mir deine Gesetze geworden.' Biblische Texte und Musik, in: Annette Landau / Sandra Koch (Hg.), Lieder jenseits der Menschen. Das Konfliktfeld Musik – Religion – Glaube, Zürich: Chronos, 2002, 21–31

Mission EineWelt (Hg.), Joyful Noise. Musik und mehr mit Christen aus aller Welt. Bunt – lebendig – inspirierend, Neuendettelsau 2007

Missionsliederbuch. Für die Missionsgemeinde und die Arbeiter auf dem Missionsfelde, gesammelt und herausgegeben von J. Josenhans, Missionsinspektor in Basel, zweite, neu bearbeitete und vermehrte Ausgabe, Basel 1879

Möller, Christian (Hg.): Kirchenlied und Gesangbuch. Quellen zu ihrer Geschichte, Tübingen 2000

Monteiro, Simei de Barros: O Cântico da vida. Análisis de conceitos fundamentais expressos nos cânticos das Igrejas evangélicas do Brasil, São Bernardo do Campo 1991

–: Singing a New Song. Developing the Methodist Worship in Latin America, The Sunday Service of the Methodists, 1996, 265–282

Moorehouse, Katherine: The Western Hymn in Mission: Intrusion or Tradition, in: Paul Neely u. a. (Hg.), Global Consultation on Music and Missions. The Proceedings, New York 2006, 327–349

Mostert, Noel: Frontiers. The Epic of South Africa's Creation and the Tragedy of the Xhosa People, New York 1992

Müller, Dedo: Die Musik und die Trinität, in: Otto Michel / Ulrich Mann (Hg.): Die Leibhaftigkeit des Wortes, FS Adolf Köberle, Hamburg 1958, 463–475

National Biblical Catechetical and Liturgical Centre (Hg.): Bhajans. A collection of songs of praise in various languages used at the NBCLC (Music edition), Bangalore 1977

Neill, Stephen / Moritzen, Niels-Peter / Schrupp, Ernst (Hg.): Lexikon zur Weltmission, Wuppertal / Erlangen 1975

Neill, Stephen: Geschichte der christlichen Missionen, Erlangen, 1990²

Nettl, Bruno: The Western Impact on World Music, New York 1985, 3–6

Neumann, H.: „Popmusik als neue Religion. Die religiöse Subkultur der jugendlichen Musikszene und ihre Unvereinbarkeit mit dem Bekenntnis zu dem Herrn Jesus Christus", *Diakrisis* 8 (3/Sept 1987), 51–61

Nielsen, I.: Church Music in Asia: From Yesterday to Tomorrow, The Hymn, 38, 1987, 29–31.

Nketia, J. H. Kwabena: „The contribution of African Culture to Christian Worship", in: International Review of Missions 47/1958, 265–278

–: The Music of Africa, New York 1974 (dt.: Die Musik Afrikas, Wilhelmshaven, 1979)

Noll, Mark A.: History of Christianity in the United States and Canada, Grand Rapids 1992

Obeng, J. Pashington: Asante Catholicism: Religious and Cultural Reproduction Among the Akan of Ghana, 1996

Okure, Teresa / Van Thiel, Paul: Inculturation of Christianity in Africa, Eldoret/Kenya 1990.

Olson, Howard S.: African Music in Christian Worship, African Initiatives in religion, Nairobi 1971

Omoyajowo, J. Akinyele: Cherubim and Seraphim, The History of the African Independent Church, New York 1982

Osbeck, Kenneth: 101 Hymn Stories. The Inspiring True Stories Behind 101 Favorite Hymns, Grand Rapids 1982

Osbeck, Kenneth / Barrows, Cliff: 101 More Hymn Stories. The Inspiring True Storie Behind 101 Favorite Hymns, Grand Rapids 1985

Pangritz, Andreas: Polyphonie des Lebens. Zu Dietrich Bonhoeffers „Theolor Musik", Berlin ²2000

Pannke, Peter / Friedrichs, Horst A.: Troubadoure Allahs. Sufi–Musik i München 1999

Pels, Peter: Kizungu Rhythms: Luguru Christianity as Ngoma, in: J⊄ₕᵢ in Africa, 26, 2, Leiden 1996, 163–201.

Pesch, Ludwig: The Illustrated Companion to South Indian ℓᶜaₙ 1999

Pius XII, Musicae Sacrae Disciplina, päpstliche Enzyklikr va/holy_father/pius_xii/encyclicals/documents/hf_p- sacrae-en.html(15.6.2010)

Popley, Herbert A.: The Musical heritage of India, International Review of Mission, 9 April 1920, 200–213; 10 April 1921, 223–235.

Rößler, Martin: Hier stehen wir von nah und fern. Basel, die Theologen aus Württemberg und das Missionslied zwischen 1815 und 1840, in: Martin Rößler, Geistliches Lied und kirchliches Gesangbuch, München 2006, 383–415

Quasten, Johannes: Musik und Gesang in den Kulturen der heidnischen Antike und christlichen Frühzeit, München 1973 (Original: 1930) (engl.: Music and Worship in Pagan and Christian Antiquity, Tr. Boniface Ramsay, Washington 1983)

Raboteau, Albert J.: Slave Religion: The „Invisible Institution" in the Antebellum South, New York 1978

Raj, Solomon: A Christian Folk Region in India, Studien zur interkulturellen Geschichte des Christentums Bd. 40, Verlag Peter Lang, Frankfurt am Main 1986

Rao, R. R. Sundara (Hg.): Bhakti Theology in the Telugu Hymnal, Bangalore 1983

Reck, David: Music of the Whole Earth, New York, 1977

Reich, Christa: Evangelium: klingendes Wort. Zur theologischen Bedeutung des Singens, Stuttgart: Calwer Verlag, 1997

Rosenkranz, Gerhard: Das Lied der Kirche in der Welt. Eine missionshymnologische Studie, Berlin & Bielefeld: Verlag Haus und Schule, 1951

Sacks, Oliver: Musicophilia. Tales of Music and the Brain, London 2007 (dt.: Der einarmige Pianist. Über Musik und das Gehirn, Reinbeck b. Hamburg 2008)

Sallee, James: A History of Evangelistic Hymnody, Grand Rapids 1978

Sankey, Ira D.: Sacred Songs and Solos with Standard Hymns Combined, London o.J. (vermutlich 1890)

Scheffbuch, Winrich und Beate: Den Kummer sich vom Herzen singen. So entstanden bekannte Lieder, Holzgerlingen ⁵1999

Schulz, Walter: Reichssänger. Schlüssel zum deutschen Reichsliederbuch, Gotha: Verlagsbuchhandlung P.Ott, 1930

[Sch]roeter-Wittke, Harald: Nihil est sine sono (1. Kor. 14,10). Vorspiel einer musikalischen Religionspädagogik, in: ZPT (57) 2005, 347–357

[Kon]takt und Ekstase. Praktisch-theologische An- und Vorschläge zum Rhythmus.

[Ein]e reflexive Suite, in „τα κατοπτριζομενα" Magazin für Theologie und [Äst]etik, http://www.theomag.de/23/hsw1.htm#TOP (18.3.08)

[Schu]tur (Hg.): Musik in Afrika, 20 Beiträge zur Kenntnis traditioneller afrikaMusikkulturen, Berlin 1983

[Smit]han Z.: What a Difference Difference Makes, in: Ders., Relating Religion, [T]he Study of Religion, Chicago/London 2004

Theologie der Musik, Kassel 1967

Staubli, Thomas: Das Image der Nomaden im Alten Israel und in der Ikonographie seiner sesshaften Nachbarn, OBO 107, Freiburg CH/Göttingen 1991

–: Die musizierenden Kinder der Weisheit (Mt 11,16–19||Lk 7,31–35), in: Max Küchler/Peter Reinl (Hg.), Randfiguren in der Mitte (FS: Hermann-Josef Venetz), Luzern/Freiburg CH 2003, 276–288.

–: Musikinstrumente und musikalische Ausdrucksformen, in: Ders. (Hg.), Musik in biblischer Zeit, Stuttgart 2007

Stauffer, S. Anita (Hg.): Worship and Culture in Dialogue, LWF Studies, Geneva 1994

–– (Hg.): Christian Worship: Unity in Cultural Diversity, LWF Studies, Geneva 1996

–– (Hg.): Baptism, Rites of Passage, and Culture, LWF Studies, Geneva 1998

Steinert, Claudio: Music in mission: mission through music. A South African case study, Pietermaritzburg 2007 (überarbeitete Fassung der Dissertation: uir.unisa.ac.za/bitstream/10500/1774/1/thesis.pdf [2.8.10])

Stevenson, W.R.: Artikel „Foreign Missions", in: John Julian (Hg.), A Dictionary of Hymnology. Setting for the Origin and History of Christian Hymns of All Ages and Nations, London 1892, 738–759

Stowe, David W.: How Sweet the Sound. Music in the Spiritual Lives of Americans, Harvard University Press, 2004

Stroh, Wolfgang Martin: Zur psychoanalytischen Theorie der Weltmusik, in: Helmut Rösing (Hg.), Step across the border. Neue musikalische Trends – neue massenmediale Kontexte (Beiträge zur Popularmusikforschung 19/20), Karben 1997, 128–151

Sundermeier, Theo: Begegnung mit dem Fremden. Plädoyer für eine verstehende Missionswissenschaft, in: Evangelische Theologie 50, 1990, 390ff.

–: Inkulturation als Entäußerung, in: Jan A.B. Jongeneel u. a. (Hg.), Pentecost, Mission and Ecumenism. Essays on Intercultural Theology, Frankfurt am Main 1992

–: Missio Dei heute. Zur Identität christlicher Mission, in: ThLZ 127 (2002) 1243–1262

–: Synkretismus und Inkulturation, in: Ders., Religion – was ist das? Religionswissenschaft im theologischen Kontext, Frankfurt a. M. 2007

Sundkler, Bengt Gustaf Malcolm: Bantu Prophets in South Africa, London, Lutterworth Press, 1961

Suret–Canale, Jean: Afrique Noire: L'Ere Coloniale, 1900–1945, Paris: Editions sociales, 1977

de Surgy, Albert: Le phénomène du Pentecôtisme en Afrique noire. Le cas béninois, Paris 2001

—: L'Eglise du Christianisme Céleste. Un exemple d'église prophétique au Bénin, Paris 2001

Thuma Mina. Singen mit den Partnerkirchen, herausgegeben von Basler Mission und EMW, Basel / München-Berlin 1995

Tonah, Steve: Ghanaians Abroad and Their Ties Home: Cultural and Religious Dimensions of Transnational Migration, COMCAD Working Paper No. 25, 2007

Tucek, Gerhard: Altorientalische Musiktherapie in Praxis, Forschung und Lehre, in: Hans-Helmut Decker Voigt (Hg.), Schulen der Musiktherapie, München/Basel 2001, 312–356;

—: Altorientalische Musiktherapie im interkulturellen Dialog – Kulturimmanente und kulturtranszendente Aspekte im Menschenbild, in: Helga Egner (Hg.): Heilung und Heil. Begegnung – Verantwortung – Interkultureller Dialog, Düsseldorf /Zürich, 120–148.

Turner, Harold W.: African Independent Church, vol. 2, Oxford, Clarendon, 1967

Turner, Steve: Hungry for Heaven: Roch'n Roll and the Search for Redemption, Downers Grove: IVP, 1995

Tveit, Sigvald: Musik im gottesdienstlichen Leben. Die Begegnung einheimischer und fremder Musikkultur am Beispiel Norwegens, JbLitHym 40/2001, 136–146

Van Thiel, Paul: African Music and Dance in Christian Liturgy, in: Inculturation of Christianity in Africa, Eldoret / Kenya 1990

—: African Religious Music. Text, Tone and Tune, in: Inculturation of Christianity in Africa, Eldoret / Kenya 1990.

Viering, Erich: „Togo trommelt seine Antwort", in: Wort in der Welt 6/1969, 189–192

Troughton, Geoffrey M.: Moody and Sankey Down Under: A Case Study in „Trans-Atlantic" Revivalism in Nineteenth-Century New Zealand, in: JRH 29,2 (2005), 145–162

Vereinte Evangelische Mission, Sifuni. Tansania mit allen Sinnen erleben. Lieder, Geschichten und mehr, zusammengestellt von Edson Lugemeleza, Wuppertal 2003

Wade, Bonnie C.: Music in India. The Classical Traditions, Riverdale 1987

Walker, Wyatt Tee: „Somebody's Calling My Name" Black sacred Music an Social Change, Valley Forge PA 1979

Walldorf, Friedemann: Evangelisation und Kunst. Missiologische Perspektiven einer spannungsreichen und kreativen Beziehung, in: Evangelikale Missiologie 17 (4/2001), 122–133

Walls, Andrew F.: Culture and Conversion in Christian History, in: Ders., The Missionary Movement in Christian History. Studies in the Transmission of Faith, Maryknoll 1997, 43–54

Ward, Andrew: Dark Midnight When I Rise. The Story of the Fisk Jubilee Singers Who Introduced the World to the Music of Black America, New York 2001

Warnock, Paul Williard: Trends in African Church Music. A Historical Review, MA Thesis, University of California, Los Angeles 1983

Watson, John Richard: The English Hymn. A Critical and Historical Study, Oxford 1997

Wemen, Henry: African Music and the Church in Africa, Uppsala 1960

Westermeyer, Paul: Let Justice Sing, Collegeville Min. 1998

Whelan, Thomas: African Ethnomusicology and Christian Liturgy, Inculturation of Christianity in Africa, Eldoret / Kenya 1990

Wicke, Peter / Ziegenrücker, Kai-Erik und Wieland: „Afroamerikanische Musik", in: Handbuch der populären Musik, Mainz: Schott, 1997, 16–19

Paul Wiegräbe, Der Dumedefo-Chor. Nicht Echo, sondern Antwort, in: Eva-Schöck-Quinteros und Dieter Lenz (Hg.), 150 Jahre Norddeutsche Mission. 1836–1986, Bremen 1986, 309–315

Wilson-Dickson, Andrew: The Story of Christian Music from Gregorian Chant to Black Gospel, Minneapolis: Fortress Press 2003 (1992) (dt.: Geistliche Musik. Ihre großen Traditionen – vom Psalmengesang zum Gospel, Gießen 1994)

World Council of Churches, Masihi Sangeet. Christian Lyrics of India, Bangalore 1961

Wren, Brian: Praying Twice. The Music and Words of Congregational Song, Louisville / London 2000

Yankah, Kwesi Power and the Circuit of Formal Talk, in: Graham Furniss, Elizabeth Gunner & Liz Gunner, Power, Marginality and African Oral Literature, Cambridge, 1995, 211–224

Zahn, Heinrich: Mission and Music. Jabêm Traditional Music and the Development of Lutheran Hymnody (herausgegeben und kommentiert von Don Niles), Boroko 1996

Zenger, Erich: Ein Gott der Rache? Feindpsalmen verstehen, Freiburg 1994, 108–113

Zilleßen, Dietrich: „Hörproben", in: Gotthard Fermor / Hans-Martin Gutmann / Harald Schroeter (Hg.), Theophonie. Grenzgänge zwischen Musik und Theologie, Rheinbach: CMZ-Verlag, 2000, 15–39

Autorinnen und Autoren

Dr. **Veit Arlt** hat zum Thema der Aneignung von Christentum und Kolonialismus auf der damaligen Goldküste promoviert. Er hat sich intensiv mit der populären Musik Ghanas auseinandergesetzt unter anderem bei der Erschließung eines Bestandes historischer Musikaufnahmen aus den 1930er und 1950er Jahren. Neben seiner Tätigkeit als Koordinator des Zentrums für Afrikastudien Basel und Geschäftsführer des Kompetenzzentrums Afrika der Universität Basel, sowie seiner Lehrtätigkeit im Bereich der afrikanischen Geschichte organisiert er seit 2002 Konzerte und Workshops mit afrikanischer Musik.

Benjamin Carstens studierte Kulturwissenschaften mit Schwerpunkt Musik an der Universität Hildesheim und der Universidad Nacional de Córdoba in Argentinien. Im Rahmen eines musikethnologischen Praktikums bereiste er Papua–Neuguinea und schrieb seine Diplomarbeit über christliche Mission und indigene Musik. Seit 2008 arbeitet er als Referent für Öffentlichkeitsarbeit beim Bibellesebund.

Dave Dargie [*1938], PhD in Xhosa-Musik 1987, Professor für Musik an der University of Fort Hare seit 1995; er führte Forschung und Studium afrikanischer Musik ins Curriculum des Musikstudiums in Fort Hare ein, unter Betonung der Aufführungspraxis, besonders von Marimba Xylophonen. 1977–1989 setzte er sich für die Förderung der Komposition und Verbreitung neuer Kirchenmusik im afrikanischen Stil in der katholischen Kirche im südlichen Afrika ein. Sein Forschungsschwerpunkt war und ist traditionelle Musik aus dem südlichen Afrika, besonders Xhosa-Musik.

Erika Eichholzer hat allgemeine Sprachwissenschaft, Afrikanistik und Anglistik in Zürich, Köln und Legon/Ghana studiert; Forschungsschwerpunkte sind die Akansprachen in Ghana und der Côte d'Ivoire, ghanaische Migration und Missionsgeschichte in Ghana. Sie arbeitet gegenwärtig als wissenschaftliche Mitarbeiterin am ISBB Institut für Sprache in Beruf und Bildung an der ZHAW in Winterthur.

Francisco Feliciano wurde als Sohn des Leiters einer Brass Band, Maximiano Feliciano, 1942 in Morong, Rizal (Philippinen) geboren. Studium in Komposition und Chor- und Orchesterleitung an der „University of the Philippines", deren Symphonieorchester er zeitweilig leitete, sowie an der Hochschule für Musik in Berlin. Feliciano gilt als Avantgardist der philippinischen Musik. Als Komponist setzt er sich ein für einen eigenen philippinischen Musikstil und eine von der europäischen

Musik unabhängige Ausdrucksweise. 1980 gründete er das Asian Institute for Liturgy and Musik.

Prof. Dr. **Gotthard Fermor** ist an der Evangelischen Fachhochschule Rheinland-Westfalen-Lippe in Bochum Professor für Gemeindepädagogik und Diakonie mit dem Schwerpunkt Systematische Theologie und Jazzpianist.

Dr. **Verena Grüter** hat Theologie und Musik studiert und ist ordinierte Pfarrerin der Evangelisch-Lutherischen Kirche in Bayern. Zwischen 1995 und 1998 hat sie in El Salvador als Pfarrerin der Iglesia Luterana Salvadoreña in einer Gemeinde gearbeitet und als Dozentin an der Lutherischen Universität gelehrt. Sie ist derzeit Referentin für Grundsatzfragen und Theologische Ausbildung im Evangelischen Missionswerk in Deutschland. Musik in der Mission ist einer ihrer Arbeitsschwerpunkte.

Esther Handschin ist in Frankfurt a. M. geboren, in der Schweiz aufgewachsen und seit 1999 Pastorin der Evangelisch-methodistischen Kirche in Österreich, zunächst in Linz, seit 2005 in Salzburg tätig. Sie beschäftigt sich seit den Anfängen ihres Theologiestudiums in Zürich und in Heidelberg mit Hymnologie und war unter anderem an der Entstehung des Gesangbuches der Evangelisch-methodistischen Kirche Stuttgart 2002 beteiligt.

Hartmut Handt, Dipl. Theol., Pastor der EmK in Milwaukee (USA) und Westdeutschland, war von 1980 bis 2004 Beauftragter für Kirchenmusik und 1990 bis 1994 für Agende der EmK in Deutschland, 1994 bis 2003 Mitglied der Präsidialversammlung des DEKT, 1998–2005 Leiter der Privatfunkagentur radio m, Co-Vorsitzender und Redaktionsleiter für das EM, Mitglied der Autorengruppen Global Praise und TAKT sowie der IAH und der Charles-Wesley-Society; Autor und Übersetzer von Gedichten, Prosa und Texten zu kirchenmusikalischen und liturgischen Themen, Hg. von Liederbüchern und Chormusik.

Rolf Hocke ist Gemeindepfarrer in Waldkappel und beschäftigt sich seit längerem mit indischer Kirchenmusik.

James R. Krabill, Ph.D. Centre for West African Studies, University of Birmingham, ist nach mehrjähriger Lehrtätigkeit an der Elfenbeinküste Hauptverantwortlicher für „Global Ministries" beim Mennonite Mission Network in Elkart, Ind. / USA.

Simei Monteiro ist methodistische Pfarrerin und Kirchenmusikerin aus Brasilien. Sie hat in Brasilien, dann als „worship consultant" des Ökumenischen Rats der Kirchen in Genf selbst Lieder geschrieben und sich intensiv an den Bemühungen beteiligt, Liedgut aus unterschiedlichen kulturellen Kontexten respektvoll der weltweiten ökumenischen Bewegung zugänglich zu machen.

Nepomuk Nitschke hat Musikwissenschaften und ev. Theologie an der Humboldt Universität Berlin studiert und promoviert z.Zt. in Musikwissenschaften im Rahmen des Graduierten-Kollegs „Schriftbildlichkeit" an der FU Berlin über Kameruner Kirchenmusik.

Martin Schindehütte hat Theologie und Sozialpädagogik in Wuppertal, Göttingen und Hamburg studiert. Er ist Vizepräsident des Kirchenamtes der EKD, Leiter der Hauptabteilung IV für Ökumene und Auslandsarbeit und Leiter des Amtes der UEK. Er ist außerdem Vorstandsmitglied des EMW.

Dr. **Benedict Schubert** hat in Basel Theologie studiert und nach seinem Einsatz als Pfarrer und theologischer Lehrer in Angola (1984–1993) an der Basler Fakultät in Missionswissenschaft promoviert. Er ist noch Studienleiter bei mission 21 – evangelisches missionswerk basel mit einem Lehrauftrag im Fach Ökumene- und Missionswissenschaft an der theologischen Fakultät Basel; ab Dezember 2010 ist er Pfarrer zu St. Peter in Basel.

Dr. **Thomas Staubli** ist Oberassistent am Departement für Biblische Studien und Leiter des Projektes „BIBEL+ORIENT MUSEUM" der Universität Fribourg/CH.

Luiz Szarán studierte Musik in Asunción (Paraguay) und in Rom am Konservatorium. Seit 1990 stehen das Asuncioner Kammerorchester Philomusica unter seiner Regie. Er ist in vielen Orchestern weltweit als Dirigent aufgetreten. Seit 1997 ist er beim Vokal- und Instrumental-Ensemble Zipoli in Venedig als künstlerischer Leiter tätig. 2002 erhielt er als erster lateinamerikanischer Komponist die Vivaldi-Medaille des internationalen Musikfestspiels in Venedig. 2005 wurde ihm für sein Engagement bei dem staatsbürgerlichen Bildungsprogramm über die Musik, namens „Sonidos de la Tierra" (Klänge der Erde), von der Skoll-Stiftung aus Kalifornien in der Oxford University der Ehrenpreis „Skoll Award for Social Entrepreneurship" verliehen. Seit 2006 ist er Gründer und Dirigent des weltweiten Orchesters „Weltweite Klänge" in Nürnberg, Deutschland.

Jesús Montero Tirado ist spanischer Priester uruguayischer Abstammung. Er ist Koordinator des Bildungsbereiches der Jesuiten in Lateinamerika und arbeitet im zentralen Team der lateinamerikanischen Konferenz der Jesuitenprovinzen (CPAL) mit, die Mitglied der Internationalen Kommission der Jesuiten für Bildung (ICAJE) mit Sitz in Rom ist. Außerdem ist er Vizepräsident des Vorstandes der lateinamerikanischen Vereinigung für die Bildung der sozialschwachen Bevölkerung „Fé y Alegría", Präsident des Consejo Paideia (einer Organisation zur Förderung von Bildung und Kultur in Uruguay mit enger Anbindung an die Universitäten) sowie Mitglied des Nationalen Rates für Bildung und Kultur (CONEC, Paraguay) und Autor zahlreicher Publikationen und Artikel über Fragen des Bildungswesens.

Sergio Ulloa hat an der Universidad Autónoma in Mexiko Philosophie studiert, MD und DD am Baptistischen Seminar in Chicago. Ausgebildet in Logotherapie an der

Comunidad Teológica von Mexiko. Baptistischer Pastor, Professor im Bereich praktische Theologie und Rektor der Comunidad Teológica von Mexiko.

Dr. Friedemann Walldorf promovierte 1999 an der Universität von Südafrika [UNISA] über kontextuelle Missionstheologien in Europa [Die Neuevangelisierung Europas] und ist Dozent und Leiter der Abteilung für Missionswissenschaft an der Freien Theologischen Hochschule Gießen.

Inhalt der beigefügten DVD

Zum Artikel von **Verena Grüter, Was macht das Harmonium am Himalaya? Vom musikalischen Kulturwandel in der Ökumene:**
- *Village Bands – The World in Unison.* Kurzfilm aus dem Projekt *The Great Mission Adventure* des *Comité Francais de Radio-Télévision* und *Telecre* unter Leitung von Agnès Ravoyard und Marcel Bauer, Paris (*Veröffentlichung mit freundlicher Genehmigung von Marcel Bauer*)
- Harmonium am Himalaya, Geigen am Ganges und Trompeten in Tanzania: Eine Präsentation historischer Fotos und Texte zur Rolle der Musik in der Mission aus dem Archiv der Basler Mission

Zum Artikel von **Dave Dargie, Lieder des Propheten – Begegnung mit Ntsikanas Musik:**
- *The „Four Hymns": ST Bokwe & Choir, Zwelitsha, 1957*
- *The „Wedding Song" version, Peddie 1957*
- *The Mackay's Nek uhadi Version, 1981*
- *The Sikhwankqeni Version, 1981*
- *The Ngqoko uhadi Version, 1983*
- *The Ngqoko amagqobhoka Version, 1985*
- *Sino Thixo omkhulu: the Hogsback version, 1997*
- *The Great Hymn: with marimbas, Queenstown, 1984*

(*Veröffentlichung mit freundlicher Genehmigung des Autors; alle Rechte beim Autor.*)

Zum Artikel von **Nepomuk Nitschke, Notationsformen Kameruner Kirchenlieder. Quellen zum Verständnis afrikanischer Musikwahrnehmung:**
- *The Seraphine Choir – Filmaufnahme einer Probe*

(*Veröffentlichung mit freundlicher Genehmigung des Autors; alle Rechte beim Autor.*)

Zum Artikel von **Rolf Hocke, Das indische Kirchenlied und seine Entstehung:**
- Erläuterungen zu den Hörbeispielen
- *Yem Bhajana*
- *Sundara Rakshakane (Klavierstimme)*
- *Sundara Rakshakane (indisches Handharmonium)*
- *Tum Se Door Chale (Bollywood-Filmmusik)*
- *Santoscha Wukkute*
- *Nadipinchu Naa Naava*
- *Shri Yesu Naama*

Zum Artikel von **Benjamin Carstens, Die Entstehung indigener christlicher Musik in Papua-Neuguinea von Zahn und Keyßer bis heute:**
- Erläuterung zu den Hörbeispielen
- *Bitor Bitor Bitor*
- *Bro yifemr (1. Version)*
- *Bro yifemr (2. Version)*
- *Jisasr nakutwara*

(Veröffentlichung mit freundlicher Genehmigung des Autors; alle Rechte beim Autor.)

Zum Artikel von **Francisco Feliciano, Kontextualisierung der Musik in den asiatischen Kirchen:**
- *Das Asian Institute for Liturgy and Music, Filmdokumentation eines Besuchs in Manila von Verena Grüter, alle Rechte beim EMW*

Zum Artikel von **Luis Szarán, Musikalisches Universum und Erbe der Jesuitenmissionen in Südamerika:**
Domenico Zipoli, Misa a San Ignacio (Musik aus den Jesuitischen Reduktionen) Paraguay XVIII. Jahrhundert.
Komponist: Doménico Zipoli. Ausführende: Capella Civica Di Trieste. Chorleiter: Marco Sofianopulo. Ensemble Doménico Zipoli di Venezia. Dirigent: Luis Szarán. Aufgenommen in Prato, Italien.
- Kyrie
- Gloria
- Credo
- Sanctus

Jesuitenreduktionen Trinidad – Sonidos de la Tierra Sin Mal – Luis Szarán
(Musikgruppe „Luz y Sonido" aus dem Programm „Ruinen in Trinidad")
Ausführende: Marcos Lucena (arpa), Orchester Welweite Klänge, Academia Ars Canendi – Domenico Zipoli Ensamble, Michele Liuzzi (órgano), Orchester Philomúsica de Asunción und María Violeta (soprano), José Valinotti.
Daraus:
- Paseo (Luis Szarán – Domenico Zipoli)
- Casa de Indios (canción de cuna Avá Chiripa y Luis Szarán)

Jesuitenreduktionen – Misa a San Francisco Xavier
Überarbeitung: Luis Szarán, Bernardo Illari
Aufgenommen in der Kirche San Alberto de Valdobbiadene, Treviso (Italien) im November 2002
Academia Ars Canendi – Ensamble Zipoli de Venecia
- Benedictus
- Agnus Dei

Zum Artikel von **Sergio Ulloa, Lateinamerikanische Liturgie im postmodernen Kontext:**
- Erläuterungen zu Pablo Sosa (Benedict Schubert)
- *El cielo canta alegría.* Volksmelodie: Carnevalito; Text und Satz: Pablo Sosa, 1958 (aus der CD *Este es el Día. Canciones de Pablo Sosa,* GIA Publications Inc. 7404 S. Mason Ave., Chicago IL 60638) Reprinted with permission of Calamus, Oak House, 70 High Street, Brandon, Suffolk, UK, IP27 0AU
- *Yo sé que sé.* Melodie: Milonga lenta; Satz: Pablo Sosa, Text: Juan Damián (aus der CD *Este es el Día. Canciones de Pablo Sosa,* GIA Publications Inc. 7404 S. Mason Ave., Chicago IL 60638) Reprinted with permission of Calamus, Oak House, 70 High Street, Brandon, Suffolk, UK, IP27 0AU
- Misa Campesina Nicaraguense: Canto de Entrada: *Vos sos el Dios de los pobres;* Text und Musik: Carlos Mejía Godoy 1975, CD produziert von Sony Music Costa Rica, 1997
- *Vos sos el Dios de los pobres:* Originaltext und Übersetzung
- Misa Popular Salvadorena: Santo; Text und Musik: Guillermo Cuellar, 1980 (aus der CD: Donna Pena, El Salvador con la Misa Popular Salvadorena, 1995,

GIA Publications Inc. 7404 S. Mason Ave., Chicago IL 60638) Reprinted with permission of Calamus, Oak House, 70 High Street, Brandon, Suffolk, UK, IP27 0AU
- Misa Popular Salvadorena: *Santo* (Text und Noten aus: Thuma Mina. Internationales Ökumenisches Liederbuch, hg. von der Basler Mission und dem Evangelischen Missionswerk in Deutschland, Basel/München/Berlin 1995)